中國學術思想 研究輯刊

十七編

林慶彰 主編

第20冊

陸門禪影下的慈湖心學
——一種以人物爲軸心的儒家心學發展史研究

孫齊魯 著

花木蘭文化出版社

國家圖書館出版品預行編目資料

陸門禪影下的慈湖心學——一種以人物為軸心的儒家心學發
展史研究/孫齊魯 著 -- 初版 -- 新北市：花木蘭文化出版社，
2013〔民102〕
目 2+320 面；19×26 公分
（中國學術思想研究輯刊 十七編；第 20 冊）
ISBN：978-986-322-410-5（精裝）
1.（宋）楊簡　2. 學術思想　3. 儒學
030.8　　　　　　　　　　　　　　　　　　　102014755

ISBN-978-986-322-410-5

中國學術思想研究輯刊
十七編　第二十冊　　　　　　　　ISBN：978-986-322-410-5

陸門禪影下的慈湖心學
——一種以人物爲軸心的儒家心學發展史研究

作　　者　孫齊魯
主　　編　林慶彰
總 編 輯　杜潔祥
出　　版　花木蘭文化出版社
發 行 所　花木蘭文化出版社
發 行 人　高小娟
聯絡地址　235 新北市中和區中安街七二號十三樓
　　　　　電話：02-2923-1455 ／傳眞：02-2923-1452
網　　址　http://www.huamulan.tw 信箱 sut81518@gmail.com
印　　刷　普羅文化出版廣告事業
封面設計　劉開工作室
初　　版　2013 年 9 月
定　　價　十七編 34 冊（精裝）新台幣 60,000 元

陸門禪影下的慈湖心學
——一種以人物爲軸心的儒家心學發展史研究

孫齊魯　著

作者簡介

孫齊魯，原名孫海燕，男，1978 年生，山東鄄城人。2010 年畢業於廣州中山大學，獲哲學博士學位。現任廣東省社會科學院哲學與宗教研究所助理研究員，主要從事儒家哲學研究。在《中國哲學史》、《孔子研究》、《現代哲學》、《開放時代》、《鵝湖》月刊，《原道》等期刊發表學術論文 10 餘篇。

提　　要

　　宋明心學是傳統儒學與佛教禪宗深度融會的產物。本書以慈湖心學為津梁，通過對慈湖心學與孔孟儒學、陸王心學、佛教禪宗之異同的辨析，較詳細地論述了宋明心學的產生、演變及其特色。指出了心學之融禪，不止於對佛禪修心法門和「無意」境界的吸收，更根本的是，受佛禪智慧的無意識熏陶，心學家已不自覺地將孟子基於現實倫理、自然情感和道德意識的「良知本心」，一定程度上轉變為頗類於佛禪基於內觀體驗的如來藏「自性清淨心」，建立了不同於傳統儒學「天本論」的「心本論」。此重大變異，加強了儒學的內證性和宗教性，對儒家道德人格的挺立、審美意境的提升、生命體驗的深化，乃至「了生死」都有重大意義。但由於對本心「自足自善」等特性的過度肯認，心學家一直無法正視客觀存在的公共知識問題，使儒學經世致用的品格有所減弱。心學對「血氣心知」的貶抑，打破了先秦儒學較合理的「情」、「理」、「欲」之動態平衡的人性結構，淡化了儒學的「世俗性」與「人間性」。慈湖的德行節操，更多地得益於佛禪的「覺悟力」、「戒持力」、「信仰力」，而非傳統儒家之「情感力」、「道德力」、「智識力」。慈湖心學，是宋儒「援禪入儒」中的極端化思想樣態，在儒家思想史上所具有的典型意義和警示作用，遠大於其思想價值本身。

目次

第一章　緒　論

第一節　本書的問題意識、寫作動機及目標

　　關於宋明理學〔註1〕，學界向來有一近乎公認性的看法，即此學說雖總體上以傳統儒學為主體，實際上則已鎔鑄了佛、道兩家的思想因子，尤其是佛教禪宗的某些義理間架和修養法門，故染有「三教會通」的色彩。在此方面，較之以伊川、朱子為大宗師的理學一派，以陸象山（名九淵，字子靜，號象山，1139～1192年）〔註2〕、王陽明（名守仁，字伯安，號陽明子，1472～1529年）為領軍人物的心學一脈尤為顯著。基於這一共識，在宋明新儒學研究中，大多學者皆能自覺留意儒學與佛、道二氏之葛藤，尤其關注儒學家對禪學的吸收或批判。與以往研究不同的是，本書雖以楊慈湖（名簡，字敬仲，稱慈湖先生，1141～1226年）心學為探討對象，但論述重心則遠不止於慈湖思想

〔註1〕　宋明新儒家之「理學」，有廣義和狹義之分。廣義的理學，是指以程朱陸王為代表的心性學說。狹義的理學，主要指與陸王心學對舉的程朱理學。一般說來，程朱理學較突出「理」的本體性，而陸王心學較突出「心」的本體性。當然，這一學派分類是晚近之事。事實上，因思想史的複雜流變，理學與心學兩概念的內涵與外延，比一般人的想像複雜得多，有時言理學已包含心學，有時言心學已包含理學，要就具體問題作具體分析。周熾成先生撰有《「心學」源流考》一文（載《哲學研究》，2012年第8期），對「心學」概念的來龍去脈有較詳細考論。

〔註2〕　本書在稱呼古代學者姓名時，盡量以中文學界較通用的稱呼為主（當然也有個人表達習慣的因素），如程顥稱明道、朱熹稱朱子，王守仁稱陽明，陸九淵稱象山，楊簡稱慈湖，其間雖有名、字、號、官位乃至謚號之不同，然不意味著筆者有價值褒貶之意味。

本身，而是冀圖以此爲津梁，嘗試解答宋儒在「援禪入儒」〔註3〕過程中引發的一些重大問題，進而對宋明理學之心學一系形成的思想史進路有所釐清。其中，最具根本性的問題如：在本體論上，宋明心學何以使傳統儒學傾向於超越性的「天本論」轉換爲偏向於內證性的「心本論」？在人性論上，宋明心學何以使傳統儒學「世俗諦」意義上的「性善論」逼近爲佛禪「勝義諦」意義上「心善論」？在工夫論上，宋明心學何以使傳統儒學「爲善去惡」的「有爲法」轉換爲「無將迎」的「無爲法」？〔註4〕較之於傳統儒學，這一系列「轉換」是否改變儒學的本來面目，對後世儒家精神的發展影響如何？

　　本書擇取慈湖爲考察對象，除去「技術操作」層面的考慮外，還基於下述幾種緣由：第一，在宋明心學家陣營中，就「援禪入儒」以建構心學理論大廈的成就看，慈湖雖遠遠算不上成功的代表，然其在上述幾種「轉換」上，都可算最爲「極端」、「出格」的一位：（一）即本體論而言，慈湖堪稱是將傳統儒學之「天本論」向「心本論」轉化得最爲徹底的心學家；（二）即心性論而言，慈湖則將孟子世俗倫理意義上的「先天性善」（孟子之「性」，主要指一種「類本質」，即人類先天稟具的異於禽獸的價值理性──「仁義禮智」。孟子之「心」則主要是以人類現實的道德意識與價值感情爲內容的「四端」之心），轉化爲頗近於佛禪之超善惡的「當下心善」（如佛禪的「眞心」、「自性」一樣，此「心」本自光明圓覺，是超然之體、宇宙之源和化育之本。它雖有知善知惡的本性，「當惻隱則惻隱」、「當羞惡則羞惡」，但本質上屬於超越概念性思維的「至善」）。（三）即工夫論而言，慈湖的「不起意」工夫最缺乏主觀能動性和經驗主義品格，可算是「無爲法」的極端形式。窺諸整個宋明理學史，毫不誇張地說，在以儒者自居的著名心學家中，慈湖是「溺禪」最深的一位。此一點，從他一直處於程朱一系的理學家抨擊陸、王心學「近禪」、「是禪」的風口浪尖上可知。以此觀之，慈湖心學對研究傳統儒學向宋明心學的演變便具有了不可替代的「典型」、「樣板」意義〔註5〕。第二，就師

〔註3〕關於宋明儒「援禪入儒」，此主要是就宋明新儒學的總特徵而言。相較而論，陸王心學比程朱理學入禪更深。至於宋明儒學家本人，是否承認這一思想史事實，則屬另一問題。有學者（如清儒戴震）認爲陸王心學是「援儒入於釋」，實亦不足以否定這一總特徵。

〔註4〕按，此一系列「轉化」乃是就宋明心學潛在性「總趨向」而言，並不意味著每個心學家都同等程度地完成了這類「轉化」，更不意味他們在理論上都否認傳統儒學的義理框架。

〔註5〕慈湖心學是陸王心學陣營的極端形態，似是國內外學者的共識。如日本學者

弟學問傳承及思想史影響看，慈湖是儒家心學主要奠基者之一——陸象山的高足，對象山學術門庭的樹立與弘傳功莫大焉，其本人更是宋代「朱陸之辨」的見證人及直接參與者。故研究慈湖心學，不僅可處處將其與象山心學相參照，還可最大限度地反思理學一脈的批評意見（主要是程朱理學一派學者批評陸王心學「近禪」）。另外，隨著明代陽明學興起，慈湖心學一度出現復蘇之勢，並在陽明後學中激起新一輪的工夫入路之爭——此對探討宋明心學家「援禪入儒」之得失無疑具有重大理論價值。第三，慈湖是第一位對個人的「覺悟」體驗有大量描寫的心學家（這在整個儒學史上也是十分罕見的），其人其學對於我們深入研究心學家「悟道」的心理體驗、身心症候和生命基型有不可忽視的參考價值。與此相關，後世儒者多將慈湖的心學思想和道德人格截然分開，即認為其心學思想「肆無忌憚」、「全入於禪」，而其道德人品又淳然儒者、「持守可觀」，這在儒家思想史上同樣是一種十分特殊的文化現象，值得後來研究者深入潛思。第四，或許是最為關鍵的一點，從當前研究現狀看，除臺灣張念誠先生在慈湖心學研究方面取得重大進展外，學界大多研究還處在搜集材料、歸納觀點的起步階段〔註6〕。而針對慈湖這樣一位在儒家心學構建中頗有「問題向度」的特殊人物，張先生僅僅以「修行入路」為視角來解讀，雖能深刻觸及慈湖心學的真相，但在論說視域上卻反受此詮釋路向的限制，使許多重要的思想史疑難並未藉此得到有效的清理與廓清。如筆者前文述及的一些問題，實乃開啓宋明心學門戶的鎖鑰，張先生卻無一涉及，在筆者看來，這不能不讓人產生「見木不見林」的遺憾（關於現代學界對慈湖心學的研究和張念誠博士論文的理論貢獻，後文中有較詳細的論說）。

這一題為《陸門禪影下的慈湖心學——一種以人物為軸心的心學發展史研究》〔註7〕的論著，即是以慈湖心學為個案，從思想史演變的視角對上述問

島田虔次在《楊慈湖》一文中說：「陸王學派還有一個側面、或者說一個極限形態。在這個側面中，楊慈湖的哲學作品呈現出了一個十分壯觀整齊的場面，尤其是《己易》、《絕四記》兩篇文章。」見氏著《中國思想史研究》，上海，上海古籍出版社，2009 年版，第 280～281 頁。

〔註 6〕今按，張念誠先生博士論文《楊簡心學、經學問題的義理考察》，入選林慶彰主編《中國學術思想研究輯刊》第七編，已於 2010 年由（臺北）花木蘭文化出版社出版。

〔註 7〕在書題「陸門禪影」四字中，「陸門」和「禪影」為並列關係，前者說明慈湖名義上的師承，後者點明佛禪對慈湖的影響，並非說慈湖「入禪」乃來自象山之影響。對於「禪」，本書雖主要指稱以慧能為首的「南禪」，但也並不排

題所作的尋繹與解答。下面，筆者將以書中重點處理的幾對關係為線索，略述拙著可能的創新之處，此亦可算對本書的題解。

第一，象山與慈湖之師弟關係。此關係實遠較人們的想像為複雜，由於固有成見已根深蒂固，辨清其中曲折委實不易。從師弟關係的名義看，慈湖曾向象山執弟子禮，象山視慈湖為及門，外界對此也廣泛認可，故慈湖乃象山之高弟，此似為無可爭辯之事。然而，傳統意義的師弟關係卻容易掩蓋許多思想史的真相，使後來者研究者如墜五里霧中。筆者對二人思想特色及師弟交往過程深入考究後發現：慈湖雖師宗象山，彼此學說也有一些心學的共同點（如二者皆注重為學工夫的「簡易」和自然，都存在「天本論」向「心本論」的本體論轉型傾向，都強調心的主宰性等），但我們如能突破整個宋明心學的「家族相似」（即儒家心學的一些廣義特徵），便不難看出，象山、慈湖在心學本體論、工夫論等重大方面都存在著較大差異。具體說來，象山的「本心」更接近孟子「惻隱」、「羞惡」的「道德心」，而慈湖的「本心」更突出了「清明虛朗」、「至神至靈」、「自正自善」、「廣大聖智」、「發育萬物」等特性，頗近於禪門「本自清淨」、「本自具足」、「本不生滅」、「能生萬法」的，具有「大圓鏡智」的「圓覺心」、「自性心」、「真如心」。象山重「心即理」，「理」儘管也有禪家「理境」之意涵（如稱其弟子詹阜民日夜瞑目內觀而獲致的「澄瑩」心境為「此『理』已顯」），但他並不否認心之內外有客觀準則性的「理」，並沒有完全拋棄概念認知系統。而慈湖重「心即道」，極力破斥人心現起的一切對待性觀念（佛云「分別心」、「分別智」或「分別見」），強調「本心」當下直覺的「見在性」，完全否定了人之理性概念系統的認知價值。另外，二人雖都強調「心」之本清、本明的一面，但象山尚承認現實人心的不完滿性，故仍重視以「義利之辨」（「辨志」）、「先立其大」、「發明本心」、「收拾精神，自作主宰」、「剝落舊習」為內容的「求放心」工夫；而慈湖則堅信本心的自神自靈、虛明無體、圓滿自足，故而杜絕了一切積極有為的正面努力（慈湖

斥其他佛禪思想。故書中根據具體文脈，有「禪學」、「禪宗」、「佛禪」、「釋氏」等不同稱謂。這是因為，中國禪道之興隆雖在達摩東渡之後，然自東漢安世高始，就開始誦讀禪經，修習小乘禪法。禪之觀法，實為中國佛家之共法，唯具體法門、重視程度不同而已。至於後期禪宗，其義理脈絡更為複雜。關此，可參閱（日）忽滑谷快天《中國禪學思想史》，朱謙之譯，上海：上海古籍出版社，1994年版。亦可參閱葛兆光《增訂本中國禪思想史：從六世紀到十世紀》，上海，上海古籍出版社，2008年版。

甚至認爲孟子的「貴操賤舍」、「存心養性」都是「意慮造作」），僅僅以「不起意」（即以破除主客二元對立之思維模式下由「認知心」產生的「分別見」）來完成對本心的保任。從心學陣營的內部看，這一系列差距，已不能簡單地從我們平常所謂師弟授受之際的思想落差給出令人滿意的答覆。筆者的看法是，慈湖所以向象山執弟子禮，乃由於「扇訟之悟」中象山對他的「觸機」因緣（其情形與禪師「棒喝」使弟子悟道酷似）；從學問傳承看，他其實並未能很好地繼承和發展象山的學問。相對而言，其父楊庭顯（字時發，1106～1188年）對慈湖心學的影響，實遠在象山之上。當然，若進一步深究，可知慈湖學形成的大背景和內部動力，乃南宋之「援禪入儒」時潮下「成聖」意識的潛滋暗長。慈湖對象山學之貢獻，並非在心學義理之開拓，而主要體現在對陸門聲勢的光昌上〔註8〕。這與象山去世後慈湖的年高德劭，尤其是慈湖因史浩家族的政治勢力而在南宋末年獲得的崇高學術地位有關。後儒本不乏斥象山心學爲禪學者，而由於慈湖「入禪」尤深，乃至悟境頻頻，多有玄妙空虛之論，更以繼承象山學術衣鉢的高足名世，遂使後儒產生因慈湖而誤象山的現象。自象山心學的盛衰起伏看，「成也慈湖，衰也慈湖」是頗有幾分道理的。以往研究慈湖心學者，雖略及慈湖與象山學說之不同（主要謂慈湖繼承象山之學，並在某些義理方面表現得更徹底，更富有創闢和膽識），然率多泛泛而談、粗而寡要，或僅限於一味地讚頌和辯護，實遠未曾說到這步田地。

　　第二，慈湖心學與禪學的關係。與象山學相比，慈湖學與禪學淵源尤著。從各種身心表徵看，慈湖生命進境中的一系列「大悟」已很難從傳統儒學的「現象學」中得到恰當的詮解，其長期持守的「靜坐反觀」也與佛門的禪定內觀無根本性區別。「禪定內觀」這種與日常生活暫時懸隔的內修工夫，與今天科學家們在實驗室裏做實驗有一定相近性，慈湖「靜坐反觀」中的一系列大悟很像實驗成功的某種效驗。然而，與實驗室之實驗不同的是，儒家心學作爲一種重視生命體悟的思想學說，其工夫入路的差異極易引起「心體」（心理體驗）的變異。由於慈湖常年沉浸於頗類佛家「止觀」的「內明」修煉中，兼受禪宗「即心即佛」、「觸類是道」、「道不用修」等觀念的影響，他所體驗

〔註8〕　在筆者看來，如就構建「心學」的功績看，另一位心學家張橫浦實未在象山之下。只是橫浦與佛禪中人交往過密，遂引起儒學界之大誤解，以至使連在思想上資之甚深的象山也不能不與之保持距離。而象山學之隆興，與浙東「甬上四先生」，特別是楊慈湖、袁燮二人的「據要津唱之」密切相關。

到的「本心」已非復孟子學中倫理意味（此倫理主要表現爲人在社會關係中產生的情感體驗與道德意識）極重的「道德心」，而接近佛禪的超越善惡的「自性清淨心」。其間的原委是，作爲慈湖工夫論宗旨的「不起意」之教，乃從禪家「無念爲宗」、「無心爲道」等修心法門轉手而來。而禪宗這類工夫法門本以「出生死」、「斷煩惱」、「證涅槃」爲鵠的，慈湖據此以求取儒家旨在經世致用的情感性、道德性「本心」，不啻爲緣木求魚、南轅北轍，結果卻破壞了儒家道德與情感的生成系統，致使儒家的「世間行」向佛禪的「出世間行」發生了一定程度的潛在性漂移。遺憾的是，在當時濃鬱的「三教合一」氛圍中，慈湖對這一事實顯然缺乏應有的反省與鑒別。話說回來，慈湖有著強烈的社會責任感和經邦濟國之志，其心學又有著迥異於佛禪「出世解脫」的道德本懷，其「不起意」工夫歸根結底是在宋儒追求「無我之境」的思潮下誤用的極端方式，其最終旨歸仍是在追求孔子「從心所欲不逾矩」、孟子「由仁義行非行仁義」的「無執」、「中道」境界。從這種意義上說，「不起意」工夫與佛禪意在證悟「萬法空性」而超越「生死輪迴」的「無念爲宗」、「無心是道」仍有根本性不同。

　　總體來說，慈湖心學與禪學有這樣一層緊張而複雜的關係：從追求目的上看，慈湖思想是入世性、救世性的，此乃十足的儒家立場；而從慈湖的工夫入路及生命體驗看，則又與佛禪難分難解、混淆莫辨。針對這一特殊情形，筆者認爲，拋開「非此即彼」的兩分法，從「入禪程度」上爲慈湖心學定位，或許不失爲一個較爲合理的論說方式。藉此得出的一個「不得已而爲之」的結論是：如將慈湖的「心本論」置諸孔子、《大學》的「心性論」和禪宗（「心性本覺」較明顯的一系，尤其是以馬祖道一爲首的洪州宗一脈）之間〔註9〕，則其特徵上較接近於後者。另一方面，若將其置諸孟子、《中庸》的「性善論」和原始佛學的心性論（主要側重心性之「清淨寂滅」而非「光明圓覺」的非如來藏一系）之間，則其無疑更近前者。在宋明儒學之心學、理學二脈的對峙分流中，朱子學一系由於更多地與孔子、《大學》的工夫論吻合，而慈湖一脈則於禪宗「心性本覺」一路接近，此「一來一去」之間，相互差異便不能不判若霄壤。即此可見，評判某一思想學說，所立足的詮釋理據不同，所得

〔註 9〕關於印度佛教與中國佛教（尤其是禪宗）的內在區別，現代學界有「性寂」、「性覺」之爭和日本的「批判佛教」風潮。可參唐忠毛著《佛教本覺思想論爭的現代性考察》，上海，上海古籍出版社，2006 年版。

結論就會有極大的不同。後儒對慈湖心學的禪儒之判有著截然不同的結論，正與彼等心中潛藏的不同參照系有關。

第三，慈湖心學與原始儒學的關係。此層關係與前兩點有一定重疊性，這裏僅側重敘述前面涉及的幾大「轉換」。主要看法是：宋明心學是對原始儒學、尤其是孟子心性論篩選擇取後予以「創造性詮釋」（「援禪入儒」）的產物〔註10〕。先秦儒學以「天」（賦予人爲「性」，程朱理學以具有形上品格的「理」或「天理」爲本體）爲最高本體，這使得先秦儒學重視對外在客觀性知識的學習、踐行，尤其是政治社會秩序的構建；而宋明心學受佛教如來藏一系的思想傳統和思維模式影響，以主宰性極強的「心」爲最高本體〔註11〕，這使其更強調本心「清明」、「圓覺」以及由此而來的「圓而神」的主體能力，「體道成聖」成爲其生命意識的焦點關切，知識的學習和公共倫理的建構轉成了次要之事，極端者甚至認爲知識才藝是修道的障礙。孟子的「性善」主要是「世俗諦」（基於道德意識與道德感情而言的現實倫理）意義上的「善」，而宋明心學則是「勝義諦」意義「心善」（無「善惡」等對待性觀念而遍具一切功德）。先秦儒學中，性與心爲「潛在性」與「現實性」的關係，而心學則將二者歸爲心之「當下見在」性上來（此與禪宗的「作用是性」有形式上的共通性。當然，這一傾向因人而異，不可一概而論，如涉及義理細節，情況則更爲複雜）。這一點在慈湖心學中體現得尤爲明顯。嚴格說來，先秦儒學精神基本上是一種建立在經驗理性基礎上的道德理想主義，其修身工夫始終貫穿在「下學而上達」的生活實踐中，其中雖有孟子「萬物皆備於我」、「反身而誠」等「內傾性」的修養方式，但這種修養方式不過是儒家「上達」工夫的一個小側面，遠非先秦儒學的主流，與宋明心學家以「呈露心體」爲旨歸的「工夫論」差異甚大。無須諱言，宋明儒者「靜坐反觀」、「體驗未發」等修養工夫，皆主要是吸收禪學資源而來。心學家的一些工夫即便在先秦儒學中

〔註10〕須知，孟子儒學雖較重視「心性」，而總體上仍不失爲一種政治儒學，這從《孟子》中大量的政治論說足以證明。宋明心學家所以特重孟子，一大因緣是孟子心性思想中有著更多可資發揮的資源。這與宋代儒學在禪宗影響下整體學術話語的「心性論轉向」有一定關係。

〔註11〕按，這當然不意味著心學家已完全否認了外在的客觀性之天或道，只是相對來說，其理論重心乃轉移到「心」上來，使心在主動性、自覺性、統攝性方面完全佔據了主導地位。正是由於這種本體論預設的轉變，引起了儒者工夫體驗的不同。以天爲本體，便不能不重視外在的客觀限制性，從而有敬畏、艱苦之意；而以心爲本體，則無意中更強調內心的充實主動，易有簡易、狂樂之意。

略有蹤影（如《大學》的「正心誠意」諸說），也因佛禪的啓發而被予以重新發明，變得程序化、細密化而具有可操作性。這一情形，在慈湖對孔子「毋意」說的發揮上體現得最爲充分——慈湖吸收了禪宗以破除「分別見」爲目的「無念爲宗」之教法，進而提出了自己的「不起意」工夫宗旨。「不起意」最終目的是爲了以一種更徹底的方式實現「無思無爲」的道德化境；然而事與願違的是，此修養法門使慈湖對「本心」的體驗與傳統儒學發生了重大偏離：使「本心」的「虛明神妙」性代替了「道德情感」性。事實上，儒家道德人格的成就，並不必一定要通過「靜坐反觀」後的「見性」爲前提。由於堅信「本心」當下的圓滿自足，慈湖幾乎完全屏蔽了傳統儒學的「道問學」之門（即「智識主義」傳統），其心學也有濃厚的反智主義傾向，終使其心學的經世致用品格大爲弱化。鳥瞰整個宋明儒學發展史，這一嬗變傾向本不自慈湖始，更不以慈湖終。然而慈湖在此「異端化」道路上，無疑是走得最遠最深的一位。總體權衡後，我們畢竟不得不承認，慈湖心學集中反映了儒學融攝禪學的重大變異傾向。心學發展至慈湖，實被逼到了無可退守的絕境。類似境況，在明末陽明後學中也有所重演。

第二節　慈湖心學現代研究成果之綜述與檢討

一、1980 年以前的慈湖心學研究〔註12〕

　　隨著學術的演進，現代學者對慈湖心學的研究有一由少到多、由點到面、由淺入深的「顯題化」過程。據筆者之孤陋，20 世紀 80 年代前，似尚未發現研究慈湖思想的專著乃至專門性論文（古人論著如湛若水《楊子折衷》等固不在此列）。慈湖心學基本上是作爲象山心學的「附庸」出現的，往往只言片語，徵引文獻多不出《宋元學案》之《慈湖學案》（按，該書僅錄《己易》、《絕四記》二文及有關慈湖之評價）。換句話說，慈湖思想此時尚未被賦予獨立的研究地位，學者只不過援慈湖心學以突顯象山心學的特徵而已。如馮友蘭先

〔註12〕按，此綜述限於中文學界。日本學者較著名的相關著述有：三澤三知夫《楊簡の解經法：〈楊氏易傳〉を中心として》，《日本中國學會報》第 56 集。牛尾弘孝《楊慈湖の思想——その心學の性格について》《中國哲學論集》1975年。荒木見悟《陳北溪と楊慈湖《哲學》（6），1956 年。島田虔次《楊慈湖》，《東洋史研究》，1966 年。

生在 1930 年代出版的《中國哲學史》（下冊）中，單列「楊慈湖」一節，首先便說「象山學說中之主要見解，楊慈湖更爲較詳細的說明。」〔註 13〕關於慈湖思想，他不過徵引《己易》和《絕四記》二文中的兩段話，且基本沒作詮解。另如，錢穆先生在 1950 年代撰有《宋明理學概述》一書，雖同樣單列了「楊簡」一小節，但也僅列舉了慈湖的幾句話及他人之評論，其本人對慈湖的唯一評論是：「他（慈湖）生平不作一草字，即此可想其制行之嚴恪。但他的思想卻似極放縱。」〔註 14〕張君勱先生在《新儒家思想史》（按，此書原爲英文版，分上、下兩卷分別於 1950、1960 年代出版）一書中，也有專節論及慈湖，他對慈湖推崇備至，曾謂：「撇開禪宗的影響不講，我要說楊簡是南宋最有才能的思想家。他的靈悟和膽識甚至超過有名的前輩朱熹和象山先生。」〔註 15〕張先生別出心裁地認爲慈湖的「己易」與德國著名哲學家謝林的「同一哲學」有近似性，但對此僅點到爲止，沒做深入分析。唐君毅先生於《中國哲學概論・原性篇》一書分析象山、陽明的心性論，論題旁及慈湖，認爲慈湖《己易》是「廣度地說，延展地說，亦散開地說」，是「『人對其心量之廣，作一自己關照、自己玩味、自己欣賞』，而帶有美學情調」。〔註 16〕並指出「慈湖言不起意，高明之趣多，而艱難之感少，其言皆不足以勵學者之志，而不宜立教。」〔註 17〕蔡仁厚先生在《宋明理學・南宋篇》之「象山之門人與後學」中列有「楊慈湖與甬上諸賢」部分，對慈湖心學略有紹介，認爲慈湖《己易》一文，不失儒門義理之矩矱，亦是對象山「宇宙即是吾心，吾心即是宇宙」的發揮，並指出朱學之徒如陳淳等人攻擊慈湖爲禪，乃門戶之見和學識偏差所致。〔註 18〕從上述幾位著名學者的論說及徵引材料不難看出，在上世紀 80 年代以前，慈湖心學還處於學術研究的「邊緣地帶」，屬於被「捎帶」的內容。這一現象的出現並不難理解：自西學東漸以來，傳統學

〔註 13〕馮友蘭：《中國哲學史》（下冊），上海，華東師範大學出版社，2000 年版，第277 頁。

〔註 14〕錢穆：《宋明理學概述》，臺灣，學生書局，1977 年版，第 235 頁。

〔註 15〕張君勱：《新儒家思想史》，載《中國現代學術經典・張君勱卷》，石家莊：河北教育出版社，1996 年版，第 254 頁。

〔註 16〕唐君毅：《中國哲學原論・原性篇》，《唐君毅先生全集》卷十五，臺北，學生書局，1984 年版，第 428 頁。

〔註 17〕同上，第 430 頁。

〔註 18〕參見蔡仁厚：《宋明理學・南宋篇》，長春，吉林出版社集團，2009 年版，第188 頁。

問中的「經史子集」被納入現代學術範式中，被重新洗牌、分類，貫之以哲學、文學、歷史等學科名目，並以現代知識和觀念做出詮釋。在此大背景下，學者們重新打理宋明理學，當然須把研究重心聚焦在程、朱、陸、王等更富有創造性和影響力的大儒身上。

二、1980 年代的慈湖心學研究

　　1980 年代，學界對慈湖哲學始有專節或專章的研究。較具代表性的，如崔大華先生於 1984 年出版的《南宋陸學》一書，中有「甬上四先生——陸九淵思想的擴展」一節，該節用較大篇幅論及慈湖心學。同年，侯外廬等先生主編的《宋明理學史》上卷出版，崔先生撰寫了其中的象山弟子一章，關於慈湖的論說與前著並無二致。現在看來，崔先生是嚴格按照「階級分析法」和「唯心、唯物」等所謂「哲學基本問題」模式來從事研究的，他認為慈湖對象山心學的發展集中表現在三方面：（一）拋卻象山心學的「沿襲之累」，（二）公開引進佛家思想和蒙昧主義，（三）實踐象山所謂的「六經注我」。從而斷定慈湖心學「否定人的任何具有能動性、創造性的思維活動」、「提倡無思無慮的蒙昧主義」，發展了象山的主觀唯心主義哲學〔註19〕。臺灣張念誠先生在其博士論文中對崔先生的上述觀點，以專節專論的方式進行了逐條批駁。從義理本身說，筆者完全同意張先生對崔先生的批評，但想補充辨別一句的是，崔先生的這些論點，無疑是受大陸長期以來「學術意識形態化」影響的結果，這只能說是時代與學術的不幸。須知，自中共建國以來，受蘇聯「日丹諾夫式」傳統教科書影響，唯心主義與唯物主義、辯證法與形而上學的鬥爭、以及「階級分析法」等，成為研究中國思想史的基本框架。這一政治化、教條化的研究模式，摧殘了整個中國大陸人文學術幾十年，流毒深遠，至今尚難徹底肅清。當然，倘置以今日的學術環境，崔先生決不會犯一些近乎違背常識的錯誤。即便是著名哲學家馮友蘭先生在 1988 年出版的《中國哲學史新編》（第 5 冊）何嘗不是將慈湖的《己易》看作「系統地、明確地暴露主觀唯心主義的作品」〔註20〕？

〔註19〕參見侯外廬、邱漢生、張豈之《宋明理學史》（上卷），北京，人民出版社，1984 年版，第 587～598 頁。

〔註20〕馮友蘭：《中國哲學史新編》（第 5 冊），北京，人民出版社 1988 年版，第 262 頁。

三、1990 年代的慈湖心學研究

進入 1990 年代，這一傳統教科書的僵化模式已有所弱化，關於宋明心學的研究也漸趨客觀深入。陳來先生於 1991 年出版的《宋明理學》一書，從「神明妙用」、「不起意」、「天地萬物通爲一體」三個要點出發，對慈湖的神秘體驗、「不起意」工夫、「本心」境界等問題都作了較爲平實中肯的分析。陳先生認爲，慈湖的神秘體驗與其潛意識追求有關，慈湖自小讀《易大傳》「無思也無爲也，寂然不動，感而遂通天下之故」時，就將「無思無爲、寂然感通」的聖人境界作爲了畢生致力目標〔註 21〕。而慈湖的「毋意」工夫，不僅要去惡揚善，亦要由動歸定，達到「寂然不動，感而遂通」的境界〔註 22〕。他最後強調，慈湖把個體的心視爲與宇宙同其廣大無際的「大我」，「更多的是表達了一種體驗與境界，表示一個站在很高的精神境界上的人對宇宙、自我的一種看法，一種見解，而不是一種理性的本體思維。這種學說所注重的並不在於宇宙的本質是否爲精神，而在於有這種大我之境對於人生所體驗到的意義」〔註 23〕。應該說，陳先生在此不足三千字的文字中，不僅抓住了慈湖心學的要領，而且言簡意賅地概括了慈湖心學的特質，文章雖短，其理論深度卻是很多後來者的長篇大論所不能企及的。唯篇幅所限，他對慈湖心學的許多問題尙無法深入探討，如文中並未涉及慈湖心學與佛禪的關係，不免使人感到意猶未足。然而，陳先生在幾乎同時期所撰的《南宋心學與佛教》（按，該文單獨發表於 1992 年）一文中，曾論及慈湖與佛教的關係，認爲慈湖「不起意」吸收了佛家「無念爲宗」、「心念不起」的思想，並認爲相較於象山，慈湖的「本心」立場更加佛教化了〔註 24〕。

1996 年，大陸學者鄭曉江、李承貴兩先生在臺灣出版了慈湖研究的專著《楊簡》〔註 25〕，該書屬傅偉勳和韋政通二先生主編的「世界哲學家叢書」之一，也是現代學人研究慈湖心學的第一部專著，對慈湖研究的深細化自有開拓之功。遺憾的是，從該書的諸多論說看，作者的詮釋入路，顯然與慈湖心學整體的精神意態大不相應。尤其是該書在內容結構上將慈湖心學分爲「一論」、「禮

〔註21〕 陳來：《宋明理學》，上海，華東師範大學出版社，2004 年，第 164 頁。

〔註22〕 前揭書，第 166 頁。

〔註23〕 前揭書，第 168 頁。

〔註24〕 陳來：《南宋心學與佛教》，載氏著《中國近世思想史研究》，北京，商務印書館，2003 年版，第 215～216 頁。

〔註25〕 鄭曉江，李承貴：《楊簡》，臺北：東大圖書公司，1996 年版。

論」、「知論」、「治論」等七章，直是把慈湖頗具系統性的心學義理肢解得支離破碎，此無疑是《楊簡》一書最大的失誤。另外，此書對本應重點考察的一些關鍵所在，如「不起意」工夫論等則未予正視，對慈湖學與禪學的關係則避而不談，轉而對一些枝節末梢的問題大加發揮，對慈湖多有不切實際的褒頌之辭。由於該書在臺灣出版，張念誠先生對此書批評最烈，認為此書作者受「知識學訓練」毒害，以致「強人就己」、「未如實正視慈湖心學」，「橫將慈湖心學簡單、魯莽割裂」，理論深度尚不如崔大華先生先前的《南宋陸學》〔註26〕。

不可忽視的是，劉宗賢女士在1997年出版的《陸王心學研究》一書中，有「楊簡對心學的理論發展」一章。該章以近40頁的篇幅，對慈湖心學的形成過程、慈湖與象山的關係及學問之差異、慈湖的心本論和直覺主義修養論等方面都有較細緻和深入的探討。劉女士的主要觀點是：慈湖心學源自對宇宙本體的思辨，而象山心學則是以人生問題為核心的，慈湖完成了象山先天道德本體論到主觀唯心主義宇宙觀的轉化；慈湖全部心學思想，乃是以慈湖最初證悟的神秘的主觀精神體驗為基礎；慈湖之「本心」，不帶有任何觀念的意味，只是一種虛靈無差別境界，這就拋棄了象山「本心」中具有觀念性之「理」的「沿襲之累」，等等。難得的是，該章最後一節還對慈湖的「靈明」之心與陽明的「良知」進行了「對接」。〔註27〕劉女士的這些論說無疑是慈湖研究的深化。當然，從今日眼光看，劉女士對慈湖的論說也有許多不足：除一些論述已顯得粗疏外，仍某種程度地沿襲了「唯心」、「唯物」的詮釋思路（以此西方哲學概念研究宋明理學，乃一種概念的誤植）和「階級分析法」，認為慈湖心學是對象山「主觀唯心主義」的繼承發展，對慈湖的家學淵源缺乏考察。另外，對慈湖「援禪入儒」的負面影響也缺乏相應的反思。

四、21世紀以來的慈湖心學研究

進入21世紀，隨著學術研究的不斷拓展與深化，慈湖心學愈發受到學者的重視。時至今日，海內外出現了約二十部研究慈湖哲學的博士、碩士論文，見於報刊和文集的專論也不少於百篇〔註28〕。恕筆者直言，從理論深度看，

〔註26〕見張念誠：《楊簡心、經學問題的義理考察》之緒論，臺灣國立中央大學中文研究所博士論文，2003年。

〔註27〕劉宗賢：《陸王心學研究》，濟南，山東人民出版社，1997年版，第149～173頁。

〔註28〕錢茂偉在《近三十年海內外楊簡研究的學術史考察》一文中，列舉了自20世

這些論著大多未能超越上述陳來、劉宗賢二人的學術見識。其中，較具學術貢獻的是 2006 年山東大學曾凡朝先生的博士論文——《楊簡易學思想研究》（曾先生此後發表研究慈湖的論文多篇，但多不出其博士論文見解）。曾先生主治易學，對《楊氏易傳》作了較詳細的分梳，此自能一定程度上補充慈湖研究之不足。大陸學者趙燦鵬先生於 2005 年，在香港嶺南大學完成了題爲《「精神」與「自然」：楊慈湖心學研究》的博士論文〔註29〕。依愚見，趙先生論文的突出優長之一是對慈湖相關學術資料的搜集較爲廣備，論文附錄之《慈湖著述新考》一文，對慈湖著作的存佚、刊刻、流傳等狀況做了極翔實的輯佚考證，頗具史料價值。另外，趙先生對慈湖心學於南宋後期興衰的政治背景探索，也是其論文的一個亮點，拙著對此也有借鑒。當然，本人對趙先生論文的許多關鍵性論點並不贊同，如趙先生認爲慈湖心學遙接了孔子儒學的大傳統，轉而對後儒批評慈湖「入禪」的議論，皆一律簡單化地認定爲朱派學者的門戶之見。值得一提的是，趙先生撰此論文時，已分明參考到張念誠先生的博士論文《楊簡心、經學問題的義理考察》，然而卻無視此著在慈湖心學研究中的里程碑地位，以致其認爲在象山後學之生平與思想的研究方面，崔大華先生於 1984 年出版的《南宋陸學》一書，仍是他寫此論文時所見到的最好著作。這幾乎是筆者難以想像的。

張實龍先生 2012 年出版有《楊簡研究》一書。在此書「結語」部分，張先生認爲其書的貢獻主要集中在三方面：一是重新評估了楊慈湖，認爲慈湖已入聖賢之域，是中國歷史上少有的大賢之一，並自認爲這一評估「不光是爲了恢復他在儒學史上應有的地位，還在於他對我們今天的生活有著非凡的意義」。二是揭示了慈湖「四面相」，即此著與一般學者從宇宙論、本體論、工夫論、政治哲學等方面入手不同，重點從慈湖之心理、慈湖之行爲、慈湖之社會和慈湖之文化四個方面，「自以爲可得慈湖之全」，走近了楊慈湖的眞實生命。三是提出「神性思維」的概念，使慈湖心學得其正解。張先生認爲神性思維具有「自我作主性的主體性、洞徹一切的深刻性、無思無爲而無不思爲的神秘性，與宇宙

紀 80 年代初研究慈湖研究的相關論述，統計出相關論文 69 篇（並未包括後面論文集的 20 多篇文章），有 19 部碩、博學位論文（按，筆者的博士論文未計入）、20 部著作（非專著）涉及慈湖研究。見張偉主編《慈湖心舟——楊簡學術研討會論文集》，杭州，浙江大學出版社，2012 年版，第 1～7 頁。

〔註29〕趙燦鵬：《「精神」與「自然」：楊慈湖心學研究》，香港，嶺南大學博士論文，2005 年。

進化相一致的超越包容性、無比強大的自信力」，是超越並包容了感性思維和理性思維的更高級思維形式。張先生對自己提出的這一概念十分自得，認為神性思維「幾乎可以理解慈湖的一切」，慈湖的「本心說」、「不起意」工夫，一生中的一系列「大覺」，都可以據此得到圓融的解釋。〔註30〕以「神性思維」概念來詮釋慈湖心學，是本書最大的特色所在。

平心而論，張實龍先生所著《楊簡研究》一書，總體上不失為國內較具理論深度和特殊見地的一部學術專著，在使人瞭解慈湖心學思想、生平事跡乃至當時四明地區的社會文化等方面皆有一定參考價值。此書的前三章，論說慈湖的聖賢意識、「本心」和「不起意」，用功細密、旁徵博引，尤見其意匠經營之苦心。當然，中間關於慈湖及其心學的很多論斷，筆者都有著與張先生頗為不同的看法。其中最關鍵性的一點是，筆者雖然對張先生獨樹一幟的「神性思維」概念本身持認同態度〔註31〕，但竊以為他自信此概念足以解釋慈湖心學的一切，則未免把複雜問題簡單化了。張先生認為神性思維是人類生命發展的必然趨勢，它包括並超越了感性思維和理性思維，但準此概念之內涵論，慈湖心學的思維模式反而不能被稱為神性思維。依筆者之見，儒家「不勉而中，不思而得，從容中道」的道德化境，乃建立在理性思維（有分別的「認知心」）的基礎上，是人之道德踐履「熟透」之後，由「意識」轉入「無意識」的結果。而慈湖心學的一大特質是「反智識主義」，其「不起意」工夫恰恰是否定理性思維以追求不起「分別心」的直覺思維。慈湖因「不起

〔註30〕 以上參見張實龍《楊簡研究》（杭州，浙江大學出版社，2012 年版）之「結語」部分。

〔註31〕 按，張實龍的「神性思維」概念實得益於美國當代後人本心理學家肯・威爾伯的意識理論。如以現代人對宋明儒學的研究而言，張先生實亦不必另創設此概念。舉例而言，臺灣新儒家牟宗三的「智的直覺」一詞足以盡之。慈湖「本心」之虛明無體、神感神應的體性，正是「智的直覺」之作用。這種直覺所呈現的境界（良知呈現），完全超越了物我、天人的差別對立，無時空相、流變相、生滅相、是非相。但人在「智的直覺」狀態中，是無所謂科學知識等理性認知可言的，因為它是一種「與物無對」的覺照遍潤，它不是把事物作為外在客觀對象而分析把握之，而是在一種超越物我對立的感通中，把事物呈現為具有價值意味的存在。因此，「智的直覺」可以使人化「有執」為「無執」，進而獲得某種超越的解脫智慧，卻不能使人獲得客觀公共性的科學知識，後者只有當人心作為「知性主體」時才能實現。也正是因為認識到了這一點，牟宗三先生才不得不提出「兩種存有論」和「良知自我坎陷說」，使屬於「無執的存有論」的「智的直覺」通過自我否定轉出「知性主體」，以實現科學知識，進而謀求解決與人的現實存在相關的問題。

意」工夫達成的一系列「覺悟」，不過是由長期「靜坐反觀」獲得的特殊心理經驗，而其對「本心」的諸多論說，也都是對此心理經驗描述與發揮。退一步說，即便慈湖由「不起意」而來的「直心而行」屬於張先生所謂的「神性思維」，那麼禪家的「神性思維」豈不是更比儒家高明圓妙得多，如此一來，張先生所謂慈湖是歷史少有的大賢之一，又從何說起？一大遺憾是，張先生在長達 30 多萬字的著作中，並未正面論述慈湖心學與禪學的關係，略有涉及處不過以下兩點：一是套用牟宗三先生辯解「象山非禪」的話語，認為慈湖心學與禪只是風格上相似，慈湖之「無思無為」是「作用義」而非「存有義」上的「無思無為」；二是認為慈湖心學與禪是天地懸隔，慈湖強調神性思維，就將自己的心學與禪學劃清了界限。筆者本人也不將慈湖心學等同於禪學，這裏只是先交待一句的是：慈湖心學與禪學的差別，別有其學理因緣在，既非體現在「神性思維」上，亦非僅僅止於外表風格的相似而已。

綜觀 21 世紀以來的慈湖研究，在義理闡發上雖不乏可圈可點之處，但更多是平面的積累與擴延，缺乏深入透闢的功力精湛之作。一大特徵是過於崇信古人，辨慈湖非禪，對慈湖大唱讚歌〔註32〕，認為慈湖繼承並發展了象山心學，克服了象山思想中的某些理論不足（「沿襲之累」），使得「主觀唯心主義」更為徹底，達到了更高的道德境界，學習發揚慈湖心學，對療治現代社會的弊病有重大參考價值，云云。而對慈湖心學背後的一些重大問題卻未予正視或語焉不詳，諸如：慈湖心學與先秦儒學究竟有何根本性不同？慈湖一生的行思究竟是欲解決什麼問題？如何看待後世思想家對慈湖心學的「陽儒陰釋」的批判？何以很多學者斷定其學說「全入於禪」？慈湖對象山心學發展有無「負面」作用？這類問題意識的缺失無疑大大影響了論著的思想深度。事實上，讀讀宋明間一些學者對慈湖心學的批評（如羅欽順《困知記》、湛若水《楊子折衷》等），就知道一些研究者對慈湖思想的理解遠未達到古人的深度（至少，他們對古籍中大量的相關論述未能作相應的吸取、借鑒與回應）。坦白說，部分關於慈湖心學的論著，為「稻粱謀」的意味很重，恐怕很難算得上真正意義上的學術研究，

〔註32〕 如邱大年認為「楊簡是卓越的哲學家、政治家、教育家，而且是傑出的書畫家。在『陸王學派』中其成就極高。其思想的系統性、治學的廣博性、哲理的玄奧性、立論的一貫性、考證訓詁的精確性，勝過其師陸九淵和而後三百餘年的王守仁。王守仁提出的許多學術命題，楊簡早已說過，而且說得更確切些。」（轉引自李才棟《甬上四先生及其後學與書院教育》，《江西教育學院學報》1997 年第 1 期）。

大多屬於陳陳相因、大同小異的「重複性建設」，非但未能後出轉精，許多地方反較前人有所不逮，徒給人一種虛浮飄蕩、遊談無根之感。

這一學術退步現象的出現，根子上在於一些研究者在當今學術研究「重量不重質」的平面化趨勢下，急於開闢新的學術陣地，而對宋明理學的研究現狀乃至整個儒學、禪學的義理骨架缺乏總體性把握，故而不能真正地「入乎其內」以作相應的理解；尤其是對慈湖之外眾多理學家的思想缺乏大致瞭解，使一些研究者只能任憑一己「我研究誰就誇讚誰，誰的思想就有價值」之類的意識作祟，隨便拉取慈湖思想的某個方面，要麼生吞活剝、敷衍成篇，要麼橫撐豎解、妄加發揮，更有個別論者除了稱引自己師長無關宏旨的論著外，幾乎從不注引其他現代學者的觀點。比如，有學者讀到慈湖以孔子之言為自己「本心」和「不起意」正名，就想當然地認為慈湖的基本思想源自孔子而不加置辨。又比如，有學者援引孔子「有德者必有言，有言者不必有德」這一格言，率爾根據慈湖是「有德者」這一前提，推論出其「言」自然正確的這一結論。諸如此類，不一而足。這點，筆者後文有大量的論說，這裏不妨暫舉一反例：慈湖認為，孔子之後儒道不傳，「孟子、子思皆近之，惜乎小覺而大非，其言多害道」，唯有康節、明道、象山以及其父親能夠續接其道統，事實難道真如其所說嗎？事實上我們若能對孔子儒學和佛家經論如《圓覺經》、《大乘起信論》、《壇經》等有一大體瞭解，兩下對照辨識，就知道慈湖「心本論」與「不起意」工夫的義理指針，究竟偏向了何方。

在筆者看來，近十多年來對慈湖哲學研究真正作出貢獻的是臺灣學者鍾彩鈞和張念誠二先生。前者撰有《楊慈湖心學概述》一文，從慈湖的家學淵源而不是從「象山後學」出發，對慈湖心學有一簡略而不失深刻的論述。文章對慈湖家庭背景、道德實踐、心地工夫進行一番分析後，指出象山與慈湖在下述方面存在著明顯不同：慈湖學問的風格是「深根寧極，心氣和平」，而象山則是「光明俊偉」；象山剝落利欲、意見、議論，但不曾剝落「理」，而慈湖則連「理」也剝落了；象山本心作為「理」，是可以認識、發用與實踐一切的「理」，而慈湖的心則虛明無體，容納萬事萬變於其中，又復超然其上，萬物在心中是影像的存在。最終得出結論說：「慈湖不僅發展了象山的概念，更重要的是走上了不同的方向。相對於象山的道德心，慈湖主張形上心，這一方面是家學的發展，另一方面也可能間接受到佛教的啟發。」〔註33〕鍾先

〔註33〕鍾彩鈞：《楊慈湖心學概述》，臺灣中央研究院中國文哲研究所，《中國文哲研

生此說，可謂慧眼獨具，展示了敏銳的學術判斷力。

五、張念誠先生的慈湖心學研究

代表當今慈湖學研究最高水準的，實推臺灣張念誠先生的博士論文《楊簡心、經學問題的義理考察》。張先生將慈湖哲學定格爲「生命之學」，從其「生命之學三進路」﹝註34﹞的解釋架構出發，對慈湖之「心善意害說」，「慈湖心學

究集刊》，第 17 期。2000 年 9 月。另，張先生另有《楊慈湖〈易學〉概述》一文，選入《張以仁先生七秩壽慶論文集》，（臺北，臺灣學生書局，1999 年），惜此文一時無法獲得，故無法予以評介，暫付缺如。

﹝註34﹞ 按，張念誠受法籍耶穌會神父甘易逢《靜觀與默坐》一書啓發，提出靜態「生命之學三進路」之解釋框架：「上門之路」、「中門之路」、「內門之路」。筆者以爲相關論說不僅對解讀慈湖心學有重要參考價值，對於辨別儒學與其他教派的差異也有重要啓發，此不妨採錄如下：（一）「上門之路」：此路徑大抵以基督教、天主教爲代表，上門行者的主要行進工具爲「信仰心」，彼等相信上帝、天主乃宇宙間至高無上、全知全能的主宰、「造物者」，上帝、天主以某種「受造者」（如人類）永難理解的方式掌管著宇宙秩序和人事運作，且上帝、天主所在的「超越界」自是永恆的時空國度，所以此門行者視人世之旅只是某種形式的過度、旅棧，今生行履是爲了彰顯「神的榮耀」及回歸「主的懷抱」而顯其意義。進言之，上門行者是以完全交託、信靠的心靈態度，來接近他們所皈仰、認定的代表著至高、無限、權柄、全能的上帝、天主。這條上門靈修之路，大抵特重「信力」及「他力」，相對缺乏「解」、「行」、「證」等修學配套工夫，所以在生命進路上，乃是心靈虔敬朝「上」與上門眞理、光明尋求會遇、融合的前進模式。（二）「中門之路」大抵以人類「相對性的意識思維」爲認識人我、世界的工具、及邏輯演繹基礎，在人間世相上尋求自我認定的意義、眞理，期以建立「人與人」、「人與事」、「人與物」的完美理則、通路、規範、關係等。一般而言，中門行者大抵具有現世精神，特重人間性、理想性，相對缺乏出離心。以此而言，注重外王事功、積極建立客觀化秩序、規範的儒者及「爲學日益」型的經學家皆可劃歸此路。進而言之，如果說上門行者的典型修學特徵、可比擬爲臉部朝著天際，似被從上而來的光所照臨，內門行者的典型修學特徵，可比擬爲佛陀安止於內在靜觀的禪定神態之中，那麼中門行者的典型修學特徵，便可以「周公制禮作樂、孔子刪述六經、率弟子周遊列國推廣仁政、乃至經學家皓首窮經於經傳注疏之中」等圖像來比擬。此皆以吾人根身意識爲工具，發揮其正向功能，在人間各種形態的活動歷程中，抉發、開創人生眞諦的踐道類型。（三）「內門之路」：此路通常以佛教或廣義內觀式宗教爲代表，基本上，這是依仗吾人自心努力的力量，專注、持續往內靜觀、深化，所以這條靈修之路，基本上是一條自我除垢、淨化的深遠過程。在此除垢、淨化過程中，心靈一直往「內」鑽研探索，層層剝落，最後可能看到自己的本質其實即是空性，沒有質實不變、可以執著把捉的「自我」。此種空性體證的覺受經驗，帶給內門行者的，不是一無所有或空虛、空茫，反而是一種「豐盈」「滿」的感覺，所以它是一條轉識

儒佛定位」、「證量解經」等問題的論述，皆能鞭闢入裏。其中對慈湖與象山之不同，慈湖心學隱含的「身──心──靈」關係，慈湖之「意」的兩重性之剖析，更是精彩紛呈。論文指出，慈湖心學誠然「提升了儒學義理、境界的高度、深度與寬度」，但片面攝取佛禪內證成分以發展、詮釋心學的結果，導致了「中門儒學的寬度與人間性格相對萎縮」，一定程度地體現了儒學向禪學的「轉出」與「分化」。另外，慈湖除「不起意」工夫外，再無其他下手工夫處，其心學偏向「減損面」、「消解面」者多，正面給出「價值根源意義少」，不似象山總在「血脈處」關鍵處啓發、指點人那麼警策有力。〔註35〕他最終將慈湖本人定格爲「融佛心儒」，將慈湖學定位爲「融佛心學」。

　　毫無疑問，筆者對張念誠先生論文的理論深度十分歎賞，對其中的一些重大論點也是深爲服膺心有戚戚的。在慈湖心學研究領域，張先生眞可謂異軍突起，一騎絕塵，遠過儕輩。張先生碩士階段即以象山哲學爲研究方向，大學任教多年後又寄身於頗有現代新儒學傳統的臺灣中央大學攻讀博士，在王邦雄先生門下苦心經營六年，故大陸一些速成之作與其大著相比，眞是暗淡無光而不可作同日語。老實說，筆者若在論文選題之初即能見到張先生大著，而又無此時之蘊積，當有「眼前有景道不得，崔顥題詩在上頭」之歎，極可能因「避其鋒銳」而改弦易轍。〔註36〕

成智、明心見性之路。此外，道家、乃至部分特重心靈體證的儒者如孔子、孟子、象山、陽明在某個程度、層次上亦可相對劃歸此路。換言之，行走此路，憑恃的主要工具是「心」，不過儒釋道所言之「心」，因彼此對人生、生命、世界的認識、方法有其不同面相的側重，以致佛、道兩家「心」的特性、境界在「負面消解」「爲道日損」「無我」「無爲法」的層次上較爲接近，至於儒家當然亦有精微的內門心行，然由於必得搭配中門進路「知其不可而爲之」的「淑世精神」與「外王使命」，以致對「心」的認識、體證必得從「主體性」、「創造性」、「德性我」出發。（四）在對三條生命進路的分別定位詮釋基礎上，張先生認爲，一般而言，儒者大抵循「中門之路」踐道爲多，兼或程度不等地融攝一、兩種上、內門進路。儒者若融攝其他修行路徑，其融攝內門之路（如佛、道）的可能性，通常較融攝上門之路（如天主教、基督教、回教）的可能性爲高。此中原因除了歷史因素的解釋外，更與儒家本身具足一定的內聖特性，致與佛道兩家對生命之學的解釋系統較爲相融，相對利於轉換、連接有關。──以上論說參見張念誠《楊簡心學、經學問題的義理考察》第一章「緒論」之第三節《本論文的研究方法──靜態「生命之學三進路」解釋架構之建立》。（注，筆者所打印的張先生論文版本，未標注頁碼，故僅標明章節，後引仿此。）

〔註35〕見張著第六章《結論》部分。

〔註36〕按，張著由筆者陳師立勝先生2009年歲末訪臺時獲得電子版，此時筆者論文

　　依筆者，張先生所以能寫出如此高水平的論著，除其本人較深厚的慧根學養和工夫努力外，下述幾方面原因尚須特別指出：（一）相應的精神意態。與大陸一些研究者不同，張先生緊緊抓住儒家心學乃「生命之學」而非「知識之學」這一根本特質，表現出與慈湖心學十分相應的精神意態。這一精神意態使其認識到慈湖心學「爲道日損」的體道之學，而不是「爲學日益」的知識之學。這使其能夠衝破現代人「知識學訓練」的束縛，對慈湖在長期靜坐、境界體驗等方面論說，有一種深入契合的理解。（二）強烈的問題意識。不同於一些學者的平面化研究，張先生圍繞「生命的學問」這一主題，以「儒佛之辨」、「生命之學」、「證量解經」爲基本框架，提出「心善意害說」，「證量解經」，指出慈湖心學「超智」、「超人間性」等特性，都可算抓住了慈湖心學的要害。（三）恰當的研究方法。張先生受法國籍耶穌會神父甘易逢所著《靜觀與默坐》一書啓發，加以重新詮釋轉化，設計出靜態的「生命之學三進路」的解釋架構，成爲深入解讀慈湖心學一把鑰匙。

　　當然，這絕非意味著張先生的慈湖研究不可超越。張先生由「生命之學三進路」來詮釋慈湖心學，美則美矣，深則深矣，卻也有許多缺憾在。讀其大作，宛如在聽一位禪門老僧訴說其證道的生命體驗，且時時流露出一種對「內證之學」過度欣賞的意態。我們說，欲以慈湖心學這樣一種偏重「內明」的學說爲研究對象，如論者對此「生命的學問」無眞切體驗或相應之理解，自然容易隔靴搔癢而淪爲浮光掠影之虛論，但若對此「悟道」體驗陷溺過深而眼界不開，或未免反受其限制。如張先生論文對慈湖門下的「覺者」進行了深入考察，此亦自有其獨特價值，但這都是一種「找東西的眼光」下的選擇而已。再比如，張先生在論文最後指出了未來慈湖研究的「後續開展空間」，認爲或應該轉移到「甬上四先生」上來，或藉此考察以「意」爲心學主軸的明代湛若水、羅欽順等人的心學（愚按，其實羅欽順並不能劃入心學家）；或是進一步考察慈湖心學從人（如孫明仲、鄒夢遇等）之吸收佛家「純粹內門之路」以踐道的儒者所反映的特殊文化現象；或是研究走「內門之路」的慈湖如何以「證量解經」方式解《易》、解《詩》，並將其與性質上可定爲「上門之路」的「聖經詮釋學」對比異同〔註37〕，等等。老實說，張先生這些勸告，自不乏其特殊見底，目的當然更是出於好意——使後繼研究者少走彎路。但筆者一條也未能遵循。因爲在本人看來，張先生此說或未免過

　　　　內容已基本確定，且寫作過半。
〔註37〕見張著第六章《結論》部分。

於自信而令人有蛇足感。說到底，上述「說教」充其量是其個人心中的「慈湖研究之後期工程」。事實上，對慈湖這樣一個頗具「問題簇」的心學家，僅憑張先生一部高質量的論著，是無法「至矣盡矣，蔑以加矣」的。

以筆者之拙見，如跳出張先生內修式的「生命之學三進路」解釋框架，轉而以學術觀念史的角度來打量，其博士論文在研究廣度與穿透力方面，未免有多種虛歉（即此而言，張著在對慈湖心學義理關節點的展開上，反不如劉宗賢女士之文）。譬如，慈湖有頗據特色的「以覺訓仁說」，此無疑能體現慈湖心學的某些本質，張先生何以置而不談？乃至堪稱慈湖心學宗旨的「心之精神是謂聖」，又何以未曾正面觸及？另如，張先生將慈湖心學定位為「融佛心學」，筆者對此並無異議；然佛教哪怕是禪宗不同系派之間也有著重大義理分歧，張先生卻對此不加致辨，遂使其對慈湖心學與佛禪關係缺乏更清晰入微的義理分析。再比如，張先生對慈湖「不起意」之「意」的理解可謂諦當，但為何不進一步追問慈湖何以要起用「不起意」之工夫？至於本書前文涉及的傳統儒學向宋明心學過渡之一系列問題，張先生則無一涉及。至少在筆者視域中，這又不能不算是重大的疏漏與缺憾。當然，上述要求，是筆者對張先生訴諸了更高的學術期盼，絲毫無損於張先生大著的理論貢獻。但自學術的進展言，後繼者總是要踏著前賢的成果不斷勘察下去。竊不自量，此著正欲在張先生之「百尺竿頭，更進一步」。而論述的關注點，當側重於對張先生及其他學者未曾觸及的問題，而又自認為特別重要者。愚鈍如我，限於資質學力，拙著究竟能達到何種程度的成功，則非作者本人敢自作評斷矣。

第三節　本書的研究方法與內容結構——立足於「儒學四法印說」的論說架構

一、對本論題研究方法之自覺

在思想史研究中，是否必須有一較為固定化的方法和套路，或者更進一步說究竟哪種具體方法比較好，都是值得深入討論的問題。當然，一般意義上的法子總可說出一些〔註38〕，例如：要盡可能多地掌握與研究對象直接或

〔註38〕 筆者對當今人文學術的研究方法缺乏深入學習與思考，但對歷史學者嚴耕望先生《治史三書》中所論述的一些治學方法深為服膺，曾多次拜讀研磨，自

間接相關的材料，對之梳理、分析、歸納、綜合，弄清材料背後所涉及的問題，並在此基礎上深思熟慮，達到「同情之默會」，以期最終深入把握某一學說的「本質」；在論說內容技巧方面，應該詳他者之略．略他者之詳，注重「人無我有，人有我優，人優我新」等原則；要站在一個較廣泛的學術視野中，從思想史的角度弄清某問題的來龍去脈，通過縱橫的比較以見此哲學的特點及學術史地位；要運用多種學科的知識，從不同角度考察該種思想的合理性抑或局限性……。諸如此類，實為當今學術研究之共法，唯研究者功力有深淺、側重有不同、成果有優劣而已。至於一些具體方法，則是在此基礎之上，根據個人較為擅長的某種理論作為詮釋工具，比如時下流行的「現象學方法」、「解釋學方法」等。然而，據筆者看來，學術研究「有法」而「無定法」，在材料大體相當的條件下，一個學者對研究對象的研究能達到何種程度，其學術成果的「真實性」、「相應性」、「深刻性」、「啟發性」究竟如何，一番說天說地之後，最終還是取決於研究者本人的生命智慧、人生體驗、學問積澱與努力程度。這些因素直接決定著研究者對研究材料的「選擇」、「感應」、「詮釋」能力，從而使其研究成果打上個人的學問、生命色彩。譬如，同是研究朱子哲學，馮友蘭先生有馮友蘭先生的朱子，錢穆先生有錢穆先生的朱子，而牟宗三先生又有牟宗三先生的朱子，陳榮捷、陳來等先生更是有他們自己的朱子。每個人眼中的朱子，既有極大的共通性，如他們都認為朱子思想近於程頤而遠於程灝（按，我們必須承認這種結論的基本一致性，否則人文研究便沒有客觀性可言），又因經過個人「心靈黑箱」的獨特處理而呈現出不同的面貌（如牟宗三先生以朱子為「別子為宗」）。此乃學術研究中不可避免的「理一分殊」。然而，如叩問諸公在研究中究竟採用了的何種方法，則他們本人也未必盡能說出一個系統而明確的答案。如此一來，學術研究是否需要一個規範化的套路，此問題本身又成了值得討論的問題。

　　然而，在此「方法論」當令的年代，自覺意識到自己的研究方法，幾乎成了博士論文創新的必要條件，有時甚至是一部論著是否「達標」的重要權衡標準。事已至此，筆者雖談不上什麼學術積累，但也不必掩飾自己學養的淺薄，不妨把個人針對慈湖心學的具體「研究方法」兜攬出來，以有助於讀者對拙著的詮釋思路有一宏觀性瞭解。

　　大體說來，本書除盡量恪守上述「學術通則」外，針對慈湖哲學的特點

感受益匪淺，謹此以誌。

及本書的目標主旨，參照當今慈湖學研究的現狀，特作如下考慮：

其一，本書基本上屬於一種觀念史研究，意在以慈湖心學爲軸心，以「援禪入儒」問題爲線索，重點揭示傳統儒學向宋明心學的內在嬗變過程。這一定位，使本書的論說內容，主要集中在慈湖心學的來龍去脈及其與傳統儒學、宋明心學和禪學異同的多方比較上，而對慈湖思想本身的論說，僅占全書內容的一半。

其二，綜觀宋明理學史，古代學者對慈湖學問持非議態度者（尤其是斥之「入禪」）約占十之八九，今人研究則似乎相反，對慈湖心學致以太多的褒頌之辭。〔註 39〕本著「人無我有，人有我略」研究策略以及對儒學健康發展之良願，筆者此書不避「非議前賢」之嫌，對慈湖心學的不足之處多有述及。

其三，探索傳統儒學向宋明心學的嬗變，首須對傳統儒學的特質有一基本理解。「儒學四法印」是本人對傳統儒學（尤其是先秦儒學）內在特徵的綜合理解。本書對宋明心學的思想史分析，尤其對慈湖心學的禪儒分辨，主要建立在「儒學四法印」義理基礎上。

二、儒學「四法印說」

儒學「四法印說」，簡單說來，是筆者近些年研習、領悟儒學的過程中，逐漸概括出的儒學四大本質特徵，即：以世間爲價值，以道德爲超越，以情感爲主體，以中庸爲至德。「法印」一詞，本佛教用語，佛家有所謂「三法印」、「四法印」等說，是用來判斷一種學說是爲眞正佛法的根本理據。本書認爲，下文中所述「四法印」當爲儒學最根本的內在精神，完全擯除其中任何一項，儒學必將不成其爲儒學。據此衡量一種思想學說是否儒學，或何種意義、程度上偏離了儒學，比依靠是否「祖述堯舜，憲章文武，宗師孔子」〔註 40〕等外在標準更有合理性和說服力。

針對下文的論說，爲避免無謂的誤解，首先補充以下三點：（一）下文所

〔註 39〕學術研究不能各私其私，研究誰就說誰好，若講公平，對任何人都應該公平。今人多汲汲於爲慈湖「辯誣」，論其學非禪而其教無弊。問題是，歷史上批評慈湖之學的學者，亦不乏一流的學者大師，豈古人對慈湖的批評皆錯，吾輩對慈湖的褒揚獨對焉？又如，慈湖曾以爲自孔子以下千載，唯濂溪、明道、象山與其父見道，並多次批評孟子和《大學》，誰又肯爲孟子及《大學》的作者「辯誣」？

〔註 40〕班固：《漢書》卷三十《藝文志》，清乾隆武英殿刻本。

論的儒家精神，乃就儒學「大傳統」即精英傳統而言；（二）為凸顯儒學之根本特徵，本文不免涉及與其他學說的橫向比較，但所做的是一種事實判斷而非價值判斷，更不否認各大教派在諸多方面仍有共通之處。（三）下文係從儒學的整體立論（尤以孔子思想為型範），至於儒學的一些枝梢性義涵，自然是「四法印」所無法賅攝的。

（一）以此世為價值

這是儒學不同於世界諸多宗教、思想流派一個基始點。所謂「此世」，通俗地說，即由飲食男女、生老病死、悲歡離合等交織而成的「人世間」，而非宗教的「天堂」、「神界」或「彼岸」。關於儒學的此世性，徐復觀先生曾有一段精闢的言辭：「儒家思想，乃從人類現實生活的正面來對人類負責的思想。他不能逃避向自然，不能逃避向虛無空寂，也不能逃避向觀念的遊戲，更無租界、外國可逃，而只能硬挺挺地站在人類的現實生活中擔當人類現實生存發展的命運。」〔註41〕以此世為價值，意謂著儒家以容受此肉身的現實天地（「六合之內」）為依託，積極肯認世俗生活的正面價值，並努力在「此世」中成就生命的意義與價值。

這一思想鴻基，源於中國殷周之際宗教向人文的嬗變〔註42〕。在先秦儒學中，「天」固然沒有完全褪盡「人格神」意味，但儒家強調「天視自我民視，天聽自我民聽」、「天命靡常，惟德是輔」、「天生德於予」，無疑把「天」民意化、德性化、人文化、理性化了。儒學的奠基者孔子，「不語怪力亂神」、「敬鬼神而遠之」，且以「未能事人，焉能事鬼」、「未知生，焉知死」教人，顯然不以人事之外的主宰力量為依託，更不企慕死後的「天國」或鬼神世界。此外，儒家雖承認「天命」有其客觀性、限制性的一面，但絕非宿命論者，而是懷抱一種積極有為的用世心態，「知其不可而為之」、「自強不息，厚德載物」、「苟民有難，匍匐以救之」。從社會實踐看，孔孟們之所以不認同孤明自守的避世行為，而席不暇暖地周遊列國以推行仁政，也是以這種紮根現世的

〔註41〕徐復觀：《研究中國思想史的方法與態度問題》（代序），載氏著《中國思想史論集》，上海，上海書店出版社，2004 年版，序第 8 頁。

〔註42〕關此，可參閱徐復觀《中國人性論史》之第二、三章，上海，華東師範大學出版社，2005 年版。余英時《士與中國文化》之《士在中國文化史上的地位》、《古代知識階層的興起與發展》，上海，上海人民出版社，2003 年版。李澤厚《歷史本體論・己卯五說》之《說巫史傳統》，北京，三聯書店，2003 年版。陳來《古代宗教與倫理——儒家思想的根源》，北京，三聯書店，2009 年版。

生命關懷爲信念支撐的。

這一立足人間的根源性特質，決定了儒學必然以個人（更確切點說是「良知本心」）爲基點，沿日常生活的軌道，向縱橫兩方面「十字打開」。縱的方面，表現爲自然生命與文化生命的流程，即自己與天地、聖賢、祖先、父母、子孫相交感而發生的血緣綿延與文化傳承；處於此流程中的儒者，必然「愼終追遠」、「畏天命、畏大人、畏聖人之言」，充滿憂患意識與歷史責任感。橫的方面，表現爲自己與家庭、鄉黨、國家、天下、萬物相交感而產生的「差序結構」（費孝通語）與現實關懷；以儒家的價值趣向，這又勢必通向「天下大同」的人道理想和「萬物一體」的生命境界。余英時先生說：「儒學不只是一種單純的哲學或宗教，而是一套全面安排人間秩序的思想系統，從一個人自生至死的整個歷程，到家、國、天下的構成，都在儒學的範圍之內。在兩千多年中，通過政治、社會、經濟、教育種種制度的建立，儒學已一步步進入國人日常生活的每一角落。」〔註 43〕這算是對儒學「此世」表現的扼要概括。

爲了實現此世的價值，儒學必然內在地有重視事功，即「外王」的維度。這又引出儒學的兩個次生性特徵。一是對現實政治民生的高度關懷與積極參與。儒家認識到，人類階級社會一旦形成，斷無重返「小國寡民」社會之可能（如道家之所主張），積極的政治參與才是使天下由「無序」轉向「有序」的最有效途徑。鑒於此，孔子終身以「制禮作樂」的周公爲榜樣，後世儒者也多「學而優則仕」，將「修身、齊家、治國、平天下」視爲正常的人生規劃。至於「天下無道則隱」，「修身見於世」，或從事「傳道授業解惑」的教育事業，乃不過退而求其次。二是對以利用厚生、開物成務爲特徵的實用理性之重視。與其他教義大多帶有「禁欲」性質不同，儒家肯認世俗生活，更強調「飲食男女」的合理性（所謂「道在人倫物用中」），坦言「無恒產而有恒心者，唯士爲能」（孟子語），繼而在政治上把「養民」置於「教民」之上，把「足食」看做民生的第一義。爲此，儒家講「格物致知」、「多聞多見」，重視經驗知識的積累與踐行（所謂「一事不知，儒者之恥」），包括「禮、樂、射、御、書、數」等在內的一切正面的知識、能力皆在學習培養之列。當然，由於儒家在道德生命方面用力特深等原因，無形中扭轉了儒學的思想重心，這種「實用

〔註43〕余英時：《現代儒學的困境》，載氏著《現代儒學的回顧與展望》，北京，三聯書店，2004 年版，第 54 頁。

理性」(李澤厚語) 或「智識主義」(余英時語) 並未能開出西方「主客二分」框架下的科技理性。但是,這絕不意味著儒學自文化根源上反科學,或者說尚處在人類思維的幼稚階段。

相較之下,西方基督教認爲人天生具有「原罪」,需要信仰全知全能上帝才能得到救贖而解放。與此近似,伊斯蘭教不僅信仰眞主安拉,也相信前生後世間的因果報應。此皆是以彼岸的天國爲價值,靠信仰「他力」而非「自力」而得解脫,故未能正面肯定現實的人生。道家崇尙自然,主張絕聖去智、返璞歸眞,視社會政治生活爲牢籠,此雖別有一番生命格局和逍遙境界,但畢竟消解了現實人生的積極意義。至於煉丹畫符,冀圖得道成仙的道教,同樣不以世俗人生爲寄託。以「緣起性空」爲宗旨的印傳佛教,提出「諸行無常」、「諸法無我」、「涅槃寂靜」的「三法印」和「苦」、「集」、「滅」、「道」的「四諦說」,以此岸人生爲「火宅」、「大苦聚」而生「厭棄」、「捨離」之心,力圖破除「我執」、「法執」而臻於清淨寂滅的「涅槃」之境,更是對現世價值的徹底否認。大乘佛教與中國本土文化碰撞融會後,生有「佛法在世間,不離世間覺」(慧能語)的禪宗。故禪宗有「人間性」的一面,其大菩薩之「慈悲心」亦與儒家之「仁心」有相通處。然禪宗仍然奉「三法印」爲圭臬,對人類的救贖主要在精神領域,其「人間性」本質上是一種「在世出世」,這與儒家的「此世性」終究貌合神離〔註44〕。

即此而言,董仲舒立足於天人感應的「神學目的論」之政治儒學一定程度上偏離了「此世」這一「法印」,但這種偏離在程度上仍然較爲有限。董子之「天」,雖穿上了宗教性的外衣,其宗旨則是爲了「屈君而伸天」,這仍是先秦「天視自我民視」思想在皇權高壓的曲折表達。另外,兩漢經學在重視章句訓詁之外又重典章制度,這無疑是儒學承擔「全面安排人間秩序」(余英

〔註44〕關於這一點,唐君毅先生辨曰:「禪宗之肯定世間法,不可謂積極的肯定世間法,充佛家之不捨世間救度眾生之義而極之,亦可在更高之意義中,積極的肯定世間法,肯定社會、政治、倫理之道必須有之理由。然即在更高之意義中,所肯定之世間法倫理、政治、社會之道,仍可說爲求得解脫、達涅槃境界之方便:乃經一轉手,以間接加以肯定。儒家則不然,其肯定世間法,則可謂之直接加以正面的肯定。自來儒者所用心,自亦在是。故宋明儒者謂佛『知上達而不知下學』,有『敬以直內,而無義之方外』(明道),能窮神知化而不足開物成務(伊川),或並以廢三綱五常爲佛之大罪(朱子等)。」——見氏著《中國哲學原論·原道篇》(下),北京,中國社會科學出版社,2006年版,第880頁。

時語）之政治社會功能的持續〔註45〕。王充之學，本與荀子「氣論」一系淵源頗深，然其最終流於「宿命論」，將人之生死壽夭，富貴窮達歸之於偶然性的天命，即此而言，則顯然有違先儒之本旨。至於漢代漂浮於經學外圍的讖緯迷信，與先儒之「神道設教」亦自不同，如非故意為之，則距離精英儒家之義旨甚為遙遠了。

應該說，從立身處世看，慈湖完全不失此儒門矩矱。他一生關心民瘼，志在經濟，為官重德政、興教化，此自是「立足此世」的儒者本懷。其「不起意」之教也決非為了往生西方「極樂淨土」，而是以「為萬世開太平」為終極意趣，與先儒「先天下之憂而憂」的用世精神一脈相承。問題在於，慈湖因過於藉重禪宗「靜坐內觀」等法門，將儒家的「世間行」某種程度上轉為「心內行」，乃至完全否認了「博學審問、慎思明辯」的下學路線，最終致使儒學賴以經世致用的「經驗性」品格大大弱化（此正是張念誠先生所謂慈湖心學「中門之路狹窄」和「儒學的廣度與人間性格相對萎縮」之原因）。這與儒學之「智性主義」等「第二義特徵」未免有礙。另外，慈湖對個人之「本心」有「未曾生，未曾死」一類的敘述，有靈魂不生不滅的「超世間」意味，這也與儒學的世間品格有一定程度的牴牾。

（二）以道德為超越

首應指出，此處的「道德」，是「道」與「德」的結合，指向著天地的「生生之德」。拆解而言，「道」是「常道」，指宇宙萬物及人類思想、感情及行為的總規律。如儒家說「天行健，君子以自強不息」，「行健」是「天道」，「自強不息」是「人道」。而「德者，得也」，人覺悟並實踐了「天道」、「人道」謂之「德」。由於儒學是因天道而立人道、由人道而達天道，故在儒家看來，宇宙秩序即道德秩序，踐人道即行天道。因此，「道德」乃是人對「天道」、「人道」的「實有諸己」。這一點，與今日倫理學意義上的道德概念同中有異。後者主要表現為各類涉及「善」與「正義」的價值系統，是以觀念形態存在的社會意識；相對於前者，它大致相當於「人道」的「知見」部分，而不具有

〔註45〕余英時先生在《現代儒學的困境》一文中指出：「儒學不只是一種單純的哲學或宗教，而是一套全面安排人間秩序的思想系統，從一個人自生至死的整個歷程，到家、國、天下的構成，都在儒學的範圍之內。在兩千多年中，通過政治、社會、經濟、教育種種制度的建立，儒學已一步步進入國人日常生活的每一角落」。見氏著《現代儒學的回顧與展望》，北京，三聯書店，2004年版，第54頁。

「踐行」、「體知」的內容。一言以蔽之,所謂「以道德為超越」,指的是儒者通過體驗、遵守、踐行天地的「生生之德」以克服肉體生命的有限性,在德性人格的成就中離苦得樂,立命安身,止於至善;與此同時,人類社會也在倫理人間的構建中臻於「大同」理想。

追原一切教主、聖哲之創教垂統,無不是因悲憫蒼生苦難而發大願力以圖拯救的結果。孔、孟、老、莊如此,釋迦、柏拉圖、耶穌、默罕默德等也無不如此。舉凡對人類有深廣影響的思想宗派,斷不可能將人生價值安置在自然欲求上(法家認為「人皆自為」,一定程度上似有此傾向,但仍以「法」為超越)。原因在於,自然欲求雖為人的天然本能,但此欲求的滿足更多地受制於外在客觀條件,並不能「求則得之」;倘循此人欲而行,難免在利益爭競一途中轉陷愈深,正如西方哲學家叔本華所描述的人生像鐘擺在痛苦無聊間徘徊一樣,縱偶得片刻之欣悅,終無法使人擺脫肉身的局限;而一旦情欲肆濫,人類則不免有自毀之虞。更深的原因尚在於,這種淺薄的生理本能,並不能籠罩人類在種族進化中日益綻開的豐盈生命。或正有鑒於此,世界上的諸大教派大多具有「禁欲」傾向(將自然欲求降到最低),並極力向更高的人生境界開拓〔註46〕。西人雅斯貝爾斯、帕森斯所指出的「軸心時代」、「超越突破」的現象,正是人類文明歷程中幾個先進民族對自身生存處境及其存在意義產生理性自覺並力求突破的結果。

古希臘哲學以認識自然為首務,倡言「美德即知識」(蘇格拉底語),後繼者則宣揚「知識就是力量」(培根語),在「主客二分」的認知格局下開出了具有「知識論」品格的西方哲學,後來從哲學中分離而出的各種實證科學則為此背景下的次一級論題。故總體上看,西方哲學有「以科學為超越」的傾向(英美分析哲學尤為如此)〔註47〕。基督教傳統則預設原罪等理論,經過懺悔、禱告諸方式,以獲取上帝的啟示而得到救贖,此乃以對上帝的信仰

〔註46〕 關此,梁漱溟先生有一段親切平易的話:「蓋人生意味最忌淺薄,淺薄了,便牢攏不住人類生命,而使其甘心送他的一生。飲食男女、名位權利,固為人所貪求;然而太淺近了。事事為自己打算,固亦人之恒情;然而太狹小了。在淺近狹小中混來混去,有時要感到乏味的。特別是生命力強的人,要求亦高;他很容易看不上這些,而偏對於相反的一面——如貞潔禁欲、慷慨犧牲——感覺有味」。——見氏著《中國文化要義》,載《梁漱溟全集》第三卷,濟南,山東人民出版社,2005年版,第89頁。

〔註47〕 關此,可參看陳方正:《繼承與叛逆——現代科學為何出現於西方》一書的相關章節,北京,三聯書店,2009年版。

爲超越。道家以反文明（儘管這種「反文明」本身也是一種「文明」）的面目出現，通過「絕仁棄義」、「絕智棄欲」、「致虛守靜」以逃避社會人倫，以回歸自然爲超越。佛家則以修煉「六度波羅蜜」來證悟空性，以了生死、破貪嗔癡，達到「常、樂、我、淨」的「涅槃」之境爲解脫。觀諸家「超越」之法，眞可謂八仙過海，各逞雄長。

牟宗三先生認爲：每一種文化之開端都有一種「通孔」，該「通孔」同時也是「限制」。西方文化的「通孔」是以自然界爲主要對象，開出知識一途；而中國文化的「通孔」是以生命爲對象，開出「德性」一路〔註48〕。此論頗有道理。與前述諸大教派不同，儒家正是在「希賢希聖」的人格追求和「修齊治平」的大同理想中抓緊了人類命運之舟的羅盤。歷史地看，儒學這一「以道德爲超越」的特性，是經周公的「制禮作樂」，孔子「攝禮歸仁」，孟子的「倡性善」、「仁政」，荀子「隆禮重法」、「化性起僞」而逐漸形成，並經過漢代在政治層面的落實，逐漸內化爲中華民族之精神血脈的。

儒家德性一路要在人間具體實施，勢必格外重視倫理構建、修身工夫、人文化成、師道尊嚴。在此方面，儒學有一所謂的「道德形上學」：即認爲上天將「生生之德」通過大化流行而貫注於人，人因此具有先天的道德本性（「天命之謂性」）；儒家的超越之路是通過後天經驗性的「仁心」來執行「復性」工夫，從而「成己成物」、「參天地之化育」，使人內在的良知善性與天地的「生生之德」貫通一體，藉此完成對自然生命的突破，在萬物一體的生命境界中實現自己、完成自己（孟子所謂「盡心知性知天」）。

進一步說，儒家的道德超越之路大體又可分爲兩途（此乃相對而言，實則大部分儒者兼而有之，唯偏輕偏重而已）：一是「下學而上達」，此主要是孔子、《大學》、荀子、朱子的進德路徑。此路徑的特色是自「明」而「誠」，即「知識」而成「道德」，走一「博學篤行」、「克己復禮」、「克治省察」、「變化氣質」的「漸修」之路。《大學》之「格物致知」等「三綱八目」，即是對此路線的經典概括。儒學發展至荀子，特重禮法制度，道德「外鑠」的色彩較重，但本質上並沒有背離這一路線。〔註49〕相較之下，《孟子》、《中庸》雖亦承認上一道路，但更傾向「上達而下學」一路。此路線乃自「誠」而「明」，

〔註48〕 牟宗三：《中國哲學十九講》，上海，上海古籍出版社，2005 年版，第 7～13 頁。

〔註49〕 荀子《勸學篇》有曰：「學惡乎始，惡乎終？曰，其數則始乎誦經，終乎讀禮。其義則始乎爲士，終乎爲聖人。眞積力久則入。」

即直接由對道德「本心」的體悟以「明明德」，經過「立乎其大」、「發明本心」、「求放心」、「致良知」等工夫，先「盡人之性」而後「盡物之性」。這是一條因道德而求知識的路線（牟宗三先生稱之為「逆覺體證」、「良知自我坎陷」之路，他甚至認為此路線中有所謂「智的直覺」現象）。這是一條因「道德」而求「知識」的「頓悟」之路。二入路各有優劣，前者博大沉潛，「曲成萬物而不遺」，但容易因偏離「為己成德」之宗旨而墜入俗學；後者高明簡易，可以直通「由仁義行非行仁義」之境，但卻容易落入虛見而「玩弄光景」。至宋明理學，橫渠、伊川、朱子大致走上了前一路線，主「窮神知化」、「涵養須用敬，進學在致知」的「道問學」〔註50〕；明道、象山、陽明則大致走向了後一路線，主「學者須先體仁」、「立乎其大」、「發明本心」、「致良知」的「求放心」。當然，這兩條道德超越工夫，乃就總體傾向而言。一般事實是，二者都在儒者中不同程度上存在著，如善用之，則為「合內外之道」〔註51〕；如根據個人根器先擇取其中一路而行之，也自無不可，最終則殊途同歸，「及其成功一也」。當然，儒家「以道德為超越」之路，從現實性上講幾乎是一個無限的德性成長過程，「夫婦之愚，可以與知焉；及其至也，雖聖人亦有所不知焉。夫婦之不肖，可以能行焉，及其至也，雖聖人亦有所不能焉」（《中庸》）。但只要人有志於此，則可以「求則得之」，「我欲仁斯仁至矣」。〔註52〕

以道德為超越，重視聖賢人格的塑造和倫理人間的構建，無疑是儒學最為世人稱道的一大特徵。儒學雖不具宗教的一些外表特徵，但這種濃厚的內在超越精神，使之擁有了宗教的安身立命功能，其影響中華文明之大之深，以至使一個偌大民族不須另有宗教的庇護。正是在此意義上，以「為己之學」為宗要的儒學被稱為「道德教」（「道德的宗教」或「以道德代宗教」）和道

〔註50〕當然，這僅僅是從「下學」的經驗性工夫入路而言，若從具體內容看，張、程、朱等人之儒學，與先秦儒學相比，依然是心性為中心的道德哲學突出（余英時先生稱此現象為「尊德性下的道問學」），而於世間諸般技藝有所貶抑。若程頤多次強調詩文「害道」，此與孔子「興於詩」等思想明顯有異。朱子對小程子此論亦贊同之，儘管朱子本人極其博學且詩文俱佳。

〔註51〕張載《正蒙·乾稱篇》：「儒者則因明致誠，因誠致明，故天人合一，致學而可以成聖，得天而未始遺人」。

〔註52〕誠如牟宗三先生所說：「此成德之過程是無窮無盡的。要說不圓滿，永遠不圓滿，無人敢以聖人自居。然而要說圓滿，則當體圓滿，聖亦隨時而至。……聖不聖且無所謂，要者是在自覺地作道德實踐，本其本心性體以徹底清澈其生命。此將是一無窮無盡之工作。」見氏著《心體與性體》（一），上海，上海古籍出版社，1999年版，第5～6頁。

德人文主義。

從立教宗旨看，慈湖自不出「以道德為超越」的儒門宏規。自工夫入路看，慈湖所走的顯然是第二條工夫道路，其目的也是為了成就完滿的德性人格。只不過慈湖理想中的德性人格，已不是大舜那樣「明庶物，察人倫」的「憂患型」聖人，而是本心「明覺圓滿」、「神感神應」的「無意型」聖人。慈湖「不起意」為工夫，旨歸仍是在對「本心」自明、自神的堅強信仰下，藉由「本心」的覺悟能力以破除概念上的「分別見」，「直心而行」而達到「無思無為」的道德至境。此不僅與先儒「下學而上達」工夫路向完全不合，與注重「誠意」等「求放心」的「上達」工夫路向也大相徑庭，至於格物致知的「下學」工夫，則更為他諄諄止絕了。慈湖的「不起意」工夫，可算是一種放棄了後天「有為」工夫的工夫。

三、以情感為主體 [註53]

所謂「以情感為主體」，指的是儒家將人類特有的真善美的情感作為生命價值的根本基點、實踐動力和最後歸宿。這是儒學不同於世間諸大思想宗派的最深層原因。

這裏的「情感」，非傳統所謂的「喜怒哀樂」等短暫性情緒，更不是嫉妒、憤怒、仇恨等負面性情感，而主要指一些具有穩定性、深沉性特徵的親社會性正面情感。此類「情感」可分為兩類：一是與具體形象（至少是記憶表象）有關的原始情感，如依戀感、內疚感、同情感等；一是因道德觀念的心理化而滋生的道德情感，如是非感、正義感、崇高感等，此須依賴於以語言為載體的概念系統。在發生學意義上，正義感等道德情感終歸是由依戀感等原始情感曲折發展而來的，此正所謂「禮始於情」、「道由情生」。舉例來說，兒女受到父母的撫養後，由生理欲求的不斷滿足而衍生出對父母的依戀和感激之情。這種依戀、感激的原始情感是「孝道」產生的心理前提。而孝道一旦產生，就因社會文化的傳承而具有了觀念的獨立性，能以「人文化成」的方式內化為人的理性

〔註53〕 筆者這一提法，是受李澤厚先生「情本體」學說的影響。參見《實用理性與樂感文化》之《關於情本體》一篇，北京，三聯書店，2005年版。筆者大體贊同李先生的相關論說，但認為使用「本體」（本根、根本，最後實在）一詞，形而上學的意味過重。在儒學世界中，情感的作用儘管是決定性的，但情感畢竟是一種內心感受，離不開人類內在的生命體驗而存在，故不用「本體」而改用「主體」。

情感。兩情感區別在於，自然情感源自生理欲求的不斷強化，道德情感則與社會文化遺傳關係密切。當然，就一個現實中的人而言，這兩類情感雖有構成、比例等方面的差別（孟子所謂「惻隱」、「羞惡」等「四端」之心，大致介於兩類情感之間），但實際上仍是「存乎一心」、難以用語言說清的。

站在現代人的理性視角，我們當然可以說「食色」等生理欲求比情感欲求更根本、更原始。但自孔子以降，儒家大概已認識到生理欲求因具有個我性、自私性、物質依賴性等特徵，無法切實地喚起人的善良意志，故以道德救世的他們對此類欲求不得不採取貶抑態度（但不是否定）。與生理欲求相反，由於「慈愛孝悌」等自然情感帶有明顯的利他傾向，也就順理成章地成為儒家藉以開出更高生命境界的原點或力量（「孝悌為仁之本」）。然而，從更高的超越祈向看，各類自然情感儘管有著利他性特徵，但這類情感畢竟是由生理欲求直接生發出來（傳統儒者，尤其是孟子和宋明理學家當然不如此看，而將這類情感看作「性之所發」），仍然帶有極大的限制性和主觀性。儒家要想達到構建道德人間的目的，必須藉此以「差等之愛」的方式逐層擴充出去，經由「親親而仁民，仁民而愛物」，不斷超越個體性的「小我」，趨向廓然大公的「大我」，最終使自己的仁愛之心與天道的「生生之德」交匯融合在一起〔註54〕（所謂「仁者以天地萬物為一體」）。

六經之教，原本人情。構成儒家思想重心的倫理規範（如所謂「禮」、「義」等），其背後遵行的是一種情感邏輯或規律。換句話說，儒家對家庭、族人、鄉黨乃至國家、人類、萬物的關愛與義務，其實是血緣情感的放大、延伸與昇華。必須指出，傳統社會的小農經濟、宗法家族制度等因素，是產生儒學情感性特徵的文化胎盤。而這種基於情感構建的思想傳統，一旦被意識形態化之後，又反過來加固了既成的家庭親情結構。梁漱溟先生說：「中國之以倫理組織社會，最初是有眼光的人看出人類真切美善的感情，發端在家庭，培養在家庭。他一面特為提掇出來，時時點醒給人；——此即「孝悌」、「慈愛」、「友恭」等。一面則取義於家庭之結構，以製作社會之結構、——此即所謂倫理。於是，我們必須指出，人在情感中，恒只見對方而忘了自己；反

〔註54〕徐復觀在《儒家精神之基本性格及其限定與新生》一文中說：「儒家的人倫思想，即從內在的道德性客觀化而來，以對人類負責的、始於孝悌，而極於民胞物與，極於以『天地萬物為一體』。從孝悌到民胞物與，到天地萬物為一體，只是仁心之發用，一氣貫通下來的。」——見氏著《儒家政治與民主自由人權》，蕭欣義編，臺北，80 年代出版社，1979 年版，第 70 頁。

之，人在欲望中，卻只爲我而顧不到對方。」〔註55〕事實上，正如「孝心」比規範性、觀念化的「孝道」更具有優先性一樣，在儒家精神世界中，道德倫理恰恰是以情感體驗爲內在基質的。如果說德性（「天命之性」）主要是一種生命理想或理性預設，那麼情感（「本心」）則是本源性的內在體驗和動力〔註56〕。

　　被後儒津津樂道的「性體」、「天道」、「天理」——宇宙所具有的「生生之德」，說到底也不是源自對物理世界的客觀認知，而是傳統農業社會的人們對大自然發生情感折射的結果。李澤厚先生謂：「不同於工業社會，以農業生產爲基礎的人們，長期習慣於『順天』，特別是合規律性的四時季候、晝夜寒暑、風調雨順對生產和生活的巨大作用在人們觀念中留有深刻的印痕，使人們對天地自然懷有和產生感激和親近的情感和觀念。」〔註57〕誠如其論，儒家所謂「天地之大德曰生」，並非是對大自然作客觀分析而得出的客觀眞理，而是建立在人類眞善美情感基礎上的價値眞理、主觀眞理。這一以道德情感爲主體的不斷超越的能力、體驗與境界，就是儒學中先天的「仁體」、「心體」、「誠體」；它「寂然不動」，又「感而遂通」，眞實無妄地開出了天地萬物（《中庸》所謂「誠者物之終始，不誠無物」）。儒者的此世追求，最終也在這種情理交融的生命體驗中得到安頓和滿足。由於佛禪義理的影響，在宋明儒學中，人之先天的道德根據（「性」），比道德情感（「心」）更具根本性和優先性（如朱子將「仁」解釋爲「心之德，愛之理」），儒學的形上性格也變得更爲明顯。但從宋儒的人倫生活和工夫體驗看，儒學「以情感爲主體」的特徵並沒有根

〔註55〕梁漱溟：《中國文化要義》，《梁漱溟全集》第三卷，濟南，山東人民出版社，2005年版，第90～91頁。

〔註56〕此正如錢穆先生所説：「在全部人生中，中國儒學思想則更看重心之情感部分，尤勝於其看重理知部分。我們只能説，由理智來完成性情，不能説由性情來完成理知。情失於正，則流而爲欲。中國儒家，極看重情欲之分異。人生應以情爲主，但不能以欲爲主。儒家論人生，主張節欲、寡欲以至於無欲。但絕不許人寡情、絕情、乃至於無情。」——見氏著《孔子與論語》，臺北，聯經出版社，第198頁。

〔註57〕李澤厚《中國思想史論》（上），合肥，安徽文藝出版社，1999年版，第127頁。針對這一點，傅偉勳先生也指出：「就其哲理的深層結構言，所謂『道德的形上學』，原是儒家的仁人君子依其良知的自我醒悟實存地投射或推廣自己的道德主體性到天地自然所形成的儒家特有的本體論洞見，而『生生之化，天命流行』的儒家宇宙論，哲理上也是以此洞見而成立的。」——見氏著《儒家心性論的現代化詮釋（下）》，《從西方哲學到禪佛教》，臺北，東大圖書公司，1986年版，第250頁。

本改變（如王陽明云：「只好惡便盡了是非」，「好惡」之「情」仍然決定著「是非」之「義」）。

毫不誇張地說，儒學本質上是情感的。這種情感，可以是愚夫愚婦的懷生畏死、孝悌惻隱之情，也可以是聖賢大德之天理流行時的「廓然大公」；可以是「君子憂道不憂貧」、「先天下之憂而憂」的「憂患意識」（徐復觀語），也可以是「樂山樂水」、「孔顏樂處」的「樂感文化」（李澤厚語）；可以是俯仰無愧的「心安理得」，也可以是「憂樂圓融」（龐樸語）的德感生命。

從慈湖心學的價值論來看，他是重視孔子之「仁」，孟子之「惻隱」等多種道德情感的。這既可從他對「忠孝仁義孝悌」等名教的強調中看出，也可從他事後對喪母時無可言喻的痛苦之情的肯定中看出。宋代新儒家受禪宗心性論的高明面刺激，過於追求道德情感和道德行為的自然呈現，即特別強調工夫境界中的「無意」的一面。在此修學風氣下，慈湖提出了個人獨特的復性工夫——「不起意」（慈湖本人當然不承認此為「復性」工夫），此工夫雖託名孔子，實則乃由佛禪之「無念為宗」、「觸類是道」諸說轉手而來。其「不起意」已不是先儒通常意義上的「不起私意」或「誠意」，而是要徹底斷除認知心意義上的「分別見」（「對待心」）。故而慈湖「虛明無體」的「本心」與傳統儒者的「以情感為體」的道德本心有著極大的差距。須知，傳統儒者的道德情感乃最終源於自然情感和道德理性，而自然情感則依賴於以記憶表象為核心的感官形象，道德理性則須依賴於以語言為載體的概念系統。慈湖的「不起意」之說，其目的儘管是為了追求儒家道德本心的自然流行，而由於「不起意」破壞了產生自然情感的具體形象，以及道德理性賴以生成的概念系統，反而大大減弱了儒者的道德意識。尤其在「以情感為本體」這一點上，實際上已有非情感化傾向。這一結果，與慈湖的初衷無疑南轅北轍。

四、以中庸為至德

一種思想宗派，在義理和實踐層面的最高層面，往往都會描繪出一種大解脫、大自在、大完滿的理想狀態。由於不同文化流派的滋生環境不同、所依據的力量不同、努力方向不同，其理想的藍圖也存有極大的差異。儒家的理想狀態，在人格上體現為聖人，在社會形態上表現為大同，在個人德行上呈現為中庸。如佛家「三身」中的「法身」，中庸亦堪稱儒學的「第一義諦」。

此可從下屬三個方面來理解。

首先，中庸是一種「無過不及」的實用理性。實用理性，指的是一種經驗的合理性。傳統中國是一個相對穩定的鄉土社會，此社會是以由血緣親情構成的家庭為基本單位，以遵循自然規律的農耕生活為主調。中國儘管經歷過如春秋之「禮崩樂壞」等社會變革，但直到近代以前，以小農經濟為主體的社會結構並沒有發生根本改變。在這種社會中，人們不注重邏輯推演和概念分析，不太追求籠罩萬有的真理或普遍原則，而是強調生活經驗的積累與傳承，以及人際關係的調適與順暢，尤其是思想學說在實踐中的實際效果，這是中國文化在知識形態上缺乏西方意義上的實證科學而不乏實際應用技術的社會歷史原因。也正因為有此特殊的社會背景，使儒學自誕生之初就追求一種訴諸經驗、求諸人情、講究心安理得的實用理性，從而在價值觀念、思想情感、生活行為、理論學說等諸多方面，都表現出一種不走極端、追求適度、溫和平緩的理性色調。以下略舉三例以見一斑：（1）在對人性的塑造方面，儒家本質上形成了一種複雜而穩定的「情理結構」。此結構不僅表現為理性主宰、引導情欲，而是欲望、情感與理性的有機平衡與融會統一。這一心理結構的形成，使儒學在個性特徵上既無一般宗教濃重的禁欲傾向，又沒有淪為恣情縱欲的感性主義；既沒有理性主義對人類理知的過度高揚，也沒有反理性的宗教迷狂和權威盲從。（2）在對人類之於宇宙的關係定位方面，儒學既不是將人類凌駕於宇宙萬物之上的極端「人類中心主義」，也不是強調眾生平等的「自然中心主義」，而是將人類視為與天地並立的「三才」之一，並賦予其「為天地立心」的特殊地位。（3）在處世智慧方面，儒家推崇「因革損益」的「易道」精神，凡事以「時位」為轉移，根據輕重緩急、本末先後，講究執「經」用「權」。儒家在文化傳承上近乎保守，在個人精神上卻又主張日新不已；在政治上主張和平改革，但又不完全反對暴力革命；強調「守死善道」、「捨生取義」，但也認為「可死，可不死，死傷勇」；強調「男女授受不親」，但又主張「嫂溺援之以手」。……諸如此類。總而言之，立足此世的儒家，在實踐層面努力追求一種「執其兩端」、「發而中節」、「無過不及」的「時中」智慧。

其次，中庸是一種「內聖外王」的生命格局。內聖外王是儒家「以道德為超越」的最終目的。內聖是理想人格的成就，外王是理想社會的營建。二者相輔相成、不可分割，是一種明體達用關係。孔子所謂「己欲立而立人，

己欲達而達人」，其中「立己」、「達己」屬於內聖範疇，而「立人」、「達人」則屬於外王表現。一個人要想成就自己道德人格，不僅要進行「慎獨」、「內省」等身心修煉，還必須在「兼善天下」的外向事功中磨礪自己。《中庸》所謂「誠者，非自成己而已也，所以成物也。成己仁也，成物知也。性之德也，合外內之道也。」「成己」就是內聖，「成物」就是外王。「合內外之道」就是既不偏於內也不偏於外的「中道」（「中庸之道」）。《中庸》又說：「唯天下至誠為能盡其性。能盡其性，則能盡人之性。能盡人之性，則能盡物之性。能盡物之性，則可以贊天地之化育。可以贊天地之化育，則可以與天地參矣。」文中「與天地參」的境界，就是孟子所說「君子所過者化，所存者神，上下與天地同流」的聖人境界。《大學》所謂「大學之道，在明明德，在親民，在止於至善」，「明明德」就是內聖修養，「親民」則是外王事業，而「止於至善」也就是「道中庸」。歷史地看，這種內聖外王的生命格局，經過歷代的精神感召和經典傳習，逐漸成為中國文化的最高人格範型，其所放射出的聖賢情結、淑世精神、宗教情懷和生命輝光，蔚為一個民族賴以自強不息的終極關懷。

再次，中庸是一種「不勉而中」的道德化境。如果說，「無過不及」的實用理性是儒家世間智慧的極致狀態，內聖外王的生命格局是儒家精神的全體大用，那麼，「不勉而中」的道德化境，則是儒家終極關懷的徹底實現。應該辨明，儒家雖然苦心極力地把人類往道德這條路上引，但道德人格的證成和倫理人間的構建，畢竟是一個艱苦異常的漫長磨礪歷程。事實上，這種道德努力本身亦不過是化解世間悲苦的手段與途徑，而藉此實現人類生命的大充實、大寧靜、大安詳、大解脫，才是儒家的終極關懷（即此意義上說，儒家精神實具有「經過道德」，而又最終「超越道德」的深遠意涵）。比如，一個人雖然成就了道德事業，但其人格的證成如果只是「守死善道」、「擇善固執」、「慎守勿失」、「存天理滅人欲」的結果，則此人充其量只是賢者或士君子（如朱子臨終仍勉勵弟子「相倡率下艱苦工夫」）；唯有臻於「不勉而中，不思而得，從容中道」道德境界，才算是聖人的境界。處此境界中的人，可以「從心所欲不逾矩」、「由仁義行，而非行仁義」、「無入而不自得」〔註58〕。「不勉

〔註58〕此誠如杜維明先生所言：「儒家所講的做人的道理，其目的就是要把人的生物的存在，經過長期的自我奮鬥，轉化成一種藝術的存在。所謂『七十而從心所欲，不逾矩』，就是把自己的生物性要求和最高的道德理想要求合在一起，

而中」的境界，通俗地說，就是人無須經過任何自覺努力而自然合乎「中道」境界。以現代人的眼光看，這無疑是一個人長期致力於道德修煉的結果，即經過漫長艱苦的道德踐履後，「克己復禮」、「求放心」、「盡心知性」、「致良知」等修養工夫由「意識」層面轉入了「無意識」層面，形成了迥異於常人的思想定式、情感取向、技術能力，人的自然生命也被完全納入到道德生命的軌道中（所謂「人欲盡處，天理流行」）。這時，人生境界也就達到了「與天地合其德，與日月合其明，與四時合其序，與鬼神合其吉凶」（《易傳》語）的天人合一狀態。

從「以中庸為至德」這一法印而言，慈湖心學可算是「欲速則不達」的典型個案。從主觀目的上看，慈湖心學、尤其是其中的「不起意」學說，恰恰是為了追求儒家「無思無為而靡不中道」的道德化境而立。這也正是我們無論如何不能將慈湖心學視為禪學，或簡單地判為「陽儒陰釋」的根本原因。然而，從客觀效果看，慈湖的「不起意」工夫，卻有眾多違背「中庸之道」的地方。一方面，慈湖獨執「不起意」工夫，不能因材施教，顯得過於躐等越階，難以滿足不同根器人的修學需要。另一方面，「不起意」工夫，乃是從禪家為了斷煩惱、了生死、證菩提的「無念為宗」工夫轉手而來，這一工夫固然可以止絕人心現起的各種「妄念」，但由於切斷了人性中產生情感與觀念的生成機制，最終把儒家正面的價值評判體系和各種知識之學也一併摒棄掉了。換句話說，傳統儒者的中庸，是以道德情感為動力，以道德理性為指引，在道德實踐和體驗臻於極致後的中庸，而慈湖道德的中庸，是經過「見性」破除認知理性（「分別心」等）而訴諸直觀覺悟的中庸。這就使得慈湖心學不僅在儒家「外王」向度上的萎縮坍塌，同時也使其「內聖」之境界與傳統儒家有著重大差異。

五、綜論：大河之喻

上文已分述儒學的四大基本特徵。或問：此四特徵有無主次之分、彼此關聯如何？中華民族何以歷史地選擇稟有此四大特徵的儒學為其文化主幹？這類問題，前文實已約略有所解答。這裏，欲再以「大河之喻」為例，試述儒學四特徵之彼此關係及其與中華民族之淵源。

天地氤氳，日月更替，風雨博施，形成莽蒼大地上大大小小的自然河道。

即把『實然』與『應然』合在一起了。」——見氏著《現代精神與儒家傳統》，北京，三聯書店，1997年版，第65頁。

中華文明的「母親河」——黃河，即爲世界上的著名河流之一。追原黃河之形成，最初必與史前的地質結構、氣候土壤、植被覆蓋等自然因素密切相關。然伴隨著人類智慧之開啓、強力之高揚，生長於斯的人們對此大河的形體漸有修剪改造之功，引流排泄者有之，修堤作堰者有之，分流灌溉者有之，政令改道者有之（「大禹治水」應爲古史記載中人類疏濬河道的一大顯例）。不難設想，倘無人類後來的加工整改，黃河縱略具其自然形體，也決不似今日之面貌，想必是洪荒泛濫、汗漫激繞。而黃河一旦成型，又以其特有的「幾」字形流程，滋潤了在本流域孳乳繁衍的萬物與人類。

作爲一大事因緣出現在中華古國的儒家思想，其發源及成長，亦正如黃河之形成。儒學之出現，最初必與黃河流域的地質環境、氣候土壤、動植物分佈等因素密切相關〔註 59〕。深一步言之，儒學在黃河流域之肇始，必以農耕文明爲主體的自然環境、社會結構及其由此引發的史前記憶、生活經驗等爲歷史文化淵源。及至後來，炎黃堯舜出焉，文武周公出焉，孔孟出焉，儒學終以繼承三代「禮樂文明」而開闢新境的一大思想學派光耀於世，完成其「內聖外王」之宏規。故儒學之形成，雖與「軸心突破時代」的周、孔、孟、荀等人關係莫大，然亦終非幾位聖賢憑藉一己心力劈空而建，而是自然形勢與人力智慧綜合推進的結果。正如黃河形成之初，在流泄過程中因山川形勢或人爲因素，發生種種扭曲、枝蔓一樣，儒學自先秦之後，也因漢代大一統體制之形成、佛教之東傳、兩宋「重文抑武」、明清之帝王專制加強等諸多因素，發生了諸多變異，時而波瀾壯闊，時而乾涸斷流，時而舒緩有致，時而急轉直下，時而靜水流深。然而從儒學流傳的總體趨勢而言，則無根本性的改變。總而言之，儒學與（具有了文化性格的）中華民族的關係，是雙向互動、相互選擇、相互塑造的關係。

如把「大河之喻」落實到儒學「四法印」上，則：（1）「此世」是大河的河床。「以世間爲價值」，乃儒學的「存有論」定位。從時間上說，儒學不講求生前死後的事情；從空間上說，它要在人際交往中展開。（2）「道德」是大河的流向。「以道德爲進路」，此儒學的「價值論」定位。即儒學不是走向了

〔註59〕關於中國民族性與地理環境之關係，可參閱錢穆《中國文化史導論》第一章《中國文化之地理背景》，北京，商務印書館，1994 年版。莊澤宣、陳學恂：《民族性與教育》第二章《民族性的構成與控制》，北京，商務印書館，1938年版。

「知識」或者「宗教」，而是走向了道德生命。（3）「情感」是大河的流質。儒學是以人類眞善美的生命體驗爲其存在根據和內部動力的，「以情感爲主體」，是儒學的「生存論」、「動力論」所在。（4）「中庸」是大河的氣象。「以中庸爲至德」，乃儒學的「境界論」或「目的論」定位。儒學以其大而化之的濟世精神展現了生命的最高境界。此四者渾然一體、互爲因果、相輔相成，共同營造了含弘光大、中正圓融的儒家精神。其中，「以中庸爲至德」這一特徵，也可算是其餘三特徵的理想狀態或目的歸宿，對前三者都有統攝互涵作用。正如長、寬、高之立體三維，必須加上時間一維，才能構成宇宙完美的「四維」物質秩序一樣。如無「中庸」這一特徵所指示的向上之機，就無儒家心理結構之欲望、情感、道德三種層面的圓融無礙，儒學也因此失去了「至廣大而盡精微」的高明神妙之境（有陷入「俗學」之危險）。從這種意義上說，本文雖將此「四法印」並而論之，而「中庸」這一法印，約相當於佛法中具有「總持」性質的「一實相印」，自有其獨特之地位。

以上論說，尤其是關於「以中庸爲至德」的闡述，易給人以美化儒學的嫌疑。事實上，此並非筆者有意爲儒學辯護，而恰恰是儒學兩千多年來之所以能夠容納諾大一個民族一流智慧的根本原因所在（如就其他思想學說的高明處而論，亦當各具其特色與精彩）。另外，尚須補充說明一點：本書對儒學四大特徵的闡述，主要是基於一種共時性結構，而沒有對儒學歷時性的面相多作交代。這也是論題本身的局限所在。這裏只能稍加提及的是，儘管「以此世爲價值」等四大特質是儒學「一以貫之」的「共相」，但在儒學的不同發展階段，因時代主題、文化氛圍等諸多因素的影響，儒者們對此「四法印」的彰顯並非是等量齊觀、而總難免有所側重。如在先秦儒學中，儒學的情感性特徵格外濃鬱；在漢唐儒學中，儒學的「中庸」之境顯得隱而不彰；而宋明理學，則有道德訴求偏勝的價值趨向。儘管如此，正如一個人在不同的年齡段有不同的性情愛好這一事實並不足以否定人之爲人的共性一樣，儒學的這些歷時性特徵，亦並不能否定上文所述儒學之爲儒學的四大特質。至於歷史上某些儒者或流派對儒學偏於一隅的闡發（遑論某一儒者是否眞正達到了中庸之境），亦猶如黃河的某支流一樣（如宋明儒學之心學、理學），自不能很好地涵括儒學的整體精神。

儒學作爲一種源遠流長、博大精深的文化傳統，自然有不爲「四法印」所含攝的豐富內涵。但筆者看來，上述「四法印」則是儒學最根本的內在精

神。一種學術思想，如徹底違背「四法印」中的任何一條原則，則終不成其為儒學。不難理解，有些學派雖可與「法印」中的某一「法印」契合，但只要不符合其他兩條，依然不屬於儒學。比如，佛家對現世生活和日常情感均不持正面態度，對知善知惡的道德理性也視爲「方便法」而非「究竟義」，這當然不是儒學。法家雖對世間持正面態度，其大略也符合情感中的「自然情感」，但在「以道德爲超越」一點上，顯然與儒家背道而馳，故仍然不是儒學。

準此「四法印」而論，慈湖心學皆有「目的論」意義上的純正性，而在實際修行和體驗上，則又都有「溢出」、「轉出」此「四法印」之處。筆者以爲，慈湖心學是在中國文化大脈絡下，儒、釋、道三教深入結合而未臻圓融時的特殊樣態，雖非後儒批評的「純入於禪」或「陽儒陰釋」，但與正統儒學相較，確實滲入了太多的禪學基因，至少遠非先秦儒學的本來面目了。從「近禪」程度上，慈湖之於象山、陽明，可謂是有過之而無不及。

最後必須強調的是，本書植入的儒學「四法印說」，乃本人爲方便研究儒家心學之形成、尤其是慈湖心學之特質及儒禪關係而設。究其思想源泉，筆者自謂乃立足儒門之歷代聖經賢傳，兼取近現代諸賢之慧解。然一言半語，終必自己體貼於心之後鎔鑄而成。後生小子，非不謙虛謹愼，非敢狂妄放肆，更非敢妄立「新說」以嘩眾取寵。然學術研究，豈能止於唯唯諾諾，不敢越雷池半步？如有因筆者義理差錯而救教之，則吾服膺焉。若因不解筆者苦心，反以「小子妄議」而「罪我」者，吾必笑答曰：「求仁得仁，又何怨？」。

三、論文的內容結構

立足於上述種種緣由，筆者擬對本書的內容結構做出如下安排。除本章「緒論」論述本書的選題因緣、研究綜述與論說綱脈外，第二章至第五章爲論文的主體部分，第六章「結語」則是對整篇論文主要觀點的收結概括。茲將本書的主體章節稍加勾勒：

本著「知人論世」之理念，本書第二章主要考察了慈湖心學形成的時代背景和理論淵源。該章又可內分爲三節，首節從宋初的「尙文」政治、三教會通之學風和新儒家援禪入儒三個方面論述了心學形成的時代背景，指出南宋時代講究「深造自得」的生命體證是儒家心學興起的內在精神動力。次節對慈湖之父楊庭顯的心學思想進行分析考察，藉此指出，慈湖心學的一些主要觀點，皆可從其「家訓」中找到源頭。與象山相比，慈湖心學所以「入禪」

更深，乃深受父親潛移默化之故，並非是對象山之學繼承與發展的結果。第三節則宕開一筆，專門敘述了象山、慈湖之前另一位心學名家張橫浦的心學思想。本節指出，橫浦是儒家心學創立中具有實質性貢獻的心學家，其心學史地位卻一直被象山的光芒遮掩而被邊緣化，這是不公平的。相較於慈湖，象山與橫浦的思想更為接近。

第三章主要論述了慈湖的心路歷程及其與象山之師弟關係。首節回顧了慈湖受教象山之前的學思歷程，重點分析了慈湖的幾次「大悟」，認為慈湖此類「深造自得」的證悟體驗是其整個心學思想的心理基礎。第二節，對慈湖與象山之師弟關係進行了詳細考證，指出陸楊師弟關係的微妙複雜性：象山對慈湖學術之影響，主要是在「扇訟之悟」中的「觸機」作用，而非正常意義上的學問傳承。第三節，進一步考察了象山辭世後慈湖的「深造自得」及學思歷程，分析慈湖心學的禪學質素。第四節，衡定了慈湖在象山學中的獨特地位：慈湖既促進了象山之學的社會影響，同時也加劇了朱門學者對象山心學的誤解和批判。同時指出，慈湖學在南宋末年的短暫興盛，與權臣史氏父子（史浩，史彌遠）在政治上的大力支持關係重大。

第四章主要分析了慈湖心學的本體論和境界論。首節，對宋明心學之由先秦儒學「天本論」向「心本論」的過渡作了一番學術史梳理，指出佛禪心學的影響是宋明心學形成的重要關節。次節則以孟子本心和象山本心為論說背景，詳細地探討了慈湖「本心」的特殊意蘊，指出宋明心學一大內在發展趨勢，是將孟子情感濃鬱的「道德本心」逐漸逼近佛禪「超善惡」的「自性心」。第三節旨在探求慈湖何以要將「心之精神是謂聖」一語作為自己心學的最基本觀念，此是對慈湖心本論的進一步探討。第四節重點論說了心學形成過程中的「以覺訓仁」傳統，並指出慈湖與其他學者的個中差異。

第五章，以「不起意」為中心，詳細考察了慈湖的心學工夫論。首節，先對先秦儒學之兩條工夫入路作了思想史回眸，為儒學之工夫論做了一番正本清源工作。第二節則在對慈湖「意」之概念作了詳細分析之後，重點論述了「不起意」工夫的特徵，以及慈湖對《大學》「誠意」等工夫的批評。第三節，辨析了慈湖「不起意」與禪宗「無念為宗」之同異。第四節，著重分析了慈湖心學工夫論的理論困難，認為慈湖心學存在目的論與工夫論的內在矛盾。

顯而易見，本書的論說重點集中在對慈湖心學與先秦儒學、象山心學、

禪宗思想這三重關係的梳理上。爲避免行文的較多重複，本書並沒有將這三組關係單獨抽離出來予以專門處理，而是將其因地制宜地安置在具體的章節中。事實求是，客觀公正，永遠是學術研究的底線。作爲研究者，我們自應當大力發揮某思想家思想中的合理因素及現實意義，但不能爲突出自己研究的重要性，人爲地拔高研究對象的思想價值。鑒於過去研究中已對慈湖心學作了過多無謂的肯定與讚賞，筆者又以「四法印」說來框範慈湖心學的特徵，故本書容易給人造成對慈湖心學「批評」之處多，「贊成」之處少的感覺。筆者這樣做，絕不是一種主觀好惡下的心理傾斜和爭強好勝，更不是矯枉過正或以偏糾偏。個人的私見是，慈湖心學對我們研究心學思想史進路方面的鏡鑒意義，遠遠大於挖掘其學說的價值本身。因爲以境界的神妙言，慈湖心學無法與佛禪相媲美；自心學工夫的圓融細密言，更無法與陽明及其後學相提並論；而慈湖的政治見解，非但未能超邁前賢，反而有很多與時代脫節的「迂腐」之論。

第二章　慈湖心學形成的時代背景與理論淵源

　　如錢穆先生所說:「求明一代之思想,必當溯源竟流,於全部思想史中跡其師承,踵其衍變,始可以明此一代思想之意義與價值。」〔註1〕在本章中,筆者希望通過對宋明新儒學形成的政治氣候、社會風氣和理論淵源等方面的分析,爲後文深入探討慈湖心學在整個儒學史中的特殊地位作出理論鋪墊。可以首先指出的是,極具特色的慈湖心學,並非來自天壤間的不明飛行物,而與宋代獨特的政治、文化及修學風尚息息相關。

第一節　宋代儒家心學形成的時代機運

　　一種精神傳統的生命力固然主要取決於其內容本身的豐富、深刻性,但該傳統一旦晦暗榛塞,何時浴火重生而煥發異彩,外在機緣則顯得至關重要。誕生於華夏先秦時期的原創儒學,雖在漢代「獨尊儒術」的國家政令下逐漸成爲「一套全面安排人間秩序的思想系統」〔註2〕,但其眞正具有人文價值的民本因子、生命型範及人格慧命卻一直在君主專制的持續高壓下暗暗不彰、抑鬱難伸。較之聲威赫赫、雄渾大氣的盛世漢、唐,趙宋一朝在武功乃至整體國力上都不免暗淡失色;然而由於宋代較好地執行了「與士大夫共治天下」的文治政策等原因,士大夫階層「以天下爲己任」的主體意識得以復蘇,以

〔註1〕　錢穆:《宋明理學概述・例言》,臺北:學生書局,1977年修訂版。
〔註2〕　余英時:《現代儒學的困境》,見氏著《現代儒學的回顧與展望》,北京:三聯書店,2004年版,第54頁。

至在政治思想文化的天空留下莫大的聲光。故與漢、唐兩個朝代相較，宋人在文化學術方面自有殊勝之處，實在稱得上後出轉精、別開生面〔註3〕。其中，遙續孔、孟儒學命脈而吞吐佛、道兩家思想精華的新儒學之崛起，則宣告了中華民族又一精神高標的塑建。

一、宋初「尚文」的政治、文化風氣與士大夫的使命擔當

考察儒學在宋代復興之外在機緣，自以趙宋開國之「崇文抑武」的政治策略最爲首要。宋太祖建立政權後，於唐代「藩鎮割據」的弊端深有殷鑒，又兼其「黃袍加身」等革命因緣，內心對執掌兵權、德威卓著的武將格外忌諱，轉而將軍、政大事委之於素以「文弱」、「忠信」著稱的文人士大夫。據說他即位後，曾留下「與士大夫治天下」、「不殺士大夫及言事者」等治國方策。其弟宋太宗在戎馬征伐之間手不釋卷，本人不失爲一讀書人，而尤以尊崇文士著稱。趙氏兄弟奠立的包括重文抑武等方針在內的所謂「祖宗之法」〔註4〕，一方面導致了宋代武力系統的總體癱軟，爲後來綿延起伏的邊患遺下了先天性病根；一方面卻爲文人士大夫提供了施展才華的歷史機遇和政治舞臺。經過宋初幾十年的醞釀發蒙，至眞宗朝時，一個以文士爲主體的龐大官僚集團業已建立。據《宋史·文苑傳序》載：

> 自古創業垂統之君，即其一時之好尚，而一代之規橅，可以豫知矣。藝祖（宋太祖）革命，首重文吏，而奪武臣之權。宋之尚文，端本於此。太宗、眞宗其在藩已有好學之名，及其在位，彌文日增。自時厥後，子孫相承，上之爲人君者，無不典學；下之爲人臣者，自宰相以致令錄，無不擢科。海內文人，彬彬輩出焉〔註5〕。

〔註3〕 關此，陳寅恪先生在《鄧廣銘宋史職官志考證序》一文中曾謂：「宋代學術之復興，或新宋學之建立是已。華夏民族之文化，歷數千年之演變，造極於趙宋之世」。——見氏著《金明館叢稿二編》，北京，三聯書店，2009年版，第277頁。

〔註4〕 對於祖宗家法，鄧小南教授的解釋是：「從原始意義而言，『祖宗家法』特指太祖太宗創法立制所貫徹的精神及其定立的諸多法度；而隨著宋代歷史的推移，逐漸擴展爲泛指趙宋列祖列宗建立與維持的軌範。」——鄧小南：《祖宗之法——北宋前期政治述略》，北京，三聯書店，2006年版，第65頁。相關論說，亦可參閱余英時：《朱熹的歷史世界：宋代士大夫政治文化研究》，北京，三聯書店，2011年版。

〔註5〕 《宋史》卷四三九，《文苑傳一》總序。

站遠了看，太祖兄弟尊崇優待文人、士大夫的「祖宗家法」，在其後繼者那裏未必都能得到良性地執行。但必須承認，相較於中國歷史中的其他諸朝代，有宋一朝對文臣的寬容和優待堪稱是空前絕後的（此與對武將的禁忌猜疑適成對照）。皇帝對文士的諫議，或採納或捨棄，但君臣總體上均不失為以禮相待；文士們雖也經常被貶在外地當官，或削職為民，不少人還被反復升降過多次，但基本沒有因政見問題而遭到肉刑虐待者，更沒有像明代皇帝般對文士的大肆殺戮或羞辱（如明成祖殺方孝孺家族、陽明受「廷杖」等）。就學術環境看，南宋時雖一度出現「慶元黨禁」等事件，但很大程度上仍屬文人內部的黨爭（儘管此時的黨爭與北宋王安石變法時的黨爭已有較大不同），仍遠不能與清代嚴酷的文字獄相提並論。比較言之，如果說漢唐是武將們戎馬疆場、建功立業的年代，而宋代則無疑是文人士子的春天。

　　文士的基本身份是儒。宋代寬鬆的政治環境為儒學的復興提供了某種適宜的人文土壤，激起了文士們參政議政的政治熱情，促進了儒者的人格覺醒和經世精神的復蘇。這一精神復蘇的最初姿態，首先表現在師道尊嚴的樹立上。這一點，從全祖望對宋代儒學之創闢的敘述中可見大略：

> 有宋真、仁二宗之際，儒林之草昧也。當時濂洛之徒，方萌芽而未出，而睢陽戚氏在宋，泰山孫氏在齊，安定胡氏在吳，相與講明正學，自拔於塵俗之中。亦會在值賢者在朝，安陽韓忠獻公、高平范文正，樂安歐陽文忠公，皆卓然有見於道之大概。左提右挈，於是學校遍於四方，師儒之道以立。〔註6〕

在開啓新儒學先聲的「宋初三先生」中，最應一提的是率先進行學術革新的教育家胡瑗。胡氏在蘇州、湖州大興講學之風，一改漢代以來對儒家經典的訓詁詞章之學，轉而以培養國家有用之才為旨歸。他將儒學定位為「明體達用」之學，創制了分科教學法，設「經義」與「治事」兩齋。「經義」主要是選擇心性通達，有遠見卓識、可任大事者，使之講明六經。「治事」則使人各治一事，如治民安生，講武禦寇等，以培養專門人才。這一教學模式，史稱「蘇湖教法」，後為朝廷廣泛採用，對後世的教育影響很大。胡瑗弟子劉彝曾在宋神宗面前，直陳其師之功績高於宰相王安石：

> 臣師胡瑗，以道德仁義教東南諸生時，王安石方在場屋中，修進士業。臣聞聖人之道，有體有用。國家累朝取士，不以體用為本，而

〔註 6〕 全祖望：《鮚埼亭集外編》卷十六，《慶曆五先生書院記》。清嘉慶十六年刻本。

> 尚聲律浮華之詞，是以風俗偷薄。臣師當寶元明道之間，尤病其失，
> 遂以明體達用之學授諸生。夙夜勤瘁，二十餘年。故今學者明夫聖
> 人之體用，以爲政教之本，皆臣師之功，非安石比也。〔註7〕

明體達用，此正儒學「內聖外王」之宏規，亦孔子「儒門四科」人才的國家化培養、輸送方式。與此教育革新相表裏的，是私學、書院的興起和官學的日臻完善。眞宗、仁宗之際，私學（學院）發展爲州府學，慶曆年間又興建了太學，州、縣學的規模也隨之不斷擴大。南宋先後興建的書院總數達三百以上，主要以弘傳理學爲務，是爲理學在南宋中期以後總體上戰勝佛老之學的重要因素之一〔註8〕。在科舉制度方面，不同於唐代重詩文歌賦，宋代改重政治策論，既注重考生講明經義的能力，同時亦注重其治國安邦的策略。尤須特別標出的是，自宋神宗熙寧年間起，《孟子》被定爲科舉考試科目，與《論語》一樣具有了「兼經」的地位。在科舉的「指揮棒」下，孟子學很快成爲與春秋學、易學並駕齊驅的儒家顯學之一。這對後來新儒學尤其是心學一脈昌行的意義特大〔註9〕。

以筆者之綜合理解，由孔子奠基，經曾子、子思、孟子和荀子弘傳的先秦儒學，其根本精神主要包括內外兩個方面：一是在肯定人之天賦的自然情感（主要是向善的一面）的基礎上，立足於血緣宗族，輔之一套進學修德方法，以培養健全的道德人格，此爲儒家賴以安身立命的內聖學。一是通過建立良好的典章制度、禮儀規範，以推行仁政的方式實現天下太平，此爲儒家冀圖治國安邦的外王學。內聖外王即「內養外用」，內聖學重在「成己」，外王學重在「成物」，二者相輔相成、體用互補，共同構成了一個眞正儒者的價值取向和生命關懷。這一儒學鴻基，是孔子在對上古時期之禮樂文明──「禮」的繼承與反省中鎔鑄而成。孔子後來將「禮」安置在具有普遍性的心理原則──「仁」上，故使得原創儒學滲浸著濃厚的民本遺風和情感取向。儒學的這一價值趨向在孟子的仁政學說和心性修養論中表現得尤爲卓著。然自秦代

〔註7〕 《宋元學案》卷一《安定學案》。

〔註8〕 參閱陳振：《宋史》，上海：上海人民出版社，2003 年版，第 634～642 頁。

〔註9〕 就儒家諸經典的運勢消長看，北宋堪稱是孟子學復興的時代。關於這一點，黃俊傑《中國孟學詮釋史論》（北京，社會科學文獻出版社，2004 年版）一書中以「文獻」的形式表而出之。周淑萍則有《兩宋孟學研究》（北京：人民出版社，2007 年版）一書，對宋代孟子學之「升格運動」的敍述頗爲翔實。

以降，政治模式、階級結構等社會形勢發生了極大變化，尤其在君主權力的日益膨脹的大背景下，一些儒者不得不採取靈活態度（如董仲舒之「屈民以伸君」、「屈君以伸天」），更有儒者採取主動屈從的態度與專制體制相媾和，在君主們「陽儒陰法」的政治手腕下仰人鼻息。由漢至唐，儘管儒家官吏仍在政治倫理方面維繫著社會風教，但原初儒學中「成己成物」的真精神卻日漸凋零，儒學或淪爲讖緯迷信色彩極濃的神學目的論，或流爲負責婚喪禮儀的世俗陋儒之教，或縮略爲維護貴族生活的門第禮法，或轉爲皓首窮經的注疏訓詁之學，甚至變爲統治者手中的一種統治術（「儒術」）。

　　如果說缺乏政治壓力的東周爲儒學的誕生提供了適宜環境的話（當然，此亦並非僅僅有助於儒家一派的誕生而已，其餘相繼出現的墨、道、法諸家亦可作如是觀），那麼趙宋之優越的整體文化氛圍，特別是宋太祖「與士大夫共治天下」的政治策略，則提供了某種與前者在效果上略微相似的機運與氣場。它猶如一場浩蕩的春風，催生了久已喑啞的儒家精神，點燃了文士們得君行道的政治熱情，促成了士大夫人格的新一輪覺醒。當此之際，諸如范仲淹〔註10〕、歐陽修、司馬光、王安石、蘇軾、程灝等一大批德才並茂之士，被時風裹卷著，在「士以天下爲己任」、「先天下之憂而憂」的擔當意識中走上了歷史舞臺。如何富國強兵，如何移風易俗，如何進德修身，如何「迴向三代」，如何振衰起敝成爲他們殫精竭慮的時代課題與生命關懷。他們是政治家、史學家、文學家，同時也是引領學術風尚的大學者乃至大思想家，彼此各呈才學，以百家爭鳴的姿態勸君主勿限於漢唐之規模，直取「三代」之法式。舉例而言，司馬光與王安石儘管在「變法」問題上勢若冰炭，但正如司馬光所說，他們一個是「方欲得位以行其道，澤天下之民」，另一個「方欲辭位以行其志，救天下之民」，「光與介甫趣向雖殊，大歸則同」〔註11〕。這些文士們儘管有著不同的政治見解和性格氣質，然而更有著當時知識分子共有的時代特質——一種「致君堯舜上，再使風俗淳」（杜甫詩句）的胸襟抱負和理想藍圖。

　　較之於漢唐之宇宙論色彩甚重的政治儒學和注重章句訓詁的經典文獻

〔註10〕范仲淹實爲宋代收拾儒門，復興儒學之第一人。可參見羅義俊《范仲淹與北宋前期儒學復興——兼儒學、道學、理學之概念》一文，載嚴耀中主編《論史傳經・程應鏐先生紀念文集》，上海，上海古籍出版社，2004年版。另有李存山《范仲淹與宋代儒學的復興》，載《哲學研究》，2003年第10期。

〔註11〕《溫國文正司馬公文集》卷六十《與王介甫書》，四部叢刊本。

學，宋代儒學的精神意態顯然更逼近孔孟原創儒學的氣脈〔註12〕。這一點，從士大夫們對「儒者」的價值拷問中可見一斑。如以「眞儒者」自期的司馬光曾質疑道：「高冠博帶廣袂之衣，謂之儒邪？執簡伏冊呻吟不已，謂之儒邪？又況點墨濡翰，織制綺組之文以稱儒，亦遠矣。」〔註13〕王安石則批評道：「後世所謂儒者，大抵皆庸人，故世俗皆以爲經術不可施於世務爾。」〔註14〕程頤更云：「古之學者一，今之學者三，異端不與焉。一曰文章之學，二曰訓詁之學，三曰儒者之學。欲趨道，捨儒者之學不可。」〔註15〕他們雖然對儒家精神的具體理解方面仍有較大分歧，但對秦漢以後的儒者形象卻表達了共同的不滿，並重新賦予儒者士大夫一種新的時代精神和責任擔當。

必須強調，在禪道尤熾的時代，在這批時代龍象身上煥發出的擔當意識和人格魅力，大大提升了儒者的生命格局（在漢唐時代這是無法想像的）和社會影響力，並悄悄扭轉了一個民族的精英知識分子的身份認同。錢穆先生認爲，宋儒在自漢以下的儒統中，實已自成「新儒」，其中更加重視性理之學的道學家（主要指程朱等理學家），則尤爲新儒中之新儒。〔註16〕從思想史的立場看，這一人格覺醒爲後來嚴於華夷之辨的儒者（如朱子）提供了一種看不見的精神支撐。借用張橫渠的話說，眞正的儒者應是以「爲天地立心，爲生民立命，爲往世繼絕學，爲萬世開太平」爲最高使命的人。在後文涉及「朱

〔註12〕 針對儒學之本來面目，今人徐復觀先生有一段堪稱「充實而有光輝」的話，至今尚擲地有聲，震蕩著知識分子的耳膜：「儒家思想，乃從人類現實生活的正面對人類負責的思想。他不能逃避向自然，不能逃避向虛無空寂，也不能逃避向觀念的遊戲，更無租借、外國可逃，而只能硬挺挺地站在人類的現實生活中以擔當人類現實生存發展的命運。在此種長期專制政治之下，其勢鬚發生某程度的適應性，或因受到現實政治取向的壓力而漸被扭曲，歪曲既久，遂有時忘記其本來面目，如忘記其「天下爲公」、「民貴君輕」等類之本來面目，這可以說是歷史中的無可奈何之事。這只能說是專制政治壓歪，並遏制了儒家思想的正常發展，如何能倒過來說儒家思想是專制的護符。但儒家思想在長期的適應、歪曲中，仍保持其修正緩和專制的毒害，不斷給予社會人生以正常的方向與信心，因而使得中華民族度過了許多黑暗時代，這乃由於先秦儒家立基於道德理性的人性建立起來的道德精神的偉大力量。」——《研究中國思想史的方法與態度問題》（代序），載氏著《中國思想史論集》，上海，上海書店出版社，2004年版，序第8頁。

〔註13〕 司馬光：《傳家集》卷六十九，《顏太初雜文序》。清文淵閣四庫全書版。

〔註14〕 《宋史》，《列傳》第八十六，《王安石傳》。

〔註15〕 《程氏遺書》卷十八。

〔註16〕 錢穆：《朱子新學案》（第一冊），九州出版社，北京，2011年版，第16頁。

陸之辯」的儒門內爭中，我們不難發現爭論雙方均有這樣一種儘管程度上有
不同、但卻似乎是不言而喻的潛在性價值預設：即一旦指稱對方是「釋氏」、
「禪」、「二氏」，就幾乎將論敵的學說視爲無庸置辯的「異端邪說」。

　　文人士大夫政治地位的提升和人格意識的覺醒，正是儒學復興的前兆。
佛教入華伊始，儘管在政治倫理方面對儒家有所遷就，但在根本的哲學體系
和修持方法上，則很少吸收儒學思想，並多對儒家哲學持批判態度。在心性
論上尤嚴分「內」、「外」二道，不輕易附會儒家。正由於宋代儒者地位的不
斷提高，民族自尊心的高漲，使佛教禪學面臨著很大的社會輿論壓力，一些
高僧開始自覺促成三教的融合。如北宋名禪師東林常總，謂佛經中所說白淨
無垢阿摩羅識，「即孟子所言性善是也」〔註17〕。這類思想得到不少儒者的認
同，後文屢屢提及「道南學派」的首領楊時，即爲其中著名代表。

　　據余英時先生考察，宋代士大夫政治文化的發展大致經歷了三個階段。
第一階段的高潮出現在仁宗之世，可稱之爲建立期。此表現爲，宋初的儒學
復興經歷過七八十年的醞釀，終於找到了明確的方向。在重建政治、社會秩
序方面，仁宗朝的儒學領袖人物都主張超越漢、唐，回到「三代」的理想。
在士大夫作爲政治主體的共同意識方面，范仲淹所倡導的士大夫當「以天下
爲己任」的呼聲得到了普遍而熱烈的回響。第二階段的結晶是熙寧變法，可
稱之爲定型期。這是迴向「三代」的運動從「坐而言」轉入「起而行」的階
段，是士大夫作爲政治主體在權力世界正式發揮功能的時期。至少在理論上，
治權的方向（「國是」）已由皇帝與士大夫共同決定，治權的行使更完全劃歸
以宰相爲首的士大夫執政集團了。第三階段即朱熹的時代（「後王安石時
代」），可稱之爲轉型期。所謂轉型指士大夫的政治文化在熙寧變法時期所呈
現的基本型範開始發生變異，但並未脫離原型的範圍。這一變異的突出特徵
表現爲儒家的「內聖」努力壓倒了「外王」實踐〔註18〕。另外，余先生在強
調南宋「內聖」之學的驟盛與熙寧變法失敗的內在關聯時特別指出：

> 理學家都深信王安石的失敗主要由於「學術不正」；在這一理解下，
> 他們努力發展「內聖」之學，以爲重返「外王」奠定堅固的精神基
> 礎。「外王」必自「內聖」始，終於成爲南宋理學家的一個根深蒂固
> 的中心信念。與第二階段相對照，「後王安石時代」的政治文化顯然

〔註17〕《宋元學案》卷二十五。
〔註18〕余英時《朱熹的歷史世界》（自序二），北京，三聯書店，2011年版。

多出了一層「內聖」的曲折。也正因爲理學家群空前地加重了「內
聖」的政治分量——「內聖」之學有誤，則「外王」無從實現——
內部不同流派之間的義理爭執才特別激烈，雖則在政治行動的領域
中他們表現了高度的一致性。〔註19〕

如余先生所論，王安石變法的失敗是儒家「外王學」發展的一大挫折，對宋
代的政治文化影響深遠，不僅大大改變了宋代的政治風氣，也改變了儒家整
體的學術走向。如張栻（南軒）說：「熙寧以來人才頓衰於前，正王介甫作壞
之故。介甫之學乃是祖虛無而害實用者。伊洛諸君子蓋欲深救茲弊也。」〔註
20〕朱子則說「荊公學之所以差，以其見道理不透徹。」〔註21〕連南宋最推崇
王安石的心學家陸象山，也承認「荊公之學，未得其正，而才宏志篤，適足
以敗天下。」〔註22〕總而言之，南宋理學家都認爲王安石「學問不純」、「內
聖修養」不足是導致其變法失敗的根本原因之一。這一共識，成爲了宋儒一
方面暗地借鑒吸收禪學心性工夫，同時又必須排斥佛道思想的心理「隱曲」。

特別在宋高宗「紹興和議」之後，士大夫們得君行道的抱負還在，憂國
憂民的心腸還在，但洋溢在北宋儒者身上恢弘鏜嗒的宏大氣魄卻伴隨著參政
熱情的冷縮而漸趨式微。從學術風氣看，除了一些更寬泛意義上的儒者之外
（如注重事功的陳亮、葉適等人），儒者們「經世致用」之心逐漸變得淡薄而
處於次要的地位，如何安頓身心性命成了他們生命的焦點關切。與此相應，
靜坐體悟了代替了博學篤行，講學論道代替了從政問俗，乃至連科舉致仕本
身也成了儒者磨練心性的手段。這一內證化傾向理學家已然，心學家尤甚。
正如元人宋方壺在散曲《山坡羊·道情》中所唱的那樣：「一茅齋，野花開，
管甚誰家興廢誰成敗。陋巷單瓢亦樂哉。貧，氣不改；達，志不改。」降至
元代的異族統治，明代的殘酷專制，更不免令大多儒家士大夫們對政治生活
心灰意冷，一頭鑽入「孔顏樂處」的性命修煉，乃至對林泉風月的嘯傲中去。
長此以往，在許多儒者的生命意識中，「博施濟眾」的外王事業已非「究竟義」，
能夠安頓身心性命的內聖學變得更爲主要和根本。職是之故，從南宋直到明
末這段漫長的時期中，儒家的外王學一直萎靡不振，內聖學則愈轉精深。這
是宋明理學的總體特徵。

〔註19〕同上書，第420～421頁。
〔註20〕《南軒集》卷一九《寄周子充尚書》第二書。
〔註21〕《朱子語類》卷130《本朝四》。
〔註22〕《象山全集》卷十三，《與薛象先》。

二、彌漫朝野的佛禪氣息與三教會通論調 〔註23〕

伴隨著儒家「內聖外王」眞精神的沉潛不彰，自魏晉南北朝以來，源自古印度的佛教大昌於中土，並在心性修養的層面，漸漸處於整體的優位。步入隋唐時代，朝廷雖倡導三教並行的政策，佛教獨如麗日中天，實際上成爲民眾心靈世界的主唱。迄至五代宋初，佛家總體上雖已略顯得疲敝乏力（其盛極而衰的因緣，實可上溯至唐武宗之「會昌法難」），但高度中國化的禪宗卻邁入鼎盛乃至爛熟時期，高僧櫛比林立，法脈綿延不絕，依其高深的禪理對廣大儒家士大夫保持著持久吸引力，乃至使整個宋代學術也打上濃鬱的禪學意味。北宋文士張方平與名相王安石有一段著名對話：

> 世傳王荊公嘗問張文定公曰：「孔子去世百年，生孟子，亞聖後絕無人，何也？」文定公曰：「豈無，只有過孔子上者。」公曰：「誰？」文定曰：「江西馬大師，汾陽無業禪師、雪峰、岩頭、丹霞、雲門是也。」公暫聞，意不甚解，乃問曰：「何謂也？」文定曰：「儒門淡薄，收拾不住，皆歸釋氏耳。」荊公欣然歎服。其後說與張天覺，天覺撫几歎賞曰：「達人之論也。」遂記於案間。〔註24〕

張文定以爲馬祖道一等禪師之高明博大超越了儒家創始人孔子，或未免是激於一時感喟而過甚其言，卻警策性地道出了唐五代間「釋盛儒衰」的歷史實情。關於佛禪之學何以對儒者士大夫大有吸引力，楊曾文先生有一段平實的論說，此不妨具引如下：

> 概括地說，禪宗強調的世與出世不二、「即心是佛」和佛在眾生之中的思想：說法中貫徹的理事、體用圓融的玄學思維和富有機辯的論禪方式：寄修行於日常生活的簡易要求：叢林經營井然有序，提倡農禪並重又崇尚自然情趣等，都對他們具有極大的吸引力，容易在他們的心中引起共鳴。至於禪宗寺院所具有地方文化中心的功能，

〔註23〕 按，相對而言，宋明心學特別是慈湖心學受禪學影響深而受道教（家）影響較淺，故本節雖以「三教會通」爲題，內容上則主要側重於描述禪學對儒學的滲透與挑戰。事實上，及至宋代，道家思想已經被禪家吸收而失去了獨立性。道教則受佛家（尤其是禪宗）影響，講究「內修」以求心內「煉丹」。從這種意義說，分析宋明理學對禪宗的吸收，本身已包含了對儒釋道三教融通的考察。關於禪宗對道家思想的吸收，可參閱葛兆光《增訂本中國禪思想史》、印順法師《中國禪宗史》等論著。

〔註24〕 陳善：《捫虱新話》上集卷三，《儒釋疊爲盛衰》，民國校刻儒學警悟本。

> 很多禪僧具有的較高文化素養，禪僧行腳遊方在各地文化交流中所
> 扮演的角色，禪僧在說法標榜的「無念」、「無求」和淡泊名利的理
> 念，都可以在具有不同身份和閱歷的士大夫中引發興趣。在儒者士
> 大夫中，有的人與禪僧密切交遊，聽他們談禪說法；有的人禮禪僧
> 為師，親自參禪問道；甚至也有人乾脆放棄仕進道路，不求「選官」
> 而去「選佛」，傚仿禪僧出家過叢林生活。〔註25〕

筆者認為，倘深一層而論，儒者士大夫對禪學的親近和迷戀，正體現了中華民族之深層文化心理的一大總體走勢。平心而論，且不論修養工夫論的詳盡細密，僅從心性義理（即「內明」學問）的深刻圓融等諸多方面看，佛教也多有儒學所不及之處，足以彌補後者在某些生命關懷，尤其是深層宗教體驗中的不足。一個最明顯的理由是，儒家雖在政治制度、文化教化方面厥功甚偉（陳寅恪先生所謂「二千年來華夏民族所受儒家學說之影響最深最巨者，實在制度法律公私生活之方面。而關於學說思想之方面，或轉有不如佛道二教者」），但儒家認為「未知生，焉知死」，「談性命未極於唯心，言報應未臻於三世」〔註26〕。這對於一直懷揣著長生久視夢想的人類而言，無疑是斬斷了一種超越現實的宗教企望。故今人李澤厚先生認為，由於缺乏「上帝」、「神靈」的庇護和彼岸天國的寄託，儒家立足於現實情感、倫理道德的「世間之旅」終不免走得更為艱難、孤苦。從傳統士大夫的人格基型和生存境遇看，政治倫理生活固然是他們立身處世的人間正道，但人性偏偏有追求豐富多樣的複雜性，過重的義務擔當畢竟容易淪為一種生命的負累，使人不免感到身心疲累。身陷囹圄的宋儒文天祥，在寫下「惟其義盡，所以仁至」的「儒家式」絕筆辭之前，仍不免有「功名幾滅性，忠孝大勞生」的「佛道式」感歎。往後說一點，明代大儒王陽明被貶謫至貴州的龍場驛，於世間榮辱已絲毫不縈於心，但坦言自己仍未能勘破「生死一念」。只待他經歷宸濠忠泰之變後，才「益信良知真足以忘憂患，出生死。」而此時陽明「忘憂患，出生死」的「良知」學說，實質上已非復傳統儒學本來面目，而是儒禪二教深度融會的結晶體了。筆者舉此兩事，意在說明傳統儒教雖然有助於儒者成就今世的道德功名，卻不能如佛老那樣，可以教人斷除身心患累與超越輪迴。在這種心

〔註25〕楊曾文：《唐五代禪宗史》，北京，中國社會科學出版社，1995 年版，第 11
　　　頁。
〔註26〕智圓：《疏四十二章經》。

理張力下，追求一種既不逃避現實責任而能獲得心靈解脫的「生命的學問」，以出世精神行入世事業，將出世與入世打成一片，便自覺不自覺地成為許多儒者士大夫的深層心理需要和生命走勢〔註27〕。而尤其當先秦儒學中的心性奧義淹沒不彰、不敷實用之時，「應物而無累於物」的佛道智慧，正可以填補此一空白。有了這種智慧，儒者大可不必接受佛家「緣起性空」的世界觀、「三世輪迴」的生死觀和「一切皆苦」的人生觀，卻可以「不離日用常行內，直造先天未化前」（王陽明句），在人倫日用的現實生活中優入聖域。葛兆光先生在論及禪宗對中國文人士大夫的深層心理影響時說：

> 當這種禪的方法與老莊玄學、大乘空觀逐漸結合形成中國禪思想的體系，它所追求的境界不再是有形的淨土、佛陀，它所希冀的宗教奇跡就不再是想像中的神異、再生，而是一種極幽、極玄，只能在心靈中體驗的寧靜與恬樂，是一種能洞察宇宙與人生的智慧；它的解脫不再靠神靈而靠自己，它的感情不再是崇拜而是平靜，它的歸宿不再是神奇而渺茫的彼岸而是自然而實在的此岸。信仰者不再會因為看不到終極的存在而焦慮憂傷，當他反身向內體驗時，只要他真的有追尋超越的願望和理解超越的智慧，那麼，就能在自己的心中找到那一片寧靜與溫馨的天地。這就是中國文人士大夫一直在追尋的超越世俗的空無境界。」〔註28〕

這無疑是一個十分迷人的，甚至比儒家的情感、倫理世界更能觸及內心靈魂的生存體驗和詩意境界！且不論禪家智慧能否真的幫助士大夫們「了生死」、「證菩提」、「斷煩惱」，或者可以助他們能以出世精神行入世事業，即便是這種渺遠靜謐、淨空高潔的禪境本身，已足以使傳統士大夫留戀忘返、樂此不疲。這裏有「落葉滿空山，何處尋行跡」的空寂玄遠，有「空山無人，水流花開」的靜謐清新，也有「萬古長空，一朝風月」的瞬刻永恆。在此獨特的心靈悟境中，儒家士大夫可以抖落掉（哪怕只是暫時的）家國負累，去體驗

〔註27〕錢穆先生在《初期宋學》一文中述及宋儒與唐儒區別時說：「宋儒則要超越唐人，回復三代。此非只是歷史上之復古，乃是一種功利與心性之融成一片，即世出世融成一片，亦即儒釋融成一片之一種理想境界，乃思想史之一種更深更進之結合也。」——氏著《中國學術思想史論叢》（五），北京，三聯書店，2009 年版，第 10 頁。

〔註28〕葛兆光：《增訂本中國禪思想史》，上海，上海古籍出版社，2008 年版，第 123 頁。

生命的自由與灑落；可以避開宦海沉浮的悲歡浮華，覓尋心靈的充實與靜謐；可以忘記現世人生的匆迫無常，消受片刻的安詳與永恒。認清了這一總體性心理祈向，我們才能深刻領悟宋明儒者在佛老之學的刺激下，何以要汲汲於追求修養工夫上的「無意」之境，宋明理學何以會比先秦儒家多了一分山林氣，少了一分救世心；也才能眞正懂得程明道暢言「聖人之常，以其情順萬物而無情」、「廓然大公，物來順應」、「不繫於心而繫於物」的《定性書》何以能成爲宋明儒學史上一篇開天闢地的大文章。

從思想內部說，佛教在中國傳播和發展過程中，經過中國本土文化，尤其是儒、道兩家文化的篩濾和陶鑄，已改變了諸多的原始面貌，而成爲新式的「中國佛學」。〔註29〕呂澂先生在《中國佛學源流略講》一書的卷首寫道：

> 佛教傳入中國後和中國原有的思想相接觸，不斷變化，不斷發展，最後形成了自己的特殊的新學說。在其發展變化過程中，一方面，印度發展著的佛教思想仍在不斷傳來，給予了它持續的影響；另方面，已經形成的中國佛學也逐步成熟，構成了如天台、賢首、禪宗等各種體系。因此，所謂中國佛學，既不同於中國的傳統思想，也不同於印度的思想，而是吸取了印度學說所構成的一種新說。〔註30〕

呂先生的說法是有堅實根據的。眾所周知，印度佛教本有大小乘之分，傳入東土後，各家宗派無不將大乘佛法置於更優越的地位。後來蔚爲中國佛教主流的天台、華嚴、禪宗等宗派，也無一不是大乘佛教。這一情形的出現，顯然與大乘佛家的精神氣質，尤其是以「普渡眾生」爲悲願的「菩薩道」更接近儒家「兼善天下」的人文理想有關。印度大乘佛教有三大學派，即中觀、瑜伽和如來藏，中觀學派即空宗的思想建立在「緣起性空」上，代表有宗的瑜伽學派強調「境空心有」的唯識思想，而高舉「自性清淨心」的如來藏思想，則闡揚眾生本具佛性、皆可成佛。在此三派之中，唯有如來藏一系在中國生根發芽而被發揚光

〔註29〕關此，筆者無法認同牟宗三先生在《佛性與般若》一書中所認爲的「佛教並未中國化而有所變質」的說法。牟先生此論，已受到不少學者批駁，如傅偉勳先生在《佛教思想的現代探索》之《儒道佛三教合一的這裏探討》一文中，認爲牟氏忽略了以禪道爲實例的中國大乘佛教，在日常生活實踐之中大大發揮了世間性、日常性、大地性、審美性、當下性、機用性、實存性等等特徵，確實超越了印度佛教逃避現世的傾向，且不說中國大乘佛教有其繼續發展此類特徵而形成名符其實的所謂「人間佛教」的潛能。

〔註30〕呂澂：《呂澂佛學論著選集》（五），濟南：齊魯書社，1991年版，第2435頁。

大，這同樣是因為其倡言眾生都有佛性、皆可成佛的思想與儒家主流的「性善論」、「人人皆可為堯舜」的說法較為接近〔註31〕（與之適成對照的是，玄奘大師的法相宗屬於瑜伽學派，保持了印傳「有宗」的本色，數傳之後卻歸於沉寂）。另外，在印度佛教的心性論中，有「心性本寂」、「心性本淨」、「心性本藏」、「心性本有」諸義，但這種心性狀態只是「可能的」、「當然的」，其中以側重於心性不與「煩惱」相應的「心性本淨」說最為根本；而在同屬如來藏一系的天台宗、華嚴宗、禪宗等中國化佛教中，皆從印度佛教的心性論中，發展出「心性本覺」義，側重於強調本心的光明圓滿，且這種心性狀態是「現實的」、「已然的」〔註32〕（這與小乘佛教側重強調人之先天的「無明」形成了鮮明的對照）。更為重要的是，原始佛教本是一種極端「出世型」的宗教，把「此世」看成絕對負面因素而予以捨棄。這一性格與中國思想自先秦以來強烈的「人間性」入世心理是格格不入的。而由慧能創立的禪宗，標榜「教外別傳，不立文字，直指人心，見性成佛」，倡言「若欲修行，在家亦得，不由在寺」、「佛法在世間，不離世間覺」，把大乘佛教不捨世間的思想發揮到極致，使得佛教日益世俗化、人間化（儘管這種世俗化、人間化非其旨歸所在，但至少發現了「此世」對於「解脫」的積極意義）〔註33〕。根據印順法師《中國禪宗史》一書所述，印度傳來的禪法，從達摩一直到慧能，修道的方便法門雖不斷演化，實質上則為一貫的如來禪。而在慧能門下的洪州宗和石頭宗，卻融攝了具有顯著的老莊化、玄學化特徵的「牛頭禪」，成為強調「無心合道」、「無情有性」（所謂「青青翠竹，盡是法身；

〔註31〕陳寅恪先生在《馮友蘭中國哲學史下冊審查報告》中說：「釋迦之教義，無父無君，與吾國傳統之學說，存在之制度無一不相衝突。輸入之後，若久不變易則決難保持。是以佛教學說能於吾國思想史上發生重大久長之影響者，皆經國人吸收改造之過程。其忠實輸入不改本來面目者，若玄奘自唯識之學，雖震盪一時之人心，而卒歸於消沉歇絕。近雖有人焉，欲燃其死灰；疑終不能復振，其故匪他，以性質與環境互相方圓枘鑿，勢不得不然也。」——氏著《金明館叢稿二編》北京，三聯書店，2009 年版，第 284 頁。

〔註32〕關於「心性本淨」與「心性本覺」的異同，可參閱周貴華先生《從「心性本淨」與「心性本覺」》一文，該文載《法印》（中國佛教協會會刊），2002 年第9 期。

〔註33〕錢穆先生認為：唐代禪宗，實佛教出世思想之反動，乃東土之宗教革命，六祖乃佛門中之馬丁路德，《壇經》則其宗教革命之宣言書。並指出「成佛，往生，求法，出家，此四者，皆佛教成為宗教之大節目，今既一一為之解脫破除，是非一種極徹底之宗教革命而何？」——見氏著《再論禪宗與理學》，載《中國學術思想史論叢》（四），北京，三聯書店，2009 年版，第 241～242頁。

鬱鬱黃花，無非般若」）呵毀「分別知識」、「不用造作」的中國禪宗。〔註 34〕
從此之後，禪宗不再講求繁瑣的程序和複雜的義理，而是強調當下直截的覺悟
體驗，追求隨緣任運的「無執」人生。此乃佛教深度中國化的具體表現，大大
滿足了文人士大夫追求自然灑脫的審美情趣。

　　當然，禪法在宋代風靡朝野，與統治者本身的尊崇倡導也有很大關係。中
國佛教史上第一部官刻的大藏經《開寶藏》就是自宋太祖開寶四年（971 年）
開刻，至太宗太平興國八年（983 年）告竣，此後寺院更是不斷私刻，對佛教
的傳播與流行起了很大的作用。宋代帝王除真、徽二宗之外多是佛教徒，他們
大都經常參拜佛寺，乃至注經參禪，多有佛教有利於世道人心的議論。與本書
論說主旨直接相關的朱子、象山和慈湖之學，均主要形成於南宋孝宗之時。孝
宗本人亦深信佛教，是著名的三教合一論者，當時靈隱寺慧遠、德光，徑山寶
印都深蒙其寵遇。尤值一提的是，孝宗不但親注《圓覺經》，且因不滿於韓愈批
駁佛老的《原道》，而御製《原道辨》（又名《三教論》），其中有云：

　　三教本不相遠，特所施不同。至其末流昧者執之，而自為異耳。以
　　佛修心，以道養生，以儒治世，可也。又何惑焉？〔註 35〕

嚴格而論，儒、釋、道本各自有一套關於治世、養生和修心的理論和工夫，
只不過在此三方面各有特色，各擅勝場而已。孝宗「以佛修心」、「以道養生」、
「以儒治世」的判教論點，顯然是對長期以來社會上所流行的儒釋道三教優
長的總結。

　　上有所好，下必甚焉。廣大朝臣對參禪悟道的癡迷更不在話下。綜觀宋代
的儒者文臣，大多以出入佛道為生活常態，真正不染禪風者反倒是鳳毛麟角，
如名臣趙抃、楊億、富弼、張商英、文彥博等人都對佛禪陷溺頗深。即便以提
攜儒者著稱的范仲淹也多有佛教益於世道人心的論調。紹繼孟子精神而得君行
道的名相王安石不失為豪雄之士，誰料想晚年也是參禪大戶。至於著名文學家
如蘇軾、蘇轍兄弟輩，自言佛道精神「雖我先師，不異是說」，更是十足的佛禪
崇奉者。平心而論，此輩士大夫在身份的自我定位上尚大致不失為儒家，但在
心性修養的具體工夫方面卻基本上是以禪為主。就新儒學的奠基人物來說，被
朱子尊為道學鼻祖的周濂溪（名敦頤，字茂叔，號濂溪，1017～1073 年）實際
上是個儒釋道雜糅的人物。身為儒家心學之開山的程明道（名顥，自伯淳，學

〔註 34〕詳參印順：《中國禪宗史》，北京，中華書局，2010 年版。
〔註 35〕李心傳：《建炎以來朝野雜記》乙集卷三。清武英殿聚珍版叢書本。

者稱明道先生，1032～1085 年）亦出入佛老數十年。此固為業界所熟知。即以嚴於儒釋之辨的小程子而言，亦不諱言其修養工夫多襲自禪。二程門人弟子中，更多有滑入禪家者。朱子在《邵州州學濂溪先生祠記》中云：

> 自堯舜以至於孔孟上下二千餘年之間，蓋亦屢明而屢晦。自孟氏以
> 至於周、程則其晦者千五百年，而其明者不能以百歲也。程氏既沒，
> 誦說滿門而傳之不能無失，其不流而為老子、釋氏者幾希矣，然世
> 亦莫之悟也。〔註36〕

朱子之言是有據可憑的。宋末黃震（字東發，世稱於越先生，1213～1281 年）的話可為之下一注腳：

> 伊川歸自涪，見學者多從佛學，歎曰：「惟有楊（龜山）、謝（良佐）
> 二君長進。」嗚呼！亦豈料他學者之從佛未足以惑世，而他日從佛
> 能動人者，正今日之楊謝耶！〔註37〕

此論尤見儒門在佛禪潮流的卷裏吸引下是何等的「收拾不住」。換個角度看，楊、謝等諸公之入禪，正是宋明心學形成過程中不可或缺的環節。至南宋初期，以伊洛為淵源的新儒學已逐漸在與荊公新學等學說的較量中勝出，心學一脈也可算蔚然崛起，但仍然沒有徹底改變佛禪盛行的態勢。當時嚴於夷夏之防者，畢竟僅朱子、陳亮（字同甫，稱龍川先生，1143～1194 年）、胡寅等少數思想家，與廣大佛禪信奉者不成比例。即便是抨擊佛禪為己任的朱子，早年也曾一度醉心於大慧宗杲的禪法，只不過後來「知非即捨」而已。

為此儒者學禪之理論導航的，是隋唐以來日益盛行的儒釋道三教合一論調〔註38〕。與儒者的援佛入儒相左，援儒入釋的現象同樣在佛家內部不同程度地存在著。如天台宗山外派名僧智圓（字無外，自號中庸子、或稱潛夫，976～1022 年）就是一位典型的儒釋合一論者〔註39〕，有「釋道儒宗，其旨本

〔註36〕朱熹：《晦庵集》第八十卷，四部叢刊景明嘉靖本。

〔註37〕黃震：《黃氏日鈔》卷三十三，《讀本朝諸儒理學書》之《傳聞雜記》。元後至元刻本。

〔註38〕關此，由唐代柳宗元之崇佛可窺一斑，柳認為佛、道與儒本有相通之處，主張「悉取向之所以異者，通而同之」，「咸伸其所長而黜其奇袤，要之與孔子同道」，「余觀老子，亦孔氏之異流也，不得以相抗」（《送元十八山人南遊序》，《柳宗元集》卷二十五。北京，中華書局，1979 年版，第 663 頁）。又說，「浮圖誠有不可斥者，往往與《易》、《論語》合，誠樂之，其於性情爽然，不與孔子異道。」（《送僧浩初序》，前揭書，第 674 頁。）

〔註39〕陳寅恪先生在《馮友蘭中國哲學史·審查報告三》中說：「北宋之智圓提倡《中

融，守株則塞，忘筌乃通」〔註40〕的說法。他自號中庸子，所著《閒居編》之《中庸子》文中有云：

> 儒者飾身之教，故謂之外典；釋氏修心之教，故謂之內典也。蚩蚩
> 生民，豈越於身心哉！嘻！儒乎？釋乎？豈共爲表裏乎？世有限於
> 域內者，故厚誣於吾教，謂棄之可也。世有滯於釋氏者，往往以儒
> 爲戲。豈知夫非仲尼之教則國無以治，家無以寧，身無以安，釋氏
> 之道何由而行哉？〔註41〕

這類倡導儒禪「共爲表裏」的提法，不僅是佛教徒爲回應儒者批評而作的辯護，更與他們本身所有的傳統文化素養有關（智圓早年以儒爲業）。宋代提倡禪儒一致最力且留下重大影響者，當推仁宗時的雲門宗禪師契嵩（俗姓李，字仲靈，自號潛子，1007～1072 年）。契嵩曾作會通儒佛的《輔教篇》，認爲儒佛二教皆出自「聖人之心」，皆教人爲善。他以佛教的「五戒」、「十善」比附儒家的「五常」，強調僧人必須對父母盡孝。契嵩曾多次向朝中權貴及宋仁宗進獻自己的佛學著作，力陳佛教符合「王道」，在「正人心」、「興善止惡」等方面可輔助儒教治理天下。尤值一提的是，他認爲儒家經典中的天道、心性問題可以借助佛理的「發明」而得到深化，如其《輔教篇》所云：「若夫儒經有與佛經意似者數端含而隱之，若待佛教而發明之，然意密且遠，而後儒注解牽於教，不能遠見聖人之奧旨。豈非傳『夫子之文章可得而聞也，夫子之言性與天道不可得而聞也。』今試校之，亦幸陛下垂之學者。」〔註42〕此外，他自作《中庸解》、《皇極論》、《孝論》等文，皆以佛旨詮釋儒家經典的精蘊奧義。錢穆先生指出，儘管契嵩著書的目的不過是「援儒衛釋」，但就思想特色看，他的一些論著「可以厝諸同時儒家諸集中而混然莫可辨」〔註43〕。從客觀效果說，契嵩爲佛教所作的種種申辯及其會通三教的努力，得到了仁宗的嘉勉及眾多士大夫的共鳴，是對當時儒者排佛思潮的有力回擊。

庸》，甚至以僧徒而號中庸子，並自爲傳之以述其義。其年代猶在司馬君實《中庸廣義》之前，似亦於宋代新儒家爲先覺。——氏著《金明館叢稿二編》北京，三聯書店，2009 年版，第 284 頁。

〔註40〕《閒居篇》卷十六《三笑圖贊》。
〔註41〕《閒居篇》卷十九《中庸子》。
〔註42〕契嵩《輔教篇》云：《大正藏》卷 52，第 689 頁。
〔註43〕錢穆：《讀契嵩〈鐔津集〉》，載《中國思想史論叢》（五），北京，三聯書店，2009 年版，第 37～39 頁。

　　南宋初年臨濟宗楊歧派的大慧宗杲禪師（字曇晦，號妙喜，原姓奚，1089～1163年），也是著名的三教合一論者。宗杲曾稱「世間法即佛法，佛法即世間法」，「菩提心則忠義心，名異而體同」，並自謂「予雖學佛者，然愛君憂國之心，與忠義士大夫等」〔註44〕。在宗杲看來，尊親、求學、居家、愛國都是修道之法，而此心的「開悟」，也不是不知世事。他曾舉喪父爲例說明：「父子天性一而已，若子喪而父不煩惱，不思量；如父喪而子不煩惱，不思量，還得也無？若硬止遏，哭時又不敢哭，思量時又不敢思量，是特欲逆天理，滅天性，揚聲止響，波油止火耳！」〔註45〕我們知道，佛教本爲斷煩惱、了生死一大因緣出現於世，講究「看破」、「放下」，而宗杲竟在此強調父子倫理、煩惱思量的正當合理性，此無疑是將佛家義理向儒家拉近了一步。若以印度原始佛學來考量，謂宗杲是「儒家化禪家」亦無不可。此亦無怪乎宗杲當時曾備受諸多儒人士大夫的追捧膜拜。宗杲對張橫浦、陸象山和楊慈湖都有很大的影響。

　　契嵩、宗杲等禪者爲融會佛儒所作的種種努力，對宋代新儒學的復興，尤其是對宋儒重建儒學的道德形上學有重大意義。余英時先生曾運用大量確鑿的史料，論證了《中庸》、《大學》等著作之所以能在宋代被「發掘」出來，並一躍成爲承載「道德性命」奧義的儒家經典，根本不是什麼新儒家「出入佛老，返之六經而後得之」的結果，而主要是智圓、契嵩等高僧大德儒學化、士大夫化的結果。余先生指出，宋代高僧在士大夫化過程中，往往選擇適當的儒典以表達自己的見地。儘管這些看法，未必爲儒家所接受，但大大影響了儒者的注意力。「北宋釋氏之徒最先解說《中庸》的『內聖』涵義，因此開創了一個特殊的『談辯境域』。通過沙門士大夫化，這一『談辯境域』最後輾轉被儒家接受了下來。」〔註46〕分明受這一現象的影響，一批儒者認爲通過參究佛旨，可以更好地理解傳統儒學的「性與天道」問題（按，本章第三節將以張橫浦爲個案對此現象進行深度剖析）。應該說，儒學演化爲心性之學，乃至心學一脈之「天本體」向「心本體」的本體論轉型，皆與此類禪僧的大肆宣揚關係頗大。余先生得出的結論是：

〔註44〕《大慧語錄》卷二十八。
〔註45〕《大慧書》，第122頁。
〔註46〕余英時：《朱熹的歷史世界：宋代士大夫政治文化研究》，北京：三聯書店，2011年版。第93～95頁。

> 北宋名僧多已士大夫化，與士大夫的『談禪』適為一事之兩面。但
> 更重要的則是佛教思想家因入世轉向而對此世持積極肯定的態度，
> 他們一方面廣讀儒家經典並闡明其意涵和價值，另一方面更公開承
> 認治國平天下是儒家的責任，而佛教的社會存在也必須依靠儒家治
> 平事業上的成就。……北宋不少佛教大師不但是重建人間秩序的有
> 力推動者，而且也是儒學復興的功臣。〔註47〕

不得不承認，經過智圓、契嵩、宗杲等高僧大德的融會與貫通，至少從學理
上看，儒禪之異似乎真的大為縮小了。

從儒家一方看，當時很多士大夫與上述佛僧的觀點已趨於一致。尤其是
禪宗關於宇宙、人生本原的義理，以及通過「心靈體驗」來贏得精神超越的
種種方法，已成為不少上層文人的宗教信仰與實踐。即便從儒門道統內的中
堅人物言，二程弟子楊時、謝良佐、游酢等人也無不深受這類觀念的洗禮。
黃震評論晚年篤佛的楊時說：

> 不料其（楊時）晚年竟溺於佛氏，如云：「總老言經中說十識，第八
> 庵摩羅識，唐言白淨無垢，第九阿賴邪識，唐言善惡種子。白淨無
> 垢，即孟子之言性善。」又云：「龐居士謂神通並妙用，運水與搬柴，
> 此即堯舜之道，在行止疾徐間。」又云：「《圓覺經》言：作、止、
> 任、滅是四病，作即所謂助長，止即所謂不耘苗，任、滅即所謂無
> 事。」又云：「形色為天性，亦猶所謂色即是空。」又云：「《維摩經》
> 云：真心是道場。儒佛至此，實無二理。」又云：「莊子《逍遙遊》
> 所謂無人不自得，《養生主》所謂行其所無事。」如此數則，可駭可
> 歎！〔註48〕

從心性方面論，禪宗確與儒家尤其是孟子的性善論有某些的相似性（當然亦
有重大不同），都有「不思而得，不勉而中」的高明境界。但在楊時眼中，儒
與佛道不僅在工夫上沒有本質差別，在最終的體驗境界上也沒有了區別，這
就無疑從根本上失去了儒家立場。禪儒固然都強調現象與本體的合一，但儒
家要通過人的「良知善性」上達天地的「生生之德」，而佛禪則要破除人們對
「諸法」的執著，以求解脫生死。不難想像，似這等儒釋一致的言論，從繼
承伊洛學術衣?的道南一派領袖的口中吐出，將會對其門下弟子產生何等深刻

〔註47〕同上，第75頁。
〔註48〕《宋元學案》之《龜山學案》。

的影響。楊時弟子張橫浦，就是一位以佛理來詮釋儒家心性奧義的代表人物，倘以對新儒學心學一系的建構而論，其重要性當不在象山之下。由於當時儒者對佛禪義理及工夫論的長期吸收，很多儒者骨子裏已到了混淆儒釋而習焉不察的地步。本書的主人公楊慈湖更是認爲：「孔子曰『心之精神是謂聖』，即達摩謂從上諸神、惟以心傳心，即心是佛。」〔註49〕這就把儒家的「本心」更加佛教化。在本章下兩節中，我們還將分析慈湖家學中濃鬱的佛禪氣息，以及自覺主動地「以禪釋儒」的橫浦之學。

即此可見，至兩宋時期，禪學這一源於印度佛學的異質文化血液，經過中華文明的篩濾，已逐漸鎔鑄爲民族的性格基因，成爲民族精神不可分割的一部分了。鑒於這種儒禪深度融會的思想史事實，筆者以爲，在進行宋明心學研究時，我們一定要自覺打破教派門戶意義上「非禪即儒」的兩分法，更不能不加變通地以儒爲正、以禪爲非。對於融會佛禪的慈湖心學，也萬不可簡單地貼上儒學與禪學的標籤，而應採取一種同情理解的態度，將其作爲一種儒禪深度會通的個案和範例來剖析，進而揭示該學說的來龍去脈及其展示的獨特生命樣態，並以一種更睿智、更開放的胸襟，辨別就中的高明與不足。

三、援禪入儒的新儒學復興

宋明新儒學，尤其是儒家心學自誕生之日起，各類「陽儒陰釋」的批評論調一直縈繞難盡。明代學者黃綰甚至說：「至有宋諸儒，其學皆由於禪。濂溪、明道、橫渠、象山則由於上乘，伊川、晦庵則由於下乘。」〔註50〕黃綰的論說，未免陷入誇張其辭的過激化、簡單化之偏見。但若拋卻出主入奴的判教心態，斷定宋明心學之特色主要來源於新儒家「援禪入儒」，則可算近乎持平之論。近代著名高僧，倡導「人生佛教」的太虛法師，在論及禪宗對中國文化的地位和影響時說：

> 蓋中國自晚唐、五代以來之佛教，可謂完全是禪宗之佛教；禪風之所播，不惟遍及佛教之各宗，且儒家宋、明理學，道家之性命雙修，亦無不受禪宗之醞釀而成者。故禪宗者，中國唐、宋以來道德文化之根源也。〔註51〕

〔註49〕《慈湖遺書》卷一，《炳講師求訓》。
〔註50〕黃綰：《明道編》，北京，中華書局，1959年，第11頁。
〔註51〕太虛法師：《黃梅在佛教史上之地位及此後地方人士之責任》。轉引自楊曾文

陳寅恪先生在《馮友蘭中國哲學史下冊審查報告》則寫道：

> 佛教經典言：「佛為一大事因緣出現於世。」中國自秦以後，迄於今日，其思想之演變歷程，至繁至久。要之，只為一大事因緣，即新儒學之產生，及其傳衍而已。〔註52〕

日本學者忽滑谷快天在其大著《中國禪學思想史》中亦云：

> 禪家之思想深浸潤民心，名賢之參禪，加以碩儒之私淑禪。周敦頤、程顥、程頤等以儒禪為經緯，組織道學。宋學之淵源發於此，是禪法爛熟之結果也。〔註53〕

太虛、陳寅恪和忽滑谷快天之說，自然是中國思想史的大關節。但宋明理學的形成，經歷了一個對佛禪既排斥又吸收的複雜糾結過程。倘不對此過程加以闡發，便不易理解宋明諸大儒援禪入儒的苦心（乃至不明白一些儒者「坐在禪床上罵禪」等現象的因緣所在）。

　　如上文所述，儘管儒、釋、道三教融會是宋明學術史的一大趨勢，佛教禪宗已實質性地融為中國文化主流的一部分，但儒、佛二家在立教宗旨上畢竟有無法調和之處。儒家雖承認儒禪二家在義理上有共通處，也認為佛教有利於風俗教化和社會穩定，但與後者在最基本的生命關懷上仍有著無法彌縫的價值鴻溝。即以本書前文所述的「以此世為價值，以道德為超越，以情感為主體，以中庸為至德」的「四法印」而言，顯然與佛教在「緣起性空」基礎上的「諸行無常、諸法無我、涅槃清淨」的「三法印」無法完成深層的義理對接。故自佛教東漸以來，儒者對釋氏遺棄天理人倫以至「無父無君」的現象一直耿耿於懷而非議攻訐不斷。唐代文學家韓愈之諫迎佛骨，就是中國文化史中儒佛鬥爭的著名事件。

　　隨著士大夫的人格覺醒，再加上因異族憑陵所激起的民族意識高漲，宋儒掀起了新一輪的排佛浪潮。身列「宋初三先生」的孫復，曾作《儒辱篇》痛斥佛老之出世，激言「不能排佛老，乃儒者之辱」。當時的文壇領袖歐陽修則稱佛教為魔教，是中國之大患，遺害無窮。他在《本論》一文中說：「佛所以為吾患者，乘其闕廢之時而來，此其受患之本也。補其闕，修其廢，使王

《宋元禪宗史》序，北京，中國社會科學出版社，2006年版。

〔註52〕　陳寅恪：《金明館叢稿二編》北京，三聯書店，2009年版，第284頁。

〔註53〕　忽滑谷快天：《中國禪學思想史》，上海古籍出版社，2002年版，第551～552頁。

政明而禮義充，則雖有佛，無所施於吾民也」，「佛法爲中國患千餘歲，千歲之患遍於天下，豈一人一日之可爲。民之沉酣，入於骨髓，非口舌之可勝。然則將奈何？曰，莫若修其本以勝之」。以歐陽修領倫群賢的聲望而作振臂高呼，自然對儒家士大夫有很大的感召力，「修本以勝之」逐漸成爲他們心中的共識。客觀地說，歐陽修等人對佛教的各種抨擊，不免有這樣那樣的誇張或失實之處。實際上，儒佛兩家的大旨雖不無出世入世之別，然就禪的理論、說法而言，很多儒者們的攻訐未免失於粗淺。他們儘管多數曾出入釋道，但大多只是看過一些禪宗語錄和個別佛經，或參禪有省，究竟功力不足，罕有能窮徹佛學底蘊者。故而他們所破斥者，實際上多屬於佛家自己也在破斥的東西。二程門人游酢曾批評儒者們說：「佛書所說，世儒亦未深考。前輩往往不曾看佛書，故詆之如此之甚。殊不知其破佛者，皆佛自以爲不然者也」〔註54〕這一點，即便是伊川、朱子等學問深博的大儒者亦多未能幸免。

當然，儒家之闢佛，也並非像一些同情佛教者所謂的僅僅是「華夷之辨」意識作崇下的詆毀誣陷，更不能輕率地斥之以儒者心胸的偏狹，毋寧說乃儒者基於一種對家國天下和現實民生的理性憂慮。不難理解，一個社會機體的正常運轉，終歸要以大量的生產者作爲基本的人力保證，以小農經濟立國的傳統社會尤爲如此。而一旦從事社會生產的勞動力出現問題，便會導致重大的社會危機。宋初對佛教採取了的扶持政策，佛教信眾的人數劇增。至宋眞宗天禧末年（1021 年），天下僧尼近四十六萬人，比宋初增加了七倍，達到了宋代僧尼數額的頂峰。寺院增至近四萬所，除此之外，貴族私建的功德墳寺也很多。這些寺院都擁有相當數量的田園、山林，且得到豁免賦稅和徭役的權利〔註55〕。雖然很多禪家宗派已經實施「一日不作，一日不食」的叢林制度，但畢竟尚不能廣泛普及，很多資財尚需依賴社會各階層供奉。另外，宋廷本有官僚冗員繁多之弊病，同時要向遼國（後來向金國）、西夏繳納歲幣等貢賦，此無疑加重了各類生產者的稅務負擔。從現實情形看，在一般僧尼中，像大慧宗杲那樣躬行大乘菩薩道，富有淑世情懷者總是極少數，多數信徒不過是賴以逃避現世的苦累罷了。凡此種種，皆使得以入世拯救爲正道的儒者

〔註54〕《建州弘釋錄卷之下》，《宋建陽鷹山游先生酢》，卍續藏經，第 86 卷。
〔註55〕關於宋眞宗時期僧尼、寺院數量，筆者此處參閱呂澂先生《宋代佛教》一文，該文載《呂澂佛學論著選集》（五），濟南：齊魯書社，1991 年版，第 2992 頁。

深感頗有排佛之必要。《二程語錄》有這樣一則記錄：

> 昨日之會，大率談禪，使人情思不樂，歸而悵恨者久之。此說天下
> 已成風，其何能救！古亦有釋氏，盛時只是崇設像教，其害至小。
> 今日之風，便先言性命道德，先驅了知者，才愈高明，則陷溺愈深。
> 在某則才卑德薄，無可奈何他。然擄今日次第，便有數孟子，亦無
> 之如何。〔註56〕

「有數孟子，亦無之如何」，誠一語道出了程氏荷儒道以自任而又莫可奈何的心態。這種遍佈於士大夫間的習禪風氣，固然為儒家援禪入儒提供了現實便利，但更使以弘揚儒道為己任的儒者感到了巨大的壓力。客觀地說，終北宋之世，雖有二程等大儒的出現，儒家的影響力在強大的佛禪面前依舊薄弱，即便是以儒者自居並有排佛傾向的學者，亦很難不被釋老盛行的時潮卷去。理學發展至朱子時代，已大致形成了與禪、道在學術格局上的鼎立，但就整個社會狀況看，禪宗依然佔據絕對的支配地位。朱子和象山在分別論述當時的「逃禪」現象說：

> 佛氏乃為逋逃淵藪，今看何等人，不問大人、小兒、官員、村人、
> 商賈、男人、婦人，皆得入其門。最無狀是見婦人便與之對談。如
> 杲老（宗杲）與中貴、權要及士大夫皆好。〔註57〕

> 浮圖、老氏之教，遂與儒學鼎列於天下，天下奔走而向之者，蓋在
> 彼而不在此也。愚民以禍福歸向之者則佛、老等。以其道而收羅天
> 下者，則又不在老而在於佛。〔註58〕

俗語云，物必自腐，然後蟲生。禪宗的俗世化猶如一柄雙刃劍，一方面使禪宗風靡天下，同時也為禪宗盛極而衰及理學的興起埋下了伏筆。如所周知，禪門自六祖惠能以來，標榜「心即是佛」，或「即身成佛」，其清新活潑的禪風，令學道之人莫不傾倒。但到了南宋之時，禪宗逐漸失去原有真精神，禪家燈錄也成為後人死搬硬套和照本宣科的教條以及玩弄文字遊戲的素材。正如大慧宗杲所說：「近年以來，禪有多途。或有一問一答，末後多一句為禪者；或以古人入道因緣，聚頭商榷云：這裏是虛，那裏是實；這語玄，那語妙；或代或別，如禪者。或以眼見耳聞和會，在三界唯心，萬法唯識上為禪者。或以無言無說，生在黑山下鬼窟裏，閉眉合眼，謂之威音那畔父母未生時消

〔註56〕《程氏遺書》卷二上。
〔註57〕《朱子語類》卷一二六。
〔註58〕陸九淵：《象山集》卷二四《策問》。

息，亦謂之默然常照爲禪者。」〔註59〕由此可見，在宗杲的時代裏，習禪道之人正在逐漸步入這種危險的歧途和境地，已致百弊叢生。關於這點，南懷瑾先生也說：「因爲這個『心即是佛』的流弊，而產生了宋代理學的發達。理學家所表達的，倒是一副禪宗的姿態，是從『行』門來的禪宗，而其講人天之道的行持，又等於佛家的律宗。」〔註60〕葛兆光先生對以馬祖道一爲首的洪州禪「呵佛罵祖」、「離經叛道」、「不假修行」等做法做過一番深入剖析後，也揭示出禪宗這種發展趨向所隱藏的重大危機。他說：

> 不幸的是，它（南宗禪——引者注）自己也從而衰減了它對意識形態的正面影響力，成了自我瓦解佛教的宗教性的内在因素，從而無法收拾中唐以來散亂的人心。當歷史需要一種思想來約束人心，時代需要一種意識來重建秩序，它就無法起到應有的作用。於是，倒是從它那裏轉手接受了傳統佛教思想的新儒家思想，以它那心性理論，逐漸成了歷史與時代的選擇。回顧中唐到北宋那一個思想大變動時期，我們會發現，除了外在的種種原因之外，禪宗内在理路的缺陷與儒家内在理路的變化，也是決定這一歷史與時代選擇的一個很重要的原因，因爲儒家還必須堅守著心靈的最後、也是最重要的一道防線，心靈有了這一道防線，人類就要時時修身養性防邪杜惡，人類有修身養性防邪杜惡的要求，社會就有了一種可以共存的秩序。但是，當南宗禪在觀念上走向瓦解一切的「無心是道」，實踐上走向所謂「平常心是道」，把佛教清淨境界轉化爲生活的日常世界時，這種宗教性功能卻消失殆盡，雖然它給中國的文人士大夫留下了人生與藝術相當多的精彩思想，但是，畢竟它充當不了極爲重視意識形態和社會秩序的中國思想世界的主流。〔註61〕

葛先生把禪宗後期發展中的宗教性缺失與宋明理學的興起聯繫起來，無疑是頗有見地的。當然，在一部研究禪宗發展的著作中，他僅指出了宋代新儒學乃乘禪學之弊而起，卻不可能進一步闡述恰恰因爲深受禪學之影響，後來的宋明儒（尤其是心學一脈）也重現了「狂禪」的流弊，使得傳統儒學的經世

〔註59〕《大慧書》。

〔註60〕南懷瑾：《如何修證佛法》，上海，復旦大學出版社，2008年版，第187頁。

〔註61〕葛兆光：《增訂本中國禪宗史》，上海，上海古籍出版社，2008年版，第413～414頁。

品格大打折扣。

從義理上看，儘管經過一些禪宗大德彌縫牽合，很多士大夫接受了儒釋道三教互補會通的論調。但對矢志於重振儒道的儒者而言，儒學與禪宗仍有著千古不可合之異。如被儒者視爲天經地義的「仁義禮智」諸德，在佛禪眼中充其量也不過是權法而已，是「方便」而非「究竟」。又如前文提及的契嵩禪師，就認爲儒家仁義等名教，僅相當於小乘佛教中的人乘與天乘，屬於漸教、權教。這類說法，又如何能爲嚴於華夷之辨的新儒家所接收？爲實現理想中的「三代之治」，儒學家在弘傳孔孟之道的同時，便不得不與佛、道「鬥法」。朱子辨儒釋之異，以下面一段話爲代表：

> 以釋氏所見較之吾儒，彼不可謂無所見，但卻只是從外面見得個影子，不曾見得里許眞實道理。所以見處則盡高明灑脫，而用處七顛八倒，無有是處。儒者則要得見此心此理元不相離，雖毫釐絲忽間不容略有差殊。才有用處有差，便是見得不實。非如釋氏見處行處打成兩截也。……所以格物致知，便是要就此等處微細辨別。今日用間見得天理流行，而其中是非黑白各有調理。是者便是順得此理，非者便是逆著此理。胸中洞然，無絲毫疑礙，所以才能格物致知，便能誠意正心，而天下國家可得而理，亦不是兩事也。〔註62〕

在上文中，朱子是在批評釋氏只追求無「分別心」的「理一」，而無考究萬事萬物之理的「分殊」。他認爲禪家所見之理只是虛理，不過是玩弄精神，最終導致「見處行處打成兩截」，不可以拯救天下國家。與其文集中多處對佛教的批評一致，朱子上文對禪宗的批評，更多地集中在工夫論方面。概括地說，他絕不相信禪家默坐靜觀之後的「豁然大悟」，能夠「一悟千悟」而洞悉萬事萬物之理，繼而施之於世間事務而能行之有效。站在現代理性的視角看，朱子的眼光無疑是犀利的，禪家本志在「了生死」、「證菩提」，故可以專心「向心窩子裏用功」以求解脫；而儒者卻不能如此，他們要關心世間民眾的饑渴苦難，必須經過博學篤行以實現經世致用的外王理想。朱子曾慨乎言之地說：「不知《傳燈錄》中許多祖師，幾人做得堯舜禹稷，幾人做得文武周孔？」其論敵陸象山在判儒釋之別時則說：

> 某嘗以義利二字判儒釋。又曰，公私其實即義利也。儒者以人生天地之間，靈於萬物，貴於萬物，與天地並而爲三極。天有天道，地

〔註62〕《文集》卷五十九《答陳衛道》。

有地道，人有人道，人而不盡人道，不足與天地並。人有五官，官
有其事，於是有是非得失，於是有教有學，其教之所從立者如此，
故曰義曰公。釋氏以人生天地間，有生死、有輪迴、有煩惱、以爲
甚苦而求所以免之。其有得道明悟者則知本無生死、本無輪迴、本
無煩惱，故其言曰生死事大。如兄所謂菩薩心者，亦只爲此一大事。
其教之所從立者如此。故曰利曰私，惟利惟私故出世。儒者雖至於
無聲無臭、無方無體，皆主於經世；釋氏雖盡未來際普度之皆主於
出世。〔註63〕

與朱子從工夫論角度批評釋氏不同，象山上文是從價值論的角度批評釋氏。
他認爲儒家立教行事是爲了盡「人道」，是「惟義惟公，故經世」；而佛家儘
管有普渡眾生之說，但其最終目的不過是爲了追求個人的解脫，「惟利惟私故
出世」。禪家固然可以對象山的論點提出質疑，如謂佛家的「菩薩道」、「慈悲
心」，難道都是爲了一己私心麼？但在象山看來，佛教所謂的「菩薩道」和「普
渡眾生」之說仍是以「出世解脫」爲本旨，這與直面現實苦難而積極入世的
儒家仍有本質區別。應該說，象山的確看到了儒、釋在價值觀上的深刻不同。
朱子和象山之論，堪代表當時的精英儒者對儒釋之異的基本看法。順便提一
句，正因爲朱子注重從工夫論上辨別儒釋，象山更多地在工夫論上吸收了禪
家修養法門，所以朱子也屢屢斥象山「近禪」、「分明是禪」。由於象山主要從
價值論上判斷儒禪，認定只要不是爲了「出世」求解脫，抱著提升道德境界
和經世致用的目的，無論採用什麼修養方法都不是禪。故面對質疑，他轉而
慨歎講究「格物窮理」的朱子是「學不見道，枉費精神」。當然，站在佛禪的
立場，朱子、象山等儒者的佛學造詣究竟如何，他們對禪學的批判，有多少
誤解乃至故意曲解處，都大有商榷的餘地。

　　無論如何，宋儒當時面臨的「異端邪說」，已非復孟子時代的楊墨，而是
在心性工夫領域較儒學別有殊勝的禪宗。我們知道，禪法乃歷代禪僧嘔心瀝
血探索出來的精神成果，有著深湛的義理和修行次第。至少在佛教徒看來，
修習禪法可以使人探究身心世界的奧秘，如實地認識自己，開發本性潛能，
最終破除生死等一切繫縛，達到「常樂我淨」的涅槃之境。這是在心性修養
工夫方面語焉不詳的傳統儒學無法相提並論的。正如唐代李翱所說：「性命之
書雖存，學者不能明，故皆入於莊、列、老、釋。不知者以爲夫子之徒，不

〔註63〕陸九淵：《陸九淵集》卷二，《與王順伯》。

足窮性命之道。」〔註64〕作爲志在弘揚孔孟之道的大儒，朱子本人對儒家當時的處境及復興儒學的困難，有著十分清醒的認識，他說：

> 及唐中宗時有六祖禪學，專就身上做工夫，直要求心見性。士大夫
> 才有向裏者，無不歸他去。韓公當初若早有向裏底工夫，亦早落在
> 中去了。〔註65〕

> 釋氏之教，其盛如此，其勢如何拗得他轉？吾人家守得一世在世，
> 不崇尚他者，已自難得。三世之後，亦必被他轉了。〔註66〕

鑒於禪宗對士大夫的極大吸引力，不管新儒家對此有沒有明確的自覺意識，一個顯而易見的情勢是：欲復興儒學，僅靠在教育方面將儒學從漢唐章句注疏或禮儀典章之學中拯救出來，或依靠一些儒者對佛禪的簡單化抨擊，都是遠爲不夠的。二程弟子楊時在論及儒家與佛禪的鬥爭時，也認爲「非操戈入室，未易攻也」〔註67〕。換句話說，「新儒家想要從佛教手上奪回久已失去的精神陣地，除了發展一套自己的心性論之外，實別無其它的途徑可走。宋明理學便是這樣形成的。」〔註68〕

不能說每個儒學家在心性論方面都有與禪家較一日之長之心。但以旁觀者的立場，新儒家要復興儒學以實現倫理人間的構建，當時面臨著四大任務：一是重建一套涵蓋宇宙生成、萬物造化、心性情感、乃至現實倫理的道德形上學（包括宇宙論和心性論），爲新儒學的合法化提供思想淵源及學理依據〔註

〔註64〕 李翺：《李文公集》《復性書下》，四明叢刊景明成化本。

〔註65〕 《朱子語類》卷一三七。

〔註66〕 《朱子語類》卷一二六《釋氏》。

〔註67〕 楊時：《楊龜山先生全集》，卷十六。

〔註68〕 余英時：《士與中國文化》，上海：上海人民出版社，2003 年版，第 424 頁。

〔註69〕 張君勱先生在論及宋代新儒學誕生時指出：「新儒學時期表示中國人對自己文化傳統的覺醒。中國人無法捨棄佛教，因爲佛教對中國人的影響非常深刻而且長遠。可是，中國人希望重新回到儒家──透過佛教。爲了抵制佛家的無常說、無我論和空論，中國人不得不創造一種基於儒家觀念和用語的新哲學。回到儒家及抵制佛教的雙重動機刺激了新儒學的創立者建立一套哲學系統，從某種意義上看，這套哲學系統乃佛教無常說、無我論及世界幻有說的對立理論。新哲學的創立者必須建立一套包括宇宙論、倫理學和知識論的體系，以宇宙論解釋宇宙的創生，以倫理學討論整個人類問題以及確立人生行事的價值，以知識論確定實然和應然知識的基礎。如果沒有這種包羅萬象的哲學思想，新運動的領導者就不能提出一套抵制佛教的適當理論。」──見氏著《新儒家思想史》，載《中國現代學術經典·張君勱卷》，石家莊：河北教育出版社，1996 年版，第 18～19 頁。

69〕；二是要深入消化吸收禪家修行工夫的高明面，充實完善儒家的工夫論，以彌補傳統儒學在化解「生命患累」等問題的不足；三是要在理論上保持對佛禪的批判攻擊，並借助政治參與、著書立說、私人講學等各種方式，努力奪回失去已久的思想陣地。四是通過「格君心之非」的方式強化政治參與，藉此實現「回復三代」的道德理想。前兩項任務主要是儒學本身的重建，後兩大任務則是儒家的現實實踐。正是在這一艱巨的時代課題下，以周敦頤、張載、程頤、程顥、朱子、象山等人為首的儒學大師們相繼登場，展開了一場艱苦卓絕的儒道復興運動。

　　就第一點而言，新儒家接過一些禪師們的話頭，把潛藏在《孟子》、《中庸》、《易傳》等儒家經典中的心性論和工夫論內容發掘出來，並重新賦予新的解釋，使「天道性命相貫通」〔註70〕，重構了儒學自身的心性論和本體論。如程朱理學對「天理」的形上化，其中包括「理一分殊」等思想，顯然受佛教華嚴宗「法界」思想的影響。如象山自稱其學是「讀孟子而自得之」，實際上他整個心學的義理框架、思維模式和工夫入路，無不打上濃重禪學的印記。推而論之，本書一再提及的「天本論」向「心本論」轉型，「道德心」向「自性心」漂移，皆與此問題息息相關。

　　就第二項任務而言，與佛教相比，心性工夫論始終是儒學的一大軟肋。「儒治世」、「佛治心」之論的長期流行，並非源自佛家的自我標榜，而是長期以來形成的社會共識。且不論印度有著極為淵深的瑜伽、禪定傳統，就中國禪宗而言，也已在此問題上戮力數百年，形成了一套豐富、完善的工夫理論。反觀儒學陣營，雖有孔子「克己復禮」、「自訟」，孟子之「求放心」、「知言養氣」，或《大學》「格物致知」、「慎獨」等論說，但與佛禪修養法門的深切著明相比，終不免過於粗略。在此情況下，新儒學要發展出一套行之有效的，並對廣大士人有深度吸引力的儒學工夫論，就不可能對禪宗的修養工夫視而不見。事情的最終結果是：他們多年深入佛老，而後返歸於六經，吸收佛家精華，創造性地發展了儒學的工夫論。如宋代以後，靜坐等工夫已為儒釋道三教之共法。又如在工夫境界上，新儒家加強了對佛道「無我之境」的消化與吸納。後文將重點分析的慈湖「靜坐反觀」、「不起意」等工夫，都必須在這一總體思路下來解讀。

〔註70〕宋代新儒學之「新」在何處，牟宗三先生在《心體與性體》一書有獨到的論
　　　　說。參見該書第一部《綜論》之第一章。上海：上海古籍出版社，1999 年版。

就第三點而言，經過程朱等數代儒者上百年的努力，兼之朝廷的提倡（如楊時之學就曾一度到蔡京等人的扶持，象山、慈湖之學則得到史浩、史彌遠父子的支持〔註 71〕），理學不僅戰勝了與之並行的其他學術流派（如荆公新學、溫公史學等）之餘，在「三教」中也取得了壓倒性優勢。到了南宋中後期，理學真正成為了主導性的「國家意識形態」。自此一直到清末，禪家與道教的香火雖不絕如縷，卻無法真正與儒學抗衡了。至於第四點任務，即理學家要實現治國平天下的外王理想，則更多受制於各種客觀的現實因素，並非他們本身的力量所能左右了。

歸結來說，新儒家通過援禪入儒來創立新儒學，最突出的貢獻是在堅持「以世間為價值，以道德為超越」這一基本立場的同時，完成了一種對禪家「無執」意境的吸納，開闢出一種比傳統儒學更深刻生存境遇。正如陳來先生所說：

> 佛老對儒家的挑戰，從根本上說，不在於如何對待倫理關係，而在於面對人的生存情境及深度感受方面的問題提供給人以安身立命的答案。而這就給北宋以來的新儒家帶來一個兩難，如果不深入到人的生存結構就無法真正回應佛道的挑戰，而回應這一挑戰必然要對佛老有所吸收，以致冒著被攻擊為佛教化的危險。〔註 72〕

宋儒對佛老教義之大規模地消化吸收，不可能不在一定程度上改變傳統儒學的精神面目。由於佛教思想已經在中國社會流傳至深至久，很多儒者「入室操戈」之後，重建的「新房」都沿用了佛禪的間架結構和建築風格。至今仍有許多學者認為，宋明理學是本土文化與外來文化（指印度佛學）融合的成功例證。而筆者的卻不能不藉此追問：我們除了對這種融會作正面肯定之外，有沒有意識到新儒家「援禪入儒」後，也使得傳統儒學失落了一些珍貴的氣象或格局？問題在於，宋儒在吸收禪學思想的同時，卻使自己的思想嚴重地禪學化而不自知。如象山本人批評士大夫陷溺佛老說：「佛老之徒遍天下，其說皆足以動人，士大夫鮮不溺焉。」〔註 73〕實際上，他本人的學問與禪學頗有淵源。慈湖在《二陸先生祠記》中則說象山「天性清明，不染雜學」。這倒不像一些學者批評的那樣皆是儒學家故意作偽〔註 74〕，而恰恰足以說明經過

〔註 71〕 詳參何俊《南宋儒學建構》一書。上海，上海人民出版社，2004 年版。

〔註 72〕 陳來：《有無之境——王陽明哲學的精神》，北京，人民出版社，1991 年版，第 241～242 頁。

〔註 73〕 《陸九淵集》卷三，《與曹立之》，第 41 頁。

〔註 74〕 如著名宋史專家漆俠先生曾說：「鵝湖之會，朱揭陸為禪，陸揭朱為道，雙方

百年來的三教會通，即便連一些儒學名家對自己學問中的禪家因子也已經習焉不察，或者說真的混淆難辨了。慈湖心學，正產生於這一援禪入儒、談禪說悟的時代風習中。

第二節　慈湖的家學

如果說宋代獨特的政治文化氛圍，尤其是三教會通的修學風尚為慈湖心學的產生提供了宏觀學術背景的話，慈湖父親楊庭顯的言傳身教，則為慈湖心學的產生輸送了最直接思想活水。學界歷來認為，慈湖是象山學問的正宗紹繼者，而深入考察慈湖的家學淵源，將不難發現，慈湖的大多心學觀點，以及其學「入禪」的種子，都能從其父親看似散漫的日常語錄中找到端倪。

一、慈湖之父楊庭顯

據象山與慈湖門人錢時的記載，慈湖的高祖、曾祖、祖父等先輩皆「隱德不仕」，其父楊庭顯在晚歲則因兒子的關係官封「承奉郎」。慈湖母族則為儒醫世家，兩代均為醫官。故慈湖的家世，尚算不上一個典型的儒家士大夫家庭。但從相關資料看，慈湖之父楊庭顯仍不失為一位德行素著的鄉紳或居士。象山在《楊承奉墓碣》中，稱讚楊父「嘉言善行，不曠耳目，書之盈室，著之累帙」，又說「四明士族，多躬行有聞。公家尤盛，闔家雍雍，相養以道義」〔註75〕。這與宋代士大夫以進學修道的生活方式相當合拍，故而判定慈湖生於家學淵源的書香世家，是毫無問題的。

自學問而論，楊庭顯自身即為當時的儒學名家。象山謂「自余未識公時，聞公行事言論詳矣」〔註76〕，足見未與陸家交往時，楊氏的學問德行已頗得時人推許。慈湖的同窗摯友，被列為「甬上四先生」之一的舒璘（字符質）言及自己學術師承時曾說：「吾學南軒發端，象山洗滌，老楊先生琢磨。」〔註77〕文中「老楊」即慈湖之父。舒璘將楊庭顯與張栻、象山並列，此也旁證了楊父

揭得都對，兩大系統的理學都各自吸取了佛道的思想。可是，為了爭正統，都隱瞞不說。朱、陸兩家都強調以誠以敬磨練自己，他們自己都在說謊，又怎麼能夠管得住他們的弟子不說謊話呢？」——見氏著《宋學的發展與演變》，石家莊，河北人民出版社，2002年版，第29頁。

〔註75〕陸九淵：《陸九淵集》，《楊承奉墓碣》，第326頁。
〔註76〕同上。
〔註77〕黃宗羲、全祖望：《象山學案》，《宋元學案》卷五十八。

在學問方面並非泛泛之輩。作爲朝夕相處的兒子，慈湖耳濡目染，所受父親的教化無疑更深。他後來曾多次憶及父訓：「某未離膝下時，知有先訓而已。……不負先訓，勉勉於今，未至於自棄。」〔註78〕「德不可忘，惟勤惟精，此某所以不敢荒，而亦先訓之本旨也。」〔註79〕「某自總角，承先大夫訓迪，已知天下無他事，惟有道而已」〔註80〕。「某自弱冠而聞先訓，啓道德之端」〔註81〕。如謂此類道德勸說尚屬正常的儒門庭訓，從慈湖後來的心學成就看，父子間的學問授受也顯得至關重要。他曾說：「某自總角，承先大夫訓迪，已知天下無他事，惟有此道而已矣。」〔註82〕而楊父所傳的求道工夫，正是慈湖秉持一生的「時復反觀」——此乃慈湖一系列「大悟」背後的基本實踐工夫。慈湖在晚年品鑒孟子以來的儒門人物，曾謂「寥寥千載，無所考見」，唯有邵雍、程顥、陸象山以及其父楊庭顯四人可足稱道：「我宋邵康節、程明道至矣而偏，象山陸夫子生而清明，某先大夫顛沛而拱如初。」〔註83〕此言認爲邵、程二人學道有「偏」，顯然是以其師陸象山和父親楊庭顯最得孔孟之眞傳。

從象山「書之盈室，著之累帙」等記錄看，楊庭顯不僅藏書宏富，本人也是有所著述的。至於這些著述是否只是一些個人讀書心得、悟道體驗之類的札記或其他，乃至是否刊刻行世等，今日皆不得而知。在傳世的《慈湖遺書》中，幸存有慈湖「紀先訓」一卷，連同象山所寫的《楊承奉墓碣》及慈湖其他著述中的零星記錄，都可作爲考察楊庭顯思想學說的基本資料。

須要專門一辨的是，楊氏以象山爲忘年交〔註84〕，而據後者所寫的《楊承奉墓碣》，他還因聞象山之學而「盡焚其所藏異教之書」，曾攜二孫拜訪象山，「留月餘而去」，並在慈湖爲官浙西時一度與象山比鄰而居。這都表明楊父對象山的德行學問是十分推服的。如此一來，便不免令人心生疑竇：即慈湖的「先訓」是否曾受象山思想的影響，或者直接就是對象山思想的發揮呢？況且，慈湖「先訓」並未著明的具體年月，其與「象山語錄」在內容方面也確有不少相近處。對此問題，筆者的看法是，楊庭顯晚年受到象山的影響是

〔註78〕楊簡：《慈湖先生遺書》卷四，《祭沈叔晦文》。民國四明叢書本。以下凡引該書，僅標明《慈湖遺書》某卷某篇。

〔註79〕《慈湖遺書》卷二，《連理瑞記》。

〔註80〕《慈湖遺書》卷九，《家記三》。

〔註81〕《楊氏易傳》卷五。

〔註82〕《慈湖遺書》卷三，《學者請書》。

〔註83〕《慈湖遺書續集》，《楊公伯明封誌》。

〔註84〕象山生於1139年，楊庭顯生於1107年，楊氏長陸氏32歲。

不爭的事實，但慈湖「先訓」是否有象山的思想介入則屬另一問題。從二者的交往過程看，楊父同象山稍長的兩次過往，皆發生在他辭世前的四、五年時間裏。如謂慈湖所記「先訓」是年近八旬的楊父聽聞象山之學後又轉手垂示子孫的，從一般常理來說絕無可能。這一點從慈湖多處「自幼聞先訓」等語中不難找到輔證。另外，楊父近萬字的語錄，也從未有一句言及象山。故筆者的基本判斷是，「先訓」只能是楊父在認識象山之前所留下的，是他讀書、修道並教誨家族子弟的記錄。當然，從慈湖方面說，並不能排除是他對父親生前著述的摘錄。總之，據「先訓」來考索楊父的思想學說及其對慈湖心學的影響，從文獻學上來說是十分可靠的。

接下來的問題是，楊庭顯有何心學思想？他對慈湖究竟產生了何等程度的影響，具體表現在哪些方面？據筆者所悉，鍾彩鈞先生在《楊慈湖心學概述》一文中，對楊庭顯的思想作了簡要評析；張念誠先生在其博士論文《楊簡心、經學問題的義理考察》中，則重點挖掘了楊父內心世界中融合佛禪的「出世」傾向，並指出楊父的修學信念如「出世心、生命觀、深層修行意識及生死態度等，也大量融攝、內化於楊簡心學工夫的形成過程中，成爲楊簡心學架構的核心主體」〔註85〕。二先生的研究，爲我們瞭解楊父的學問提供了方便。今天看來，其不足之處在於，二人均只是論及楊父思想以及對慈湖的影響，並沒有深入分析父子間學問的內在繼承與嬗變，藉此完成一種學理上的比較和對接。鑒於慈湖受父親啓蒙教化之大且深，同時兼顧到本書內容結構的完整性，筆者在汲取鍾、張二先生研究成果的基礎上，擬對楊父形象及思想再作深一步探究。

二、強烈的儒者修身傾向

生當兩宋之際，像楊庭顯這樣一位儒者，平日研讀「四書五經」等經籍，講求「忠義孝悌」等名教，自是符合其身份的生活常態，不足爲奇。楊氏的難能可貴處，在於他對儒家倫理道德的眞切篤行上。慈湖的「先訓」，大抵是楊父對日常人生的感悟與總結，但有一種濃烈的修行意味滲透其間。父親的言傳身教和家族內濃厚的修道氛圍，無疑爲慈湖道德人格和心學思想的形成

〔註85〕張先生認爲，慈湖的「家訓」，即楊庭顯的修學具有「未肯定世間本質」、「爲正向肯定人性」、「不肯定世間才藝學問」以及又似佛教般注重生死解脫等四大特徵，於儒佛兩家精神中權衡，顯然更切近於佛家。

產生了巨大影響。茲略加分疏如下：

（一）精進向學，將聖賢箴言生活化

精進向學是楊父最顯著的人格特點之一。象山在未識楊庭顯之時，已對其德行學問多有耳聞，後曾稱讚說：「年在耄耋而學日進，當今所識，四明楊公一人而已。公不滿五尺，蕭然臞儒，而徇道之勇不可回奪。血氣益衰，而此志益厲。」〔註86〕慈湖的門人錢時，也稱讚楊庭顯：「臞臞然儒，而果毅有識量，義所不可，萬夫莫回。屹砥柱頹波中，奮自植立起門戶，繩已甚度。」〔註87〕楊氏「語錄」以修身進德為主題，將《論語》等儒家經典中的聖賢箴言日常生活化，使之如鹽溶水般地彌漫在弟子們的生活世界中。此不妨略加羅列：

> 慈愛恭敬可以修身，可以齊家，可以治國，可以平天下，安富尊榮由此而出。〔註88〕

> 娶妻生子學周公孔子，衣服飲食學周公孔子。

> 廣置田園，不如教子為善。

> 賢者德重則服人也眾，德輕則服人也寡。觀服人眾寡，知己德之重輕。

> 至誠，則百行並生。

> 誠能養之以敬，則日仁也。

> 以實待人，人必感動。猶愛妻子，雖無言，妻子必知之。吾有公論於學，大有所濟。凡吾所見不正，皆被公論收下。

> 倘有志於學，見賢者亦學也，見不賢者亦學也；喜樂亦學也，憂苦亦學也。學至此學，乃吾之全體。

> 好學之心一興，則凡在吾身之不善自消，至於面目塵埃亦去矣。

> 以實待人非惟益人，益己尤大。

> 善學者，觀彼賢則知己之不肖，彼遠大則知己之偏小，彼有勇則知

〔註86〕陸九淵：《楊承奉墓碣》，《陸九淵集》卷二十八，（北京：中華書局，1980 年版，下同），頁 325。

〔註87〕《慈湖先生行狀》。

〔註88〕按，除專門注釋外，本節內關於楊庭顯「語錄」的引文皆來自《慈湖遺書》卷十七《紀先訓》，恕不一一注明。

　　己之懦弱，於此有恥則所學未有不成。

　　學道不可作兒女態。

　　吾家子弟當急親賢。

此類教誨尚可列舉許多，爲省篇幅，不再一一抄錄。即此當可看出，這些格言式的語句，都是一位儒門家翁對自家子弟的親切開示，談不上多麼高深的哲學思辨。較之於象山《語錄》，學術格調或有不逮，卻別有一番未事雕琢的生活風味。在楊父的諄諄教誨和人格感召下，楊門子弟多躬行有節〔註89〕，「闔家雍雍，相養以道義」（象山語）。考察慈湖一生，可算是德行昭著，人格無瑕，此無疑與楊氏家族重德篤學的儒門風教有很大關係。

（二）注重改過，慎言慎行的踐履工夫

　　楊庭顯頗有一些修身求道的入手工夫，「改過」即爲其中最基礎的一種。楊父曾說：「學者或未見道，且從實改過。」鍾彩鈞先生認爲楊父的道德踐履乃是以「改過」爲核心，可算是公允的評論〔註90〕。在慈湖所記的「先訓」中，涉及改過的文字佔了不少篇幅，可見「改過」在楊父修學工夫中所佔之地位。須辨而明之的是，楊庭顯的「改過」，並非我們通常意義上對自己錯誤言行的痛悔或糾正，而是對自己意識深處的每一次起心動念都要嚴加拷問。如謂：

　　　　吾家子弟，當於朋友之間常詢自己過失。此說可爲家傳。吾少時初
　　　　不知己有過，但見他人有過。一日自念曰：「豈他人俱有過而我獨無
　　　　耶？」殆不然。乃反觀內索久之，乃得一；既而又內觀索，又得二
　　　　三。已而又索，吾過惡乃如此其多，乃大懼，乃力改。

　　　　人有過，尚有改一路。有過得改，猶晦昧之得風，大旱之得霖雨，
　　　　當天地陰陽不合之時，而爲之一新，亦若此。或者不達，過作則惟
　　　　恐人知。安有不知之理？設或不知，潛伏於中，此過必毒害己益甚。
　　　　過既不去，使己終身爲小人。學者試思，即以此斷其是非去留，庶
　　　　使改過之心有勇。既改之，則便可無悔。

在第一段文本看，楊父經過「反觀內索」而發現的過惡，決非一般現實生活

〔註89〕按，楊庭顯生有六子，皆有德行，慈湖排行居三，最爲秀出。慈湖世系，詳　　　　參馮可鏞等《慈湖先生年譜》所附《慈湖先生世系》。
〔註90〕鍾彩鈞《楊慈湖心學概述》，臺灣中央研究院《中國文哲研究集刊》，第17期。

中的「有形」錯誤，而是在心頭萌生的細微「妄念」。在《中庸》、《大學》中，皆以「愼獨」爲重要修身工夫，要人時時處處勿忘反省自己隱秘的內心。楊父這種「破心中賊」（王陽明語）的「反觀內索」之法，算得上是對「愼獨」工夫的眞切篤行。據慈湖記述，父親爲了強化自己對「改過」的省察意識，「嘗置小篋，實豆其中，以記過念多少」（按，這類改過方法，朱子及其他儒者也有述及，佛家亦多見）。這一敬篤精審的改過方法，起到「功過格」的作用，是符合現代心理學中的「自我暗示」理論的。與此相補充，庭顯還特別告誡弟子切勿文過飾非：

> 過則人皆有，未足爲患，所患在文飾。倘不文飾非，過也志士之過。

> 聞過而意不逆，百無一二，千無一二。喜於聞過，豈非君子之人？

楊庭顯本人，尤以改過著稱，據象山《楊承奉墓碣》：

> 每見其過，內訟不置；程指精嚴，及於夢寐；怨艾深切，或至感泣；
> 積時既久，其工益密。念慮之失，知識之差，毫釐之差，無苟自恕。
> 〔註91〕

因一己的過念而「怨艾深切，或至感泣」，楊父之「自訟」著實到了無以復加的地步，眞讓人懷疑他是否在以佛家安住於「自性清淨心」的「菩薩戒」或「無相戒」來要求自己。但可以肯定的是，經過如此嚴格的修身工夫之磨礪冶煉，一切外在的財物、地位等世俗牢籠自然不能桎梏其心。楊父曾說：「使有牧童呼我來前，日我教汝。我亦敬聽其教。」這絕非一時的故作謙和，而是「道心」在褪落世間諸般「外境」之後自然呈現〔註92〕。據慈湖記載：

> 先公一日閒步到蔬園，顧謂園僕曰：「吾蔬閒爲盜者竊取，汝有何計
> 妨閑？」園僕姓余者曰：「須伴少分與盜者乃可。」先公欣然曰：「余
> 即吾師也，吾意釋然。」

「躬自厚而薄責於人」是儒門基本教法之一。在告誡子弟愼言愼行方面，楊庭顯可謂再三致意：

> 喜談人短，乃下俚氣味。吾家不可有此。

〔註91〕 陸九淵：《楊承奉墓碣》，《陸九淵集》卷二十八，第326頁。
〔註92〕 當然，這也可能與楊父受禪家影響有關。如趙州從諗即云：「七歲童兒勝我者，我即問伊；百歲老翁不及我者，我即教他。」（《古尊宿語錄》卷十三）余英時先生在《士與中國文化》一書中，就曾專門論證韓愈《師說》中「弟子不必不如師，師不必賢於弟子」、「無貴無賤，無長無少，道之所存，師之所存」等語，乃受禪宗風教之影響。

> 人貧賤則忽之，事微細則不謹。若此者，人以為常。君子於此戰戰
> 兢兢、敬心無二。

> 先公嘗言，吾少時忿懷甚，知非力改。簡自童稚已見先公凡百容耐，
> 其後見有極微之人無禮，先公怡然不以介意。

一方面精進改過，一方面又「百般容耐」，積累既久，自然達到一種很高的道德進境。為了使子弟專心修德體道，楊父連一些在今人看來屬於正常娛樂或高雅藝術的「材藝」都一概否斥，以避免放逸人心。他說：

> 文詞為學道之蠹。

> 世間多材多藝者不少。學者回顧己之愚拙，未可以為愧。材藝之士，
> 多為材藝所惑。

> 字畫雖小，亦欲端謹。閒書當與特書同。

> 雖小兒不可令觀戲玩。

正是這些外人看來甚為瑣屑乃至枯燥的家教，對兒子產生了極大的影響。黃宗羲說：「錢融堂謂通奉省過最嚴，毫釐不宥，至於泣下，是慈湖過庭之教所自出也。」〔註93〕觀慈湖之處事應物，一言一行，無不展現著謹嚴敬篤、一絲不苟的父風（參見第二章慈湖生平部分），在「改過」方面更是略無苟且。黃氏還記載了這樣一件小事：

> 慈湖為樂平，以「訂頑」二字用諸文告。王琦謂良知良能，人皆可
> 為堯舜，無以頑斥，慈湖亟改，自謝不敏。〔註94〕

慈湖之效尤其父，此小事可見一斑。弟子袁甫對他的評價是：

> 先生自幼志聖人之學，久而融貫，益久而純。生平踐履無一瑕玷，
> 處閨門如對大賓，在暗室如臨上帝。年登耄耋，兢兢敬慎，未嘗須
> 臾放佚，此先生之實學也，凡先生之所言者，言此而已。學者之所
> 以學先生者，學此而已。〔註95〕

慈湖由於接受了父親這種極嚴格的改過和歉抑工夫，故臨事總能持有「終日乾乾」、「戰戰兢兢」的心態。以這種生命姿態做底子，一個人無論修習何種學問，都不會「認欲作理」（朱子系學者批判象山心學一脈之語），更不會淪

〔註93〕《宋元學案・慈湖學案》。
〔註94〕《宋元學案・慈湖學案》。
〔註95〕《蒙齋集・樂平慈湖遺書閣記》。

於放肆狂妄（如陽明後學之末流）。當然，此或許也有矯枉過正之嫌。在筆者看來，與象山「直拔俊偉」（朱子語）的氣象相比，慈湖給人的印象是謹慎敬篤。這種性格使慈湖在總體的生命格局上處於一種「守勢」：缺乏孟子中那種「舍我其誰」的傲岸氣勢，更沒有陽明身上洋溢的豪雄氣魄和狂者胸次。在後面章節，我們還能看到慈湖修養工夫上特別忌諱「求」、「誠」、「正」等主體性努力，強調通過「不起意」工夫，將本心保持一種「虛明靈妙」精神狀態。這一工夫，與慈湖虛靜內斂的性格氣質是相當吻合的。

（三）注重保持超然物外的胸襟和安身樂命心態

與楊父修身進德之互為表裏的，是他超然物外的胸襟和安身樂命的心態。這種心態主要通過「畏天命」、「無事（求）」和「不動心」表現出來。「先訓」云：

> 福莫大於無禍，今無事已是享福。如不自知，將恐禍患生。
>
> 外事不可深必，凡得失奉天命可也。動心則逆天命，禍將至矣。
>
> 畏天命則無所求而享安逸矣。苟未及安逸，則知貪求心未盡。貪求心未盡，則知未識天命也。
>
> 心無所求，則樂生。此非親到者有所不知。
>
> 萬事無非天命，不達則止見人為，處世勞苦。孟子曰：「臧氏之子，焉能使余不遇哉？」
>
> 君子胸襟常無事，常悅樂。

早在儒家創始人孔子，就有「畏天命」、「安天樂命故不憂」的說法。前句是古老天命信仰的遺留，後語則是德性充實後而產生的一種達觀安詳的生命境界。楊父的天命思想無疑是對儒家傳統的天命思想的繼承，只不過在繼承中又有著內在變化。孔子的「安天樂命」多與復興周禮的宏大抱負有關，並且這種「安身樂命」是在「知其不可而為之」的主觀抗爭後的一種「心安理得」（「不怨天不尤人」），這與他席不暇暖地奔波救世的行為並不衝突。而楊庭顯的「安身樂命」則遍施於日常生活的方方面面，內容上更多地指向對一些世俗的名利、權勢等各種意欲的割捨、消弭。從楊父「心無所求則樂生」、「萬事無非天命」、「無事已是享福」一類觀念看，積極用世的熱情十分淡化，反於佛道二氏的某些觀念頗有相通之處。當然，這與他汲汲於「改過遷善」的精進勇毅同樣不矛盾，只是面對的問題與目標有所不同而已。這種變化，應

該與楊父受佛禪影響而產生的出世心態有關。

二、有顯著的出世傾向和豐富的禪修經驗〔註96〕

　　印順法師在論及宋明理學與禪宗關繫時說：「宋代理學巨子之故鄉，十九為四百年來南禪盤根錯節開化之區。理學家之精神作風，無一不出於自信自尊、重質輕文、體道篤行、雄健精嚴之禪風。如程門師資之往返，有類參謁。居敬、窮理、明道統、有語錄，亦類禪宗。象山之即心即理，明其在我，一掃注疏之繁，唱六經為我注腳，則尤近矣。」〔註97〕楊庭顯固然算不上「理學巨子」，但從他修身進德的種種作風看，其受佛禪之影響，與象山相比，可謂有過之而無不及。

　　從地域看，楊氏父子所生活的明州地區（今浙江寧波）素有「東南佛國」之稱，長期流行著禪宗、天台、淨土等佛教宗派，唐代以來高僧大德在此弘化者尤多，正屬於「南禪盤根錯節開化之區」。僅就禪宗而論，兩宋時著名的禪師就有智覺延壽、大覺懷璉、雪竇重顯、眞歇清了、大慧宗杲、宏智正覺、長翁如淨、懷敞等人。南宋寧宗（1195～1225 年）時，在權臣史彌遠的奏請下，朝廷制定了禪院等級制度，「五山十刹」被列爲官寺中級別最高的寺院。僅明州一地，就擁有「五山」之二——天童寺和阿育王寺，「十刹」之一——奉化雪竇寺。而慈湖故宅旁的普濟寺，始建於三國時期，則屬於中國最古老的叢林之一。據統計，寶慶年間（1125～1127 年），慈湖的出生地鄞縣就有禪院 22 座，其中功德寺 5 座；教院 24 座，功德寺 3 座；律院 44 座，功德寺 5 座。在這 13 座功德寺中，專門爲鄞縣名宦史浩、史彌遠父子所立的功德寺就佔了 8 座〔註98〕。宏智正覺禪師於建炎間（1127～1130 年）主持天童寺，傳曹洞正法，大興「默照禪」。而兩宋間先後住持阿育王寺的有眞戒、淨曇、了空、介堪、圓悟、大慧、佛照、妙智、笑翁諸大師。在這批學問深博的高僧弘化下，阿育王寺成了浙東著名的大道場。宋室南渡以後，阿育王寺在佛教

〔註96〕　張念誠先生在其博士論文中，概括出楊父修學融佛道四大特徵——「未肯定世間本質」、「未正向肯定人性」、「不肯定世間材藝學問」及「生死態度」。筆者於此有所借鑒吸收。

〔註97〕　印順：《中國的宗教興衰與儒家》，載氏著《中國佛教論集》，北京，中華書局，2010 年版，第 197 頁。

〔註98〕　上述資料參考許序雅、莊圓：《從宋元四明六志看宋代明州的佛教》，《佛教研究》，2005 年 00 期。

的地位愈加重要。高宗即位不久，即賜阿育王寺舍利寶塔「佛頂光明之塔」匾，後又委派大慧宗杲住持阿育王寺，「四方學徒，川奔濤湧」。宗杲傳臨濟宗旨楊歧派，其禪法被稱爲「看話禪」（即以考察公案、話頭而求開悟之禪法），與天童寺宏智正覺的「默照禪」相輝映。

考察楊氏父子的生活時代，正是明州歷史上佛教最爲鼎盛的時期，吃齋念佛，參禪悟道幾乎是當地愚夫愚婦的生活常態。受此濃鬱的佛禪風氣熏習，楊庭顯不但有著明顯的出世心態，而且有著曠日持久的禪修經歷，這使其在人生態度和性格氣象等諸多方面皆與傳統儒者有著較大的不同。

（一）楊父「無事」、「無求」、「無我」的生活理念與佛禪「無事是貴人」的出世態度極爲接近

一般來說，樂天知命的心態，多表現爲一種對外在得失，如名利、財色、功業、權位、榮辱等「身外之物」的勘破與超越。在此方面，儒禪二者既有相同點，亦有不同處。其中儒家「樂天知命」的修養（比如孟子的「不動心」），是一個人在道德意識充盈後自然達成的。而從孔子「不義而富且貴，於我如浮雲」、「君子之於天下也，無適也，無莫也，義之與比」等觀點看，儒家並不反對追求名利、功業、權位等外在的東西，只不過有著更高的取捨標準，——使人的行爲是否符合道德理性罷了。這與一意「了生死」、「出輪迴」、「斷煩惱」，倡導「勤修戒定慧，熄滅貪嗔癡」，追求生命解脫的佛家自然大異其趣。準此而論，楊父總體的人生態度，毋寧是近於佛禪而遠於孔孟。如楊氏曾謂：

> 人生一世，只忙迫一場便休。
>
> 世間忙，學者欲到不忙處。
>
> 人間以爭爲事，吾家當以不爭爲事。
>
> 時人心中自謂，今且如此度日。俟他時如意，當取快樂。不知今日無事，即是至樂。此樂達之者鮮。

傳統儒者如孔孟的人生觀，突出表現爲一種對現世人生的摯愛與眷戀。這一基本的生命態度，使他們悲憫眾生的現實哀樂而力圖拯救，進而「志道、據德、依仁、遊藝」，處於一種不亦樂乎的「忙碌」狀態中。與之不同的是，佛家以充滿煩惱、忙碌、無常的現實人間爲「大苦聚」，而力求通過各種修道法門來脫離輪迴之苦，達到「常樂我淨」的「涅槃」之境。楊父上文中「忙」

字，意義上更接近佛教所謂的「煩惱」、「塵勞」。他追求「無事」、「無求」生活態度，尤其與禪宗，特別是洪州一系「無事是貴人」的精神意態極為神似。舉例而言，南宋臨濟宗楊歧派無門慧開禪師，有一題為《頌平常心是道》的詩：「春有百花秋望月，夏有涼風冬聽雪。心中若無煩惱事，便是人生好時節」。此詩表露出一種斬斷世俗負累後的超然、安寧之境，在後世廣為傳誦。楊父生卒年皆早於無門慧開，然咀嚼其「無事即是至樂」諸語，與慧開「心中若無煩惱事，便是人生好時節」的詩義頗為契合。

（二）楊父對現世人生持較負面的態度

之所以要追求一種心靈的「不忙」、「無爭」、「無事」狀態，與楊父對現世人生所持的消極態度有關（佛家所謂「出離心」）。他說：

> 世間如夢，時人非不知。但見暖熱，又且去矣。自古暖熱處，誤卻
> 多少人。

> 近世學道者眾，然胸中常帶一世間行，所以不了達。

> 東坡投老，顧以養生為先，追想其情，使人恐畏。

> 學者常帶我行，所以見道之難。

> 人為景所奪，則有喜不喜之心。其喜在清風明月，在畫堂花燭，在
> 玳筵綺席，在異香美色。飢時飲食，寒時衣裘，炎暑風涼，凜冽火
> 閣。其不喜者，天色晦昧，人情背違，柴門茅舍，惡衣惡食。不美
> 人意處更省之，此二者之心無自而生。

「暖熱」自是聲色、名利、是非之場的借代說法。飲食男女、追名逐利、熙來攘往正是芸芸眾生的生活常態，但真正的儒者並不因此否認現世人生的正面意義，反而以具有暖色調的道德情感來滋潤這一入世之旅，用天賦的道德之光照澈世間的污濁黑暗。楊氏將人生視為一場無意義的「忙迫」，認為學道者心中不應該有「世間行」，這無疑更合於佛家的出世思想，與儒家「入世」情懷大為扞格。如《金剛經》有謂「一切有為法，如夢幻泡影，如露亦如電，應作如是觀」，《涅槃經》有謂「諸行無常，是生滅法；生滅滅已，寂滅為樂」。佛家認為世間的一切事物不過是「因緣和合」而成，是無自性的「有為法」，而愚昧的凡夫為自己的業力、習氣、妄念所拘，陷入「執無常為常、執苦為樂、執不淨為淨、執無我為我」的「四顛倒」之中，遂生起貪、嗔、癡、慢、疑等諸煩惱。為了袪除無明煩惱，必須遵照佛教「戒」、「定」、「慧」三學修

行，以去妄復眞、轉識成智。楊父說：「人在顚倒中，以美爲惡，以惡爲善，以苦爲樂、以樂爲苦。知則爲學不勞矣。」這種對現實人生的負面態度，顯然是因爲受佛教的影響而來。又說：「人皆知有一死，而實不知；果知之，誰敢爲不善？」這分明與佛家「因果報應」的思想甚爲一致，而與孔子「未知生，焉知死」之教判然殊途。

由上可見，楊庭顯雖以儒者自期，在道德踐履方面也固守儒家的道德倫理，更有「娶妻生子學周公孔子，衣服飲食學周公孔子」之類的訓語；但他在一些更根本的生命關懷上卻偏離了儒學的矩矱，其日常的精神風貌更像一位佛門的「善男子」。或許與經論世務的仕宦生活有關，與其父相較，慈湖的出世觀念似淡薄很多，但較之象山仍然較爲明顯。當今研究慈湖思想者，多認爲慈湖乃是因繼承象山學說而入於禪〔註99〕，殊不知慈湖思想中的佛禪種子，在其少年時代的趨庭之教中已經潛滋暗長。

（三）楊父有著曠日持久的禪定經驗

儒典《大學》中載有「知止而後有定，定而後能靜」之類的「靜定」工夫，表明儒家的心性修養理論已較成規模，但綜合看來，「靜坐澄心」遠非傳統儒者主要的修身方式。受佛家禪定工夫的影響，至宋明理學的開山周敦頤、程顥等人那裏，「靜坐體悟」逐漸成爲「存誠」、「養心」、「治欲」的重要修養工夫，後來則更是相沿成習，蔚爲儒、釋、道三教修養工夫的共法。作爲一種方便法門，靜坐體悟有助於使人懾服「欲根」，明目醒腦，開啓智慧，乃至變化氣質，對於道學家的「存天理去人欲」確有裨益。正是在這種意義上，佛教學者陳兵先生將宋明儒者的修身工夫稱之爲一種「倫理瑜伽」。問題在於，楊庭顯因受佛家出世觀念的影響過重，其禪定工夫更多地是在追求一種「無念」境界，而非僅僅是「倫理瑜伽」而已。當然，楊父並不承認此乃佛

〔註99〕 如趙偉先生就推論說：「楊簡作爲陸九淵最出色的門人弟子，似乎沒有博覽佛教典籍，其佛學知識可能更多地是從陸九淵那裏得來的，朱熹說『楊敬仲學於陸氏，更不讀書，是要不『實諸所有』：已讀之書，皆欲忘卻，是要『空諸所有』。這段話說明了楊簡可能確實是從陸九淵那裏學得禪學，也說明了楊簡繼承了陸九淵的衣?。」（見氏著《心海禪舟——宋明心學與禪學研究》，北京，人民出版社，2008年版，第68頁。）趙先生似乎不知慈湖本人經常閱讀佛教典籍，且受到其父親長期的潛移默化，更不考慮整個宋代的濃鬱禪學氣圍，而僅憑朱子的一句話就推測慈湖的佛學知識來自象山，以致作出了悖於事實的結論。

教的「禪定」方法，而認為是孔子之「拱」。慈湖記述道：

> 先公平時常拱手，拱而寢，拱而寤。一日偶跌僕，拱手如故，神色
> 不動。

> 每自置多言之戒，晚年益簡默。拱而行，拱而坐，湛然終日，幾於
> 無言。每曰：吾今日一無思慮。

不論楊父之「拱」究竟是一種什麼身體姿態，從他「神色不動」、「湛然終日」、「一無思慮」等身心反應看，它與佛教「結跏趺坐」（打坐）的功效極為相似。至於偶然跌到在地，還「拱手如故」，此對一個平常人來說，簡直是不可思議的。而稍有禪修經驗的人則不難理解，這正是修習禪定的身心症候之一。楊父認定這種境界就是孟子的「不動心」，對自己能夠臻此境界十分欣慰。

> 嘗被竊盜，其明日食罷，從容曰：「吾夜來聞婢驚告有盜時，吾心止
> 如此。已而告所亡物多，吾心亦止如此。今吾心亦止如此。」

> 坐檻墜地，他日語人曰：「我當正墜未及地時，吾心怡然自安。」

這類特殊的體道經驗，在傳統儒者的生存境遇中是極為罕見的，我們稍不留神，都會將楊父誤認為一位禪門老僧。然而正因為自己於此真切受用，楊庭顯將此修道方法傳授給家族子弟，並告誡說：「孔子拱而尚右，載之古書，則知夫子常拱。今人多忽之，吾家當熟習。」

按，「拱而尚右」一語，見之於《禮記‧檀弓上》：「孔子與門人立，拱而尚右，二三子亦皆尚右。孔子曰：『二三子之嗜學也，我則有姊之喪故也。』二三子皆尚左。」即此可見，「拱」不過是古禮的一個細節，更何況孔子也未必「常拱」，至少《論語》中無此記載。楊父拈此「拱」字說教，不過是在為個人的禪定式修道方法找一種「合法性」理據。在後文還將看到，楊庭顯屢屢教導兒子的「默坐反觀」，也正是這種「拱」的禪定之法。恰恰是因「常拱」而產生的獨特心理覺受——「本心澄然不動」、「人之本心本自寂然」，使楊氏父子在「本心」問題上與傳統儒學，特別是孟子思想中道德感極強的「本心」產生了極大的體驗差別。這也是慈湖後來一直無法很好地領悟象山「本心」的內在原因之一。

四、楊庭顯的心學思想及其對慈湖的影響

從思想的系統性、深刻性尤其是學術影響力來看，楊庭顯大概算不上我

們通常所稱的「心學家」。他學而時習之的一些修身工夫，大多也屬於當時儒者的「公共性學問」。兼之以「語錄」的形式留存下來，其心學觀點便不免稍嫌散亂。然僅就學問授受看，楊父對慈湖之影響，大概又超過了學術史上任何一位思想家。毫不誇張地說，楊庭顯的心學見解，不僅構成了慈湖心學的義理輪廓和基本格調，某些方面還是慈湖哲學創新的苗頭。這裏只能刪繁就簡，分「本心」與「工夫」兩方面略加分析。

（一）本心之特性及其「習氣」

宋明心學是基於對「本心」的信仰與體驗而成的一門特殊學問。楊庭顯對「本心」的論述雖缺乏文本和邏輯上的系統性，但已大致具備慈湖「本心」的基本特性。如論本心之本來自足、聖愚皆同：「大舜之心即瞽瞍底豫之心，瞽瞍底豫之心即大舜之心。」論人心對人之生活世界的主宰性：「心吉則百事皆吉」；論本心本自清明、自善：「人心本自清明、本自善，其有惡，乃妄心爾。因其不達，執以為我，被客來作主，迷失本心。達血氣二字，則無我矣」，「人心至靈，惜乎錯用卻。」論人心之寂然、澄然：「人之本心，本自寂然」，「吾之本心，澄然不動，密無罅隙。」論人心與道同：「此心即道，一體二明。」讀本書後面的大量論述，當知慈湖的本心思想，大致沒有超出其父的見解。慈湖晚年之所以獨對《孔叢子》「心之精神是謂聖」一語大加標榜，一是因為此語經他獨特的闡發之後，較能概括自己所證「本心」的諸多特徵，二是因為此語出自孔子（實則未必），可為其學術的正當性提供聖賢依據。就與象山心學的比較來看，楊父更堅信本心的完滿自足的一面，認為每個人都具有先天的「明物應事」能力：「智我所自有，不患無智。此心不動，日用常情，物至自明，事至自應，如明鏡止水，毫髮無差。」在慈湖著作中，這類陳述本心自足的語句可謂是俯拾皆是，其「不起意」之教也是基於這種心本論預設而立。反觀之下，象山之所以要發明本心，則是建立在現實人心不完滿之上（參見第五章相關部分）。故在對「本心」觀念的理解上，慈湖顯然繼承其父而非象山思想。楊父另一重要的心學命題是「心即道」：

大中至正之道，近在日用。見於動靜語默，不必他求。

此心即道，一體二明。

道無大小，何處非道？當於日用中求之。衣服飲食，道也。娶妻生子，道也。動靜語默，道也。但無所貪，正而不邪，則道不求而自得。

我們知道，象山心學的一個最基本觀念是「心即理」。而慈湖則幾乎不說「心即理」（他其實是要破除人心中之「理」），而多談「心即道」〔註100〕。在這一點上，說他更多地受其父親影響，顯然更為合理。

儒家以性善論為主調的心性學說，大致奠基於孟子。但孟子的「性善」，終歸須要借助「本心」之善，即人天生具有的「惻隱」、「羞惡」等「四端」和「良知良能」來求取和證明（是謂「盡心知性」）。故孟子所謂「性善」，深一步說就是「心善」。然在孟子學說中，無論「性善」抑或「心善」，此「善」都具有強烈的現實倫理品格，是落於「善」、「惡」之概念對待中的「善」，即便是作為「是非之心」的「智」，也主要指向著一種人類天生的道德判斷能力。而從楊父所用的「寂然」、「澄然」、「清明」等詞彙看，其「本心」與禪宗具有「寂滅圓覺」特性的本心，都是一種超越了善惡對待的本心。在後文對慈湖「本心」的探討中，我們還將對這一問題深入剖析。

既然人心是本來清明、自善的，為何又會產生「妄心」或被「錯用」呢？楊父認為這是由於「習氣」遮蔽的緣故，他說：「人有不善，習於性成，其堅如鐵。惟學者自覺，能破此堅。不然，則其堅牢日甚。」從楊父的相關論說看，人天生的「習氣」又可一分為二，一是執「血氣」為「我」：

迷失本心，達血氣二字，則無我矣。

此身乃天地間一物，不必兜攬為己。

此身尚非我有，外物亦何須道。

學者常帶我行，所以見道之難。

人皆有一我，故不見道，雖名士難逃此患，遂以聰明為道。釋氏謂之認賊為子。夫堯舜為天下，後世知其名。而堯舜所以為善。今人點妝賢者之名歸己，於堯舜有異矣。倘得堯舜之心則無我。無我則

〔註100〕劉宗賢女士認為，象山「心即理」，是說人心與天地萬物之理同，他並沒有否認心客觀性的宇宙之理，其「理」也指心中的觀念。故象山無法擺脫朱熹之「理」的因襲之累。而慈湖對象山心學的發展表現為，他完全拋棄了象山之心內心外之「理」，而提出「心即道」。（參見《陸王心學研究》，濟南，山東人民出版社，1997年，第154～155頁。）劉女士這一看法，自然道出了象山、慈湖心學的區別之一。但從慈湖「心即道」的來源而言，卻並非是對象山心學的繼承發展，而是對其父親「心即道」思想的繼承。說得更準確一點，楊氏父子的「心即道」思想主要是受禪宗「平常心是道」、「即心是佛」等觀念的影響而來。

自然日進，不待修為。

楊父特別強調「血氣」非「我」，是人「迷失本心」後而生的東西。一般來說，人身是由各種肉體器官組成的生物體，故以這團「血氣」、「意欲」為「我」也是人之常情。須知，傳統儒學雖特別重視弘揚人性中的道德意識，但對自然性的肉身及其感官欲望卻採取了肯定態度，乃至認為重視肉身也是孝道的一種表現（如《孝經》所謂「身體髮膚，受之父母，不敢毀傷，孝之始也」云云）。然而佛教卻認為肉身乃是由地、水、火、風等「四大」因緣和合而成（如《金剛經》云「若以色見我，以音聲求我，是人行邪道，不得見如來」），是人的「色」、「聲」等「六賊」和「貪嗔癡」等諸煩惱的淵藪，故而對其持較為負面態度，並以破除「我執」為基本修行方法。受此佛理影響，楊庭顯特別注重對「血氣我」的超越，故有上述諸言論。到了慈湖，則將孔子「毋我」之「我」理解為「血氣我」，是須要專門克服的一種「意」。與此相關，在生死問題上，慈湖也認為「本心」具有「不曾生，不曾死」等超越性特徵，不受個體「肉體」存亡的影響，這與其父的看法並無二致。除了破除「我執」之外，楊父認為「語言」、「思量」也是一種與生俱來的「習氣」，是導致本心迷失的重要因素，必須予以克服。這有點佛家破除「法執」的意味。他說：

> 學道者多求之於言語，所謂知道者只是存想。

> 道非言語之所及，非思量之所至。

> 事無大小，有志者皆得之。竊盜取地窟，一鑿鑿復一鑿，不敢作聲，不敢思量他事，但一心求澈。學者似之，不患所學不成也。

> 覺得起念便休。

受禪宗「不立文字」、「當下即是，擬議則乖」等思想的感染，宋明心學家生活世界中的儒學，主要是籍以安頓身心的內證之學，他們特別講求深造自得，對關乎現實功利的各類知識多不看重，甚至認為是修道的障礙。如象山就指稱朱子的學問思辨為「意見」，歎其「學不見道，枉費精神」。在這一方面，楊父表現得尤其明顯，他認為儒家之道所以不明，是因為愚者不及，高明者溺於言語思量的結果：

> 人之溺見，在庸愚猶輕，在高明之士則重。此溺見不自覺，惟他人知之。近有一高明之士，著地理圖志，文書浩繁，亦善第。恐顏子未暇及此。

當楊父看到學者撰述「地理圖志」，也視爲不務正業。這類在今人看來不可思議的見解，在一心證道求悟的宋明心學家那裏卻是最尋常不過。

從生命關懷上說，儒家基本上是一種「以此世爲價值」、「以道德爲超越」、「以情感爲主體」的「世間行」。既然是「世間行」，就無法不立「分別見」，不能不在「主客二分」的基礎上強調氣質之性（慈湖父子之「我」的構成質料）和言語概念的價值。就孟子來說，他雖以人的道德意識爲本性，但他仍將身體視爲產生道德意識的生理載體（「材」），而認爲人不能「盡心知性」乃「不能儘其材也」的緣故。從宋明新儒學的理學一脈看，程頤、朱子重視格物窮理，便不能不重視用來學問思辨的言語概念。而象山、橫浦等人，更加注重本心的自我體認，於言語思辨不甚重視，但他們仍承認因「氣質之性」的偏正清濁而產生的習氣厚薄。而到了楊庭顯這裏，感官身體及其因之而來的思維念慮，則幾乎全成了修道的障礙，須要雙雙擯棄。

（二）心學之工夫

本體論的預設，乃是心學家工夫論的理論依據。楊庭顯堅信此「心」本具眾德、本自清明、本自寂然、本自不動、本自靈妙等特性，其最基本的心學工夫當然只能是「反求諸己」而非博學多識。如謂：

> 聖賢垂訓，蓋使人求之己也。

> 邇日人精神多在外而不藏，蓋奔兢利名所致。觀之足以自警。

> 爲學當以心論，無以外飾。

> 學者行己足矣，無求於外。此學之要說。

楊氏認爲，由於「血氣我」與「思慮我」這兩大「習氣」作祟，使人迷失了本心，故求取本心的第一步，就是要首先完成一種內在的心靈轉化，即自覺放棄對「肉體我」和「思慮我」的執取。他說：

> 吾往者盡悟思量與夫言語，今日頓覺前非。蓋以馳求於外，而不反本也。

> 人以念慮爲心，是致爲學疲勞。或自覺，則見本心矣。

> 吾今爲學，自己之善惡與學力之多寡自知之。此自知由吾初學深究無我所致。蓋無我則虛明，不以自己之惡爲善，亦不以學力之寡爲多。囊時觀彼學者自謂無我，實未無我。觀彼省此，深有畏焉，故今日有所濟。

楊父曾以唐代婁師德唾面自乾的典故爲例，認爲「動心」是招致現實榮辱的根源：

> 因及婁師德唾面自乾，語曰：「且道唾面從那裏來？」有對者俱未當意。徐曰：「從動心處來。此心才動，唾即劈面而來也。」

在此基礎上，楊庭顯還提出「實心」概念：

> 實心無所往而不可。蓋實心一也，可以應天下之萬變。即事即學也，即此下筆處即學也。

實心而行，可以應天下萬變。「即事即學」即是要念念不離「本心」，這與《壇經》慧能所謂的「念念見性，常行平常」有很大的近似性。這也是慈湖「直心而行」、「當惻隱則惻隱」等理論的雛形。楊庭顯類似的言論還有一些，如：

> 人之處世，何如此之難？茲蓋獨任己智，倚於一隅不得自然，而與天理相違之所致也。學者當如何？未若以自己私見屏於千里之外，使胸中了無所有，則所謂天理者見矣。天理即吾心也。

> 人意思，舉動隨生。衣服時有衣服意思，飲食時有飲食意思，語默靜動皆然。似此意思役盡時人光陰也。意中有新有舊，有喜有厭，相生無窮，坐久則厭，以行爲喜；行久則厭，以坐爲喜，觸目睹景，無非意思，皆由失己。

楊父上文中的「意思」，指涉著人在主客二元的對立思維模式下（即佛教所謂「能」、「所」二分）產生的諸多觀念。這些觀念往往預示著人心對各類客觀對象的執著分別，如新舊、喜厭、苦樂等。他認爲，人一旦被這類分別性觀念（「私見」）所支配，就會產生許多計度和取捨，繼而陷入無窮無盡的煩惱中。欲使天理在我，就必須徹底摒棄這些私見，使胸中了無所有。

慈湖曾作《絕四記》一文，對孔子「毋意」、「毋我」作了主觀發揮，提出了工夫領域的「不起意說」。明眼人很容易看出，「不起意」與其說是慈湖對孔子「四毋說」的繼承，毋寧說是對他父親之「無我」、「不動心」和去「念慮」、「言語」之心學思想的總結和深化。如此看來，楊父的「無我」工夫，及對「語言」、「意思」的禁絕，實際上是慈湖「不起意」工夫的序曲。

楊父專於一心的修行方式與孔子的博文約禮傳統有很大的背離。眾所周知，孔子以詩、書、禮、樂教，注重對人之各種才能的培養，此本是極爲廣泛的人文素質教育。就道德的踐履而言，他說「聞義不能徙，是吾憂也」，是強調先學習各種道德倫理，然後再「自訟」、「反躬」，這是典型的「下學而上

達」工夫。較之於孔子的博學反躬，孟子向內追求的傾向十分明顯，並有「學
問之道無他，求其放心而已矣」的說法。但孟子曾謂「博學而反說約」，他之
所以重視「由博反約」、「深造自得」不過是對當時學問風氣之缺乏「一以貫
之」精神的矯正，並不否認「博學」的價值。他曾說，「我知言，我善養吾浩
然之氣」。「言」者，社會化的道德標準也。即此一點可知，孟子並沒有忽視
言語思量的價值，根本不否認知識性「義理」在人格修養中的客觀作用。

　　楊父這種過於重視內心證悟的心學，自然與重視「道問學」、「理一分殊」
的程朱理學扞格難通。關此，楊父下面一段話似應引起我們的注意：

　　　　近世有以小道與其門人講習，學者宗仰，語錄流行。人服其篤行，

　　　　遂信其說。其說固多矣，而害道者亦多。遺患頗深。

以筆者推測，此大概針對小程子之「格物窮理」一系而發。這從慈湖多次對
伊川之學批評中可以看出。

　　慈湖曾作《連理瑞記》一文，記其家一年內有蔬果連理的祥瑞出現，並
將此歸功於父親的教化：

　　　　追惟先公實德義訓，所以啓祐後人，深入潛化。往歲鄉里以潛藩蒙貴，
　　　　舉子蠢蠢詭冒，所至而是，而吾家寂然。二弟群徒勢便力可，顧視之
　　　　若無，不惟不作於其事，而亦不動於其心。此雖常德細行，不足為言，
　　　　而俗衰風靡，吾家遂為砥柱。某竊自喜先公流化之效，至是而益著。
　　　　又念伯兄忠信天成，進德於內，而世莫知。某每自言曰：「兄真三代
　　　　人物也。」仲兄文雅灑然，而深得復卦之旨於方寸之中，作圖記過。
　　　　人皆恥於聞過，兄顧自白其過。孔子曰：「吾未見能見其過而內自訟
　　　　者也。」而兄安而行之，犹與盛矣。叔弟機仲用改過之力於內，而人
　　　　未之知。又其聞鐘發省，自此吐論超越。季弟文仲孝友篤志，訥於外
　　　　而敏於中，內心發光、不可致詰。諸子雍雍，群孫濟濟，雖入德先後
　　　　之序不齊，不可枚數，而其大較質而不浮，從容乎先公道化之中則同。
　　　　今茲嘉祥來集，不可外索。祥不可恃，所恃惟德；德不可怠，惟勤惟
　　　　精。此某所以不敢荒。而亦先訓之本旨也〔註101〕。

這段引文，可以使我們進一步瞭解楊父的日常教化對其子弟們產生了何其深
刻的影響。一方面，楊氏家族有著極強的道德情結和儒者本懷，此在「改過」
等道德磨礪行為中最為顯著。另一方面，彼等又普遍採用了近於佛禪的修身

―――――――――――――
〔註101〕《慈湖遺書》卷二《連理瑞記》。

方式。文中機仲「聞鐘發省，自此吐論超越」，及文仲「內心發光，不可致詰」云云，都分明是禪家悟道的典型症候。

總而言之，楊庭顯的心學既有儒家的傳統資源，同時也染上了濃重的佛禪因子。老實說，筆者研讀慈湖所記的家訓，總不能不想起明代袁了凡的《了凡四訓》一書。在這部書中，袁了凡融通儒、道、佛三家智慧，以自己的親身經歷，告誡自己的兒孫如何修身進德，以改造自己的命運。而深入考量袁了凡的思想，實則是受佛家思想影響最大最深。慈湖之父，大體亦可作如是觀。

余英時先生曾指出：「佛教儒學化和沙門士大夫化畢竟也讓禪宗的『道德性命』普遍進入儒家士大夫的識田之中」〔註102〕。觀慈湖一家的修學風氣，最足以證明此言之無妄。從對本心的理解看，楊庭顯的思想符合橫浦、象山等心學的基本特徵，其心學工夫也以「發明本心」爲宗要，與象山等人的心學工夫大同小異。從對現實人生缺乏正面肯定的態度看，楊庭顯受佛家世界觀的影響遠較象山爲重。由於對禪宗本心思想和工夫論的過多吸收，楊父雖主觀上持儒者立場，但其「明鏡止水」般的本心，較孔子、孟子「惻隱」、「羞惡」之心相差甚遠，而與佛禪寂滅清淨的本心爲近。他晚歲雖在象山的影響下「盡焚所藏異教書」，但在他對慈湖幾十年的教化中，已將佛禪基因深深嵌入了慈湖內心深處。與其父相比，慈湖更像一個專業的思想家，他幾乎是論遍群經，《己易》、《絕四記》等篇章都算得上是邏輯性、系統性很強的心學著作，「心之精神是謂聖」、「不起意」更是概括其整個心學宗旨的名言。但從其所論本心的基本特質看，顯然是對楊庭顯心學思想的繼承與發展。

第三節　承前啓後的橫浦心學

張橫浦（1092～1159 年）名九成，字子韶，號橫浦居士、無垢居士。浙江錢塘（海寧）人，高宗朝科舉狀元，官至禮部侍郎、刑部侍郎。早年從二程弟子楊時問學，後頻頻與禪家高僧如大慧宗杲等人交遊，以禪學智慧發明儒典奧義，爲儒家心學的重要創闢者之一，其追隨者被稱爲橫浦學派。著述甚豐，多失傳，今存《橫浦集》、《孟子傳》二著，爲後世研究橫浦心學的主要資料。

〔註102〕余英時：《朱熹的歷史世界：宋代士大夫政治文化研究》，北京：三聯書店，2011 年版，第 105 頁。

一、何以要插入橫浦心學一節？

本書以慈湖心學爲研究領域，何以要在此「生硬地」添加橫浦心學一節，須專門說明。原因可歸納爲以下二點：

（一）在宋明思想史中，多有將象山、慈湖歸於橫浦一派者

與朱子之私淑伊川，並有「道南一脈」的師弟授受譜系不同，象山似並無明確的師承關係。故徐復觀先生說：「象山的學術，若就廣義的思想淵源說，則亦可謂與朱元晦同出於伊洛；若就狹義的師傳說，則陸氏兄弟『自爲師友』，可謂孤軍特起，不必另有附麗。」〔註103〕徐先生的論斷大致是不錯的。象山畢生以繼承發揚孟子心學爲己任，曾自謂其學乃是「讀孟子而自得之」，「竊不自揆，區區之學，自謂孟子之後，至是而始一明也」。但從多方資料看，我們雖不能斷定象山私淑橫浦，但他受到張氏的影響卻是可以肯定的，或者說，他與橫浦有一種寬泛意義上的師弟關係。

事實上，認爲象山、慈湖心學源自張橫浦的說法由來已久。全祖望在《宋元學案》中寫道：「程門自上蔡以後，王信伯、林竹軒、張無垢至於林艾軒皆其前茅，及象山而大成。」〔註104〕並在《橫浦學案》中，特注明「陸學之先」，顯然將橫浦心學視爲象山心學的主要學術源頭之一。朱子對象山師承的看法是：「上蔡之說一轉而爲張子韶，子韶一轉而爲陸象山」〔註105〕，明確將謝上蔡、張橫浦、陸象山劃爲一系。若再算上楊慈湖，無疑構成了一條「儒學入禪」路線圖。朱子的著名弟子陳淳則說：「張無垢之徒楊慈湖爲陸門上足」〔註106〕，這又直接認定慈湖是張橫浦的弟子。無獨有偶，明末李贄也持此說，曾謂：「獨橫浦心雄志烈，不怕異端名色，直從?嶺出路，慈湖雖得象山簡易直截之旨尚未滿，復參究禪林諸書，蓋眞知生死事大，不欲以一知半解自足己也。」〔註107〕這分明是說橫浦與慈湖二人學問，皆由禪學轉手而來。崇奉朱子學說的黃震說：「孔夫子只是平淡道理，漢唐溺於卑陋，濂洛發其精蘊，後來遂有因精蘊而遁入空虛者，如張橫浦，如陸象山、如楊慈湖，一節透過一節，適

〔註103〕徐復觀：《象山學術》，載氏著《中國思想史論集》，上海，上海書店，2004年版，第3頁。

〔註104〕《宋元學案》卷五十八《象山學案》。

〔註105〕《宋元學案》卷二十四《上蔡學案》。

〔註106〕陳淳：《北溪大全集》卷二十四，《答黃先之》，清文淵閣四庫全書本。

〔註107〕李贄：《續焚書》卷一，《與焦漪園太史》。

又其人皆有踐履，後學皆翕然而歸之。若夫子平正道理，萬世常行，安有此等過高出奇之說？」〔註108〕這分明是斷定張、陸、楊三人學問愈來愈禪，而與孔子思想的本旨漸行漸遠。明代崔銑在湛若水《楊子折衷》序文中說：「其法達磨曹論轉切徑，宋大慧授張了韶，其徒德光又授之陸子靜，楊簡者子靜之徒也，衍說詘章，益無忌憚，苟不當意，雖聖亦斥，未久皆絕不傳。」〔註109〕在後來朱子學長期居於官學地位的情勢下，這類觀點幾乎成為後世儒者的主流看法。

鑒於思想史將橫浦心學與象山、慈湖心學並為一路的諸多議論，筆者以為，對橫浦之學有個大致的瞭解，實為深入梳理象山、慈湖心學的重要前提。

（二）從現實可能性看，張橫浦應對慈湖父子之學有極大的影響

思想史之傳承授受關係，皆事出有因；然有「查有實據」者，有「查無實據」者。前者如朱子之於程頤，觀朱子文集屢屢稱道程頤之文，可謂「查有實據」；而觀象山、慈湖文集之無涉於橫浦（或有意避之），則可謂「查無實據」。據常理而論，橫浦及其學說具備了影響楊氏父子的多種現實可能性。從地緣上看，雙方家鄉皆屬於浙東地區，楊氏居慈谿，張氏家海寧，相距不足百里。從生卒年上看，橫浦長楊庭顯十五歲，在慈湖十九歲時辭世。同代人在相同、相近的情境中生活，無疑更容易產生影響力。而從人格影響來看，張橫浦自幼便才氣過人，青年時已在士大夫中頗有清譽，所謂「以風光顯者，莫如橫浦」；後為高宗欽定為狀元郎而名聞朝野，問學者雲集門下（以後來也考中狀元的汪應辰為代表）；居官後因得罪於權相秦檜而被貶謫，而聲譽反而更隆。另外，橫浦著述甚豐，為當時士大夫所盛傳。〔註110〕在他辭世後的十餘年內，其大部分心學著作都已刊布流傳，幾為當時士大夫的家庭必備書。楊氏父子所生活的杭州文化區正是橫浦思想主要流播地，若謂他們的思想曾受張氏的影響，乃意料中事耳。據陳亮（字同甫，號龍川，1143～1194 年）在《與應仲實書》中說：

> 近世張給事學佛有見，晚從楊龜山學，自謂能悟其非，駕其說以鼓

〔註108〕黃震：《東發日鈔》，卷八十五，《回董瑞州》。

〔註109〕湛若水：《楊子折衷‧序》，明嘉靖葛澗刻本。

〔註110〕據說九成在南安十四年，閉門著述。九成之姪張在《橫浦先生家傳》中，謂九成之著作已刊行者有《論語說》二十卷、《孟子說》十四卷、《尚書說》五十卷，《中庸說》、《大學說》各一卷、《孝經說》一卷，《經筵講義》二卷，《橫浦家集》二十卷。

> 天下之學者，靡然從之。家置其書，人習其法，幾纏縛膠固，雖世
> 之所謂高明之士，往往溺於其中而不能自出。其爲人心之害，何止
> 於戰國之楊墨也！亮不自顧，當痛心焉，而力薄能鮮，無德自將，
> 有言不信，徒慨然而止耳。〔註111〕

按，橫浦從龜山問學是在京城遊歷的一段歲月，此在中舉以前，故應屬早年。
而其參究佛禪則主要是自京城返鄉之後。故上文中陳亮認爲張橫浦「晚從楊
龜山學」，似並不確切。但他對張氏著述廣泛流傳之描述，卻大體可信。此也
可從朱子的相關論說中得到佐證：

> 洪適在會稽，盡取張子韶經解板行。此禍甚酷，不在洪水夷狄猛獸
> 之下，令人寒心。人微學淺，又未有以過之。惟益思自勉，更求朋
> 友之助。庶有以追蹤聖徒，稍爲後人指出邪徑，俾不至全然陷溺。
> 〔註112〕

考張橫浦著述「經解板行」時，朱子年歲已五十左右，其學界大師的地位已
基本確立，此時尚自稱「人微學淺」，雖有自謙之意，仍使人從側面想見橫浦
人格及學說對當時儒林的重大影響。他在寫給呂祖謙的信中也論及此事說：
「不量輕弱而極力排之，雖以得罪於當世而不敢辭也。」〔註113〕筆者以爲，
在橫浦學風行草偃般的流佈中，倘謂像楊庭顯這樣的心學追慕者不受其影
響，是難以令人置信的。更重要的是，從具體義理看，慈湖父子的一些心學
「話頭」（如「以覺訓仁」等），明顯近於橫浦而遠於象山。關於這一點，後
文相關章節多有論及。

（三）橫浦是宋儒援禪入儒之典範，更爲儒家心學的主要奠基者之一，瞭解其學說對研究象山、慈湖心學有重大參考價值

如前所述，在儒學衰微、佛老泛濫的大背景下，深入吸收佛老智慧尤其
是禪宗的心性修養工夫，「入室操戈」、「修本以勝之」，重建孔孟儒學的道統
和內聖之學，漸次成爲一些儒者的共識。然而，在「援禪入儒」問題上，不
同儒者的自覺程度有較大差異，最終亦不乏有雜入禪去者（如游酢、楊時），
其理論貢獻自然也有高低之分。在對橫浦、象山與慈湖著述的研讀比較中，
筆者有一種越來越強烈的印象：與現今大多思想史的論說不同，橫浦不僅是

〔註111〕陳亮：《龍川集》卷十九。清宗廷輔校刻本。
〔註112〕《晦庵集》卷四十二，《答石子重》。
〔註113〕《晦庵集》卷三十三，《答呂伯恭》。

有實質性貢獻的陸王心學先驅，而且是宋明心學的眞正奠基者之一。無論象山、慈湖乃至後來的陽明等心學家是否承認其心學貢獻，都無礙於其在心學開創史中的特殊地位。

　　橫浦一生曾多次參訪禪門高僧大德，僅據《嘉泰普燈錄》記載，他參訪的高僧就有如寶印楚明、善權清、法印　、壽聖惟尙和大慧宗杲〔註 114〕。其中，他與禪宗楊歧派大慧宗杲禪師的交遊尤爲世人所熱議，其禪學造詣也屢獲大慧宗杲的贊許，以致有禪家著述將其列爲宗杲弟子者。對於本人的參禪悟道及其與佛禪中人的交往，橫浦個人的看法是：「佛氏之法，陰有助於吾教甚深，特未可遽薄之。吾與杲和尙遊，以其議論超絕可喜故也。」〔註 115〕針對俗傳「儒治世、佛治心」一類的說法，他歎息道：「所謂高明者，拱手歸於釋氏。」〔註 116〕顯而易見，正如契嵩等禪僧認爲佛學有助於深入闡明儒學心性之學一樣，橫浦也認爲佛理有極爲高明睿智的一面，可補救儒學之不足。他之所以窮究禪學，便是要積極吸收佛禪智慧，自覺地充實完善儒家的心性之學。據佛門《嘉泰普燈錄》載：「侍郎無垢居士張九成，未第時，因客談楊文公、呂微仲等名儒，所造精妙，皆由禪學而至也，於是心慕之。」〔註 117〕楊文公即楊億，呂微仲即呂大防，皆爲北宋的名臣。

　　或許正由於橫浦與一些禪門耆宿過從甚密，又毫不避諱地「以禪釋儒」，使一些嚴守儒釋之辨的學者大爲不滿而排斥之。在以「陽儒陰釋」批評橫浦的學者中，以理學的集大成者朱子爲代表。須特別強調的是，朱子所以抨擊橫浦爲禪，與他早年的一段讀書經歷而形成的先入之見密切相關。筆者以爲，這是橫浦之學無法盛行，以致其學術地位不如象山，乃至不如慈湖的重大原因之一。朱子說：

> 少時喜讀禪學文字，見杲老與張侍郎書云：左右既得此把柄入手，便可改頭換面，卻用儒家言語說向士大夫，接引後來學者（自注云：其大意如此，今不盡記其語矣。）後見張公經解文字一用此策，但其遮藏不密，漏露處多，故讀之者一見便知其所自來，難以純自託於儒者。〔註 118〕

〔註 114〕《嘉泰普燈錄》卷二十三《侍郎張九成居士》中記錄其參訪禪宗人物有：。

〔註 115〕《宋元學案》卷四十《橫浦學案》。

〔註 116〕《橫浦集》卷十八，《上李泰發參政書》。

〔註 117〕雷庵正受編：《嘉泰普燈錄》卷二十三。據日本《卍新纂續藏經》版本。

〔註 118〕《晦庵集》卷六十三《答孫敬甫》。

這段記憶，大概在朱子對橫浦心學的定位問題上舉足輕重——他後來認定橫浦是打入儒學陣營內部的「危險分子」，進而將其學說定位為「陽儒陰釋」，恐皆與此成見關係甚大。這一看法（包括這一涉及「儒釋之爭」的敏感性文字），挾朱子於理學中的盛名德威，成為朱門學者攻擊橫浦、象山、慈湖為禪的一條「莫須有」證據，在宋明思想史特別是理學、心學之儒門內爭中留下了不小的影響。筆者的私見是，象山、慈湖之所以在其著述中不提及橫浦，或許與後來朱子學派及其他學派的輿論壓力有關。事實上，大概在象山未認識朱子時（即「鵝湖之會」前），學界已有很多人認為陸氏兄弟是橫浦的繼承者，故朱子才有「陸子壽聞其名甚久，恨未識之。子澄云其議論頗宗無垢（橫浦），不知今竟如何也」〔註119〕之類的說法。儘管橫浦對禪家的交遊本身並無礙於其學的本相，但在儒禪關係辨劍拔弩張之際，似這般大張旗鼓地與禪家交遊，是極容易引起無謂爭議的。儘管象山、慈湖二者遠不如朱子等人那樣攻擊佛老二氏，但他們既然以儒學自立，就不能不在一定程度上與橫浦劃清界限。據象山語錄，象山晚年把講學之地命名為「精舍」（此大概受到慈湖的質疑），還要專門與慈湖辨明「精舍」二字非為禪家所專有。此看似細枝末節的瑣事，卻折射出陸門師弟在「天下皆以先生之學是禪學」的輿論壓力下是如何地慎言慎行。

以筆者看來，即便朱子的記憶屬實，即大慧宗杲的確對橫浦有過這一建議，但上述言論充其量也只能表明宗杲的意見，而橫浦是否接受此建議，本身也大有問題的。須知橫浦生於世代業儒之家，更有重振儒學的抱負，倘謂其以佛理來闡發儒學，此自是無可否認的事實；但如認為他的真實身份為佛禪信徒，卻別有用心地打著儒學的名號以張揚佛家之教理（即朱子所謂「改頭換面」），則未免過於穿鑿附會了。黃宗羲在《宋元學案》中，也專門為橫浦辯誣。

> 橫浦雖得力於宗門，然清苦誠篤，所守不移，亦未嘗諱言其非禪也。
> 若改頭換面，便是自欺欺人，並亦失卻宗門眼目也〔註120〕。

事實上，橫浦本人雖對禪學的高明面有著深入領悟和同情理解，但對佛禪的不足也是有著不少批評的。如：

> 君子謹其獨也。禮在於是，喜怒哀樂未發之時也，易所謂敬以直內

〔註119〕《晦庵集》卷三十三《答呂伯恭》。
〔註120〕《宋元學案》，卷四十，《橫浦學案》。

也，孟子所謂盡心知其性也，有得於此未可已也。釋氏疑近之，然止於此而不進。〔註121〕

（釋氏）其乍脫人欲之營營，而入天理之大。其樂無涯，遂認廓然無物者爲極致，是故……滅五常、絕三綱，有孤高之絕體，無敷榮之大用，此其所以得罪於聖人也。〔註122〕

認爲佛禪「有孤高之絕體，無敷榮之大用」，此不能不說是極其嚴厲的批評。至少從現存文獻看（如其佚失著作中，有更多的「入禪」文字，自當另爲別論），橫浦數得上是對孟子心性思想發揮最爲中正的宋明心學家之一。即就「雜禪」而言，橫浦也幾乎是最輕最少的。比如，我們在讀象山文集時，多少總能發現一些禪學的痕跡和風味，除本文後面將要詳細論說的慈湖與象山的「扇訟之喻」外，另如象山稱其弟子詹阜民一日下樓時「心中澄瑩」爲「此理已顯」，其兄梭山稱其「遇事逐物皆有省悟發。嘗聞鼓聲振動窗櫺，亦豁然有覺」〔註123〕等等，都與禪宗覺悟表徵頗爲吻合〔註124〕。此類現象在橫浦著述中則蹤影難覓。橫浦著作中雖多有涉及儒、釋義理的文字，但儒自儒、禪自禪，分說得坦然明白。另外，從他對儒學「本心」的描述詞彙看，諸如「寂然」之類的字眼也極罕見，只是說禪家之心乃「清淨寂滅」。陳亮曾認爲橫浦晚年「能悟其（龜山）非」，或許也可間接傳遞出另一信息：即橫浦對楊時晚年溺禪也是有所不滿的。象山與橫浦在繼承孟子這一點上，其心學思想大同小異。就各自特色看，橫浦心學的感染力、警策性似稍遜於象山，但其說理議論卻較象山更爲透徹精當。然而，由於思想史長期的積非成是，橫浦在心學發展史中的地位似一直未得到應有的肯定。今人高明如徐復觀先生，也仍以爲橫浦之學不足觀。他在《象山學述》一文中評論說：

《象山集》中絕未提及橫浦，橫浦思想之中核，爲承上蔡之後，以覺訓仁，餘率多泛語，除了重視心一點而外，與象山之精神面貌並不相似，此讀兩家學案時所最易辨認者。象山雖不喜程伊川，但他

〔註121〕《橫浦集》卷五，《少儀論》。

〔註122〕《橫浦集》卷五，《四端論》。

〔註123〕《陸九淵集》卷三十六《年譜》，482頁。

〔註124〕牟宗三先生在《從陸象山到劉蕺山》一書中，多次強調象山學「完全」是孟子學。筆者認爲，這一論斷未免絕對化。如果從義理本質上論，此言大體不錯。但從心學的構架和思維特徵看，象山學已有從孟子學向禪宗過渡的走向。關於這一點，請參閱本書「心本論」一節。

> 承認「伊洛諸公得千載不傳之學，但草創未爲光明」（《語錄》）。並
> 且他對程明道則略無間然。明道謂學者當先體仁，不須防檢、不須
> 窮索，其與象山思想之相貼切，更遠在橫浦之上。〔註125〕

從徐先生對象山極爲宗仰的態度看，他認爲橫浦與象山精神面貌不相似，又認爲除「以覺訓仁」外，「率多泛語」，顯然對橫浦心學的思想價值評價很低。事實上，如我們不以《宋元學案》記錄內容爲限，將閱讀觸角擴延至整個橫浦文集，便發現徐先生對橫浦的評判站不住腳。象山之學多處均極似橫浦，象山顯然與橫浦近而與明道、龜山遠，而與慈湖尤遠（詳見下文分解）。

　　今日學界，大抵都將慈湖心學視爲是對孟子心學，特別是對象山心學的繼承與發展，雖偶或指出三家心學思想的一些不同，但並未指出彼此間的實質性區別究竟何在。事實上，在上述三人中，慈湖心學距離孟子儒學是最遠的。進而言之，如果說橫浦學和象山學尚算得上是在特殊歷史時空中對孟子的創造性詮釋，而慈湖心學則未免詮釋過當，以致在很大程度上偏離了孟子學的特質而雜入禪去。這一點，我們將在後文中加以論述。

　　學術反對無稽之談，但合理的推測卻能爲後來研究者提供某種有益的借鑒。作爲援禪入儒的一大重鎮，橫浦學與象山學、慈湖學及後之陽明學關係極大。當然，肯認橫浦對楊氏父子影響的可能性，並非生硬地爲他們增設一位心學老師。據筆者之孤陋，今人研究慈湖心學，尚沒有人從橫浦對慈湖的影響作爲切入點的。本書既然擬從思想史的角度考索慈湖心學的前世今生，便不能不將橫浦心學作爲一重要線索來對待。在下文，筆者將從「本體」與「工夫」兩方面，對橫浦心學思想略加歸納梳理，作爲辨別慈湖心學特質的參照糸之一。

二、橫浦學的主要內容及特色——以孟子、象山、慈湖心學爲參照

　　橫浦著述，流傳至今者已不多，難以窺其思想全貌。臺灣學者鄧克銘先生著《張九成思想之研究》一書，對橫浦思想有較平實的論述，對橫浦與大慧宗杲禪師之交遊，以及朱子之批評都有較具體的展開〔註126〕。與鄧先生的

〔註125〕徐復觀：《象山學述》，見氏著《中國思想史論集》，上海，上海書店，2004年版，第2頁。

〔註126〕另，王偉民先生撰有《張橫浦的心學思想述論》一文，論述橫浦心學亦可謂

研究重心不同，下文是以孟子、象山、慈湖心學爲參照，凸顯橫浦在宋明心學建設中「援禪入儒」的實績〔註 127〕。

（一）橫浦的心本論

以筆者愚見，宋明心學最大的特色之一，是將傳統儒學的「天本體」轉換爲「心本體」。此轉換經過了一個曲折而複雜的嬗變過程（詳見第四章第一節）。在象山之前，儒家眞正將「心」置於「本體」地位，且留下重大影響者，當首推橫浦。

1. 論心之主宰性、能動性、永恒性（超越性）

心學的心本論，一般來說並不從絕對意義上否認外在客觀性的天地萬物之存在，但卻特別強調心的主宰性、統攝性、能動性和超越性。這一點，在橫浦心學中可謂大體已具：

> 天下萬事皆自心中來……論其大體，則天地陰陽皆自此範圍而變理。論其大用，則造化之功、幽眇之巧，皆自此而運動。〔註 128〕

孟子本有「萬物皆備於我」的說法，但他對天地萬物如何「備於我」卻語焉不詳。橫浦則肯定了心具有「範圍天地，發育萬物」之理，並有推動造化的功能。這分明是將孟子思想中人能夠「參天地之化育」的功能進一步內縮爲「心」的功能，「心」在天地宇宙中的主體地位也因此變得更爲鮮明。如果說在孟子那裏，「性」與「天」合一；而在橫浦看來，「心」與「天」合一，人是經由「心」與天地造化相感相應的：

> 夫天人一心，本無彼此。自是學之不精，不能盡識，流蕩人欲。故此心不見爾。惟學問之深者，人欲不行；驚憂之迫者，人欲暫散，故此心發見焉。此心既見，則天理在我耳。欲代武王，欲天反風，惟吾所造如何耳。周公作冊，而武王疾瘳，此學問之深者也。成王出郊，而天乃雨反風，此驚憂之迫者也。所以皆足以動造化焉。造化何在？吾心而已矣。吾心如此其大，而或者以人欲而狹之，殊可悲也。孟子深識此理，故曰「盡其心者，知其性也；知其性，則知

簡明扼要。該文載《浙江學刊》1994 年第 6 期。

〔註 127〕按，劉玉敏女士《心學的肇始——張九成的哲學邏輯結構》（《孔子研究》2010 第 2 期）一文，認定心學創立於張九成。劉女士此見，正與吾同。唯在義理細節及重心方面，則與拙文本節出入甚多。

〔註 128〕張九成：《孟子傳》卷二七。四部叢刊三編景宋本。

天矣。存其心，養其性，所以事天也。」夫知天在盡心，而事天在
存心，則人之於心其可不謹乎？此余所以表而出之。〔註129〕

上文是說，常人之心與聖人之心本無不同，只因「學問」修養不夠精深，無
法察識、存養「天理」，以致流於「人欲」而不自知。武王、周公等大賢所
以能運籌造化，是他們學問淵深而「天理在我「的緣故。在上段文字中，橫
浦認爲心之發用，可以感天動地、造化風雨，具有影響自然的神奇效驗，故
不免帶有某種天人感應色彩。事實上，這種天人相互感應而合一的思想，脫
胎於上古時期的巫史文化傳統。《易傳》以「與天地合其德，與日月合其明」
等語描述「大人」境界，亦淵源於此。只不過在先秦儒學中，該境界的擁有
者只是「聖人」或「大人」，而橫浦則將「聖人」內縮爲「聖人之心」，並進
而推廣到平常人之「心」。這不妨看作是對孟子「可以與天地參」、「盡心知
性」的一種補充。孟子和橫浦所論之「心」，都有一個最根本的特徵，即心
是一種道德性的創生主體：它可以憑藉道德情感和道德理性的力量與天地的
生生之德發生感應，產生並造化萬物的神奇作用（「參天地之化育」）。由於
此心在常人這裏並不彰顯，只具有「惻隱」、「羞惡」等善端而已，故二者都
強調要擴充、存養人之本心，以達到與天合德的聖人之境。在後文中，我們
將發現，因慈湖過於強調「本心」的「虛明無體」，結果使道德創生的意味極
淡，而內向觀照的色彩特重。如慈湖曾說：「天地，我之天地，變化，我之
變化。……天者，吾性中之象，地者，吾性中之形，故曰在天成象，在地成
形，皆我之所謂也。」〔註130〕「心」主體性益發強化，「天」的客觀性卻大
大減弱了，以致有佛禪「心法起滅天地」的意味。在陽明及其後學中，也多
少有此傾向〔註131〕。

〔註129〕張九成：《橫浦集》卷九，《金縢論》，宋刻本。

〔註130〕《慈湖遺書》卷七《家記一・己易》。

〔註131〕如陽明在《傳習錄下》中說：「我的靈明便是天地鬼神的主宰，天沒有我的靈
明，誰去仰他高？地沒有我的靈明，誰去俯他深？鬼神沒有我的靈明，誰去
辨他吉凶災祥？天地鬼神萬物離卻我的靈明，便沒有天地鬼神萬物了。」應
該說，陽明對本心（「良知」）的論說，比慈湖圓融通透得多，但總因對本心
過於肯認，而給人「務內遺外」感。故現代新儒家熊十力先生對此也屢有批
評。他說：「陽明雖發見良知眞體，而禪與老虛寂意思究過重，吾《新論》談
本體，雖申陽明之旨，而融虛寂於生化剛健之中。矯老釋之偏，救陽明之失。」
——見氏著《讀經示要》，北京，中國人民大學出版社，2009 年版，第 196
頁。

在孟子那裏，對作為道德主體的人而言，「心」只是「性」的發用，其形上本體是「性」（仁義禮智等道德理性）而不是「心」（惻隱、羞惡等道德情感和倫理意識）。孟子曾以「孺子入井」生「惻隱」的普遍心理來論證本心的普遍超越性，但就常人而言，「本心」仍然會失去的。借用佛教的詞彙說，「惻隱」等道德情感之心是「生滅法」而非「究竟法」，故尚不具備本體之地位。與孟子相比，橫浦顯然更強化了「心」的本體性和永恒性。他說：「千聖雖往，此心元不去；萬變雖經，此心自有餘。」〔註132〕這是在說，聖人們雖然辭世了，但他們所擁有過的、具有普遍性的精神境界，仍會在後人的心靈世界中呈現。象山「東聖西聖，心同理同」（按，此類說法在佛籍中出現更早，象山只是援用而已）、「墟墓興哀宗廟欽，斯人千古不磨心」等語，顯然與橫浦之言並無二致。應該說，他們所強調的「此心」，是一種廣義的「心」，是歷代聖賢都大致體驗到的一種生命能力和境界。這一看法，慈湖無疑也是肯定的，但他在此方面卻走得更遠，強調此心「無古今，無晝夜，無生死」，不僅聖人如此，凡夫也如此，乃至強調人死之後，此心仍存。這就又使得個體之「心」也具有了永恒性，有種靈魂不滅的意味，轉與佛教本心之「不生不滅」等論說難分軒輊（詳見第四章第二節）。

2. 論心與理、禮之關係

在心學發軔者程顥那裏，就有「心是理，理是心」之類的說法〔註133〕（如僅從字面看，禪家此類說法更多更早），象山更以「心即理」為其學問的宗要。但「理」究竟是主觀性還是客觀性的，「心」到底在何種意義上即是「理」，二者關係如何，無論是程顥和象山，都採取「非分解說」（牟宗三先生所用詞語，指一種訴諸心理的直覺體驗而非概念邏輯的言說方式），說得並不清晰。橫浦則從對「格物致知」的解釋出發，分析得更為透闢：

> 所謂格物者，窮理之謂也。一念之微、萬事之眾、萬物之多，皆理也。惟深造者，自天下之本溯流沿葉，進進不已，而造極於格物。是故於一念之微，一事之間，一物之上，無不原其始而究其終；察其微而驗其著，通其一而行其萬，則又收萬以歸一，又旋著以觀微，又考終而要始。往來不窮，運用不已，此深造之學也。夫如是，則心即理，理即心，內而一念，外而萬事，微而萬物，皆會歸在此，

〔註132〕《橫浦集》卷十七，《海昌童兒塔記》。
〔註133〕《二程遺書》卷十三。

出入在此。〔註134〕

從這一文本可見，橫浦「格物窮理」的內容是包羅萬象的，既可以是人心的一念之微，也可以是萬物、萬事之統緒、規律。進一步說，格物窮理就是要審察心內、心外的一切事物的現象與本質，最終使得天下之理攝歸於一心。即此而論，橫浦與伊川、朱子的格物之說並無本質性不同。與朱子一樣，橫浦單言「理」字時，多是普泛地說，此「理」既包括各類具體的道德倫理，又包括其他各類自然、人生的知識。而「天理」二字聯用時，則主要指人的道德理性，如謂：「舜無私欲，惟天理而已矣。天理者，仁義也。」〔註135〕「仁義豈它物哉，吾心而已矣」〔註136〕。達到仁義充塞胸臆的狀態，也就是「天理」的在場狀態。這種以仁義爲內核的「天理」是人心中的道德理性，遇事便會自然而然地顯發出來：

> 天理決然遇事而發，欲罷不能也。若夫釋老之學，豈知此耶？彼已視世間如夢幻，一彭殤爲齊物，孺子生死何以介其心哉！是未知天理之運用也。〔註137〕

上文「天理決然遇事而發，欲罷不能」，顯然是對孟子之「由仁義行非行仁義」的正確解釋。我們說，儒家之道所依賴的根本力量，正是基於對家國天下的責任感而產生的沛然莫之能禦的道德情感，此與將現世人生視爲夢幻泡影的佛禪判然迥異。讀慈湖之「先訓」，其父楊庭顯對「改過」等工夫的不可謂不真切篤行，卻總洋溢著一種近於佛禪的「持戒」、「精進」心態，少了一種對現實人生負責的勇毅力量。

在橫浦看來，求取個人的「本心」，不能止於求取「惻隱」、「羞惡」等本心當下見在，或只是一味地「盡心」，其間還有一個「發用中節」問題。如謂：「求其所謂內心，儻有得焉，勿止也。當求夫發而中節之用，使進退起居，飲食起居，不學而入於《鄉黨》之篇，則合內外之道，可與聖人論矣。」〔註138〕藉此可見，橫浦分明認爲仁義禮智之心的發用「中節」，才是聖人的境界。再看橫浦在《少儀論》一文中闡述心與禮關係一段話：

> 聖人之道，本無小大。於其中有辨之不精者，此□所以不得無說。

〔註134〕《孟子傳》卷十九。
〔註135〕《孟子傳》卷十九。
〔註136〕《橫浦集》卷十五，《孟子拾遺》。
〔註137〕《橫浦集》卷五，《四端論》。
〔註138〕《橫浦集》卷五，《少儀論》。

大矣哉！聖人之論禮也，其曰禮之以少爲貴者，以其內心也，德產之致也。精微觀天下之物，無可以稱其德者。如此則得不以少爲貴乎？故君子謹其獨也，禮在於是，則寂然不動之時也，喜怒哀樂未發之時也，易所謂敬以直內也，孟子所謂盡其心知其性也，有得於此未可已也。釋氏疑近之矣，然止於此而不進，以其乍脫人欲之營營而入天理之大，其樂無涯，遂認廓然無物者爲極致。是故以堯舜禹湯文武之功業爲塵垢，以父子君臣夫婦長幼爲贅疣，以天地日月春夏秋冬爲夢幻，離天人、絕本末，決內外，煢煢無偶，其視臣弒君、子弒父、兵革擾攘、歲時荒歉皆其門外事，枯槁索寞，無滋潤之氣。如秋冬之時，萬木凋落，離睽敗絕，無復有婆娑庇覆之狀。又烏知夫冠者五六人、童子六七人，浴乎沂、風乎舞雩詠而歸之氣象也乎？殆將滅五常、絕三綱，有孤高之絕體，無敷榮之大用，此其所以得罪於聖人也。禮之以多爲貴者，德發揚詡，萬物大理，物博如此，則得不以多爲貴乎？故君子樂其發也。禮在於是，則感而遂通之時也，發而中節之時也，易所謂義以方外也，孟子所謂存其心養其性也。自內心之貴，進而得於此，則爲堯舜禹湯文武之功業，爲父子君臣夫婦長幼朋友之大倫，爲天地日月春夏秋冬之照用。兼天人，通本末，合內外，循環往復，無有不可。譬之於木，從元生本，從本立根，從根立幹，從幹發枝，從枝敷條，從條出葉。以枝葉而觀本，元相去遠矣，然枝枝葉葉皆元氣也，有元氣而無枝葉，不足以見元氣之功；有內心無外心，則無以見禮之大用。由是而推一葉之黃、一枝之瘁、皆本根之病也。一拜之不酬，一言之不中，皆內心之不充也。昔堯舜性之，則不勉不思，內外兼得矣。湯武反之，則觸人欲而知反矣。然而其反也，有力量之淺深焉。昔顏子三月不違，其餘日月至焉，猶未如湯武之一反，而不復起也。蓋湯武之反，反於禮而已。以禮爲反，則動容周旋皆中於禮矣。皆中於禮，則一唯一諾、一起一止、一進一退、一取一捨、無不合於禮者。此其所以爲聖人也。〔註139〕

上面所引文本，橫浦對聖人「禮之以少爲貴」與「禮之以多爲貴」做了一番說明，堪稱是對孟子「堯舜，性者也；湯武，反之也。動容周旋中禮者，盛德之

〔註139〕《橫浦集》卷五《少儀論》。

至也」的正確發揮，只是比孟子的論說更爲細密圓融。在這段話中，對禪家的批評不過寥寥數語，卻能讓人心有戚戚。尤其將心與禮之關係比喻爲樹木之本末關係，更令人拍案叫絕。以筆者之陋見，檢點由「心」與「理」（禮）之關係出發，將心之全體大用說得如此清楚明白者，將橫浦置諸整個宋明儒者間，亦罕見其匹。讀此奇文，不可謂橫浦得孟子學之神髓乎？朱子謂其「泛說」無實義，將其學視爲禪學之「改頭換面」，豈不是賢者之過？徐復觀先生僅據《宋元學案》的若干摘錄而論其說「卑陋」，足見其以偏概全而已。讀象山文集，極難見此義理明白曉暢之論。而慈湖文集，則幾乎無非是對人心本自寂然、虛明，「心之精神是謂聖」，「起意則昏」、「不起意」觀念千篇一律的論說，很難讀到如此洞徹儒學幽微的章節。晚明焦竑（字弱侯，號漪園、澹園，1540～1620年）曾感歎說：「張子韶於性命極透徹，其忠孝大節尤踔絕。」〔註140〕他曾把家藏的橫浦文集刊刻於世，並爲之作序云：「以未發之中爲宗，於聖人密旨業升其堂而入於其室矣。其著作甚多，發明載籍之隱奧甚析。」〔註141〕

3. 論心與仁〔註142〕

程明道曾倡言「儒者須先識仁」。橫浦繼承並發揚了這一傳統，他說：「仁乃聖門第一語，不存養數年，而欲求決於一日之間，是以易心窺仁也。」〔註143〕他在解釋孟子「仁人心也，義人路也」一語時說：

> 夫以人心爲仁，則凡目之所以視，耳之所以聽，鼻之所以嗅，舌之所以嘗，四體之所以知?癢者皆出乎心。心即仁也。倘溯流而上，惟精惟一、惟時惟幾以究之，一旦人欲斷絕，心之正體發現，然後知仁果是人心也。……心本是仁，放之於聲色、放之於貨利，放之於驚懼間，則人欲爲主，顛倒錯亂。如日月本明，爲雲霾瞳霧所蔽，則所向皆昏暗矣。惟雲霾一斷，瞳霧四開，則本體光輝，照臨天下。〔註144〕

在象山語錄中，有諸如「目視耳聽」、「收拾精神」一類文字，多被朱子指稱爲禪家的「作用是性」。這固有朱子自身的誤解，但也與象山用語過簡而指代不明有關。據《朱子語類》：

> 象山與祖道言：「目能視、耳能聽、鼻能知香臭、口能知味、心能思、

〔註140〕焦竑：《澹園集》卷四十七，《橫浦文集序》。
〔註141〕同上。
〔註142〕按，此節可與第四章之第四節相互參看。
〔註143〕《橫浦集》卷十八，《答徐得一書》。
〔註144〕《孟子傳》第二十七。

手足能運動、如何更要甚存誠持敬？硬要將一物去治一物，須要如
此做甚？詠歸舞雩，自是吾夫子家風。」……先生（朱子）曰：「陸
子靜所學分明是禪。」〔註145〕

反觀橫浦之說，其「目視耳聽」有一個設定，即「心即是仁」的前提下，至
少象山的語言就不能看出這一點。而他認為「心之正體發現」是「人欲斷絕」
後的事情，這同象山乃至朱子都沒有本質區別。橫浦的「心即仁」，是求取存
養而「惟精惟一」之後的事情，此時人的一切思量運作都是仁心的發用。這
是對孟子「形色，天性也，唯聖人可以踐形」〔註146〕之說的一種合理性發揮。
當然，從思維模式上看，這與禪家認為「明心見性」後，人之「起行坐臥」、
「擔水劈柴」、「揚眉瞬目」等一切身心運作都無非是佛性的當下呈現具有極
大近似性。不同在於，橫浦的「本心」是「仁義禮智」心，而禪家之本心則
是「寂滅清淨」心。這段話，是橫浦以禪學智慧解釋儒學經典的一個精彩案
例。而到了慈湖，由於更強調心之本善、本虛明、本澄然、本圓覺等特性，
故要人不必再作「去欲」、「盡心」的工夫。這儘管肯認了本心的當下完滿性，
但對於一般人而言，反容易喪失學問的「把柄」，缺乏積極進取精神。關於心
與仁，橫浦分明繼承了明道、上蔡的「以覺訓仁」傳統，他說：

仁則覺，覺則神定氣閒，豈非安宅乎？不仁則昏，昏則意慮紛紛，
不得須臾寧矣。〔註147〕

今醫家以四體不覺痛癢為不仁，則覺痛癢處為仁矣。自此推之，則
孔子皆於人之不覺處提撕之。〔註148〕

仁即是覺，覺即是心。因心生覺，因覺生仁。〔註149〕

從思維結構看，這分明受了禪家「自性覺即是佛」（慧能語）義理構架之影響。
但無論如何，橫浦對儒家本心的闡述卻更加明白了。有學者指出，「以覺訓仁」
是宋代心學家一大貢獻：「上蔡和橫浦以覺釋仁，這正發孔子之未發，極有功
於儒學。也從而樹立起了心學的一個最基本的心理原則。」〔註150〕「以覺訓

〔註145〕黎靖德：《朱子語類》卷一百一十六《朱子十三‧訓門人四》。明成化九年陳
　　　　煒刻本。
〔註146〕《孟子‧盡心上》。
〔註147〕《橫浦集》卷十五。
〔註148〕《宋元學案》卷四十《橫浦學案》。
〔註149〕《宋元學案》卷四十《橫浦學案》。
〔註150〕王偉民，《張橫浦的心學思想述論》，《浙江學刊》，1994年第6期。

仁」的思想，象山文集並沒有多少展現。慈湖則更進一步，提出「知者覺之始，仁者覺之純」命題。然而，由於他將「覺」與「仁」解釋爲「澄明虛朗」的「不起意」狀態，卻又不能不與橫浦之說有所暌隔（詳見第四章第三節）。

4. 論心與「六經」之關係

對宋明理學略有所窺者，皆於象山「六經皆我注腳」、「六經注我」之論印象深刻，明儒陳白沙更有「六經皆聖人秕糠」之提法。事實上，這類提法，橫浦早著其先鞭，而義理論說較象山更爲細密，較白沙更爲中正。如謂：

> 堯舜禹湯文武周公之道，具在人心。覺則爲聖賢，惑則爲愚、不肖。
> 聖人懼其惑也，乃著之六經。〔註151〕

> 六經之書焚燒無餘，而出於人心者常在。則經非紙上語，乃人心中
> 理耳。〔註152〕

在橫浦看來，「六經」不過是聖人借助於文字著述，對禮樂文明的傳承和仁義孝悌的表彰，使之深切著明而已。長期以來，儒者陷溺於對聖賢經典的訓詁章句，以致墨守成規而皓首窮經，殊不知六經之書，乃源於人之成己成物之心，只有人心才是道德天理的真正發源地。橫浦此說，無疑將「心」的地位翻轉於「六經」之上，使人心突破了傳統教條的桎梏，具有思想解放的內驅力和判斷力。此在儒家長期以六經爲無上權威的中古時代，簡直是石破天驚。這一看法，後來逐漸成爲心學家的共識。以筆者看來，橫浦等人這一「心爲經本」的思想，也同佛禪「不立文字」、「呵佛罵祖」、「以心傳心」的教法有一定的「並流同構」的折射關係。如慧能即有「三世諸佛，十二部經，在人性中本自具有」〔註153〕一類的說法。只不過禪門打破的是對佛祖、佛經的崇拜，而儒者打破的是對「六經」乃至聖人的迷信罷了〔註154〕。與眾多注疏家僅將《春秋》視爲褒貶之書不同，橫浦認爲「《春秋》之書，乃性命之文，史外傳心之要典。」〔註155〕

> 其筆也，見聖心之所在；其削也，見聖心之所歸。學者徜於筆削之

〔註151〕《橫浦集》卷十七，《海昌童兒塔記》。

〔註152〕《宋元學案》卷四十，《橫浦學案》。

〔註153〕《壇經・般若品第二》。

〔註154〕按，後來陽明對此更有透闢的解析，如謂：「人心天理渾然，聖賢筆之書，如寫真傳神，不過示人以行狀大略，使之因此而討求其真耳，其精神意氣，言笑動止，固有所不能傳也。後世著述是又將聖人所畫摹仿謄寫，而妄自分析加增以逞技，其失真愈遠矣。」（《傳習錄》卷上）

〔註155〕《橫浦集》卷十四，《春秋講義・門人陶與謒錄》。

間，上溯聖人之心，乃知夫子雖千古而常在也。〔註156〕

那麼如何上溯聖人之心呢？橫浦認為應從《大學》的「格物」入手：

> 六經之言皆聖賢之心也。吾自格物先得聖賢之心，則六經皆吾心中
> 物耳。〔註157〕

> 倘如格物之學，則可以知聖人之心；知聖人之心，則知聖人之筆削；
> 知聖人之筆削，則雖生乎千百載之下，一讀《春秋》乃如歷鄒魯之
> 國，登洙泗之堂，親見吾夫子之威儀，親聞吾夫子之謦咳，親傳吾
> 夫子之心法。〔註158〕

觀此諸說，當知象山「六經注我」、「學苟知本，六經皆我注腳」之說其來
有自，並非他本人的孤明先發。到了慈湖，則有所謂「六經一經也，六經
一旨也」、「其文則六，其道則一」等論說，這是由於他吸收了華嚴禪之「一
多相攝」、「事理圓融」等智慧，故能夠將人心與六經之關係論說得更加圓
融無礙。

（二）論心之工夫

雖然天人一心，人心的「本來面目」是「仁」和「天理」。但就常人而言，
由於各種物欲的侵擾，天理畢竟處於一種潛藏或者被蒙蔽的狀態，不能隨時
隨事而發。在這點上，橫浦與孟子一樣，認為聖凡之不同，非「天之降才爾
殊」所致，而在於一個人能否盡其「四端」之心。他說：

> 嗚呼！人者，天地之心也。其孰無不忍人之心哉？但不忍人之心一
> 起而輒斷，此所以為愚也。若聖人者，其心常在，綿綿不絕。〔註159〕

> 至愚極陋，與聖人或相倍蓰而無算者，不能盡其才地耳。非天之降
> 才爾殊也。〔註160〕

立足於此，橫浦有著十分系統的儒學功夫論。

1. 論求其放心

「反求諸己」、「求放心」，是孟子以來有心學傾向之儒者的一貫主張，橫
浦對此自無異見：

〔註156〕《春秋講義・發題》，《橫浦集》，卷十四。
〔註157〕《孟子傳》，卷二八。
〔註158〕《橫浦集》，卷十四，《春秋講義・發題》。
〔註159〕《橫浦集》卷五，《四端論》。
〔註160〕《橫浦集》卷十五，《孟子拾遺》。

　　百事皆已餘，一心正吾本。〔註161〕

　　心，捨則亡；非有以警惕之，則不知存。〔註162〕

　　苟有志焉，何所不可，而況德乎？吾所固有者，取之不盡、酌之不
　　竭。〔註163〕

他當然也繼承了其師龜山「**體驗未發**」之所謂「道南妙決」：

　　諸君誠有意於斯道，當自喜怒哀樂未發之前，求其所謂內心。〔註164〕

儘管如此，他並不像楊庭顯那樣唯「心」是務，而是強調廣泛學習各種知識。就
這點看，他與朱子讀書窮理的「道問學」工夫並沒有多大區別。當有學者問：「己
以為是，眾以為非。己以為非，眾以為是，吾將何從？」他回答說：「學而已矣。
學則明乎善，則是非不愧於聖賢矣，否則是非皆私心耳。」〔註165〕由此可見，
橫浦雖強調本心的主體性，卻並不排斥一般意義上的學問思辨工夫。他說：

　　雖然由是四端，而不知學問不能辨識者，其心無所節。行惻隱於所
　　不當行，故有不愛其親而愛他人者；行羞惡於所不當行，故有不惡
　　小人而惡君子者。……此其所以不可不行也。〔註166〕

這與象山無疑是一致的。「求其放心」，只不過「立乎其大」，即首先在道德人
格立定腳跟，然後學習各種倫理乃至自然知識。這就引出了橫浦心學中的「格
物致知論」。

2. 論格物致知

　　在強調人人皆有良知本心固有的同時，橫浦也十分重視《大學》的「格
物致知論」。如謂：

　　學者倘未遽得聖人之心，莫若先明《大學》之道。夫《大學》之道
　　何道也？王道也。王道何在？在致知格物也。格物者，窮理之謂
　　也……倘知格物之學，則可以知聖人之心，知聖人之心，則知聖人
　　之筆削。〔註167〕

〔註161〕《橫浦集》卷二，《古詩》之《次陳一鶚韻》。
〔註162〕《橫浦集》卷十五，《孟子拾遺》。
〔註163〕《橫浦集》卷十六，《謝舉之字序》。
〔註164〕《橫浦集》卷五，《少儀論》。
〔註165〕《宋元學案》卷四十《橫浦學案》。
〔註166〕《橫浦集》卷五，《四端論》。
〔註167〕《橫浦集》卷十四，《春秋講義》。

必須明白，橫浦的格物，並不是後來陽明之「爲善去惡」的正念頭，而要窮盡具有外在客觀性限制的各種道理。這無疑是對先儒「下學」工夫的繼承。他說：

> 知學當格物，格物則能窮天下之理。則人情物態，喜怒逆順，形勢縱橫，皆不逃於所揉之理。儌而柔之，使之自得；厭而飫之，使自趨之。一旦釋然理順，怡然冰解，皆格物之效也。〔註168〕

> 格物者，窮理之謂也。天下之理無一之不窮，則幾微之生，無不極其所至矣。倘知格物之學，則可以知聖人之心。〔註169〕

> 夫學者，當以格物爲先。格物者，窮理之謂也。窮一心之理，以通天下之理，窮一事之理，以通萬事之理。〔註170〕

> 學問之道無他，求其放心而已矣。非止於務博洽，工文章也。內自琢磨，外更切磋，以求此心，心通則六經皆我心中物也。〔註171〕

可見，橫浦與伊川、朱子的格物理論相去不遠。只不過他更側重於人事之「中節」，不像程朱那樣強調讀書明理，乃至一草一木之理都要去「格」。關於如何證得聖人之心，由於象山不重「格物」，慈湖專談「毋意」，總給人以務內遺外之感；而橫浦「內自琢磨，外更切磋」的格物理論，則多了一番「窮神知化」的工夫。如慈湖論「格物」說：

> 格物之論，論吾心中事耳。吾心本無物，忽有物焉，格之可也。物格則吾心自瑩，塵去則鑒自明，滓去則水自清矣。天高地下，物生之中，十百千萬，皆吾心耳，本無物也……事物之紛紛起於念慮之動耳，思慮不動，何者非一，何者非我。……若日今日格一物，明日又格一物，窮盡萬理乃能知至，吾知其不可也。程氏自窮理有得，遂以爲必窮理而後可，不知其不可以律天下也〔註172〕。

慈湖的「格物」，顯然只是要人不起障蔽本心的「念慮」而已。至於後來的陽明，同樣在「心」上用功太多，對外向「格物」的強調不夠。以筆者愚見，橫浦「求放心」及「格物」之說，較之於程、朱、陸、王等儒學大家，在具

〔註168〕《孟子傳》卷八。
〔註169〕《橫浦集》卷十四，《春秋講義》。
〔註170〕《橫浦集》卷十七，《重建贛州州學記》。
〔註171〕《橫浦集》卷十八，《答李樗書》。
〔註172〕《慈湖遺書》卷十，《論論語上》。

體的論說方面雖各有短長，但總體上則屬於「合內外之道」，即「尊德性」與「道問學」互補並運，義理上更爲中正圓融。朱子認爲橫浦之學多爲「泛說」，斥之爲「陽儒陰釋」，乃是他先入之見作祟，始終無法正視橫浦學的緣故。

3. 論深造自得、真切篤行

眞正的儒者，不惟義理上的口頭議論，而應以眞切篤行的道德實踐爲根本。象山就曾自云在「人事物理」上作工夫，以無頭腦的「學問思辨」爲學問大忌。與象山相比，橫浦於此可謂再三致意：

> 學不貴於言語，要須力於踐履，踐履到者其味長，乃盡見聖人用處。
> 古之人所以優入聖域者，蓋自此路入也。〔註173〕
> 蓋士大夫之學必欲有用，而所謂用者，用於天下國家也。〔註174〕
> 君子疾沒世而名不稱，非好名也，惡實之不充也。何謂實？不愧屋漏，不欺暗室，以此治心修己，以此正家爲國，以此佐天子、平天下，直造聖人閫域中者，實也。若乃激揚名聲，互相提拂，以爲驚世眩俗之具，非余所聞於師者。孟子曰，其涸也，可立而待也。〔註175〕

熟悉象山文集者，都不難看出，象山與橫浦之論說，有很多極爲相似之處。至象山之世，儒學更加專注強調身心性命的受用了。慈湖本人的「深造自得」，也與此「學貴自得」的整體學風關係很大。

總而言之，援禪入儒是橫浦心學的基本特色。橫浦有著極強的主動性和自覺意識，入禪而不溺於禪，援禪而不雜於禪，是借助禪學智慧對傳統儒家心性之學大有發明之人。與前人相比，橫浦更加強調心的主宰性、完滿性，將心之主體地位凸顯出來，使儒家的「天本論」不斷弱化，「心本論」日趨成形。到了他的學生汪應辰則說：「自古名賢巨儒，讀書皆在於心；故其發揮爲事業，皆本諸是心也。……當以古聖賢心學自勉，毋以辭章之學自足。〔註176〕這一以心爲本的儒學系統，經過象山等一干人的繼承與傳揚，心學一脈便蔚然成立。慈湖正是在此學理淵源中，以自己一系列「大悟」心理體驗爲支撐，開闢出融攝佛禪的心學。

〔註173〕《橫浦集》卷十九，《題晁無咎學說》。
〔註174〕《孟子傳》卷二中。
〔註175〕《橫浦集》卷十六，《孟聲遠字序》。
〔註176〕《文定集》卷九，《桐源書院記》。清文淵閣四庫全書補配清文津閣四庫全書本。

第三章　慈湖的心學歷程及其與象山之師弟關係

　　在象山的眾多弟子中，以浙東楊慈湖聲名最著，學術成就最突出，對後世影響亦最大。黃宗羲在《宋元學案》中，將《慈湖學案》置於象山門人之首。乃至有將象山之有慈湖，譬之於朱子之有黃幹、陽明之有龍溪者〔註1〕，備言慈湖弘揚陸學之大功。吾人學術研究，似較易鑽入一誤區，即某人一旦歸於某人門下而卓然成家，便想當然地以爲此人必繼承、發揮其師說，至少亦是對其師說的合理性創發，而較少對其師弟關係本身進行審愼地探析。當前學者對慈湖思想之研究，亦頗染此病。多謂慈湖使象山學百尺竿頭、更進一步，使其「唯心論」更圓融、徹底云云。〔註2〕而對慈湖與象山之師弟關係，

〔註1〕　《四庫全書總目》（清乾隆武英殿本），卷三經部三：「簡則爲象山弟子之冠，如朱門之有黃幹，又歷官中外，政績可觀，在南宋爲名臣，尤足以籠罩一世，故至於明季其說大行。」黃宗羲《明儒學案》卷十二《浙中相傳學案二》中云：「象山之後不能無慈湖，文成之後不能無龍溪。以爲學術之盛衰，因之慈湖決象山之瀾，而先生疏河導源，於文成之學，固多所發明也」。

〔註2〕　如劉宗賢女士說：「就思想繼承關係上看，楊簡的思想並未脫離陸九淵心學發展的軌道，他從哲學理論上發展了陸九淵的本心論，又在自己的人生實踐活動中，親身體驗了陸九淵的『先立乎其大』的道德修養說。」——見氏著《陸王心學研究》，濟南，山東人民出版社，1997年版，第149頁。曾凡朝先生在其博士論文摘要中說：「以孟子心之學說爲基，楊簡接續和光大陸氏心學，以『心』立本，將『心』之範疇徹底化、圓融化，從而建立了完全意義上的心本體學說。」見氏著《楊簡易學思想研究》，山東大學博士學位論文，2006年。趙偉先生說：「楊簡不僅能繼承陸九淵的學術衣鉢，而且在許多方面更徹底，使心學有進一步發展。楊簡和陸九淵一起，對後世尤其是明代的心學產生了極其重要的影響。」——見氏著《心海禪舟：宋明心學與禪學研究》，北京，人民出版社，2008年版，第68頁。

率多沿襲舊說，獨缺乏深入的學理考察。事實上，如仔細閱讀象山、慈湖年譜等相關文獻，就不難發現，慈湖於象山學之傳揚固有大功，而象山心學對於慈湖心學之影響，實遠較人們想像爲遜。質言之，象山學對於慈湖學之形成，並不具有決定性意義。

上章對慈湖的家世，尤其是其父的言行及思想已作了較詳細的紹介。與宋代一般道學家不同，慈湖在自己的著述中，多述及自己的一些「悟道」經歷及內心體驗。他作爲一位重視深造自得的心學家，這些「悟道」經驗對其心學思想形成的影響是巨大的。在一定程度上說，慈湖的心學見地，正是得力於這類「見道」體驗上。有鑒於此，本章不擬按部就班地記述慈湖的生平事跡，而是以慈湖修學歷程中的數次大悟爲關節點，深入考察慈湖的學思路向、人格基型和生存境遇，爲進一步分析其心學的特色打下基礎。另外，因慈湖與象山在思想史中的特殊關係，本章也注重考察象山與慈湖師弟關係的來龍去脈，辨別其思想異同，並評定慈湖在象山學中的地位。〔註3〕

第一節　同象山交往之前

一、少年老成的慈湖

宋高宗紹興十一年（公元1141），即宋金議和、名將岳飛被害的那一年，楊慈湖降生於浙江鄞縣一個鄉紳家庭中〔註4〕。據其門人錢時後來所寫的《慈湖先生行狀》：

> 先生生有異稟，清夷古澹，淵乎受道之器。誕降之夕，猶居鄞，祥
> 光外燭，亙天而上。四廂望之，以爲火也，輒集眾環向。〔註5〕

古時爲顯達之人作傳，往往在主人公降生一事上神異其說，武人則雷電交加，文人則瑞雲繚繞。上文言慈湖出生時有「祥光外燭」云云，吾人自可付之一笑，不予置辯。但與生俱來的某種稟賦、氣質，確實也是一個人未來成就的先天基礎。更重要的是，慈湖有楊庭顯這樣一位澹泊古雅、恭謹謙抑而又持

〔註3〕按：本章的部分內容，曾以《陸象山與楊慈湖師弟關係辯證》爲題，刊於《現代哲學》（廣州）2010年第2期。
〔註4〕據象山《楊承奉墓碣》：「壽聖慶霈，以子簡官封庭顯承奉郎。」則庭顯乃是父以子貴。
〔註5〕《慈湖遺書》卷十八，《慈湖先生行狀》。

律精進的慈父嚴師之耳提面命，顯得少年老成，與尋常百姓家的同齡兒童極為不同：

> 入小學，便儼立若成人。書堂去巷陌隔牆一紙，凡邀遊事呼噪過門，聽若無有。朔望，例得假，群而數日以俟，走散向徵逐。先生寧靜幾門，如日常課，未嘗投足戶外。〔註6〕

男孩子大多天生頑皮好動，少兒時尤甚。慈湖早早地養成這種篤志向學、喜靜厭動、恭敬謹嚴的性格，顯然是受家學淵源長期浸潤、陶冶而成。比如，父親在家訓中諄諄教導慈湖：「文詞為學道之蠹」，「字畫雖小，亦欲端謹。閱書當與特書同。」「材藝之士，多為材藝所惑」。這自然會對慈湖的書法、詩文產生影響。慈湖在《過庭書訓》一文中說：

> 逸少（王羲之）如傾國之色，麗則麗矣，而少莊敬中正之容，君子所不道。故吾字畫惟方正古樸和平，近於隸。蓋今之楷即隸之訛，隸者篆之變。篆極善，隸庶幾，楷猶庶幾，至於草，去古遠矣，孔門之所惡。今世通行之書不用篆隸，故予為楷而似隸，庶幾乎三代莊敬中正之遺風不遂泯絕也。歐陽正矣和矣，病在於不方而媚；虞柳病與歐同而又弱；顏方正莊敬古質，善矣，所少者和爾；蔡與歐虞柳同。〔註7〕

與此相類，慈湖的一部分詩作，頗像質樸的佛偈，已經沒有多少美感和藝術性。這種現象的發生並非孤例，而與宋明道學家，尤其是心學一脈儒者的整體價值取向或焦點關切有關。很多心學家幾乎將人生的全部意義都凝縮在「見道」、「成聖」上。20世紀日本著名禪學家鈴木大拙，認為「禪悟」是一種徹底改造人格結構的身心行為，並指出禪師們追求「禪悟」的艱苦卓絕性：

> 改造的過程是帶著血和淚的。但偉大的禪師們所攀登的高峰，不可能用其他方式達到的！除非我們以整個人格的力量來爭取，否則，便永遠無法獲得禪的力量。這條路上滿布著荊棘，而攀登的地方也十分溜滑。這不是生活中的遊戲而是最嚴肅的工作；任何懶惰的人永遠不敢作這種嘗試。這確是一塊錘鍊你性格的鐵砧。〔註8〕

宋明心學家的人生目的和終極關懷，雖不同於禪家的「出生死」、「證菩提」（他

〔註6〕 《慈湖先生行狀》。

〔註7〕 《慈湖遺書》卷三，《過庭書訓》。

〔註8〕 鈴木大拙：《禪與生活》，臺北，志文出版社，1993年版，第37頁。

們儘管繞了一些曲折，但畢竟還是不會放棄「外王」事業的），但如果僅從工夫取向上看，卻不能不說與禪宗的修道方式和精神意態極為相似。與孔子「游於藝」的文藝觀有明顯不同，心學家既然要在有限的此世「證道悟真」，便不得不「收拾精神」，以至於放棄對世間各種技藝的追求。作為外圍人，我們固然可以批評心學家倘若不承認認知、審美及其他精神活動的獨立價值，必將導致對於科學、藝術發展的限制，從而間接影響儒家外王事業的開展。但心學家們堅信，常人之心與聖人之心本同，本來具有光明聖智的圓滿功德，只是為人的業力、習氣、妄念所拘，不能彰顯，正如佛家所云「不怕沒有眾生度，只怕自己不成佛」一樣，近似於佛家「明心見性」的儒家式「見道」才是實現外王事業的內在基礎。這一傾向，在楊氏父子身上尤其以一種極端化方式表現出來。明白這一點，我們才會理解，慈湖之父為了追求「不動心」的體驗，何以會終日「常拱」，何以會因為自己內心的微小「錯念」而「及於夢寐；怨艾深切，或至感泣」，慈湖又何以一生對「心之精神之謂聖」的「不起意」境界如此念茲在茲、死而後已。至少在他們的信念中，這種精進弘毅的證道之旅正是對孔子「朝聞道，夕可死矣」精神的最佳註腳，是復興儒家之道的必要方式。

　　僅從現存的文獻資料看，我們已很難考究慈湖少年讀書時的詳細情形，如是否深研佛禪著作等等。不過應該可以肯定的是，大約到了二十歲左右，慈湖善思重悟的人格基型已大致奠立。慈湖曾回憶說：「某自總角承先大夫訓迪，已知天下無他事，惟有此道而已矣。」〔註9〕「總角」是指八九歲至十三四歲的少年。慈湖說他年少時就以「求道」為念，是完全可信的。這與宋明心學家童年所受的聖賢教育有關。如象山三四歲時，便問其父「天地何所窮際」，十幾歲時讀古人對「宇宙」的解釋，便忽然醒悟曰：「原來無窮，宇宙內事乃己分內事，己分內事乃宇宙內事。」據《行狀》云：

> 既長，任幹蠱，主出入家用外，終日侍通奉公旁，二親寢已，弁燈
> 默坐。候熟寐，始揭弁占畢，或漏盡五鼓。為文清潤峻整，務明聖
> 經。不肯規時好作俗下語。〔註10〕

針對文中「默坐」的求道方式，後文還將論及。這種近乎禪定的「默坐」，實為貫穿慈湖一生的心學工夫。就日常行為看，他幾乎到了隨時「入定」的程度。觀此一點，可知慈湖所受庭教之深。

〔註 9〕《慈湖遺書》卷三，《學者請書》。
〔註10〕《慈湖先生行狀》。

> 弱冠入上庠，每試輒魁。聞耆舊言，先生入院時，但面壁坐。日將
>
> 西，眾闐闐就寸晷，乃方舒徐展卷寫，筆若波注，無一字誤。寫竟，
>
> 復袖卷舒徐，俟眾出。不以己長先人。〔註11〕

公然在考場上面壁打坐，自然是生活習慣的隨時流露。同時也透顯出這樣一個信號：即這種靜坐沉思的本領，完全不是爲了標新立異，而是讓慈湖感到眞實受用的調心靜念之方。行文至斯，或問慈湖之生活求道方式，何以對打坐靜觀如此戀棧不已，與先秦孔孟爲代表的傳統儒家何以有如此大的差異？

平心而論，宋明道學家這種靜坐求悟的進學方式，雖非佛禪的專利，但從其淵源而言，則確非傳統儒家所固有，分明與宋代濃厚的援禪入儒風氣，尤其與一些儒者的正面倡導有關〔註12〕。自宋代著名儒者來看，有「窮禪客」之稱的周敦頤自不必論（其「主靜」實際上是以靜坐爲基本工夫），據說伊川「每見人靜坐，便歎其善學」〔註13〕，朱子也鼓勵人「半日靜坐，半日讀書」〔註14〕。象山則以「學者能常閉目亦佳」〔註15〕教導弟子，他本人更是自少年時就「常自掃灑林下、宴坐終日」。〔註16〕這一靜坐體道的工夫，在後來注重「體驗未發」的龜山一脈學者中體現得更爲顯著。楊時認爲佛家的「庵摩羅識」（「清淨識」、「無垢識」），就是孟子所謂的「性善」，故而希望通過佛家的見性工夫，以追求儒家的「本心」的呈露。觀宋儒文集可知，靜坐體悟是當時儒者廣泛採用的一種修身工夫，只不過在慈湖身上表現得更加突出而已。正是這一工夫，直接促成了他太學時期的「循理齋之悟」。

二、太學「循理齋之悟」

太學時期，是「甬上四先生」訂交從遊的開始，也是慈湖心學發展的重要階段。其中，最先結交的是同鄉好友沈煥。他後來在《祭沈叔晦文》一文述及沈煥對自己的影響說：

〔註11〕《慈湖先生行狀》。

〔註12〕靜坐體道的修養方式，自然不必說爲禪家所獨有，先秦儒家如顏回者恐怕也有類似的生活風格。但若論及其靜坐法門的深細精博，即儒釋道三教言之，自以佛禪爲殊勝。關於靜坐等工夫，筆者在後文工夫部分尚有專門論說。

〔註13〕《二程外書》卷十二。

〔註14〕《朱子語類》卷一百一十六《朱子十三·訓門人四》。

〔註15〕《陸九淵集》卷三十五。

〔註16〕《象山先生行狀》。

> 某未離膝下時，知有先訓而已。出門逐逐，不聞正言，竊意世間不
> 復有朋友之義。及入太學，首見沈叔晦，始聞正論。且辱告曰：「此
> 天子學校，四方英俊所萃，正當擇賢而親，不可固閉。」簡遂從求
> 其人，遂得從其賢遊，相與切磨講肄，相救以言，相觀而善，皆吾
> 叔晦之賜。〔註17〕

沈煥對慈湖的建議，或針對慈湖之內斂自閉、深造自悟的性格而發。大概正
是沈煥等學友的規勸下，慈湖才廣交群賢，突破固步自封的心態，學問上超
越了家學的藩籬。象山之兄陸九齡即為此時所結識。二十六歲時，慈湖迎來
了另一位畢生摯友袁燮。據真德秀《西山集・袁燮行狀》：

> 乾道初，燮入太學。陸九齡為學錄。同里沈煥、楊簡、舒璘亦皆聚
> 於學，以道義相切磨。

師生間的教導傳授，朋友間的切磨道義，固然是一個人學問進步的重要途徑。
然遍觀宋明卓有成就的心學家，可知彼輩雖可由師長的教導，或因與某先聖
經典相契而成學，但他們最終的心學見地，仍多來自個人生命修行中的深造
有得。因其所悟不同，其受用的工夫法門不同，其心學風格、意趣也不盡相
同。眾所周知，明道即認為「天理」二字乃自家體貼出來，象山自謂其學是
讀《孟子》而自得之，陽明心學也與其「龍場之悟」中的心理體驗關係密切。
慈湖一生的學術，如果就儒家經典而言，無疑可以說在研究《易經》方面。
而慈湖之頗具特色的心學思想，也與他早歲讀《易》而建立的心理預設有關
（後來他著有專門研究易學的著作如《楊氏易傳》、《己易》等）。象山在《楊
承奉墓碣》中寫道：「仲子簡尤克肖，入太學，治《易》，冠諸生。」〔註18〕
可以想見，慈湖在太學的幾年中（此時尚不識象山），最擅長的學問乃在易學。
他自己也回憶說：「少讀《易大傳》，深愛『無思也，無為也，寂然不動，感
而遂通天下之故』。竊自念：學道必造此妙。」〔註19〕

　如果說慈湖心學乃因其讀《易》而深造自得的話，那麼慈湖從《易》中
悟到了什麼呢？簡言之，他從陰陽、八卦、六十四卦、天地宇宙萬事萬物的
特殊名相中抽象出「一」的概念，遂將天下萬象、萬事、萬理統統歸之於「一」，
得出「舉天地萬物萬化萬理皆一」的命題。對易學思想的獨到吸收，並以佛

〔註17〕《慈湖遺書》卷四《祭沈叔晦文》。
〔註18〕陸九淵：《楊承奉墓碣》，《陸九淵集》卷二十八，第326頁。
〔註19〕楊簡：《楊氏易傳》，卷二十總論，文淵閣四庫全書本。

禪工夫法門體驗之，是慈湖心學不同於象山心學的一個重要原因（象山主要從《孟子》文本和人情事理出發）。經過長期不懈的靜坐體悟，28歲時，他終於有了關於「萬物一體」的直觀體驗：

> 某之行年二十有八也，居太學之循理齋。時首秋，入夜，齋僕以燈至，某坐於床，思先大夫嘗有訓曰：時復反觀。某方反觀，忽覺空洞無內外、無際畔，三才、萬物、萬事、幽明、有無通爲一體，略無縫罅。疇昔意謂萬象森羅，一理貫通而已，有象與理之分，有一與萬之異，及反觀後所見，元來某心體如此廣大，天地有象有形有際畔，乃在某無際畔之中。《易》曰「範圍天地」，中庸曰「發育萬物」，灼然灼然，始信人人心量皆如此廣大。〔註20〕

這是慈湖心學歷程中的第一次著名「開悟」，在慈湖心學發展中具有重大意義。這次「開悟」，使他真切體悟到了心體的無內外、無際畔，無理象之分、內外之別，心與物一體圓融，天地人三才、萬物、萬事、幽明等通爲一體。須要注意的是，慈湖「開悟」的因由，即所謂「反觀」，是一個不見於傳統儒學典籍的工夫論詞彙。我們知道，孔子有「自訟」一語，主要是自覺以公共性的道德倫理來審判、反省自己的身心，《中庸》、《大學》文中的「慎獨」與此大體相同。孟子有「反身而誠」，也是要人從對外物的求索中內轉過來，體驗與保持個人內在的道德情感。而從各種徵兆看，慈湖「萬物一體」的心理體驗與孟子「萬物皆備於我」的心理體驗有著很大不同。孟子的萬物一體，是在對「四端」之心體認、擴充基礎上而達到的德性自足境界，這一境界的獲得，是與「盡心知性知天」、「養浩然之氣」、「集義」等道德踐履是分不開的。而慈湖經由「時復反觀」而體驗到的、泯滅了一切差別和對待的本心，並無多少道德的意味，只是凸顯了「心量」的無窮無界和主客對立的消泯。大概象山在世時，已察覺到慈湖心學的這一特點，曾云「我不說一，楊敬仲說一。」〔註21〕拋開其他因素，僅僅從慈湖的「反觀」工夫及其對本心的體驗而論，謂其近禪似非無稽之談。

　　解讀這種超越體驗，是我們深入領悟宋明心學的一把鑰匙。按照今人的理性眼光看，慈湖的「開悟」不過是經過心理控制而獲致的一種特殊感受狀態（不少學者將其稱爲「神秘體驗」）〔註22〕。在這種狀態中，體驗者感受到

〔註20〕《慈湖遺書續集》卷一，《炳講師求訓》。
〔註21〕陸九淵：《語錄下》，《陸九淵集》卷三十五，第459頁。
〔註22〕陳來先生寫有《心學傳統中的神秘主義問題》一文，對象山、陽明心學中經

了主客界限和一切差別的消失，同時伴隨著巨大的興奮、愉悅和崇高感。一般來說，這種體驗大多數從靜坐中來，需要注意力高度集中、調節呼吸和冥想等，以至排除掉一切思想、情感、欲望和對外部世界的感覺。在今天的神經心理學家中，也有人認爲這類神秘體驗不過是人在特定條件下的心理反應或錯覺，因爲經催眠術或服用藥劑後，常人即使不經過這種極端化的意識控制，也可以獲得近似的超常體驗。這類看法，自然被大多佛道修行者所鄙棄，他們認爲現代心理學家由於缺乏實際的修證，根本無法內觀到「第一義空」（「諸法實相」），只不過是在「第六意識」中打轉而已。

美國著名心理學家威廉・詹姆斯在《宗教經驗種種》一書中總結了神秘經驗有四大特徵：不可言喻的、直覺的、瞬間獲得的和受動的。這四點基本上是形式上著眼，不涉及體驗的內容及情感表現。而史泰司（Stance）對神秘主義進行了深入研究，認爲神秘經驗的基本特徵是言語道斷的、悖反的、神聖感和實在感，而根本特徵則是「合一」性〔註23〕。很顯然，慈湖的「循理齋之悟」是符合二人所描述特殊體驗的一些基本特徵的。當然，由於慈湖自小有了《易大傳》中「無思無爲，寂然不動，感而遂通」等境界的心理預設，其「證道體驗」也難免染有個人的色彩。

在先秦儒家中，孟子有「萬物皆備於我，反身而誠，樂莫大焉」之類的說法，我們承認這一說法很可能與人的境界體驗有關，但畢竟很難將其與宋明心學家的「悟境」相提並論。應該確認，慈湖這類「悟境」是伴隨著宋明

常出現的證道體驗有較爲集中的梳理。他認爲，道南一脈的「體驗未發」，是要求體驗者超越一切思維和情感，最大程度地平靜思想和情緒，使個體意識活動轉而成爲一種直覺狀態，在這種高度沉靜的修養中，把注意力集中在內心，去感受無思無情無欲的純粹心靈狀態，成功的體驗者常常會突發地獲得一種與外部世界融爲一體的渾然感受，或者純粹意識的光明呈現。陳先生指出，這種神秘主義在儒學中的建立，顯然是來自禪宗和道教的影響。理學家多從禪宗修習，從道教養生，自然注意到這種心理體驗。他認爲儒學中的神秘體驗，其基本特徵可以概括如下：（一）自我與萬物爲一體。（二）、宇宙與心靈合一，或宇宙萬物都在心中。（三）所謂「心體」（純粹意識）的呈現。（四）一切差別的消失，時間空間的超越。（五）突然的頓悟。（六）高度的興奮、愉悅，以及強烈的心靈震撼與生理反應（如通體流汗等）。這些特徵與比較宗教學家研究的各宗教中的神秘體驗基本一致。（《心學傳統中的神秘主義問題》，載《有無之境——王陽明哲學的精神》，北京，人民出版社，1991年版，第405頁。）

〔註23〕相關論說，可參閱史泰司《冥契主義與哲學》，楊儒賓譯，1998年版，臺北，正中書局。

儒家心學一派的援禪入儒而出現的。有人也許說，這類近乎禪境的特殊體驗，是所有長期如法靜坐及下過內證工夫的人都有可能證得的，這類人並不一定是佛教徒（道家的「心齋坐忘」與此近似），因此這類體驗是一種「公共精神現象」，又何必一定要貼上禪學的標籤呢？〔註24〕這種說法不無道理。但考慮到當時各教派的特徵，我們仍可以肯定地說，慈湖等心學家之所以能獲得這種「悟道」體驗，仍是由於吸收佛禪修證法門的緣故。只不過以儒立身的慈湖，在時代風氣的裏挾下，早已將「內坐反觀」等工夫法門視為儒家固有的修道方法。當然，站在佛禪內部的立場看，「四禪八定」等修行法門也是佛教與其他外道的「共法」，由此「共法」獲得的內證體驗自然也非禪家的專利；另外，在禪家看來，這種超越體驗不過修持中的一種境界而已，根本不是什麼究竟解脫，一旦執著此境，就會成為妨礙進一步修行的「魔境」。

　　事實上，象山心學對這種體驗也偶有企及，只是尚不如慈湖這般顯著而已。象山所謂「萬物森然於方寸之間，滿心而發，充塞宇宙，無非此理」，就屬於對這類特殊體驗的描述。以往吾人在分析象山的「心即理」思想時，雖多少認識到此說法是受佛禪的影響，但注意力多集中在「心」（或有「唯心」、「唯物」諸多提法）上，故將「心即理」解釋成為「心與理一」或「心包眾理」。這一理路，用來分析程朱理學的「心」、「理」關係尚不至產生大的問題，但以之分析象山、陽明心學中的某些觀念則可能有方枘圓鑿之弊。說到底，象山文本中的「理」，有時並非我們說的物理、事理，甚至也不是倫理或性理，而是近於佛禪修持中呈現的一種「理境」（佛家稱為「見地」，即一種般若智慧觀照或了知的實際狀態），即一種直覺的心理體驗〔註25〕。換句話說，象山

〔註24〕如論及慈湖的悟境時，熊十力先生的看法是：「此等境界必於靜中得之。靜則妄念伏除而本來靈覺之心呈露，謂此非道體固不得，徹乎此者，何可謂之妄？此理非禪師所獨有，儒者不見此理，非俗儒則鈍根耳。真儒皆深透此理，但其從入之功不必與禪師同，一旦澈悟心體，亦不亦此為妙境，更須達有致力處。（中略）象山禪味較重，宜朱子之不與也。禪家不離靈覺而覓心體，儒者亦何曾捨得靈覺？但不以空靈為依據，而必於倫物之交，求所謂始物之理仁或通感之理而克盡之，如朱子所云端的踐履、徹上徹下、一以貫之者，斯為盡心盡性之學。禪師之靈覺畢竟是空靈光景，吾儒之外道也。──見氏著《十力語要初續》，上海，上海書店，2007年版，第242～244頁。筆者按：熊先生認為禪家以空靈為妙境，或未盡禪家之實。

〔註25〕關於禪宗之「理」的多重義涵，詳參鄧克銘：《宋代理概念之開展》，第二章第一節《中國禪宗之「理」的概念及其與心的關係》，臺北，文津出版社，1993年版。

心學中「心即理」之「理」，是一種訴諸直觀體驗狀態的「理」（儘管這種「理」與禪家之「理」會有不同的體驗），不是客觀性的概念之理。象山語錄有這樣兩段話：

> 先生謂曰：「學者能常閉目亦佳。」某因此無事則安坐瞑目，用力操存，夜以繼日，如此者半月，一日下樓忽覺此心已復澄瑩，中立竊異之。遂見先生。先生目逆而視之曰：「此理已顯也」〔註26〕。

> 徐仲誠請教，使思《孟子》「萬物皆備於我矣，反身而誠，樂莫大焉」一章。仲誠處槐堂一月，一日問之云：「仲誠思得《孟子》如何？」仲誠答曰：「如鏡中觀花。」答云：「見得仲誠也是如此。」顧左右曰：「仲誠眞善自述。」〔註27〕

以愚見，上引文第一則，象山弟子「心已復澄瑩」後所顯之「理」，必然是體驗中的境界之理，絕非客觀知識、律則之理。在第二則引文中，徐仲誠參學《孟子》「萬物皆備於我」，出現的「鏡中觀花」之境，文中雖沒有交代他是否有「靜坐反觀」工夫，但此是不問而知的。由上兩則材料可見，象山本人對於弟子通過靜坐反觀，以體證孟子的「萬物一體」境界也是十分支持的。如果我們把眼界放大些，更不難發現，象山和慈湖心學中出現的這類「見道」體驗，在明代陽明學中更是屢見不鮮。據《傳習錄》：

> 一友靜坐有見，馳問先生。答曰：「吾昔居滁時，見諸生多務知解，口耳異同，無益於得，姑教之靜坐；一時窺見光景，頗收近效。久之漸有喜靜厭動，流入枯槁之病，或務爲玄解妙覺，動人聽聞。故邇來只說『致良知』。良知明白，隨你去靜處體悟也好。隨你去事上磨練也好，良知本體原是無動無靜的：此便是學問頭腦。我這個話頭，自滁州到今，亦較過幾番，只是『致良知』三字無病。醫經折肱，方能察人病理。」〔註28〕

由上文知，陽明弟子中也有人如慈湖一樣，因靜坐而「窺見光景」。但由於陽明意識到了靜坐體悟工夫的流弊，故能及時提醒弟子。反觀慈湖，其描述的「循理齋之悟」雖不乏個人特殊性，但無疑屬於靜坐中的一種「光景」。這裏須要強調的是，受到楊時等人「庵摩羅識即孟子性善」等觀念的影響，心學

〔註26〕《陸九淵集》卷三十五，《語錄上》。
〔註27〕同上。
〔註28〕《傳習錄》卷下。

家容易將此「光景」的出現與傳統儒家的「得道」結合起來。如慈湖自小受
父親「道一而已」等觀念的影響，多年來一直對《易大傳》「無思也，無為也，
寂然不動，感而遂通」的境界念茲在茲。因此，當經過漫長的身心修煉，一
旦獲得這種「萬物一體」的體驗，自然會在心理上產生極大的滿足感和成就
感。這種感覺的力量足以改變一個人的宇宙觀和對人生的基本態度。從慈湖
上文所謂「元來某心體如此廣大，天地有象有形有際畔，乃在某無際畔之中。
《易》曰『範圍天地』，中庸曰『發育萬物』，灼然灼然，始信人人心量皆如
此廣大」的巨大驚喜來看，他顯然將對這種「心體」證悟視為「見道」、「覺
悟」的標誌。陽明後學羅洪先（字念庵），曾敘述自己的悟道經驗，有一處與
慈湖較為近似：

> 當靜極時，恍然若覺此心中虛無物，旁通無窮，有如長空雲氣流行，
> 無有止極，有如大海魚龍變化，往古來今，渾成一片。所謂無在無
> 不在，吾之一身乃其發竅，固非形質所能限也。〔註29〕

與慈湖一樣，羅念庵也體驗到了此心的「中虛無物」，即整個宇宙渾然一體、
無內外、無動靜、無間隔，超越了時間、空間及一切差別的無限感。從慈湖
一生的修學歷程看，正是如此一系列的「大悟」，使慈湖獲得巨大的精神動力，
使性格上本來謹慎歉抑的他充滿了學問自信，敢於放膽品評古今儒家人物，
認為孔孟以來的千年中，只有邵雍、明道、象山及其父親楊庭顯四人得道（甚
至認為邵雍和明道仍然悟道有偏）。他品評弟子是否「得道」，也以是否有此
覺悟為準。當晚年的慈湖得知，有近百名弟子於靜坐體悟中「窺見光景」，便
不由得發出「吾道其亨」的欣歡。

　　宋孝宗乾道五年（公元 1169），慈湖二十九歲。舉進士，授迪功郎，主富
陽薄。富陽民多以商賈為業，而不知學，慈湖「興學養士，文風益振」。兩年
後，慈湖又有一次較大的覺悟：「某二十有八而覺，三十有一而又覺，覺此心
清明虛朗，斷斷乎無過失，過失皆起乎意。」〔註30〕在筆者看來，此次證悟
雖在具體體驗上與前者有所不同，但基本上仍屬一種「證空」的體驗。在佛
理中，「禪定」又譯為「思維修」或「靜慮」，它要求修行者摒棄各種外緣和
一切思維（表象、聯想、比較、分析、判斷、歸納等各種認知活動），使精神
返回自身（非肉身）的虛靈，從而能夠淨化心靈、啟發智慧，以進入諸法真

〔註29〕　《念庵文集・與蔣道林》。
〔註30〕　《慈湖遺書》卷二，《永嘉郡治更堂亭名記》。

相的境界。慈湖上文中所謂「過失皆起乎意」之「意」頗近於佛家所謂的「染污」、「執著」。這一點，後文中還有詳細論說，此不贅述。可以斷言，慈湖所覺悟的「清明虛朗」之心，不但不同於孟子惻隱羞惡的「四端」之心，與象山的「本心」也有較大差別。象山認爲，「墟墓興哀宗廟欽，斯人千古不磨心」〔註31〕，哀傷和欽敬等道德情感的在場狀態就是本心的狀態，又：「吾於踐履未能純一，然才自警策，便與天地相似。」〔註32〕此言更道出了本心的當下性特徵。而慈湖這種不能當下持守、數年也難得一遇的「覺」，無論在形式、內容、求取方式上，都與佛、道的清淨虛明之心頗爲近似。

慈湖的這兩次覺悟，皆發生在結識象山之前。在太學期間，慈湖曾與時爲太學學錄的象山之兄陸九齡有所交遊。然其時尙遠在朱、陸「鵝湖之會」前，陸九齡心學思想是否定型，他對慈湖心學到底有多少實質性影響，實頗難說（遑論陸九齡與其弟象山學問亦有所不同）。考察慈湖平生學問之大端，完全可以說，在師尊象山之前，慈湖的心學思想已大致定型，即主要得自父親切近禪佛禪義理的言傳身教和自己對《易》理的深造有得，而「時復反觀」所得到的、萬物一體的，頗近佛禪「自性心」的特殊體驗對他一生的思想影響尤大。

第二節　師事象山期間

一、向象山納弟子禮之因緣

慈湖的第三次覺悟才眞正與象山有關，這也是他向象山執弟子禮的緣由。乾道五年（公元 1169 年），29 歲的慈湖中進士，任富陽主簿。三年後，象山進士及第，在考官呂祖謙等人的褒揚下聲名鵲起，向他問道的學者也隨之紛至沓來（《象山年譜》有「名聲振行都」，「諸賢從遊」諸語）。時慈湖攝事臨安府中，開始同象山交遊〔註33〕。關此，象山《年譜》的記錄是：

> 先生朝夕應酬答問，學者踵至，至不得寢者餘四十日。所以自奉甚薄，而精神益強，聽其言者，興起甚眾……四明楊敬仲時主富陽簿，

〔註31〕 陸九淵：《語錄上》，《陸九淵集》卷三十四，第 427 頁。
〔註32〕 陸九淵：《年譜》，《陸九淵集》卷三十六，第 483 頁。
〔註33〕 楊簡：《慈湖遺書》卷五之《象山先生行狀》：「惟簡主富陽簿時，攝事臨安府中，始承教於先生。及反富陽，又獲從容侍誨。」

攝事臨安府中，始承教於先生。〔註34〕

此交往的具體情形已難詳，大概這次會面人數太多，缺乏單獨交往和從容問道的機緣，慈湖對象山的學問並未真正受益，故也沒有留下多少記錄。就在這年春天，象山回鄉途徑富陽，慈湖也在友人徐誼（字子宜）的勸導下再次拜謁象山〔註35〕。挽留象山半月，發本心之問，象山舉「扇訟」作答，慈湖因之大悟，遂向象山執弟子禮。慈湖《祖象山先生辭》中記述道：

> 壬辰之歲，富春之簿廨，雙明閣之下，某本心問，先生舉凌晨之扇訟是非之答，實觸某機，此四方之所知。至於即扇訟之是非，乃有澄然之清、瑩然之明，非思非爲，某實有之。無今昔之間，無須臾之離，簡易和平，變化云爲，不疾而速，不行而至，莫知其鄉，莫窮其涯，此豈惟某獨有之，舉天下之人皆有之。爲惻隱、爲羞惡、爲恭敬、爲是非，可以事親，可以事君，可以事長，可以與朋友交，可以與上、可以臨民。天以是覆而高，地以是厚而卑，日月以是臨照，四時以是變通，鬼神以是靈，萬物以是生，是雖可言而不可議，可省而不可思。〔註36〕

「本心」一詞，首出於《孟子》，主要是表詮一種對道德情感（惻隱、羞惡等）和道德理性（仁、義等）的持有、體驗狀態。本心人人固有、聖凡皆同，但如爲外物所蒙蔽引誘，轉而追求聲色貨利，此心就會失去（孟子曰「此之謂失其本心」）。因此，爲了持守這種「本心」，孟子有「求放心」、「擴充四端」、「辨志」、「養浩然之氣」等多種法門。生在儒門，慈湖本人雖有著強烈的道德意識，但早年讀《易》自得和「時復反觀」的靜坐經驗，使他對本心的領悟，主要集中在心量無限和虛明無體等方面，對孟子的「本心」並無妥帖的體驗。從慈湖的發揮看，他對象山的「本心」的把握主要在本心的「良知」、「良能」方面，即此心可以發爲「惻隱」、「羞惡」等情感體驗，亦可發爲事親、事君等道德踐履。通過對這種本心之「良知」、「良能」的領悟，慈湖將以前個人體驗的、頗近佛禪境界的本心，與自己濃重的道德意識綰接起來。但這只是象山所謂本心之「用」而非「體」。至於「天以是覆而高」等語，將

〔註34〕陸九淵：《陸九淵集》卷三十六，《年譜》，第487～488頁。
〔註35〕《慈湖遺書》卷四《奠徐子宜辭》：「嗚呼哀哉！子先我覺，導我使復親象山以學，某即從教，自是亦小覺。」按，大概慈湖再次親近象山，是因爲徐誼的勸導，從慈湖所謂「小覺」之語，當知是「扇訟之悟」。
〔註36〕《慈湖遺書》卷四，《祖象山先生辭》。

心之神妙性擴展到無以復加的地步，則非獨孟子無有，象山也無有，語句上乃源自《易傳》對「大人」境界的描述〔註37〕，心理上乃源自當時個人特殊的「見道」體悟。關於這次會晤，陸九淵《年譜》中也有記述，堪供參照：

> 楊敬仲問：如何是本心？先生曰：惻隱，仁之端也；羞惡，義之端也；辭讓，禮之端也，是非，智之端也。此即是本心。對曰：簡兒時已曉得，畢竟如何是本心？凡數問，先生終不易其說，敬仲亦未省。偶有鬻扇者訟於庭，敬仲斷其曲直訖，又問如初。先生曰：聞適來斷扇訟，是者知其是，非者知其非，此即敬仲本心。敬仲忽大覺，始北面納弟子禮。〔註38〕

象山以惻隱、羞惡等四端之心回答慈湖的本心之問，正是指點出本心的當下性，他實際上在告訴慈湖：這種持有惻隱、是非等道德意識的心理狀態就是本心的狀態，也就是本心。但慈湖先前認識的心是清明虛朗之心和萬物一體之心，這不免引起了理解的困難。最終，慈湖在象山「扇訟」之喻的指點下，悟到的也只是這種「良知」、「良能」的當下即是，而不是惻隱等道德情感的當下即是。後一層，慈湖可算是終生未能了悟。說到底，孟子與象山的本心，是以對道德意識體驗的情感心為底色，而慈湖的本心，則是以對良知、良能體驗的「認知心」為底色（按，此「認知心」近於佛禪之超越概念的直覺體悟，而與現代心理學所謂的認知不同。就此而言，後來的陽明近於慈湖而遠於孟子、象山）〔註39〕。況且，即使對象山指點的「是非之心」，慈湖也不是當即領會，而是在返回住所、默坐反觀之後。錢時在慈湖《行狀》中對此事的敘述有另一版本，可為補充：

> 文安公新第歸，來富陽，長先生二歲，素相呼以字，為交友，留半月，將別去，則念天地間無疑者，平時願一見，莫可得，遽語離乎？復留之。夜集雙明閣上，數提本心二字。因從容問曰：「何謂本心？」適平旦，嘗聽扇訟，公即揚聲答曰：且彼扇訟者，必有一是，有一非，若見得孰是孰非，即決定謂某甲是、某乙非矣，非本心而何？

〔註37〕《周易‧文言傳》：「夫大人者，與天地合其德，與日月合其明，與四時合其序，與鬼神合其吉凶。」

〔註38〕陸九淵：《年譜》，《陸九淵集》卷三十六，第488頁。

〔註39〕按，早在1950年代，徐復觀先生於《象山學述》一文中就認為朱子、陽明之「心」是在「知」上立腳，而象山之「心」在「德」上立腳，可謂慧眼獨具。詳見氏著《中國思想史論集》首篇。（上海：上海書店出版社，2004年版。）

> 先生聞之，忽覺此心澄然清明，亟問曰：止如此邪？公竦然端屬，
>
> 復揚聲曰：更何有也？先生不暇他語，即揖而歸，拱達旦，質明，
>
> 正北面而拜，終身師事焉。〔註40〕

從文義看，「數提本心二字」的必然是象山，此乃其學問的宗骨，象山動輒
以本心開示於人，是可以理解的；而慈湖對此終不能相契，此不相契實則
是自己的「清明虛朗」之心與孟子的「不忍人之心」難以引起生命的呼應。
當象山以舉扇訟之喻來論本心，慈湖雖「忽覺此心澄然清明」，但仍然不信
這是本心之所在，遂引起象山的不滿。對象山稍嚴屬的「棒喝」，慈湖一時
也難以接受，只得「即揖而歸」，後來又靜坐達旦，最終才接受象山之訓。
〔註41〕

　　促成楊、陸師弟關係的「扇訟之悟」，是宋明心學史上的著名公案之一，
爲後世談論象山、慈湖學問者津津樂道。論者多將此公案視爲慈湖師從象山
的文本學依據。事實上，這一看法不過是得其表象而已。關於這一問題，張
念誠先生在其博士論文中有精到的論說：

> 楊簡「扇訟之悟」乃「循理齋之悟」後，心靈向度持續朝「內門之路」
>
> 前行，延伸所產生的結果。就此而言，楊簡「扇訟之悟」，常人總以
>
> 爲象山「扇訟之教」爲因，楊簡「忽覺此心澄然清明」爲果，殊不知，
>
> 楊簡「扇訟之悟」所以生發，乃是客觀面上──「扇訟之教」時機因
>
> 緣上的偶然，與主觀面上──「楊簡生命內部蘊儲蓄程度近於成熟、
>
> 滿出」等條件地配合，「歪打正著」所產生的結果〔註42〕，以致楊簡
>
> 流露此種特殊的心靈感受，就連象山本人也覺得有些意外；再從楊簡
>
> 修學歷程來說，其「扇訟之悟」，生發「忽覺此心澄然清明」的感受，

〔註40〕《慈湖先生行狀》。

〔註41〕按，關於慈湖之悟，後世也有學者認爲與楊父的觸動有關，如明代袁了凡《訓
　　　　兒俗說‧敦倫第二》（明萬曆了凡雜著本）記載：「昔楊慈湖遊象山之門，未
　　　　得理契，歸而事父，一日父呼其名，恍然大悟。作詩寄象山，云忽承父命，
　　　　急趨前，不覺不知造深奧，即承歡奉養，可以了悟真詮。故灑掃應對，可以
　　　　精象入神，乃是實事」。這一說法，不見慈湖文集。但鑒於慈湖著述在元明兩
　　　　朝佚失大半，也未必純係後人杜撰。

〔註42〕對「歪打正著」一語，張先生自注云：此即現實上先要有楊簡生命內部蘊蓄
　　　　程度近於成熟滿出的「因」，再加上象山「扇訟之教」充滿生命氣場、張力的
　　　　「助緣」，始可「歪打」而「正著」，換言之，「扇訟之悟」的生發不是毫無理
　　　　序，更非一般人想要如法炮製即可簡單炮製得成的。

> 乃楊簡融佛「內門之路」前行、生命蘊蓄張力近於滿出之時，遲早都
> 可能生發、觸動的，若不生發於此象山「扇訟之教」的觸動，也可能
> 在另一個生命氣場、情境搭配得宜的時空情境下順適發生。就此而
> 言，象山、楊簡師生對「本心」意涵理解的分歧，便是兩人心學內涵
> 的實質差距，就此而言，象山、楊簡師生心學內涵有別，早在楊簡部
> 分地融佛的工夫進路上便已注定要形成的。〔註43〕

張先生的論說是令人信服的。「扇訟之悟」乃慈湖長期「靜坐反觀」之蘊蓄「滿
出」的結果，而象山頗具禪師氣魄的「棒喝」，恰恰為慈湖提供了某種氣場而
成就了這段「悟道因緣」。筆者藉此想進一步指出的是，慈湖的「扇訟之悟」，
頗像禪宗的參話頭獲得某種效驗後的心理反應。熟悉禪宗燈錄的人都知道，
自南宋初年的大慧宗杲禪師大力提倡「參話禪」以來，參話頭成為禪宗最具
代表性的法門，甚至成為禪宗的代名詞。所謂「話頭」，是在自己心頭上提一
句問話，如「念佛者是誰」、「如何是父母未生前本來面目」等，激起修道者
當下的「疑情」，使其憑藉自心的覺照力量開悟。慈湖顯然受到了禪宗這一法
門的啟發，他所參悟的分明是「如何是本心」這一話頭。由於慈湖「扇訟之
悟」與禪家之悟頗為近似，後世不乏有將其與六祖慧能聞《金剛經》而悟道
相提並論。如明代儒者耿天台（定向）就說：

> 本心之悟難言矣。《金剛》一經，眾生持誦者多矣。惟惠能一聆人誦
> 而悟無住本心。孟子『四端』之說，學者或誦習之矣，惟慈湖一聆
> 象山指，而悟是非本心。蓋惠能慈湖當一聆間，便顯微本末、內外
> 精粗，一齊洞然了徹矣。今人言本心，本心實是了徹如惠能、慈湖
> 者誰哉？〔註44〕

事實上，慈湖和慧能的「開悟」（嚴格而論，慈湖尚算不上真正「開悟」），一
般需要曠日持久的如法觀修為基礎。而一個修道者在何種情況下才能開悟，卻
是難以預計估量的。換句話說，「開悟」過程，完全是一種極偶然的非理性經
驗，無法按照固定的程序來炮製實施。相比之下，在傳統儒學中，成德之教是
建立在經驗理性的基礎上。如孔子教人，雖有「不憤不啟，不悱不發」等教法，
但這種「啟發」仍是符合理性精神的。因為傳統儒家的進學修德，並不需要以

〔註43〕 張念誠：《楊簡心、經學問題的義理考察》，（臺灣）國立中央大學中文研究所
　　　　博士論文。2003 年 5 月。第四章，第二節《楊簡「內門之路」工夫歷程之全
　　　　盤考察》。
〔註44〕 《耿天台先生文集》卷十九《雜著‧讀李卓吾與王僧若無書》。

「見性」爲前提。然而，禪家的祖師，只能告訴修習者在日用間怎樣用功參話頭，卻無法回答修行者悟道的「時節因緣」。如大慧宗杲在《答汪聖錫》一書中說：「百丈云：欲識佛性義，當觀時節因緣，時節若至，其理自彰」〔註45〕，《答曾天遊》第三書謂：「但只存心一處，無有不得底，時節因緣到來，自然築著嗑著，噴地省去耳。」〔註46〕藉此可見，與儒家的經驗理性相比，禪宗的一大困難在於無法明確說明「悟」的過程，只能是修行者自己「如人飲水，冷暖自知」。這正是禪悟的不可思議處，也是儒禪二教的一大不同。

無論如何，這次因象山而有的「本心之悟」對慈湖心學的形成有重大影響。這種影響，不是來自儒門正規的學問授受，而是來自慈湖對生命覺照能力的特殊感受。這種特定情境下的特殊覺受，使慈湖更堅信自己的先前心理預設（如《易經》之「寂然不動」、「無思無爲」等）的眞實性。象山的「觸機」之恩，慈湖在後來的一些文章中多有提及：

> 某於象山先生文安公受罔極之恩，片言頓覺，如脫桎梏，清明光大。
> 〔註47〕

> 某自弱冠，而聞先訓啓道德之端，自是靜思力索者十餘年。至三十有二，而聞象山先生之言，忽省此心之清明，神用變化，不可度思，始信此心之即道，深念人多外馳，不一反觀，一反觀，忽省此心即道，在我矣。〔註48〕

> 某積疑二十年，先生一語觸某機。某始自信其心之即道，而非有二物。〔註49〕

同時也可看出，慈湖描述的這些心理體驗，總是凸顯著心之光明、神妙的一面，不僅與孟子的「四端」之心差別明顯，與象山心學的本心也有著較大的距離。難得的是，慈湖與象山的這次會晤，驚動了慈湖的父親楊庭顯。象山對此有述：

> （楊簡）既第，主富陽簿。訪余於行都，余敬誦所聞，反復甚力。
> 余既自竭，卒不能當其意，謂皆其兒時所曉，殆腐儒無足採者。此

〔註45〕 宗杲：《大慧書》，呂有祥，吳隆升校注，鄭州，中州古籍出版社，2008年，第104頁。
〔註46〕 前揭書，第18頁。
〔註47〕 《慈湖遺書》卷四，《代李伯誠祭象山先生文》。
〔註48〕 《楊氏易傳》卷五，《履》。
〔註49〕 《慈湖先生遺書》卷二，《二陸先生祠記》。

其腹心，初不以語人，後乃爲余言如此。又一再見，始自失。久乃

自知就實據正，無復他適。自謂不逮乃翁遠甚，恨其未聞余言。後

簡自以告公，公果大然之，於是盡焚其所藏異教之書。〔註50〕

從象山一面說，他對慈湖「敬誦所聞，反復甚力」，此顯非禪師開示弟子之方。而從慈湖一方看，經由長年的內觀參悟，他逐漸具備了與禪家修道者頗爲相近的「覺悟心境」。觀上文可知，慈湖當時並沒有眞正瞭解象山之「本心」，「扇訟」也只起到「觸機」的作用。然而，由於象山之學得到慈湖之父楊庭顯的高度讚賞，以致其居然「盡焚其所藏異教之書。」該行爲本身，一定大大影響了慈湖對象山及其學說的態度。

二、慈湖與象山並世之時

慈湖雖在富陽任上有本心之悟，並向象山執弟子禮，後來也一直以陸門弟子自處，但這並不意味著他對象山學問繼承的正當性。象山雖然受禪宗影響，但在宋明新儒家中，其心學思想仍是距孟子最近者之一。他重「義利之辨」、主「立乎其大」、求「放心」、講「存養」、尚「簡易」，此正孟子內聖學說之遺教〔註51〕。其「心即理」，「發明本心」、「收拾精神、自作主宰」等思想亦爲孟子思想在時潮下的新闡發。到了慈湖這裏，則是以「不起意」爲工夫，以「心之精神」爲本體，以「無思無爲」爲發用。而由於對「本心」理解的偏差，慈湖之「意」上也與陸氏之「無意」有很大不同：他實際上是以破除「分別心」的「澄然虛明」境界爲追求目標，藉此建構了一個更爲徹底心學體系（詳見本書第四、五章）。這可從慈湖在師事象山之後的一系列覺悟中找見證明。

在慈湖、象山確定師弟之誼這年的某一秋夜，慈湖又經歷了一次特殊的「山谷夜坐之悟」。這是他記錄在案的第四次重要覺悟，版本有二：

八年秋，七月也，已而沿橄，宿山谷間，觀故書猶疑，終夜坐不能

寐，天曈曈欲曉，忽覺灑然如物脫去，乃益明。〔註52〕

某之行年二十有八也，居大學之循理齋。首秋初夜，燕坐於床。奉

〔註50〕陸九淵：《楊承奉墓碣》，《陸九淵集》卷二十八，第326頁。

〔註51〕按，關於「象山學是孟子學」，可參閱牟宗三先生《從陸象山到劉蕺山》首兩章。（上海：上海古籍出版社，2001年版。）

〔註52〕《慈湖先生行狀》。

> 先大夫之訓，俾時復反觀。某方反觀，忽覺天地內外，森羅萬象、
> 幽明變化、有無彼此，通爲一體，曰天、曰地、曰山川草木、曰彼、
> 曰此，某皆名爾。方信「範圍天地」非空言，「發育萬物」非空言，
> 惟舊習未易釋。後因承象山陸先生扇訟是非之答，而又覺某澄然清
> 明，安得有過？動乎意始有過，自此雖有改過之效，而又起此心與
> 外物爲二見。一日，因觀外書，有未解而心動，又觀而又動，愈觀
> 愈動，掩書夜寢，心愈窘，終不寐。度至丁夜，忽有如黑幕自上而
> 下，而所謂窘者掃跡絕影，流汗沾濡，泰然，旦而寤，視外物無二
> 見矣。〔註53〕

首則材料乃取自錢時爲慈湖所作的《行狀》，提供了慈湖覺悟的時間地點。後
者則是慈湖的自述，並與先前的兩次覺悟相銜接，更有助於外人瞭解其覺悟
的具體內容。慈湖先是回顧了當初的「循禮齋之悟」，悟到「天地內外，森羅
萬象……通爲一體」，從而得出心能「範圍天地」、「發育萬物」的結論。在前
文論述橫浦「本心」之主宰性時已指出，「範圍天地」等語出自《易傳》，用
以詮釋一種天人相互感通基礎上的聖人境界。在此天人合一模式中，天地萬
物皆是「實體性」的自然。而慈湖「靜坐反觀」而體悟到的「萬物一體」，則
只是一種觀想的結果，其中「天地」、「萬物」都具有「虛化性」的特徵，故
不免帶有禪家「以心法起滅天地」（張載批評佛家語）的意味。且看《壇經》
中慧能的一段話：

> 自性能含萬法是大，萬法在諸人性中。若一切人，惡之與善，盡皆
> 不取不捨，亦不染著，心如虛空，名之曰大，故曰摩訶。〔註54〕

應該說，慈湖的覺受與慧能所開示的境界大爲近似。這一結果，並不是慈湖
有意爲之，一是受佛禪風氣的長期薰染，使慈湖日益消融掉了儒禪在「心體」
上的界限；二是由於長期的禪定工夫，使他具有了近於禪家意境的覺悟體驗。
我們讀象山語錄，有時也感到受禪宗頓悟模式的痕跡，但總體上還能感受孟
子學的一些鮮明特徵。而從慈湖的諸多描寫看，其對本心的體驗與禪門的覺
悟難分難解。事實上，慈湖的這類悟道經驗，如流汗沾襟等，在佛家禪定過
程中極爲常見。明儒羅欽順（字允升，號整庵，1465～1547 年）也曾述及類
似經歷說：

〔註53〕 《慈湖遺書》卷十一，《論論語下》。
〔註54〕 《壇經‧般若品第二》，宗寶本。

> 昔官京師，逢一老僧，漫問何由成佛，渠亦漫舉禪語爲答，「佛在庭
> 前柏樹子」。意其必有所謂，爲之精思達旦，攬衣將起，則恍然而悟，
> 不覺流汗通體。既而得《證道歌》讀之，若合符節。自以爲至奇至
> 妙，天下之理莫或加焉。後官南雍，聖賢之書，未嘗一日去手，潛
> 玩久之，漸覺就實，始知前所見者，乃此心虛靈之妙，而非性之理
> 也。自此研磨體認，積數十年，用心甚苦，年垂六十，始了然有見
> 乎心性之眞，而確乎有以自信。〔註55〕

羅欽順的現身說法，爲我們解讀慈湖的「大悟」提供了一面鏡子。從慈湖以
儒者自處的身份看，他所謂「觀外書」，則可以肯定爲是在佛禪典籍（如《楞
嚴經》、《瑜伽師地論》之類的佛家典籍）。因爲唐、宋時雖有「內典」指佛經、
「外典」爲儒籍之說法，但以儒家自期的慈湖絕不會以《論語》、《易傳》等
經典爲「外書」的。

執禮象山之後，慈湖已可算學有所宗，何以還要不時參究佛典呢？以愚
見，慈湖可能是遇到了某種類似於佛禪修習中經常涉及的「退轉」問題。即
先前證悟到的「萬物一體」或「清明虛朗」的覺受境界，不僅不能在日用常
行中隨時喚醒，即使在靜坐觀想中也無法輕易獲致。更由於儒學本來缺乏「虛
明無體」的「安心」法門，以致他不得不繼續乞靈於禪家典籍。我們知道，
無論孟子還是象山，都是在「義利之辨」或「辨志」之基礎上，針對人先天
的道德意識（惻隱，羞惡等道德情感）進行過擴充、存養、保任，最終達到
一種仁義充塞於內而顯示於外的精神境界（是爲「可欲之謂善，有諸己之謂
信，充實之謂美，充實而有光輝之謂大」）；而慈湖「範圍天地，發育萬物」
等語，卻是對心之「澄然清明」和心物一體的證成。顯而易見，慈湖通過吸
納佛家之驅除「分別見」之工夫法門，將儒家活生生的道德意識和情感意識，
即情理交融的心理體驗也勘破了（詳見第五章第四節）。前面論及橫浦以禪家
智慧發揚儒學妙理，但觀其文脈義理，則可謂儒家的心性理論分辨得相當明
白。慈湖則將儒學中以道德意識爲體的「創生心」，轉換爲頗近佛禪的「覺性
心」，此正是他與孟子、橫浦和象山最顯著的不同。

34歲時，慈湖丁母憂，大悟「變化云爲之旨」，成爲其學問中的第「五」
次覺悟，茲舉相關文本兩則：

> 淳熙元年春，喪妣氏，去官，居堊室，哀毀盡禮。後營壙車廄，更覺

〔註55〕《明儒學案》，卷四十七，諸儒學案中一。

> 日用酬應未能無礙。沉思屢日，偶一事相提觸，亟起旋草廬中，始大
> 悟變化云爲之旨，縱橫交錯、萬變虛明，不動如鑒中象矣。〔註56〕
>
> 居姚氏喪，哀慟切痛，不可云喻。既久，略察曩正哀慟時，乃亦寂
> 然不動，自然不自知，方悟孔子哭顏淵而不自知，正合無思無爲之
> 妙。〔註57〕

與以往不同，這次「覺悟」的一大特色是：悟到了心體的「寂然不動」。早在孟子，就有「不動心」的說法，象山對此卻沒有發揮；但孟子所謂的「不動心」，主要是指心在外在物欲、名利引誘下而具有的定力，這種定力要經由「知言養氣」、「必有事焉」、「盡心知性」、「集義」等對本心的發明與擴充工夫中自然而然地達成。慈湖則受《易傳》「寂然不動，感而遂通」和「百姓日用而不知」等思想的影響，結合自己長年靜坐的特殊體驗，將自己在極端哀傷中的無意識現象當作心體的大發現。根據禪家的修行經驗，在大喜、大怒、大悲、大樂之時，人正常的意識之流可能被完全截斷，從而進入所謂「開悟」的狀態。慈湖在母喪中的深哀劇痛中，正是達到類似的狀態，——「偶一事相提觸」，「大悟變化云爲」之旨。與先前的「扇訟之悟」一樣，此悟道方式與傳統儒者的方式同樣有著明顯不同。因爲在孔子，是要「無終食間違仁，造次必於是，顛沛必於是」的，孟子、象山更汲汲於義利之辨，而慈湖追求的則是在無意識的情況下，人的情感、行爲、思想完全符合自己的道德本心，無思無爲而又無不中節。

　　觀上文，慈湖心學之悟中的佛禪色調已燦然透顯。那麼，我們可否將慈湖心學視爲禪學或「陽儒陰釋」呢？此又不盡然。一個最根本因素是，慈湖「本心」概念外圍的理論框架與禪學之基本精神有著根本不同。眾所周知，佛家認爲一切法都是因緣和合而成，故萬法皆空，其教法是通過證悟「眞空妙有」以破除「貪嗔癡」諸煩惱，跳出三界之「火宅」，進入「不生不滅」的涅槃之境。作爲一個儒者，從慈湖母喪時的「哀慟切痛」看，他對儒家的親情道德畢竟做了強勢肯定的。這一點，也可從他對孔子哭顏淵的津津樂道可以看出。慈湖文集中，也不見有「世間如夢」之類的話。從生命的整體意向看，他也並沒有像其父親楊庭顯一樣對「此世」持一種較負面的態度。質言之，慈湖是在「以出世方法行入世事業」，其一生的努力都是在追求一種對儒

〔註56〕《慈湖先生行狀》。
〔註57〕《楊氏易傳》卷二十總論。

家道德、情感的自然發用狀態，即如何在「無思無為」的境界中實現儒家的惻隱、羞惡等道德情感的自然流行。因此之故，無論慈湖在心學工夫或由此而來的內在覺受及外在症候如何與佛禪相近，我們都仍認為其學問旨歸上仍然是儒家本位的。至於他在工夫論等方面對佛禪智慧的過多吸收，以致反而失落了傳統儒家那種活生生的情感體驗和道德創生力量，則恐怕是他所始料未及的。此須另當別論。

宋孝宗淳熙八年，慈湖41歲，經太師史浩的推薦，慈湖以「性學通明，辭華條達，孝友之行，闔內化之，施於有政，其民心敬而愛之」任「滿都堂審察」。《行狀》對此的記載是「先生不欲，文安公（象山）書來勉之，不可。親庭有命，乃不敢違，差浙西撫幹」。據《宋史》載，陸九淵，葉適、袁燮等人俱在被薦之列。淳熙九年，朱子以「學能治己，材可及人」薦慈湖。〔註58〕在這一年，慈湖之父專門拜訪在朝中為官的象山。據《承奉墓碣殘石》：象山為國子正，承奉攜二孫至臨安，來訪，留月餘而去。又：先生為浙西帥屬，應承奉以來，與象山卜廨為鄰。從相關材料看，慈湖應該在三年中，與象山有一定交往。〔註59〕

另外，《象山集》中有《與楊敬仲》書信兩箋，未審作於何時。蓋慈湖師禮象山之後，因修行問題先後致兩函求教，故象山分別回復。茲先抄錄於下，再略加剖析。信一：

> 此心之良，戕賊至於熟爛，視聖賢幾與我異類。端的自省，誰實為之？改過遷善，固應無難，為仁由己，聖人不我欺也。直使存養至於無間，亦分內事耳。然懈怠縱弛，人之通患，舊習乘之，捷於影響。慢遊是好，傲虐是作，遊逸淫樂之戒，大禹、伯益猶進於舜；盤盂几杖之銘，成湯猶賴之；夫子七十而從心，吾曹學者省察之功，其可已乎？承喻未嘗用力，而舊習釋然，此真善用力者也。舜之孳孳，文王之翼翼，夫子言「主忠信」，又言「仁能守之」，又言「用

〔註58〕《朱子文集》之《答劉晦伯書》：浙東學者多修潔可喜，楊敬仲、孫季和皆已薦之。另黃震《黃氏日鈔》：朱子為浙東倉，有繼母接腳夫破蕩其家業，子來訴其情，朱子遂委楊敬仲。敬仲以子告母不便，朱子告之曰：「父死，妻輒棄背，與人私通而敗其家，不與根治，其父得不銜冤乎？」

〔註59〕《慈湖先生年譜》按曰：「先生與象山同在臨安者，前則乾道八年，後則象山為國子正，還敎局，居中近五年，先生亦官浙西。《遺書》有《侍象山遊西湖舟中》、《觀胥必先周元忠弈》詩，疑作於其時。」

其力於仁」，孟子言「必有事焉」，又言「勿忘」，又言「存心養性以事天」，豈無所用其力哉？此《中庸》之戒謹恐懼，而浴沂之志，曲肱陋巷之樂，不外是矣。此其用力自應不勞。若茫然而無主，泛然而無歸，則將有顛頓狼狽之患，聖賢樂地，尚安得而至乎？〔註60〕

信二：

日新之功，有可以見教者否？易簡之善，有親有功，可久可大，苟不懈怠廢放，固當日新其德，日遂和平之樂，無復艱屯之意。然怠之久，爲積習所乘，覺其非而求復，力量未宏，則未免有艱屯之意。誠知求復，則屯不久而解矣。此理勢之常，非助長者比也。頻復所以雖屬而無咎，仁者所以先難而後獲也。若於此別生疑惑，則不耘、助長之患，必居一於此矣。當和平之時，小心翼翼，繼而不絕，日日新又日新，則艱屯之意豈復論哉？顧恐力量未能至此耳。〔註61〕

由於慈湖的去信內容不得而知，這裏只能從象山的回信探討其所論問題之大概。顯而易見，兩封信都是對心學工夫的闡釋。就第一封信而言，象山大意是說，人心本良，由於「懈怠縱馳」等通患，致使「舊習」發作，從而失去本心。爲學當戒謹恐懼，精進不已。第二封信是談「日新之功」，從象山文義的針對性看，慈湖似乎對工夫過程中的有意爲之（「艱屯」之意）不太同意，而象山則認爲在開始求取本心的時候，有「艱屯」之感是正常的，這並不是「助長」，若對此反生疑惑，倒是有「不耘之弊」。此信略可反映出二人在工夫上的一些不同，與第一封信中，象山讚賞慈湖「未嘗用力而舊習釋然，是眞善用力者也」，皆透露慈湖之修養工夫有「不起意」的特點。

　　淳熙十四年，四十七歲。慈湖有《書與張元度》之書，對我們辨識象山、慈湖學問之異有一定幫助。茲具錄如下：

臨川張元度以鄉舉至禮部，持陸先生書，踵門就見。接其辭氣，已知其誠確可敬。及復見，益知其篤志於學，蓋夜則收拾精神，使之於靜。某曰，元度所自有，本自全成，何假更求？視、聽、言、動，不學而能；惻隱、羞惡、恭敬、是非，隨感輒應；不待詔告，清明在躬；廣大無際、精神四發、不疾而速、不行而至，收之拾之乃成造意，休之靜之猶是放心。學問之道無他，求其放心而已矣。吾心

〔註60〕《陸九淵集》卷五《與楊敬仲》之一。

〔註61〕《陸九淵集》卷五《與楊敬仲》之二。

本無妄，捨無妄而更求，乃成有妄。故曰：無妄之往何之矣？元度
猶自以爲未能無過。某曰：有過惡即改，元度精神何罪而收拾之。
元度既以爲然矣，告別，復求書數語以歸。某索之胸中，實無説足
以稱塞來意，辭之不獲，乃敘其略而又告之曰：元度好賢樂善，孜
孜如不及。某堅謂元度自賢自善。何所更疑。而猶待他人爲？淳熙
丁未正月二十二日書於寶蓮山官舍。〔註62〕

慈湖中舉早於象山，在任富陽主簿上就有人向他追隨問學。這時的慈湖雖歸
於象山門下，向其求道者依然絡繹不絕。張元度更以象山書信爲敲門磚，輾
轉拜學於慈湖。從元度的「收拾精神」的提法看，他可能已略契入象山「發
明本心」一路，而慈湖則覺得這一工夫還不夠徹底。象山曾說：「人心有病，
須是剝落；剝落得一番，得一番清明。」〔註63〕慈湖則認爲人心「本自全成」，
不須要「收拾」、「剝落」。象山以「求放心」爲學問心要，而慈湖則覺得「求」
本身就是起「意」，也是多餘的。從慈湖整個教導之方看，慈湖此時尚未讀《孔
叢子》「心之精神之謂聖」之語。他只能借用佛家的「眞心」、「妄心」之說來
強調本心的圓滿自足。

是年，象山登貴溪應天山講學，建精舍而居。中間曾寫信向慈湖講明「精
舍」二字來歷：「『精舍』二字出《後漢・包咸傳》，事在建武前，儒者講習之
地，用此名甚無歉也。」〔註64〕推究當時情形，大概此前慈湖曾寫信提醒象
山：「精舍」二字乃是禪家修習之地，儒者不宜以此命名自己的住所。此事雖
小，足見二人對儒釋之辨還是相當留意的。

淳熙十五年，慈湖四十八歲，父親楊庭顯病逝。應慈湖之請，象山作《楊
承奉墓碣》。翌年，慈湖講學於故鄉的碧沚書院。權臣史浩的子弟從學於慈湖
者凡七人，後以史浩之子史彌遠最爲顯貴。象山、慈湖之學盛極一時，與史
氏一族的大力提倡關係很大。光宗紹熙二年，好友沈煥辭世，慈湖致《奠辭》，
中有「簡以三十年相與相切之情，三十年相與相切之義」之語，回望太學相
識之初，感慨係之矣。紹熙三年，慈湖任樂平知縣。同年十二月，其師陸象
山卒於荊門軍，明年正月柩歸於家。慈湖撰《二陸先生祠堂記》、《祖象山辭》、
《祭象山文》。次年，又撰《象山先生行狀》。後十一年，又爲象山文集作序。

〔註62〕《慈湖遺書》卷三，《與張元度》。
〔註63〕《陸九淵集》卷三十五，《語錄下》，第458頁。
〔註64〕《陸九淵集》卷三十六，《年譜》。

第三節　象山歿後慈湖之「深造自得」

　　從慈湖問學象山，至象山辭世近二十年時間內，自免不了一些師生交往和書信往返。但慈湖每次談起象山之恩，卻總離不開自己的「扇訟之悟」一事。筆者的看法是，象山對慈湖心學思想本身是否有實質性影響頗可懷疑。自求道歷程看，慈湖自象山「觸機」而有「扇訟之悟」後的十餘年間，正是他上下求道而未得的階段。他反思這段求索歷程說：

> 學者初覺，縱心之所，無不玄妙，往往遂足，不知進學，而舊習難
> 遽消，未能念念不動，但謂此道無所復用其思爲。雖自覺有過，而
> 不用其力，虛度歲月，終未造精一之地。日用云爲自謂變化，雖動
> 而非動。正猶流水，日夜不息，不值石險，流形不露，如澄止不動，
> 而實流行。予自三十有二微覺之後，已墮斯病。後十餘年，念年邁
> 而德不加進，殊爲大害。偶得古聖遺訓，謂學道之初，繫心一致，
> 久而精純，思爲自泯。予始敢觀省，果覺微進。後又於夢中獲古聖
> 面訓，謂簡未離意象，覺而益通，縱所思爲，全體全妙。其改過也，
> 不動而自泯，泯然無際，不可以動靜言。〔註65〕

把三十二歲時因象山而有的「本心之悟」視爲「微覺」，而此後十餘年，正是他與象山並世並有學問往來之際。將這一段時期稱爲「已墮斯病」和「德不加進」的階段，此正說明象山心學並未眞正解決他修行中的困惑。我們知道，傳統儒學講究「苟日新又日新」，孔子正是在「學而時習」、「下學而上達」的日常操持中超凡入聖的。與孔子儒學具有的濃鬱下學精神不同，慈湖一生學問的焦點意識，是追求「無思無爲」、「念念不動」、「全體全妙」的「精一」之境。慈湖前番的幾次「見道」經歷，極容易讓我們聯想起禪家燈錄中頻頻出現的場景：某僧參訪或坐禪十餘年無收穫，忽而在某禪師一個話頭的當機接引下（按，當然也可以是其他匪夷所思的情景，禪家在開悟的機緣方面可謂是五花八門、不一而足）而言下大悟。推廣來說，這一「見道」方式，在宋明理學家尤其是心學家一脈中也不同程度地存在著，在陽明後學中尤爲明顯。這一點，與儒家受禪學的深刻影響而導致的進學方式轉變有關。如所周知，在孟子甚至在象山那裏，「盡心」或「發明本心」都側重於對本心的求取、發明、存養和擴充，即對人類特有的道德情感和道德理性的一種持守、體驗

〔註65〕楊簡：《家記九・泛論書》，《慈湖先生遺書》卷十五。

和實踐，這本是一種十分簡易直接的工夫。到了慈湖這裏，卻變成了為追求「開悟」、「見性」而必須進行的一次次艱難的精神跋涉。先前幾番偶致的神祕性體驗，使慈湖愈益對此類本心之悟有著近乎偏執的迷戀。然而，母喪時偶然達到的那種不思而得、不勉而中的中道境界並非可以招之則來、應用自如。究竟如何才能臻於「念念不動」的精一之境呢？

十餘年後，直到年過半百的慈湖偶然讀到《孔叢子》中「心之精神是謂聖」一語，一切困惑才瑩然冰釋。年歲稍晚於慈湖的南宋學者葉紹翁說：「慈湖楊公簡參象山學，猶未大悟，忽讀《孔叢子》至『心之精神是謂聖』一句，豁然頓解。自此酬酢門人，敘述碑記，講說經義，未嘗捨心以立說。」〔註66〕葉雖以詩人著稱，但曾師從葉適，與真德秀等人交往甚密，他的論說似較可信。依愚見，與其說慈湖受「心之精神是謂聖」一語啟發而頓悟，莫如說他從先聖那裏找到了印證自己本心之悟的經典依據〔註67〕；而其上文中所謂的「古聖」，正是儒家創始人孔子。且看他對「聖」字的詮釋：「孔子語子思曰：『心之精神是謂聖』。『聖』亦無所不通之名，人皆有是心，此心未嘗不聖，精神無體質，無際畔，無所不在，無所不通。」〔註68〕這頗有「六經注我」的意味，「聖」的境界不正是他當年一系列大悟中的心理體驗麼？

慈湖對《孔叢子》一書內容的真實性本有懷疑，獨對此語如獲至寶，深信不疑。據統計，僅在《慈湖遺書》一書中，慈湖對「心之精神是謂聖」一語反復引用多達 52 次，清《四庫全書》館臣甚至認為「《慈湖遺書》以『心之精神是謂聖』一語為道之主宰。」〔註69〕慈湖之所以對「心之精神是謂聖」一語情有獨鍾，歸根結底，是因為這一說法與他舊日深造自得的精神境界深切契合。須知，此語之「精神」，與象山「收拾精神自作主宰」之「精神」有根本不同，後者有意識主宰之意（主要指收攝身心之義），屬名詞；而前者作「清明神妙」解，屬形容詞（主要是指本心的清淨圓明，詳參第三章的相關部分）。因此，就「本心」的圓融性而言，慈湖顯然比象山更強調「本心」的

〔註66〕 葉紹翁：《心之精神是謂聖》，《四朝見聞錄》卷一甲集。清知不足齋叢書本。

〔註67〕 有意味的是，余英時先生亦指出：「照陸象山說，他是讀了《孟子》以後，心中便直接得到了儒家的義理。事實上，很可能他是先有了義理，然後才在《孟子》中得到印證罷了。」——見氏著《清代思想史的一個新解釋》，《論戴震與章學誠》，北京，三聯書店，2005 年版，第 328 頁。

〔註68〕 楊簡：《臨安府學記》，《慈湖先生遺書》卷二。

〔註69〕 見《四庫全書總目》卷九十六子部六，清乾隆武英殿刻本。

「圓覺」、「虛明無體」等特性。可以說，他是在不自覺的情形下，通過攝入禪學的某些特質（「即心即佛」、「心性本覺」等思想），而對儒家的本心思想進行了一種個人性發揮。對「心之精神是謂聖」一語的心契，標誌著慈湖心學思想的成熟和最終定格。

綜上可見，與其說慈湖心學得自象山，不如說是他在父親影響下「深造自得」的結果。同為象山弟子、甬上四先生之一的袁燮在給友人的信中說：「自象山既歿之後，而自得之學始大興於慈湖，其初雖有得於象山，而日用其力，超然獨見，而明人心，大有功於後學，不可謂自得乎？」〔註70〕袁燮此處雖忽視了慈湖在師從象山之前自身的心學基礎和對《易》理的深造自得，尤其是對禪家義理和工夫的深刻吸收，但作為慈湖平生相知最久、交情最密之學友，他顯然較他人更瞭解慈湖思想的形成歷程，故在慈湖一生學問主要得自於「自悟」這一點上，還是有著十分清醒的認識。

慶元二年，慈湖五十六歲，因支持丞相趙汝愚而被貶職，從此開始了長達十四年的家居生活（《行狀》謂「先生歸自胄監，家食者十四年」）。在這幾年中，慈湖對自己的心學專論《己易》做了一番刪定，確定了自己的「心本體」學說〔註71〕。《己易》開篇說：

> 易者己也，非有他也：以易為書，不以易為己，不可也。以易為天
> 地之變化，不以易為己之變化，不可也。天地我之天地，變化我之
> 變化，非他物也。私者裂之，私者自小也。〔註72〕

將「易」解釋為「己」，並將天地萬物之變化看作我之變化，高度肯定了心的主宰性地位。這不是過去一些學者所謂的「唯我論」或「主觀唯心主義」，而是藉助儒家經典文本，對個人覺悟境界和心學見解的一種特殊描述方式。《己易》一文後來被載入《宋元學案》，成為後世研究慈湖思想的重要文獻。此文大概作於紹熙五年，即慈湖為國子博士時。據《行狀》：

> 紹熙五年，寧宗即位之初年也。既赴監講《乾》爻，反復數千百言，

〔註70〕 袁燮：《書贈傅正夫》，《絜齋集》卷七《論雜著》，清武英殿聚珍版叢書本。
　　　　另外，關於慈湖學之淵源，明人周廣在《慈湖先生遺書》卷十八《後序》中
　　　　說：「先生之學，受之庭訓，悟之扇訟，而大有得於靜觀。體會之餘，求諸心
　　　　之精神，則曰聖在是。見孔子絕四，曰毋意則欲不起念，自謂學者捨是皆第
　　　　二義也。」他也將靜觀體會作為慈湖心學之主要成因。
〔註71〕 《慈湖先生年譜》之曾熠《己易序》：「先生宰樂平時，嘗刪訂《己易》。」
〔註72〕 《慈湖遺書》卷七《己易》。

　　發人心固有之妙，欣欣然人自慶幸。謂先聖贊《易》，後未之聞也。
　　〔註73〕

「反復數千言」正是慈湖對乾卦的解讀，「發人心固有之妙」也是《己易》的基本內容。正是在這段時期，友人舒璘曾給慈湖寫信一封，對慈湖在朝中的講學內容表示出不滿。他在《答楊國博敬仲》信中說：

　　敬仲為國子師，如何端居靜念，有治己之道，無治人之法？我若無
　　虧，隨處皆應，一或自蔽，萬語悉空。璘日來灼見此弊，不敢不免，
　　更望見教。〔註74〕

舒璘在甬上四先生中最為年長，與慈湖有姻親，故多能發常人不敢發之語。在他看來，慈湖這種「端居靜念」之學，只能滿足於一己的心性修養（「有治己之道」），不足以治理天下國家（「無治人之法」），並坦誠指出慈湖「我若無虧，隨處皆應，一或自蔽，萬語悉空」這類教法是有弊端的。舒璘的見解，牽涉到人心是否圓滿自足的問題，代表了當時學者對慈湖學說的質疑（尤其是當時朱門學者批評象山和慈湖學說的核心所在）。

　　晚年的慈湖開始大規模地注釋、講述儒家經典。五十七歲時「取曾子之書，參古本而釐正之，釋其疑義。四月序。」嘉泰元年，慈湖六十一歲，作《石魚偶記》，記述了他對儒家經典的一些義理覺悟：

　　今日清晨，忽覺子貢曰：「學不厭，知也；教不倦，仁也」，孟子曰：
　　「惻隱之心仁也；羞惡之心義也；恭敬之心，禮也；是非之心，知
　　也。」二子之言仁，異乎孔子之言仁矣。二子之言仁，蓋世俗學徒
　　之常談，實不識仁也。〔註75〕

慈湖認為子貢以「教不倦」說仁「乃求諸外，實不識仁」，認為孟子將「仁」、「義」、「禮」、「智」分裂為四，也是流俗之論。實際上，子貢以「教不倦」言仁，是從道德行為上論仁的實踐性；孟子以「惻隱」言仁，是從情感體驗上言仁的內在性。二者的解仁方法，是很符合孔子的仁學精神的。由於慈湖以近於佛禪的「覺性」言仁，故在對「仁」的解釋上，不能不與子貢、孟子大有睽違。又：

　　今日未昧爽，又忽醒：孔子之言「知者不惑，仁者不憂」，必繼之以

〔註73〕《慈湖先生行狀》。
〔註74〕舒璘：《舒文靖集》卷上《答楊國博敬仲》。清文淵閣四庫全書本。
〔註75〕楊簡：《石魚偶記》，四明叢書約園刊本。

「勇者不懼」，何也？知及之仁，能守之知，知道仁者，常覺、常清

明之謂。然而亦有常清明日用變化不動，忽臨白刃鼎鑊，猶未能寂

然不動者，此猶未可言得道之全，故必終繼之以勇者不懼。〔註76〕

從訓詁學的基本要求看，慈湖的不少著述已不屬於正常意義上的經典詮釋，

而是對自己一系列「靜觀」、「見道」體驗的訴說。此處慈湖認爲仁是「常覺、

常清明」、「寂然不動」之境，顯然與其「不起意」工夫而達致的境界是相一

致的。明儒王龍溪曾將儒者悟道分爲三種：「從言得謂之解悟，從靜得謂之證

悟，從磨練得謂之徹悟。」〔註77〕以此而論，慈湖先前幾次靜坐中的「窺見

光景」，應屬於境界上的「證悟；而對「心之精神是謂聖」一語的印契以及此

類對其他儒家經典語句的「覺」與「醒」，則是義理上的「解悟」。

　　作爲一種主觀體驗，慈湖的每一次「覺悟」自然有著具體的不同。這些

不同的背後，一定有著非常複雜的主客觀原因，我們於此似乎大可不必硬作

解人。有學者在論說慈湖修學過程中的一系列「覺悟」時，專門爲慈湖文集

中述及的覺悟編排了序號，連上文中慈湖覺悟孔子何以要在「智者不惑、仁

者不憂」二句後加上「勇者不懼」一句也視爲一次「大悟」。更有論者，斷定

慈湖的後一種覺悟必然比前一種覺悟進步，並列出種種理由。筆者以爲，這

種解讀方式或未免陷於穿鑿附會。

　　慈湖六十三歲，築室德潤湖（後更名慈湖），「館四方學者於熙光、詠春

之間而啓迪之」。大概也正是在這年撰成《先聖大訓》一書〔註78〕。六十四歲，

慈湖擬劄子二則，雖未能上奏，卻將自己積蓄多年的「不起意」思想表露無

遺。《行狀》云：

天下惟有此道而已，天以此覆，地以此載，日月以此明，四時以此

行，人以此群居乎天地之間而不亂。是故得此道則治，失此道則亂，

得此道則安，失此道則危，得此道則利，失此道則害，此萬古斷斷

不可易之理。自漢而下雜之以霸，故治日少亂日多。此心即道，惟

起乎意則失之。孔子曰「毋意」。意不可微起，況大起乎蜂起利心焉

則差，起私心焉則差，起權術心焉則差。作好焉、作惡焉，凡有所

〔註76〕同上。

〔註77〕卷十《留別霓川漫語，第 1158 頁。

〔註78〕《慈湖先生行狀》：「築室德潤湖上，始取先聖大訓間見諸雜說中者，刊僞別

誣，萃成六卷而爲解。」

不安於心焉皆差。臣願陛下即此虛明不起意之心以行，勿損勿益，
自然無所不照，賢否自辨，庶政自理，民自安自化，四夷自服，此
即三王之道，即堯舜之道。願陛下無安於漢唐規模。〔註79〕

在上文中，慈湖認為「此心即道，惟起乎意則失之」，故期盼宋帝能夠「即此
虛明不起意之心以行」，從而使得三王之道復行於今日。與慈湖不同，象山重
「心即理」，「理」除了「理境」之意外，自然還包括天地宇宙的客觀性理則
以及人心中以觀念存在的各種道德律令。慈湖則幾乎不言「心即理」，而言「心
即道」，曾云「近世學者沉溺乎義理之意說，胸中長存一理不能忘捨」。這就
避免了象山言「理」而容易陷入的是非善惡的「分別心」問題。

慈湖受禪宗「即心是佛」、「平常心是道」、「不除妄想不求真」等理論的
強烈影響，配合個人頗合禪定法旨的靜觀工夫，使他比常人對本心之「虛明」、
「圓覺」、「清淨」等特性有著更真切的體驗，以至對本心的自明自善性作了
高度肯認。這無疑是把孟子思想中先天的「性善」變成了現實的「心善」，把
世俗的「人心」看成了現實的「聖心」。另外，慈湖的「心善」與孟子的「性
善」也有本質不同，孟子的「性善」有著強烈的社會倫理品格，而慈湖的「心
善」具有更大的內在觀想性，是「能倫理」但又「超倫理的」，這分明是受了
佛家如來藏自性清淨心思想的影響（關此，詳參見本書第四章的相關內容）。
宋寧宗開禧二年，慈湖六十六歲時，也有義理上的省悟。《家記二》載：

一日，偶觀《大禹謨》，知堯以克艱稽眾，舍己從人，不虐無告，不
廢困窮，惟帝堯能是，是謂己不能也。三復斯言，不勝歎息。時簡
年六十有六，平時讀《大禹謨》，未省及此。〔註80〕

慈湖之學，到了晚年，漸有入於艱深之意。此大概同他對自己心學工夫過於
簡略的體察與反省有關。慈湖僅以「不起意」工夫教人，無疑把儒者的心學
工夫大大簡化了。這一簡化極容易墮入「狂禪」而發生「認欲作理」的後果。
然而，鑒於不同人的先天根器、性格等皆有所不同，慈湖將「不起意」工夫
視為解決一切病痛的良藥，在教法上就難免顯得過於僵化和單一。遺憾的是，
慈湖一生的學思，始終未能超越或改變這一教法的藩籬。至晚年，他繼承上
蔡、橫浦等人的「以覺訓仁」說，提出「知者覺之始，仁者覺之純」命題，
亦不過是「心之精神是謂聖」的具體發揮而已。縱觀慈湖一生的學問，大致

〔註79〕《慈湖遺書》卷十八《慈湖先生行狀》。
〔註80〕《慈湖遺書》卷八《家記二》。

沒有跳出陽明所謂「玄解妙覺」的範圍。

　　宋寧宗嘉定二年，慈湖七十歲，任國史院編修官，兼實錄院檢討官，曾有論對之機，並向皇帝正式面陳自己的心學見地與政治主張：

> 先生首奏：陛下已自信有大道乎？舜曰：「道心」，明心即道。孔子曰：「心之精神是爲聖」。孟子曰：「仁，人心也」。此心虛明無體，廣大無際，日用云爲，無非變化。故《易》曰「變化云爲」，虛明泛應，如日月之光，無思無爲，而萬物畢照。陛下已自信有此大道。又聖性澹然，無所好嗜，宜清明擧無失策，而猶有禍變云云者，臣恐意或微動，如雲氣之興，故日月之光有不照之處。舜、禹相告，猶以精一爲難，願陛下兢兢業業，無起意。不起意則自然知柔知剛、知賢知不肖，洞見治亂之機，常清、常明，可以消天災、弭禍亂。……先生曩嘗口奏陛下：「自信此心即大道乎？」上曰：「心即是道。」略無疑貳之色。問：「日用何如？」上曰：「止學定耳。」先生謂：「定無用學，但不起意，自然靜定澄明。」上曰：「日用勿起意而已。」先生贊：「至善！至善！不起意則是非、賢否自明。」此日復奏陛下：「意念不起，已覺如太虛乎？」上曰：「是如此。」問：「賢否、是非已歷歷明照否？」上言：「朕已照破。」先生曰：「如此，則天下幸甚。」〔註81〕

讀者有理由質疑慈湖弟子錢時所寫的慈湖《行狀》是否真爲當時君臣對話的實錄。然而，讀著慈湖對寧宗的諄諄教導與殷切期盼，我們在敬佩一個憂世憂民儒者「致君堯舜」的良苦用心時，卻無法掩飾一種心底的悲哀與歎息。從旁觀者的角度說，就算慈湖「不起意」心學工夫具有普適性，但「此心即道」觀念和「不起意」工夫絕不會像他說得如此簡單，這需要長期的艱苦修行才能證得——這點，從慈湖近乎殘酷的參悟過程可知。有道是「學佛乃大丈夫事，非帝王將相之所能爲」，作爲一個榮耀權位已達到人間頂峰的皇帝，即使有此時間精力，是否肯下如此艱苦的踐道工夫呢？針對一般帝王，依據因材施教的立場，孔子必然是一番「足食、足兵、足信」的現實說教；如孟子在場，必然要像他遊說梁惠王、齊宣王一樣，在國君「好色」、「好貨」、「好勇」的基礎上因利勢導，在「以羊易牛」的心態下擴充其惻隱之心。而慈湖這種「不起意」工夫，實際上與佛禪之「破對待」工夫相近，而與孟子之「求

〔註81〕《慈湖先生行狀》。

放心」爲遠。幸而有宋一代皇室有著濃厚的儒釋道三教修學傳統，寧宗皇帝對慈湖的這類說教自然有一些的義理感應，故自稱「學定」也不能說全無其事。宋史《慈湖傳》曾記錄說：「入對，答問往復，漏過八刻，上目送久之。」〔註82〕寧宗內心對慈湖之學是否眞正服膺，則誠可疑問。時當慈湖弟子史彌遠掌政，理學已經成爲宋宰的意識形態，慈湖也已是學高德昭的儒門耆宿。爲了顯示自己的虛心進學，寧宗做一下尊賢的樣子，或許也是勢所難免。至於他自己也承認「心即是道」，極可能是隨順慈湖的敷衍話，未必像表示他有眞切的證道體驗。據《四朝見聞錄》說：「慈湖爲館職，同列率多譏玩之，亦有見其誠實而不忍欺之者。」〔註83〕可見當時許多同事也對他的勸諫方式不以爲然。龔鵬程先生曾說過這樣一段話：

> 後來講理學的人，只知士德，不審民德：專講主敬存誠、克己復性、逆覺體證、本心明覺那一套，不知此僅能行於士君子之間，或僅能要求自己於愼獨之際，非可以教民理政也。對其主政者，則又不知談仁政，只知談仁心，只會講「君正孰與不正」、「格其非心」、「天下之治亂，繫乎人君之仁與不仁耳，心之非，即害於政」等等。如此論學，窮極盡至，亦僅能爲內聖成德之學，而實不免於迂闊之譏，於聖賢王道，則距之遼遠，與朱子之說，亦復大相徑庭。〔註84〕

龔先生之言，於宋儒陷於「內明」之弊，不可謂不是一針見血。當然，除了進獻自己的心學主張之外，慈湖當然也有一些總體性的政治見解，如「擇賢久任」等，但都不爲皇帝所重視。《行狀》記錄是：「所陳久未施行，遂力求去，得溫州。」

應該說，相對許多仕途坎坷的臣子，慈湖的晚景算得上完滿。他所任官職雖多屬並無眞正實權的閒職，但畢竟幾乎每兩年之內都有晉升，官銜越來越大，名望越來越尊，學術地位越來越高，門人弟子也越來越多，以至在當世有「蓍龜」之譽〔註85〕。這也是象山思想得以廣泛傳播的時代背景。據《行狀》，慈湖七十五歲時：

> 其領玉局而歸也，門人益親。遐方僻嶠，婦人孺子，亦知有所謂慈湖先生，歸然天地間，爲斯文宗主。泰山喬嶽，秋月獨明也。始傳

〔註82〕（元）脫脫《宋史》卷407《列傳》第166。清乾隆武英殿刻本。
〔註83〕轉引自《慈湖先生年譜》。
〔註84〕龔鵬程：《儒學新思》，北京，北京大學出版社，2009年版，第364頁。
〔註85〕《宋史》卷四百一十五，《傅伯成傳》：「傅伯成與楊簡爲時蓍龜」。

　　古文孝經，傳魯論而釐正其篇次。〔註86〕

寧宗嘉定十一年，慈湖七十八歲，曾有自我描述曰：

　　某行年七十有八，日夜兢兢，一無所知。曷以稱塞？欽惟舜曰：「道
　　心」，非心外復有道，道特無所不通之稱。孔子語子思曰「心之精神
　　是謂聖」，聖亦所不通之名。〔註87〕

「日夜兢兢，一無所知」，這應是慈湖晚年生活的基本風格。七十九歲時，升
直寶文閣，主管明道宮。八十一歲，除秘閣修撰，主管千秋鴻禧觀。八十二
歲，特受朝請大夫，右文殿修撰，賜紫衣金魚袋。八十三歲，進寶謨閣待制，
提舉鴻慶宮，賜金帶。八十四歲，理宗即位，進寶謨閣直學士，賜金帶。八
十五歲，轉朝議大夫。八十六歲，授敷文閣直學士，累加中大夫。卒，贈正
奉大夫。〔註88〕在這些晚年時光中，慈湖也還是在孜孜不倦地求道授業，大
有不知老之將至之概，直至他走完了一個文人士大夫最後的生命歷程。

　　象山傳世文字主要是一些書信和少量《語錄》。不同於象山的「不立文
字」，慈湖著述頗豐，幾乎是論遍群經。傳世著述主要有《慈湖遺書》、《先聖
大訓》、《楊氏易傳》、《慈湖詩傳》等，其中《慈湖遺書》包羅較廣，一些章
節對「四書五經」有專門論述，其中《己易》、《絕四記》都是表述其心學主
旨的著名篇章。慈湖的生平事跡，萃集於其門人錢時所作的《慈湖先生行狀》
中；清人馮可鏞、葉意深編有《慈湖先生年譜》，對其一生學思考述甚詳，是
今人瞭解慈湖事跡的基本資料。

第四節　慈湖於象山學之地位

　　象山、慈湖師弟二人，為官行政皆清明有政績，日常踐履則德才兼備，
風節過人，足為仕宦學子之表率。在此一點上，古今皆無異辭。然慈湖在象
山學中的地位，後世爭議頗大。此大致可分為兩派，一派認為慈湖得象山之
真傳，並對象山學說有所發展，在象山門人中成就最高、影響最大。一派則
認為象山學正是在慈湖手上失傳而流入禪去，故慈湖是「累象山者」。兩派觀
點勢若冰炭，相較之下，筆者更傾向於後者。

〔註86〕《慈湖遺書》卷十八《行狀》。
〔註87〕《慈湖遺書》卷二《臨安府學記》。
〔註88〕《慈湖先生年譜》。

　　從上文可知，慈湖在認識象山之前，其心學思想已基本定型。象山素有
早慧之名，但與慈湖本同齡人（象山長慈湖二歲，二人交往初期互相以字相
稱，慈湖之父則爲象山忘年之交），中進士也比慈湖晚。故慈湖最初的心學思
想，自不必源自象山，而是在其父思想浸潤下讀書善思、自得於心的結果。
慈湖所以歸於象山門下，很大程度上與「扇訟之悟」的「觸機」有關。俗云
「一日爲師，終身爲父」，慈湖對象山的尊仰，更多的是因爲他們的師弟之誼
使然，並不能表示他在多大程度上繼承了象山之學說。

　　當然，陸、楊二人有著師生之誼，又都屬於心學陣營，在學問風格上自然
有許多共同處，如二者都強調「本心」的光明與自足，都追求工夫境界的無爲
自然，都以「瞑坐靜悟」爲存養工夫，都有特殊的靜觀體驗等。但深一步說，
上述相同點是自明道、龜山以來儒家心學的基本特徵，自師弟間學問的傳承而
言，並不具備多少說服力（以前文論及的橫浦思想而言，其與象山思想的相近
性就遠遠大於慈湖）。如果再把目光放大些，我們在後世大多心學家中都能找到
其理論的相同相近之處，乃至絲毫不比象山與慈湖二者少（即以後來的陽明後
學王龍溪而言，其對本心的理解近於慈湖而略遠於象山）。從二者差異看，慈湖
的「本心」更近於禪學破除一切分別而光明圓滿的「覺性心」，而象山之「本心」
更切近孟子立足現實倫理的道德心、情感心。就具體工夫言，象山雖強調「心
即理」，但還能正視現實人心的不完滿性，從而強調要「剝落物欲」、「發明本心」、
「義利之辨」、「收拾精神」乃至在「日常物用間作工夫」等，而慈湖則以「不
起意」爲工夫宗旨，反對任何有「分別見」的主觀工夫努力。

　　眾所周知，宋明心學的理論重心主要在本體論與工夫論，慈湖與象山既
然在這兩方面均有重大差異，故不能不說二者的學術差異是深刻而實質性
的。後儒於此不加詳細分辨，徒爲沿襲敷衍之說，以致長期積非成是。如《宋
史・陸九淵傳》就認爲「門人楊簡、袁燮、舒璘、沈煥，能傳其學云。」〔註
89〕即代表了當時學者的一般看法。

　　從地域上說，象山弟子大致可分爲兩撥，一屬江西籍，以傅夢泉、傅子
雲爲代表，多爲象山在其家鄉金溪以及貴溪應天山講學時所收，因家鄉講學
之書屋名槐堂，後世遂以「槐堂諸儒」冠名；一屬浙東籍，主要指楊簡、舒
璘、袁燮、沈煥四人，彼此更互爲親朋學友，以道義相磨礪，因其家鄉地傍
四明山和甬江，世稱「甬上四先生」或「四明四先生。」四先生年齡與象山

─────────────────────

〔註89〕　《宋史》卷 434，《陸九淵傳》，清乾隆武英殿刻本。

相若，後雖同列於象山門牆之內，其學問淵源卻遠較槐堂諸儒爲複雜。進而論之，他們最初的儒學思想，均非承自象山，各自的思想義理更不可一概而論。僅師生關係論，除慈湖外，舒璘只將象山視爲從遊的三位師長之一（按，另爲張栻、楊庭顯），沈煥則只是師從過象山之兄陸九齡，袁燮還一度求學於呂祖謙。就像山的浙東籍弟子而言，慈湖與袁燮都曾身居高位，德行素著而均享高壽，在象山辭世後的三十多年裏，以二人爲領袖，形成了一個龐大的學術兼官僚集團。尤須一提的是，丞相史浩一門數代子弟大抵皆楊、袁門人，其中還包括南宋後期的權臣史彌遠（其攝相位期間，時人有「滿朝紫衣貴，盡是四明人」之說）〔註90〕。在南宋後期，這一群體聲勢之旺是十分罕見的，不唯象山之槐堂諸儒無法相比，就連人數更多的朱子門徒也無法與之抗衡。有學者統計，在象山的再傳弟子中，列於甬上四先生之門者占 83%強，而僅慈湖一人的弟子便占到 64%強。〔註91〕慈湖曾爲象山寫行狀，他還與袁燮爲象山文集寫序；作爲象山的再傳弟子，慈湖弟子、袁燮之子袁甫同樣位居高位，他刊刻象山文集，奏建象山書院和象山祠堂，並以慈湖和袁燮佐之。〔註92〕從人情世態上論，這些光大師門的作爲，楊、袁之所以比其他弟子更有資格，主要是二人的德位使然，而不是二人得象山學眞傳的緣故。但這總不免於後世加重一印象，即慈湖和袁燮才是象山後學的中堅。

　　然而這一看法影響甚大且久，後世幾成定論。清學者全祖望說：「槐堂之學，莫盛於吾甬上，而江西反不逮。如曾潭、如琴山，以及黃、鄧之徒，今其緒言渺矣。」〔註93〕全氏認爲在對象山學的繼承與發揚上，江西籍弟子傅夢泉、傅子雲、黃叔豐和鄧約禮等人遠不如浙東的甬上諸子。但他又說：「象山之門，必以甬上四先生爲首，蓋本乾、淳諸老一輩也。而壞其教者實慈湖。然慈湖之言不可盡從，而行則可師。」〔註94〕在肯定慈湖德行的同時，又否

〔註90〕 趙燦鵬先生在《楊慈湖與南宋後期的儒學格局》一文中指出：「陸象山門人楊簡（號慈湖）是南宋後期最有影響的儒者，慈湖心學在南宋後期儒學格局中的主導地位，一方面與南宋中後期掌握政局樞機的史氏家族的支持有相當的關係，另一方面則是因爲慈湖心學在政治、文化中心地域的廣泛傳佈。慈湖去世之後，在浙江一帶興盛一時的陸學，逐漸失勢讓位於朱學。」（該文見《湖南大學學報》社會科學版，2009 年第 4 期。）

〔註91〕 見何俊：《南宋儒學建構》，上海：上海人民出版社，2004 年版，第 296 頁。

〔註92〕 事見《陸九淵集》卷三十六《年譜》，中華書局，第 522～526 頁。

〔註93〕 黃宗羲、全祖望：《象山學案》，《宋元學案》卷五十八，第 2570 頁。

〔註94〕 黃宗羲、全祖望：《象山學案》，《宋元學案》卷五十八，第 2466 頁。

定了慈湖對象山之學繼承的正當性。我們通過上文對慈湖與象山師弟授受關係的分析，不難發現，象山對於慈湖學之形成，本不具有決定性意義，而更多的是一種重要的助緣（「觸機」）；慈湖所發揚光大的，也不必是真正的象山學。從這層意義上說，象山自象山，慈湖自慈湖，彼於象山學，又何「壞」之有？

對於弟子們對自己學問的領悟情況，象山本人也有自己的看法。據其門人嚴松年記載：

> 松問先生，今學者爲誰？先生屈指數之，以傅子淵居其首，鄧文範、傅季魯、黃元吉居其次。且云，浙間煞有人，有得之深者，有得之淺者，有一見而得之者，有久而後得之者。〔註95〕

在象山看來，得自己學問真傳的首推江西籍槐堂諸子。他雖說過「敬仲可謂一日千里」的話，但並不嘉許慈湖爲最得意弟子。從一般情理說，傅子雲等人從師時間長，同象山關係密切，應比慈湖等人更能把握象山學的本來面目。對於浙東籍弟子各人學問的具體情況，或許連象山自己也並不能十分了然，更何況「自象山既歿之後」，而慈湖又大興「自得之學」呢！象山自稱承續孟子，如以孟子的心學思想爲簡別標準，我們完全可以確切地說，慈湖終生不解象山，象山早歿，其必也無法知曉後期的慈湖。

慈湖對象山學傳播之貢獻，主要體現在象山死後對陸門聲勢的壯大上；而慈湖著述的廣泛流佈，無疑又起到推波助瀾的作用。〔註96〕而由於慈湖與象山思想並不一致，比象山吸收了更多的禪學成分，自己又被視爲象山後學的中堅，遂使象山學受到重大誤解，在朱子及其門人的圍攻下，慈湖反倒成爲「壞」象山之教的「罪人」。自居爲儒門正統的朱子，本是欲將象山、慈湖之學一起打倒的：

> 陸子靜、楊敬仲自是十分好人，只似患淨潔病底，又論說道理，恰似閩中販私鹽底，上面以鮝魚蓋之，使人不覺，蓋謂其本是禪學，卻以吾儒說話遮掩。〔註97〕

〔註95〕陸九淵：《語錄上》，《陸九淵集》卷三十四，第 422 頁。

〔註96〕明人艾南英作《今文待序篇下》：「嗚呼！制舉業中始爲禪之說者，誰歟？原其始，蓋一二聰明才辨之徒，厭先儒敬義誠明窮理格物之說，樂簡便而畏繩束，其端肇於宋南渡之季，而慈湖楊氏之書爲最著。」──（清）劉肇虞《元明八大家古文》卷十二《序》。清乾隆刻本。

〔註97〕朱熹：《朱子語類》卷一百二十四。明成化九年陳煒刻本。

在朱子看來，象山和慈湖非儒本禪，他甚至主張「楊敬仲文字可毀」〔註98〕。其弟子陳淳則說：

> 浙間年來象山之學甚旺，由其門人有楊、袁貴顯，據要津唱之，不讀書，不窮理，專作打坐工夫，求形體之運動知覺者以為妙訣，又假託聖人之言，牽就釋意，以文蓋之。〔註99〕

陳淳固守朱學門庭，而攻擊陸學為禪尤勝於朱子本人，此處說慈湖、袁燮「不讀書，不窮理，專作打坐工夫」自然未免偏頗，這至少有慈湖豐富的著述為證。但他說「楊、袁貴顯，據要津唱之」卻基本屬實。總體看來，慈湖的仕途較為平坦，為官時間長達50餘年，且頗有政績，追隨問學者也多，這為他學問的傳播創造了良好條件。如他在富陽主薄期間，「興學養士」，使富陽「文風益振」。有在知饒州樂平縣期間，勸農公事，整頓秩序，使樂平「夜無盜警，路不拾遺」。寧宗嘉定三年（1210），慈湖以七十高齡出任溫州知府：「在郡廉儉，自將奉養菲薄。常曰『吾敢以赤子膏血自肥乎』閭巷雍睦，無忿爭聲，民愛之如父母，咸畫像事之。遷駕部員外郎，老稚扶擁緣道，傾城哭送。」〔註100〕這些政績懿行，都有助於其學問的傳播。

朱子師弟之所以大力抨擊象山師弟，主要原因當然是彼此學問的不同〔註101〕。慈湖作《象山先生行狀》，其中有數語涉及伊川：

> 伊川近世大儒，言垂於後，至今學者尊敬講習之不替。先生獨謂簡曰：「總角時，聞人誦伊川語，自覺若傷我者。亦嘗謂人曰：『伊川之言，奚為與孔子孟子之言不類？』」〔註102〕

正如眾多學者所認同的，朱子學很大程度上是對伊川哲學的繼承與否發展。從這種意義上說，象山、慈湖批判伊川，無疑是在批判朱子。針對上述幾句話，學友舒璘曾去信規勸慈湖，認為這或許引起儒門內部的無謂爭執。據舒璘《文靖類稿・答敬仲書》：

> 《象山行狀》洞見表裏，其間載有子、伊川事甚當。然鄙意謂此等事未易輕以告人，人情欺蔽，道心不著，不知者徒生矛盾。既知之，

〔註98〕同上注。
〔註99〕黃宗羲、全祖望：《慈湖學案》，《宋元學案》卷五十八，第 2478 頁。
〔註100〕元脫脫等：《宋史》四〇七《楊簡傳》。
〔註101〕關於這點，筆者曾撰有《「朱陸之辨」中的告子與禪宗》一文，載《中國哲學史》2010 年第 3 期。
〔註102〕《象山先生行狀》。

彼自能辨。敬仲以爲何如？

舒璘與慈湖雖同爲象山門下，但他爲學尙平實，對朱子之學有較大多的寬容，故勸告慈湖不要在象山行狀中插入這一細節，以免引起儒門內爭。但慈湖的心學思想與小程子「格物致知」、「涵養篤敬」之學過於睽違，從《慈湖遺書》中一些批判伊川的話來看，他似乎並沒有聽從舒璘的勸告。由於元代以來，朱子學一直處於主導地位，故對慈湖的批評遠遠多於肯定。清《四庫全書》館臣在《慈湖遺書》之「提要」中說：「陸九淵之學近禪而非禪，其全入於禪則自簡始」，「金溪之學，以簡爲大宗，所爲文章，大抵敷暢其師說。其講學純入於禪，先儒論之詳矣。」〔註103〕應該說，這基本上代表了朱子學系統之內的學者對慈湖學的一般印象。只不過慈湖的「入於禪」並不是繼承象山的結果，而別有一番學理因緣。由於慈湖學向內的傾向比象山學更深，難免立意過高，又兼借鑒禪宗的禪觀修身方式較重，這就不免使其與象山學捆綁在一起，飽受晚年的朱子及其門人的學術圍剿〔註104〕。象山受慈湖之「累」，後來思想史多有論及者。如清江藩《國朝宋學淵源記》（卷上）說：

> 陸子「主靜」，《大學》「定而後能靜」也。姚江「良知」，孟子「良知
> 良能」也，其末節雖異，其本則同，要皆聖人之徒也。陸子一傳爲慈
> 湖楊氏，其言頗雜禪理，於是學者乘隙攻之，集矢於象山。〔註105〕

考察朱子門人、陳淳、黃幹對陸學的攻擊，江藩之言實不失爲持平之論。經過一番頗爲繞曲甚至冗長的論說，本文對慈湖心學誕生的內因外緣已做了充分交代。慈湖正在此宏觀的學理淵源中，以其家學爲底子，在深造自得的基礎上，開闢出融攝佛禪的心學。黃百家在《宋元學案》的案語中說：

> 先遺獻曰，嗟夫，學問之道蓋難言哉。無師授者則有多歧亡羊之歎，
> 非自得者則有買匵還珠之誚，所以哲人代興因時補救、視其已甚者而
> 爲之一變，當宋季之時，吾東浙狂慧充斥，慈湖之流弊極矣。〔註106〕

當慈湖去世後，朱子學被朝廷正式倡導，並獲得正統地位後，象山學便再也

〔註103〕見清文淵閣《四庫全書》之《慈湖遺書》卷首按語。
〔註104〕如明方明善《心學宗》續編卷一：「陸子『立大』之學眞切篤實，慈湖一變爲
　　　『無意』，遂使天下疑陸子爲禪，不知非陸子禪，而慈湖禪也。」湯斌《湯子
　　　遺書》卷三有謂：「慈湖以傳子靜者，失子靜；龍溪以傳陽明者，失陽明，儒
　　　而雜禪。」
〔註105〕江藩：《國朝宋學淵源記》卷上，清粵雅堂叢書本。
〔註106〕《宋元學案》卷八十六。

無法與之分庭抗禮了，連慈湖本人的著作也佚失大半。這樣，慈湖學也只能作爲象山學的附庸，湮沒於儒學史的花開花落中。待到明季陽明學復興，陽明後學中不乏有對禪學陷入較深者（如王龍溪），引慈湖爲隔代的知音，使慈湖心學一時有復蘇之勢。白沙弟子湛若水專門寫有《楊子折衷》一書，對慈湖思想在明代的流傳略有涉及。但他對象山心學頗爲肯定，對慈湖心學則大加抨擊。他在《楊子折衷》的引言中曰：

> 或曰象山禪也，辭而摒之，宜也。甘泉子曰：象山非禪也，然而高矣。西樵公曰，如是如是。甘泉子曰：象山非禪也，然而高矣。其流必至於禪矣。伯夷之清，柳下惠之和，非隘不恭也。率其清和而流焉，必至於隘不恭矣。是故君子之學，貴中正也。或曰楊慈湖，象山弟子也，而高過於象山，於是眾皆趨焉。甘泉子曰，象山高矣，然而未禪，今曰慈湖高過於象山，是何言歟？是何學歟？其得爲中正歟？其得不爲禪歟？昔者箬溪顧子自江右寓新刻於南都焉，曰，此象山入室弟子也。甘泉子開卷閱之，則復之曰：「信斯言也，是累象山者也。然而吾得其肯綮矣。吾得其肯綮矣。曰『心之精神是謂聖』，以爲孔子之言也，一編之宗旨不外是焉。然而非孔子之言也。外家者之流也。夫心之精神，人皆有之，然必得其中正乃可以語道，而遽以精神爲聖，則牛馬之奔奔，昆蟲之欣欣，凡知覺運動者，皆可曰聖矣。如蠢動含靈皆可曰佛性矣而可乎？故知非孔子之言也。」箬溪子報書曰：「子之言是矣。」又曰：「慈湖於聖則用其言不用其意，於禪則用其意而不用其言，此何心也？」曰：「子之言是矣。數年之間，其說盛行如熾，吾懼此說行而天下皆以氣爲性也，吾懼此說行而天下皆不知道也，皆不知學也。皆援古先聖王之指以入於夷狄也。爲作《楊子折衷》。」〔註107〕

甘泉謂象山非禪，此固然也，他認同顧應祥所謂慈湖「於聖則用其言不用其意，於禪則用其意而不用其言」，也不能說毫無道理。至於「知覺運動者皆可爲聖」等語，則顯得似是而非，此語用之於禪學不可，用之於慈湖心學則更不可。但筆者並不同意甘泉認爲慈湖心學就是禪學這一結論。慈湖心學在本心體驗和工夫路徑上固然有很多近於禪學的內容，但其在一些價值立場上仍與禪學有著很大的不同。若謂慈湖心學「雜禪」或「融禪」，是禪學與儒學的

〔註107〕湛若水：《楊子折衷》，續修四庫全書，第 257～258 頁。

結合體，筆者固無異辭，若謂其「是禪」或「全入於禪」，則並非持平之論。辨別其在何種意義上為禪，何種意義上為儒，慈湖的入禪對儒學的發展是「福」是「禍」，此正本書後兩章的致力點所在。

張君勱先生在《新儒家思想史》中說：「撇開禪宗的影響不講，我要說楊簡是南宋最有才能思想家。他的靈悟和膽識甚至超過有名的前輩朱熹和象山先生。」〔註108〕張先生為慈湖地位鳴不平，此論未免有過頭之處，一個人的思想史地位豈可就「靈悟」與「膽識」而論耶？但從思想的特殊性和系統性而論，慈湖確實具有自立宗派的資格，至少可與象山並立而無虛歉。可以肯定的是，設想慈湖如不自列於象山門下，更無史氏父子的大力提倡，象山學未必如此轟動朝野，儼然與朱子之學分庭抗禮。象山在心學史中的地位，也未必能蓋過橫浦等心學前輩。

〔註108〕張君勱：《新儒家思想史》（現代學術經典・張君勱卷），（石家莊：河北教育出版社，1996年版），第254頁。

第四章　慈湖的「心本論」

　　受佛禪之風的強烈吹拂，宋代朝野間一直彌漫著「深造自得」的儒禪合流氛圍，這是儒家心學孕育發萌的思想文化土壤。至南宋初，經過楊龜山、張橫浦、王信伯、陸象山等儒者的大力弘揚，儒家心學一脈日臻壯大。與此同時，傳統儒學的「天本論」逐漸轉換爲「心本論」，儒學的道德「本心」也逐漸向佛禪的「自性心」發生不同程度的滑移。慈湖心學正是這一思想時流中的極端樣態。

　　本章首先追溯心學家「心本論」的淵源及形成過程，繼而從「本心」、「心之精神是謂聖」、「以覺訓仁」三個方面對慈湖的心本論展開詳細論述。由於本書的焦點意識在於爬梳心學形成的思想史脈絡，故在對慈湖心本論的解讀中，仍側重於分辨慈湖心學與孟子、象山、陽明心學，特別是與佛教禪宗的複雜關係。

第一節　從「天本論」到「心本論」

一、傳統儒學的「天本論」

　　作爲表詮人之主體性的核心概念，「心」無疑是中國傳統哲學中最重要範疇之一。張君勱先生曾說：「中國人在哲學上最大的興趣是對心靈的控制。這種現象可以和西方人的熱心研究方法論相比。中國人認爲，由於心常爲物欲和偏狹所蔽，所以，淨心爲得道的先決條件。一旦把自私的念頭消滅，心便能不偏不倚，明朗和遠見了。」〔註1〕筆者卻認爲，世界上最講究心靈控制的

〔註 1〕 張君勱：《新儒家思想史》，載《中國現代學術經典‧張君勱卷》，石家莊：河

學問當首推印度佛學，中國哲學注重對心靈控制的這一特點，也是在佛教傳入中國後，尤其到儒釋道三教合一的宋明時期才變得格外顯著的。

顧名思義，在宋明新儒學中，「心學」作爲與「理學」雙峰對峙的儒家一脈，是以「心」爲中心展開其整個思想學說的。然而，作爲一種產生於中國先秦時期的精神傳統，儒學在宋代以前的漫長歷史演化中，天本論或性本論（生生之德）一直佔據著主導地位。在此思想傳統中，天不僅是宇宙萬物生成變化的總根據，同時是人類生存發展的客觀物質基礎，當然更是人類道德意識產生的最後源頭（儘管我們也承認，天之「生生之德」不過是已進化爲道德主體的人類將情感理念投射到宇宙生成現象及歷程而產生的結果，而道德情感與價值意識必然經過人心才能存在）。舉例而言，儒家創始人孔子說：「天何言哉？四時行焉，百物生焉。天何言哉？」（《論語・陽貨》）又說「天生德於予，桓魋其如予何！」（《論語・述而》）外在客觀性的天與天道（無論孔子所說的天是「自然天」還是「道德天」），才是萬物和人類價值的根源。在此意義上，完全可以說，「天本論」是傳統儒家的世界觀和本體論。衡之於西方哲學中的「本體」〔註2〕概念，「天」在傳統儒學中，也稱得上絕對意義上的「本體」。

必須補充的是，在傳統儒學中，「天」大致有「主宰之天」、「義理之天」和「自然之天」三種基本含義〔註3〕。其中的「主宰之天」，是殷商時期宗教信仰中的人格神——「天帝」之遺留，故又可稱爲「宗教之天」。就後世的精英儒學（相對於相信鬼神的民間儒家）而言，天的這種人格神意味實際上已相當淡薄。但此宗教之天所具有的某種先驗神聖性卻未被剗落淨盡，故孔子有「畏天命」、「知我天者，其天乎」等說法（天的主宰神品格，在漢代董仲舒的「神學目的論」中反有所強化）。「義理之天」即德性之天，是具有「生生之德」、「民受天地之中以生」、「民之秉彝，好是懿德」的天。此乃儒家之天的主導義，《中庸》「天命之謂性」及孟子「性善」皆是順著這一義涵而顯發出來的。「自然之天」指的是以「氣化流行」爲內容的天，此天具有客觀性

北教育出版社，1996年版，第28～29頁。

〔註2〕「本體」一詞，在重認識論的西方哲學中也頗複雜，本文取「萬物來自於它最終復歸它的最終存在」這一含義。

〔註3〕也有人認爲儒學之「天」有「運命之天」這一層含義，亦可通。但本人認爲，「運命之天」乃「主宰之天」、「自然之天」產生的不可知的命運施之於人的結果，故「運命之天」似不具有獨立性，不單列亦可。

的形下品格，荀子思想中的「天」主要是這種意義上的。當然，天的上述三種意義，在不同的儒者或不同文本中多被不同程度地混用著，且不做概念性的分疏。如孔子「吾有否焉，天厭之，天厭之」主要是「主宰之天」和「道德之天」的合說；而其「天何言哉？四時行焉，百物生焉」則主要指自然之天。朱子解釋「天命之謂性」則是將義理之天和自然氣化之天合說。

在先秦儒家中，略具「心本論」影子的思想家無疑是孟子。孟子特別強調心的主宰性和主動性〔註4〕，所謂「心之官則思，思則得之，不思則不得也」（《孟子·告子上》）。他認為心不僅是具有認知功能的思維器官，更是具有良知善性的道德主體，尤其注重前者對後者的自覺追求與體證。孟子曾說：「萬物皆備於我，反身而誠，樂莫大焉」（《孟子·盡心上》）。此言雖未明說「萬物」備於「我心」，但實際上不外此義。問題在於，外在客觀性的「萬物」究竟如何「備」於「我」（或「我心」）？這是後來學者爭訟不已的話頭。依筆者，孟子這句話的基本意思是說，天地萬物的道理皆為我所具備，皆能被我所認識（或者說，天地萬物皆能與我的心靈相感通）。從整個先秦儒學具有的經驗品格看，孟子儘管極重視內心體驗，但其體驗的內容主要是惻隱、羞惡等道德情感或道德意識。我們很難將「萬物皆備於我」解釋為「心體呈露」後的「見性」之語。後之宋明心學家受佛禪影響，將孟子的「本心」與禪宗的「妙明真心」（本來面目）混淆起來，並將靜觀中產生的「神秘體驗」與孟子的「萬物皆備於我」相提並論，自以為千年後重得孔孟不傳之秘，實質是援禪入儒並過度詮釋的結果。

整體來看，在孟子人性學說中，比「心」更具根本地位的概念是「性」。在孟子那裏，性是人之為人的天賦、先驗本質，它「雖大行不加焉，雖窮居不損焉，分定故也。君子所性，仁義禮智根於心」（《孟子·盡心上》）。與此相應，「本心」為「性」之發用，代表著道德情感和道德意識的經驗現實性。孟子認為以「惻隱」、「羞惡」等正面情感為內容的「本心」不過是「性」之萌端，其「人皆可為堯舜」之說，此乃就「性」上，非就「心」上說。對現實溺於物欲的凡夫來說，欲使「本心」隨心而發，勢須要下一番「求放心」、「閒邪」、「立乎其大」、「知言養氣」的求取、存養、保任工夫。

關於孟子的「心」與「性」，牟宗三先生曾說：「孟子證明性善，這個性

〔註4〕 荀子雖然也強調「心」的主動性，但此心乃認知心，與心學意義上的「本心」大不相同，故置而不論。

就是本心。這個『本心』如何進一步引申發展，孟子還沒有說明。孟子說人有『本心』，『本心』就是人的性，是人之異於禽獸的『幾希』一點。道德意識很真切。孟子把道德意識彰顯出來，至於『本心』的絕對性還沒有完全透出。」〔註5〕牟先生受宋明理學，尤其是陸王一系的思想影響極深，他對儒學的整體理解，也是建立在宋明心學基礎上。在上文，牟先生繼承了宋明心學「心性理合一」的義理框架，將孟子的「本心」與「性」、「理」直接等同起來，是頗可商榷的。以愚見，孟子「盡心知性」一語，正說明了「心」與「性」之間，尚有一「盡」與「不盡」的差別。如果像宋明心學家認為的那樣，「本心」直接等同於不增不減的「性」，則「本心」永遠也不會失去，孟子也不會說「求放心」、「此之謂失其本心」一類的話。在上面引文中，牟先生認為孟子「『本心』的絕對性還沒有完全透出」，他所謂「本心」的「絕對性」，實際上是指具有超越性的本體之「心」，即「自由無限心」或「智的直覺」（詞見牟著《現象與物自身》）。牟先生是以宋明心學家的見解詮釋孟子心學。事實上，孟子「本心」的這種「絕對性」都永遠不會「完全透出」，至少永遠不會達到陽明所說「心外無理，心外無物」的地步。因為在孟子這裏，「本心」乃立足於現實倫理的情感性本心，而不是陽明所謂「無善無惡心之體」、「生天生地」的「良知」。更重要的，在孟子思想中，還有一個比「性」與「心」更根本的概念——「天」。孟子認為，仁義禮智四德「非外鑠我也，我固有之也」，其所謂「非外鑠」乃針對各種外在性具體事物對人性的影響而言，並非針對具有「生生之德」的「天」而言；相反，人所具備的一切屬性，包括心的思維功能和德性能力，都是上天賦予的（「此天之所於我者」）。在這一點上，孟子與孔子「天生德於予」及《中庸》「天命之謂性」的思路顯然是一致的，其「求放心」、「存心養性」等工夫也是為了「知天」、「事天」、「參天地之化育」。即此而論，孟子當然是「天本論」者，而非「心本論」者。

這一「天本論」的大背景，使傳統儒學有著強烈的外向實踐品格。這是因為，「天」（無論取何種意義之「天」）在儒家思想中具有著本體論和宇宙論意涵，代表著不以人之意志為轉移的客觀規律（聖人遵循規律而行就是「道」）和不能為人心所含攝的客觀實在性。儒家要實現開物成務、修齊治平的外王理想，就必須努力認識和利用這些規律，必須重視對各類客觀知識的積累與

〔註5〕牟宗三：《宋明儒學的問題與發展》，華東師範大學出版社，2004年版，第79頁。

學習，尤其重視政治倫理制度的建構。換句話說，在客觀之「天」籠罩下，「爲仁由己」的儒家必然重視「下學上達」，必然要在「君子終日乾乾」的憂患意識下「盡己之性」、「盡物之性」。

二、「天本論」向「心本論」的遊移

　　宋代以前，這種以「天本論」爲價值支撐的儒學一直沒有發生根本性變革〔註6〕。其中，漢唐儒學講究通經致用，是一種注重章句訓詁的經學和政治倫理學，道德「外鑠」的意味重，心的主體地位並不凸顯，顯然屬於「天本論」一路。漢儒董仲舒「道之大原出於天，天不變，道亦不變」一語，足以證之。由此而論，宋儒程頤所謂「聖人本天，釋氏本心」〔註7〕，大致概括了儒、佛二家的基本價值立場。

　　然而，在宋明心學中，傳統儒學的「天本論」逐漸地、不同程度地被「心本論」所代替，主體之「心」代替客體之「天」，成爲世間一切價值的眞正來源。關於這一情形，馮友蘭先生曾說：

　　　　南北朝時，中國思想界又有大變動。蓋是時佛教思想有系統的傳入，而中國人對之亦能有甚深瞭解。自此以後，以至宋初，中國第一流思想家，皆爲佛學家。……佛學中派別雖多，然其大體之傾向，則在於說明「諸行無常」、「諸法無我」。所謂外界，乃係吾人心之所現，虛妄不實，所謂空也。但由本書以上所講觀之，則中國人對於世界之見解，皆爲實在論。即以爲吾人主觀之外，實有客觀的外界。謂外界必依吾人之心，乃始有存在，在中國人視之，乃非常可怪之論。〔註8〕

如馮先生所言，中國先秦諸子中的各大教派，雖然對「心」有不同理解，對心靈控制在程度上也有很大差異，但嚴格講，並沒有眞正以心爲世界本體的學說。似可斷定，中國哲人將「心」作爲最高「本體」，是佛教傳入中土之後的事。佛家的「心本論」，伴隨著佛教自漢魏以來在中國的長期流行，已沉潛於民族心靈的深處。宋明心學家將其學說，建立在「心本論」基礎上，就是

〔註6〕李存山先生在《「本心」與「本天」──儒釋在本體論上的區別及陸王心本論的特點》一文中，對象山之前的儒學「天本論」較詳細論說。但筆者對「本心」和「本天」的概念則略有不同，此不及細辨。詳參氏著《氣論與儒學》，鄭州，中州古籍出版社，2009 年版，第 512～532 頁。

〔註7〕《二程遺書》卷二十一下。

〔註8〕馮友蘭：《中國哲學史》（下），上海，華東師範大學出版社，第 111 頁。

儒釋深度融合的顯例。當然，在不同心學家那裏，「心本論」意味在程度上有很大的不同。

儒家心學先驅的宋儒程明道，就十分強調「心」的主宰性。在其思想世界中，心的主宰統攝地位被不斷強化，「心」與「天」差距也大大縮小。如其所云：

> 聖人，仁之至也，獨能體是心而已。曷嘗支離多端，而求之自外乎？〔註9〕

> 天人本無二，不必言合。〔註10〕

> 嘗喻以心知天，猶居京師往長安，但知出西門便可到長安，此猶是言作兩處。若要誠實，只在京師，便是到長安，更不可別求長安。只心便是天，盡之便知性，知性便知天。當下便認取，更不可外求。〔註11〕

明道所謂「天人本無二，不必言合」，「只心便是天」、「當下便認取，更不可外求」，無疑強化了心的自足性和主宰性，已略有「心本體」的意味。當然，明道的「天」、「心」合一主要是就境界層面而非實存層面而言，其哲學的最高範疇仍然是「天」或「天理」而非「本心」，故總體說來，其學說尚不宜稱之為心學，不過稍具心學傾向或苗頭而已。至於其弟伊川，同樣說過一些「天」、「性」、「心」一致的話，如謂：「自理言之謂之天，自稟受言之謂之性，自存諸人言之謂之心。」〔註12〕「心則性也，在天為命，在人為性，所主為心，實一道也。」〔註13〕但這不過是從義理上強調心、性、天諸概念的內在一致性。事實上，伊川為抗擊佛老之虛無，更強調超越性「天理」的客觀實在性，這分明是對先儒「義理之天」（儘管這種「天」與先秦儒家之「天」相比已高度思辨化、概念化）的繼承與發展。故伊川之學，顯然是以「天」（或天理）為本體。二程的著名弟子如上蔡、龜山等人，也不同程度地吸收佛禪義理，但在「心」、「性」、「天」、「理」關係方面，仍大體延續了二程之說，在他們的思想系統中，「心本論」並沒有真正被建構起來。

饒有意味的是，伊川「聖人本天，釋氏本心」一語，雖是重提傳統儒學

〔註9〕　《二程遺書》卷四。
〔註10〕　《二程遺書》卷六。
〔註11〕　《二程遺書》卷二上。
〔註12〕　《二程遺書》卷二十二上。
〔註13〕　《二程粹言》卷下，清文淵閣四庫全書本。

的「天本論」共識，但這句「判教」色彩特濃的話，極可能與當時儒家「本
天」思想的鬆動而發。因為正是在這一時期，一批儒者如橫浦、信伯等人，
使儒學「天本體」的地位不斷向「心本體」發生漂移。如橫浦認為「天下萬
事皆從心中來……論其大用，則造化之功、幽眇之巧，皆自此而運動。」〔註
14〕信伯則說：「心即性，性即天，天即性，性即心，所以生天生地，化育萬物。」
〔註15〕又說：「先聖後聖若合符節，非傳聖人之道，傳聖人之心也。非傳聖人
之心也，傳己之心也。己之心無異於聖人之心，廣大無垠，萬善皆備，欲傳
聖人之道，擴充此心焉耳。」〔註16〕象山則有「萬物森然於方寸間，滿心而
發，無非此理」，「宇宙即是吾心，吾心即是宇宙」之論，平日尤常言本心「本
無少欠，不必他求」云云，「心本論」色彩無疑更濃了。新儒學發展至橫浦、
象山，「儒家心學」的概念已是實至名歸。下降至慈湖、陽明，由於對本心主
宰性的極度強化，則幾乎完全衝垮了「天本論」的理論防線，汪應辰稱橫浦
之學為「心學」，陽明稱象山之學為「心學」，而劉蕺山則乾脆說「釋氏之學
本心，吾儒之學亦本心」〔註17〕。至此，反觀孔孟儒學之大體，不得不承認，
儒學發展到心學家手中，在義理骨架上已發生了很大變異。

　　儒家心學將傳統儒學的「天本論」嬗變為「心本論」，顯然與心學家的自
覺不自覺的「援禪入儒」有關。如本書第二章所述，熙寧變法失敗後，宋儒
大多認為王安石變法失敗根本原因之一是儒家「內聖」工夫不足，以致無法
開出真正的「外王」。在佛老的「此心即佛」、「肉身成道」等觀念的刺激和影
響下，他們不得不大量吸收佛禪資源，重構儒學的心性論和工夫論。其努力
的結果，終使傳統的政治儒學嬗變為心性儒學，以「成聖」為旨歸的工夫論
成為其學問的核心。從此之後，「心」成為連接「內聖」開出「外王」的交叉
點，如何通過「修心」成為聖人，進而達成治國平天下的外王事業，成為宋
儒念茲在茲的終極關懷。從這種意義上說，佛教禪宗的心性論是心學「心本
論」得以建立的思想源泉。關於這一點，陳來先生曾指出：

　　　　在本體論上，心學從「本天」轉為「本心」，以心為本來自足、
　　　　元無少欠、不假外求，主要是吸收了佛教本心說的範疇及命題形式

〔註14〕張九成：《孟子傳》卷二十七。
〔註15〕轉引自《朱文公文集》卷七十，《記疑》。
〔註16〕同上注。
〔註17〕劉宗周：《學言》，清文淵閣四庫全書本。

作為思想形式，而在基本思想立場上仍然堅持儒家固有的性善論。
〔註18〕

無論從邏輯還是歷史來看，如果沒有唐宋禪宗的充分發展，如果不是禪宗造成的直指人心、反觀內求的普遍氣氛，如果不是禪宗深入人的內心生活和體驗造成的對士大夫的吸引力，這樣一種特定形態的心學就不會出現。在這個意義上，可以說，沒有佛教就沒有心學。
〔註19〕

這裏不妨為陳先生的論點找一理論根據。儒家心學的一個突出特徵是以心、性、理、道、天為一，並極力突出心的主體地位。與此不同，在傳統儒學中，一些表述本體的概念，如「天」、「道」、「氣」、「性」等具有十分重要的地位，然而這些概念在儒家心學義理中並不特別重要，因為心學的本體概念是「心」，「心」的圓滿無缺，而非「天」、「道」的客觀獨立才是人追求解脫的最終根據。這一現象，與「心」在禪學中的地位相當合拍。禪宗又名佛心宗，講究「即心即佛」，在禪家看來，心、性、道、理都是一回事。如謂：

云何是道，云何是理，云何是心。心是道，心是理，則是心心外無理，理外無心。心能平等名之為理。理照能明名之心。心理平等名之佛心。〔註20〕

事不自覺，因理而顯，理亦心也；事本無名，因理而得，心即理也。
〔註21〕

心性不異，即性即心，心不異性。〔註22〕

「天本論」向「心本論」的內在轉型，使很多心學家極少談「性」（更不要說「氣」）而多談「心」。相對於張載、程頤、朱子等人，象山、慈湖（程顥已略有此傾向）皆很少正面談「性」，他們要麼直接說「心即理」，要麼乾脆說「心即道」。這當然不是說心學家不重視「性」，而是因為在象山、慈湖等人的義理世界中，「性」多居於一種「虛位」，「心」即包含了「性」，而「性」卻不能包括「心」，說「心」比說「性」更為簡易直截。

〔註18〕陳來：《中國近世思想史研究》，北京，商務印書館，2003年，第219頁。
〔註19〕同上，第220頁。
〔註20〕釋慧光：《大乘開心顯性頓悟正宗論》。新修《大藏經》第85冊。
〔註21〕宋《祖欽禪師語錄》。
〔註22〕《宛陵錄·傳心法要》。

三、宋明心學「心本論」的儒禪融會特質

關於宋明理學，梁任公在《清代學術概論》中有這樣一段話：

> 唐代佛學極倡之後，宋儒採之，以建設一種「儒表佛裏」的新哲學；
> 至明而全盛。此派新哲學，在歷史上有極大之價值，自無待言。顧
> 吾輩所最不懷者，其一：既採取佛說而損益之，何可諱其所自出，
> 而反加以醜詆？其二：所創新派，既非孔孟本來面目，何必附其名
> 而淆其實？是故吾於宋明之學，認其獨到且有益之處不少；但對於
> 建設表示之形式，不能曲恕：謂其既誣孔，且誣佛，而並以自誣也。
> 明王守仁為茲派晚出之傑，而其中此習氣也亦更甚。〔註23〕

梁啓超上段話，雖是論說整個宋明理學，但從「至明而全勝」、「王守仁為茲
派晚出之傑」等說法看，顯然更針對宋明儒學的心學一脈。他稱宋明儒學「儒
表佛裏」自然是張大其辭，但衡之宋明心學與原初儒學之差距，也不能說毫
無道理。梁任公對宋儒最不滿意的兩點，一是宋儒將佛家思想改頭換面之後，
反而醜詆佛學，二是宋明儒學非孔孟本來面目，宋儒卻「附其名而淆其實」。
這分明是在斥責宋明儒者不能「修辭立其誠」了。筆者這裏想為宋儒辨別的
是，這倒不是象山、陽明等心學家故意歪曲孔孟儒學，而是因為在濃鬱的佛
禪氛圍中，他們不自覺地將一些可接受的佛禪修養法門、義理結構、生命智
慧，本能地視為是儒學系統所本有，同時又對自家不能接受的佛禪教理如「因
果輪迴」、「緣起性空」等加以批判。這一點，只有跳出宋明時期「三教合一」
的群體文化場域，才較容易看得清楚。

深一層而論，宋明心學家「心本論」思想的形成，主要是受佛家如來藏
思想，即「真常唯心論」一系的影響。換句話說，宋明心學家的「心本論」
主要是孟子的本心思想與佛家的如來藏思想交互影響、深入媾和的結果。即
此而言，宋代橫浦、象山、慈湖，乃至後來陽明等心學家的「本心」、「良知」
學說，既不同於孟子的本心思想，又不同於佛家的如來藏思想，有著儒禪合
一的獨特本質。這是儒家思想史發展的大關節。

如來藏是大乘佛教唯識學中最重要的概念，不僅是唯識增上慧學的主
體，也是一切佛法的主體。如來藏一般被稱為「佛性」，因為要強調其不同體
性，又有覺性、自性、法性、法身、涅槃、真如、實相、實際、圓覺等多個

〔註23〕梁啓超：《清代學術概論》，上海，上海古籍出版社，1998年版，第8頁。

不同名稱。如來藏具有常住、妙明、不動、周圓與神妙真如的體性：常住言其不去不來；不動言其不生不滅；妙明言其寂而常照；周圓言其周遍圓滿無所不包；妙真如性言其真如能生萬法，能生一切妙有之性質〔註24〕。在《大寶積經》中，勝鬘夫人曾經提到空性如來藏的智慧有二種：即「不空如來藏」與「空如來藏」。所謂「不空如來藏」，是說如來藏有真實自性，能出生蘊處界的萬法，使蘊處界具有緣起以及性空的現象。所謂「空如來藏」，是說如來藏的心體具有無我性（無分別、無所得），無形無色，體如虛空不可見。合此「空」、「不空」兩個自性，如來藏又稱「空不空如來藏」。

〔註24〕根據大正藏阿含部《央掘魔羅經》卷第二以及其他許多經典中佛陀的開示，如來藏有如下的體性：（一）**不生不滅性**：此是如來藏最基本的體性之一。如來藏常住於世間，祂從來沒有出生，也永不會壞滅。一切有情眾生皆俱如來藏及其體性，眾生的名色有生、住、異、滅，無形無相的如來藏卻永恆存在。《心經》所謂的「不生不滅」即是在說這一體性。（二）**獨立性**：一切世間法皆因緣和合而生，因緣壞散而滅，故是生滅法。而如來藏有獨立不依的自性，不受任何條件的變化而改變。（三）**非見聞覺知性**：如來藏非意識心，沒有意識心對外境的見聞覺知性，不具有了別、分析、推理、研判、記憶等功能，沒有如意識般分別或好惡的體性。《心經》所謂「無眼、耳、鼻、舌、身、意，無色、聲、香、味、觸、法，無眼界乃至無意識界」，《維摩詰經》所謂「法不可見、聞、覺知，若行見、聞、覺知，是則見、聞、覺知，非求法也」皆是說此體性。（四）**不變易性**：即常性、恒性、不壞性或金剛性。正如佛陀所說：「常性是佛性」、「恒性是佛性」、「不變易性是佛性」、「如來藏不老不死」，如來藏不僅常住世間，其諸多體性也永不隨時空流轉而改變。（五）**儲藏性**：此乃「如來藏」之「藏」義。祂儲藏一切法的種子，即一切善業、惡業及無記業的種子。有情眾生在過去無量世及今世所造的善惡業種皆完整儲存於如來藏中，未來因緣成熟時，就會由此身或另外一個色身來承受果報。（六）**不垢不淨性**：如來藏自性永遠明潔、清淨，但一般有情眾生身上，祂又含藏了無量世以來所薰染的無量染污種子，根據這些染污種子來說祂不淨。祂「自身清淨，但卻含藏染污種子」，此乃阿賴耶識如來藏的不垢不淨性。《心經》所謂「不垢不淨」，除了從如來藏沒有意識心了別垢淨的功能來說不垢不淨外，另一層面的涵義，就是對於一般有情眾生而言，祂是「自身清淨，但又含藏染污種子」的「不垢不淨」。（七）**薰種性**：此言如來藏中所含無量無邊的諸法種子，會隨有情眾生不斷攀緣五欲六塵的身、口、意之行為影響，受薰習而變化。這種薰習變化一直不斷，直到有情眾生修行究竟圓滿成佛後，如來藏中種子的變異才會停止。在此之前，一般有情眾生種子的薰習有善有惡，佛門中精進修行的菩薩，則是經由歷緣對境不斷薰習無漏清淨法，使染污的種子轉變成清淨，直到成佛才究竟清淨。（八）**不增不減性**：這是說如來藏因前述不生不滅及不變易的體性，不會在三界中突然出生、變易或滅絕。也因此，雖然十方世界中，所有有情眾生的如來藏總數因為太多無法計算，但是如來藏的總數卻是固定的，不能增減。（九）**平等性**。（十）**不虛妄性**。

　　如來藏思想雖產生於印度，卻在中國結出燦爛之果。由於如來藏思想宣稱「人人皆可成佛」，與中國儒家「人人皆可成堯舜」的說法契合，很快成爲中國佛教的主流。中國佛教的重要宗派，如華嚴宗、天台宗和禪宗等都是建立在如來藏思想之上。禪宗所謂的「本來面目」，以及「大光明」、「大平等」、「大圓滿」、「自然智慧」、「大圓鏡智」等體性，皆是言如來藏。

　　如來藏學說建立之淵源，與古印度特有的文化背景，尤其是以淨化身心爲旨歸的冥想傳統有關。印度地近熱帶，人們的身心動態，大抵是思想多於行動，喜歡醉心思維、馳志幻想，有史以來便傾向於出世思想，以林棲遁世爲最大享受。故從思想來源看，如來藏思想乃基於印度瑜伽傳統中的內觀體驗，非一般見聞覺知所能認識。這與中國先秦時期以禮樂教化爲根基的人文傳統大異其趣。嚴格講，在我國留存至今的先秦諸子文獻中，是找不到如來藏思想的。在世界文明發軔的「軸心時代」，中國的文化重心集中在黃河中下游地區，這裏是家庭農業爲主的社會結構，人們感受更多的是大自然的生生不息及人際間的脈脈溫情，故不像印度人那樣有著濃鬱的厭世出離之心，也並無馳心冥想的傳統〔註25〕。本書在「儒學四法印」一節已指出，儒學雖然也有超越性的天命觀念和「從心所欲不逾矩」的「中道」智慧，但本質上仍是一種立足於現世，建立在感性情感和道德理性基礎上的人文主義，與基於「緣起性空」的佛家如來藏思想有本質不同。在先秦儒學中，與佛教如來藏思想唯一稍具相近性的，是孟子「萬物皆備於我說」及其「天賦性善說」。但正如前文屢屢言及的，孟子言「性善」，是將中國固有的天命（「生生之德」）人本化爲人之內在的心性，從而爲人類的道德實踐找一超越的先驗依據。此依據仍然基於實用理性和現實倫理而作的價值判斷，而非禪定內觀中的「見性」體驗。

　　佛教傳入中國千年後，已深深鍥入了民族精神的根部。宋明儒者受佛老「即心是佛」、「道成肉身」諸觀念的刺激，自覺要「即生成聖」，有意無意地吸收了佛禪的如來藏思想及修養法門。這種吸納的最大結果，是悄悄將傳統

〔註25〕當然，這絕不是說，先秦學術中並無任何出世或冥想的思想性格，如莊子的「心齋」、「坐忘」等工夫，與佛教禪定止觀也有相通之處。但總體看來，莊子宗自然而薄人文，力圖超越世間的一切束縛，達到「天地與我並生，萬物與我爲一」的至人境界，他個人並不認爲世界爲虛幻，實際仍是執著生死。這與旨在通過身心修煉以「了生死」的佛教仍大有不同（至於後來受佛禪影響的新道家和新道教則另當別論）。

儒學的「天本論」、「性本論」轉換成了「心本論」或「良知本體」。舉如孟子文本中「盡心知性」、「萬物皆備於我」、「上下與天地同流」,《易傳》「無思也,無爲也,寂然不動,感而遂通」之類的話頭,都被宋明新儒家充分利用,致以種種禪學化的詮釋。這類詮釋中最核心的地方,是將佛家的如來藏「自性清淨心」與孟子的「良知本心」打成一片,使孟子的性善學說具有不同程度的佛禪色調。如楊時認爲佛家的「無垢識」即孟子的「本心」,慈湖認爲孔子「心之精神即謂聖」就是達摩所謂「從上諸神,惟以心傳心、即心是佛」,陽明認爲佛氏「本來面目」即儒家所謂的「良知」。陽明的弟子王龍溪,更是強調「良知虛寂明通,是無始以來不壞元神,本無生,本無死」,其所言的「良知」與佛禪的自性清淨心,在體性上並無二致。

關於這一問題,特別值得一提的是,當代新儒學代表人物牟宗三先生卻主張眞常心思想是孔孟儒學的本有之義,其來源非但與佛家思想無涉,恰恰相反,佛家眞常唯心論之所以能夠大行中土,反而因其與孟子心性論暗合有關。牟先生在《心體與性體》一書中指出:

> 在宋明儒中,朱子學是唯識宗之形態。濂溪、横渠、明道、五峰、象山、陽明乃至劉蕺山,雖有種種說,亦有偏全之差,然大體皆類眞常心之形態。此是中國先秦儒家原有之骨格。在佛家,眞常心義乃後起。中國佛教特喜此宗,亦是中國心態之反應,亦是孟子靈魂之再現於佛家,亦是因中國儒家原有如此之骨格。宋明儒中要以此繼此骨格者爲大宗。此不是來自禪,乃是先秦儒家之原有。佛家之華嚴與禪所以特喜眞常心倒是不自覺地以中古儒家本有之骨格爲背景,此所以謂之爲中國心態之反映,謂之爲孟子靈魂之再現於佛家也(如竺道生、慧能、顯是孟子靈魂之再現於佛家。而陸象山與王陽明則是再現於儒家)。朱子於此不澈,後來對於凡是縱貫系統立言者,彼皆斥之爲禪,亦所謂不幸之甚也。〔註26〕

牟先生上文中的「眞常心」一詞,須要同其關於本心(或良知)的「內在超越」、「智的直覺」、「逆覺體證」、「無執的存有論」、「良知自我坎陷」等論說聯繫起來理解,此處不及細論。據筆者總體把握,牟先生的大意是說,孔孟的本心(仁體、誠體等)是「即內在又超越的」,具有絕對普遍性、無限性和創生性,此本心非感知可知,必須由人類的「智的直覺」才能證得。牟先生認爲:

〔註26〕牟宗三:《心體與性體》,上海,上海古籍出版社,1999年版,第101頁。

在道德形上學中，成就個人道德創造的本心仁體總是連帶著其宇宙
生化而爲一的，因爲這本是由仁心感通之無外而說的。就此感通之
無外說，一切存在皆在此感潤中而生化，而有其存在。此仁心之感
通無外就是其覺潤無方，故亦曰覺潤。仁心之明覺活動覺潤一切，
同時即照了一切。此照了的活動即是它的「虛明照鑒」，在此說「智
的直覺」。它的虛明照鑒覺之即潤之，潤之故生之。故智的直覺本身
即給出他的對象之存在（對是方便言，實無對象義），此即智的直覺
之創生性。〔註27〕

筆者無法認同牟先生的看法。誠如李澤厚先生多次指出的，牟先生的哲學堪
稱「現代宋明理學」，是陸、王、胡（五峰）劉（蕺山）心學在現代的某種迴
光返照。在上文中，牟先生實際上是根據佛禪的眞常唯心論來解釋孔孟之仁
心，與孔孟儒學的本意有很大距離。平心而論，孔孟儒學確實十分重視人心，
孟子尤其將先驗性的良知善性安置在人心之中，並通過「求放心」、「知言養
氣」、「義利之辨」等工夫，將此心由內至外地不斷擴充出去，從孝悌直至「民
胞物與」（與天地萬物爲一體）。孔孟這樣做，是要把人類潛在的道德潛能，
從人欲束縛中提揭出來，據此以挺立道德人格。從這種意義上，我們說孔孟
的仁心「內在而超越」，也並不錯。但像牟先生這樣，認爲仁心善性發揮作用
是一種「智的直覺」，具有宇宙生化的創生性，則顯然是受佛禪之眞常心「能
生萬法」思想影響的結果。關此，李澤厚先生批評說：「宋明理學受佛教影響，
早有此傾向。王陽明提出『無善無惡心之體』與『天行健』、『人性善』的儒
學原典大有偏離。牟先生沿著此路數，想在現代中國建立一套『道德的形而
上學』並以之解釋儒學傳統，這比陽明更跨越了一步，實際企圖重建某種知
識、權力結構，來統攝人們，因之才有那個非常矯揉造作的所謂經良知『坎
陷』由『內聖開外王說』。如果眞能運作在現實層面，這將是一條走向反理性
主義的危險之路。」〔註28〕

當然，由於受禪宗的影響程度不同，對禪宗本身的態度不同，尤其是對
「儒禪之辨」的看法不同，心學這一由「天本論」向「心本論」的本體論轉
型，在不同心學家那裏有著很大的不同（牟先生在上文中也認爲濂溪等宋明

〔註27〕牟宗三：《智的直覺與中國哲學》，臺北，商務印書館，1971 年版，第 199 頁。
〔註28〕李澤厚：《何謂「現代新儒家」》，見氏著《世紀新夢》，合肥，安徽文藝出版
　　　　社，1998 年版，第 110～111 頁。

新儒家在眞常心方面，有「偏全」之差）。這是因爲，受佛禪的眞常唯心論影響，心學家雖承認「本心」的不生不滅、不淨不垢、圓滿無缺、清明神妙性，但他們畢竟很難接受佛家以宇宙萬物爲空幻的思想。儒者最重天地父母，他們很難認爲父母是如來藏變現而來，體性本空。從這種意義上說，大部分心學家的「心本論」，充其量是一種「溫和心本論」或「有限心本論」，且有落於「心物二元論」之嫌。——他們只是以自己的心性去囊括宇宙萬物，與佛教萬法唯心、心法皆空的絕對唯心論或超唯心論，尚有很大的不同。因此，如果說傳統儒學的「天本論」尚不失爲名副其實的話，宋明心學之「心本論」是有限度、有條件、有問題針對性的。

但即便如此，宋明心學家的儒學，已較傳統儒學發生了重大的變異，乃至一定程度扭轉了近世儒學的發展方向。這種扭轉，從人類文化發展的總進程而言，既有卓越的理論貢獻，也產生了重大流弊。這裏只能略加陳述：

第一，高揚了人心的主體自足性，弱化了天地的客觀實在性。在傳統儒學中，天不僅是絕對的實存本體，也是人類價值的根源。天有事理，聖人循而行之，所謂道也。孔子「唯天爲大，唯堯則之」，孟子「盡心知性知天」，都是依天道爲依歸。宋明心學儘管不能眞正將「心」與「天」切斷，更不否認客觀外在性的天地父母之眞實存在，但他們倡言「心即理」、「心即道」，強調本心的萬理具備、自明自神、圓滿無缺，實際上人的良知本心成了眞正的價值根基，消解了原初儒學中「天人之際」的緊張，天與天道反而變得甚爲空靈虛淡。這一價值根源的轉換，更加凸顯了人心的主宰性、自足性和超越性，對於挺立道德人格，引領人類走向內在超越之路，無疑具有十分重大的意義。然而，與持「天本論」的傳統儒家之重視世間萬物的客觀性不同，持「心本論」的心學家多不重視對客觀知識的學習，而是戮力於心性修養，不同程度上將傳統儒學「世間行」變成了「心內行」。朱子因此甚至埋怨說：「孟子說心，後世遂有求心之病。」〔註29〕在道德實踐問題上，心學家更加偏重於行爲動機的純善，忽視道德判斷與道德行爲的客觀公共性問題。這一缺陷，使宋明心學在生活相對穩定、單調的傳統社會，已經暴露出相當大的流弊。在價值日益多元，社會結構日益複雜的現代社會，儒家心學更顯得宗教性私德有餘，而社會性公德不足，無法成就普適性的公共倫理，更遑論與西方的公共理性和自然科學爭鋒。即使高度推崇宋明心學的現代新儒家牟宗三先

〔註29〕朱熹：《朱子全書》卷十，《論語一》總論，清康熙五十三年武英殿刻本。

生，也不得不承認宋明心學在客觀天道方面的「虛欠」，「內聖」強而「外王」弱，以至他不得不提出「良知自我坎陷」，改「直通」爲「曲通」，以期開出現代文明中的民主與科學了。

第二，加強了儒學的宗教性，降低了儒學的智識性。「以此世爲價值」，是傳統儒學的一個基本特徵。如《莊子》所謂「六合之外，聖人存而不論」，孔子的「未知生，焉知死」，孟子的「遇不遇天也」，乃至儒家所謂的「立功」、「立言」、「立德」的「三不朽」，都不是強調本心的永恆不滅。儒家的責任與眷戀，是憑著情感與道德的力量，盡此人道而已。與此不同的是，心學家儘管也不像佛家那樣迷信因果報應和生死輪迴，但他們突出了「良知本心」的「本體」性（超出了人類個體和群體），使之具有了「不曾生、不曾死」的特徵。這一特徵，使儒家心學一定程度上具有佛禪的「了生死」智慧。〔註 30〕在傳統儒學中，儒學的宗教性主要體現在傳統的天命觀，尤其是天人合一的超越境界中。而宋明心學則通過對「良知本心」的信仰，大大提升了這種宗教性〔註31〕。然而，由於心學家信仰的「本心」、或「良知」是一種「與物無

〔註30〕 如陽明回顧龍場悟道的生命體驗，並告訴弟子們說：「學問工夫，於一切聲利嗜好，俱能脫落殆盡，尚有一種生死念頭，毫髮掛帶，便於此全體有未融釋處。人於生死念頭，本從身命根上帶來，故不易去。若於此處見得破，透得過，此心全體，方是流行無礙，方是盡性至命之學」（《傳習錄》）。心學的這一「了生死」特徵，在陽明弟子王龍溪那裏展現得最爲突出。傅偉勳先生認爲：「陽明弟子王龍溪逐漸禪化了致良知教，而以良知（亦即徹破生死對立的心性及其體認）『範圍三教之宗』。我們實可以說，儒家道德的理想主義，到了陽明、龍溪的心學，有其心性體認本位的（超世俗道德的）生死學深化，（涉及生死智慧的）超世俗的高度精神性或宗教性成爲世俗世間的人倫道德的本源或根基，反之非然。」──《突破傳統佛教，開展現代佛法》，載氏著《佛教思想的現代探索》，臺北，東大圖書公司，1995 年版，第 221 頁。

〔註31〕 此正如李澤厚先生所謂：「理學把盛行於唐代的佛教吸收進來，把宗教還原爲世俗倫常，又把世俗倫常賦予宗教本體的神聖性質，再次建立起中國式的政教合一的統治系統，力求使『政』不脫離『教』。即使『拯民水火』『救人饑渴』等原始儒學的『外王』的政治內容也賦予以『內聖』的準宗教性質，成爲所謂『對人的終極關懷』，即對人如何悟道、如何能成爲聖人的關注。一切『外王』，都只是爲了『內聖』，於是『外王』本身成爲次要的了。這顯然是佛教『普渡眾生』的世俗翻版，不過不是在另一世界中，而是即在這個世俗世界中。理學成了一種具有宗教功能的準宗教，也可說是某種道德的神學。如果說，在原典儒學，道德實質乃是政治，那麼在宋明理學，政治實質從屬道德。」──《經世觀念隨筆》，載氏著《中國古代思想史論》，北京，三聯書店，2008 年版，第 287 頁。

對」、「反觀內照」的解脫智慧，甚至有「心外無物」、「心外無理」的命題，這就必然地產生重直覺體驗，輕經驗知識的弊病。這一特徵，在佛、道那裏固然無可非議，因爲佛、道的基本精神是出世、忘世的，但對志在開物成務、「爲萬世開太平」的儒家而言，則會有嚴重的後果。〔註32〕

　　第三，突顯了儒學的「高明面」，降低了儒學的「下學面」。在傳統儒學中，雖然也有「由仁義行非行仁義」、「不思而得，不勉而中」的「高明面」，但這基本上是一種道德踐行工夫的圓熟狀態，是一種化勉強爲自然，化知識爲德性，化意識爲潛意識，化技能爲藝術的神妙境界。宋明心學家雖然也強調在「事上磨」，但大多將「瞑坐體道」作爲了一種最基本的修煉工夫，他們實際上是將佛禪如來藏思想及其參證方法引入到儒家的人性論和工夫論中去。牟宗三先生認爲「智的直覺」是宋明心學家之共識，這並不錯。然而傳統儒者，一般並不直接在「心體」上用功，至少在孔孟荀等儒者在道德實踐中，是不依靠「智的直覺」的。正如傅偉勳先生所言，「大乘佛學旁助了儒家（包括政治社會、歷史文化、知性探索、人倫道德等層面），在宋明理學的理路上發展上有其勝義諦（包括實存主體，終極意義與終極眞實等三大層面）意味的自我義理深化或奠基」〔註33〕。宋儒對佛禪心性論和工夫論的吸收，不僅使宋明儒學的思辨性、高明性大大增強，更使修學者獲得一種「化有執爲無執」的人生智慧和生命體驗。然人心容易好高鶩遠、喜簡惡繁，由於對這種「勝義諦」的過度發揚，傳統儒家的「世俗諦」在學者中大受冷落以致於大爲弱化。心學家將更多的心血集中

〔註32〕關此，韋政通先生說：「宋明儒者講學，以心性問題爲主。陸王一系主張『心外無物』、『心外無理』，把經驗知識的根苗，剷除的最爲徹底。順著這一思路發展下去，永遠不會發生科學知識的問題。同時限於這一思路的心靈，也永遠不能認取科學知識的價值。陸象山說：『某若不識一字，亦要做個堂堂正正的人。』這說明儒家的人生思想，可以完全不以知識爲基礎。這與『明心見性』、『不立文字』的禪宗並無多少區別。不僅此也，陸王皆視經驗知識爲『見聞之知』，見聞之知對人生的修持，非徒無疑，且是有害的。於是將『見聞之知』與『德性之知』視爲對反，視爲互相消長。儒家人生思想到此，才算把知識問題處了死刑。」（見氏著《儒家與現代化》，臺北，水牛出版社，1997年版，第149～150頁。）愚按，在上引文中，韋先生認爲陸王皆以『見聞之知』影響『德性之知』，未免言之絕對。嚴格而論，陸王只是認爲「見聞之知」與德性修養「不相干」，並不一味地反對「見聞之知」。但與先秦儒學、乃至朱子哲學相比，陸王心學有重德性而輕知識的傾向（個別弟子則有反知識的傾向），則是毫無疑問的。

〔註33〕傅偉勳：《儒釋道三教合一的哲學探討》，載氏著《佛教思想的現代探索》臺北，東大圖書公司，1995年版，第175頁。

在道德性命境界的開拓上，對世俗功業卻少了一種「知其不可而爲之」的奮鬥精神。這至少與先秦儒家之周遊列國、悽惶救世的風神有極大的不同。

第二節　慈湖「本心」之考察

　　「本心」是宋明心學最爲重要的概念，它不僅關係著一個心學家的工夫與境界，而且關係著其心學的本質特徵。慈湖的本心觀，從極寬泛意義上說，當然可視爲是對孟子，尤其是橫浦、象山等人心學思想的繼承與推進。然而，慈湖的本心，又有著傳統儒學並不凸顯的一些特質，實質上距離佛禪的「自性清淨心」近而與孟子的「道德心」遠。細察慈湖著述的「文字叢林」，慈湖的「本心」，大概可以概括出以下幾大特徵：〔註34〕

一、先天自足性

　　相較於孟子、象山等人，慈湖更加凸顯了本心的先天自足性。

　　心者，某之所自有，而先聖之道在焉，實廣實大，實昭明，實無所包。〔註35〕

　　灼知舉天下萬世人心，本善本正，本清明，本無放逸，本與堯、舜、禹、湯，文、武、周公、孔子同，本與天地同。〔註36〕

　　人心非氣血，非形體，廣大無際，變化無方。倏焉而視，又倏焉而聽；倏焉而言，又倏焉而動，倏焉而至千里之外，有倏焉而窮九霄之上。不疾而速，不行而至，非神乎？不與天地同乎？學者當知舉夫天下萬古之人心皆如此也。孔子之心如此，七十子之心如此，子思、孟子之心如此，復齋之心如此，象山先生之心如此，金溪王令

〔註34〕曾凡朝先生在其博士論文《楊簡易學思想研究》中，曾對慈湖「心之本體意蘊」列爲如下條目：1，心的內在性──「此心，人之所自有，人所自存」；2，心的超越性──「是心，四海之所同，萬古之所同」；3，心的神明性──「此心自明自神」；4，心的虛而無體性──「此心虛明無體」；5，心的感通天地之性──「範圍天地，發育萬物」；6，心的道德倫理性──「人之本心自善」。（後來此節以《楊簡「心」本體詮釋》爲題發表在《孔子研究》，2008年第6期上）筆者對此分類有所借鑒，本書此節雖也分而論之，卻旨在突出慈湖、孟子心學之區別。
〔註35〕《慈湖遺書》卷四，《先聖祝文》。
〔註36〕《慈湖遺書》卷五，《跋汪尚書達古字碑刻》。

> 君之心如此，舉金溪一邑之心如此。……天下之人心皆與堯、舜、
> 禹、湯，文、武、周公、孔子同，皆與天地日月鬼神同。〔註37〕

我們知道，孟子的「非有外鑠」、「人皆可爲堯舜」，是說人人皆有潛在性的道德本質（「性」），而非意味著人人皆是現成的聖人或者「一念之悟」就可成聖。孟子當然承認「本心」與「本性」有合一的可能性，但作爲「本心」的惻隱、羞惡等道德情感僅僅是「本性」（如仁、義等）幾種端緒、萌芽而已。對並非先知先覺的常人而言，倘要由四端之「心」證悟到仁義禮智之「性」，還有一個「盡」與「不盡」，「求」與「不求」的問題，故孟子特別強調「盡心知性」，即不斷擴充、存養自己的「不忍人之心」。象山說「人心有病，須是剝落」，是在強調現實人心的不完滿，故尚須「發明本心」、「義利之辨」等種種工夫努力。而慈湖認爲天下萬世之人心皆與堯舜同，此是把「性」之潛能性的一面給消解了，完全變成了「心」的當下現實性。與之對照，在對心體的述說上，慈湖反復強調人心本來清明，只要「不起意」就是聖人（「心之精神是謂聖」），從來不肯說一絲稍有負面性的言論。象山論「心即理」時，曾有「東聖西聖，心同理同」之類的話，但「心同理同」的前提還是聖人，而慈湖則完全變成了普通人，使得本心在「當下自足」這一特性上眾生平等。後來陽明及其後學有所謂「滿街都是聖人」之類的話頭，如站在慈湖心學的立場，實不算什麼驚人之語。故就「本心」當下圓滿自足這一點而論，象山的「心本論」遠不如慈湖的「心本論」來得徹底。

二、時空超越性

孟子認爲，人先天、內在、普遍地具有「四端」之心和「良知」、「良能」。分而言之，先天是說「本心」乃天生即有；內在是說「本心」非由「外鑠」；普遍是說「本心」人人皆同。然而，在孟子思想中，「本心」或「本性」的這類超越性，乃基於一種經驗性的現實觀察和心理體驗。這種超越性是一種群體性的超越性。換句話說，孟子並不認爲某個人「死」了之後，其本性或本心還「活」著，故「本心」最終受到個體生理生命的限制。象山所謂「東海有聖人出焉，此心同此理同」之類，也並沒能跳出這一總體性論域。而慈湖的「本心」除具孟子本心所有具有的群體性超越外，還有個體性的超越義——

〔註37〕《慈湖遺書》卷二，《二陸先生祠記》。

─每個人的「本心」都是超越生死、時空的：

> 德性虛靈，曩豈生，今豈死？〔註38〕

> 子曰「朝聞道，夕死可矣」，子曰「心之精神是謂聖」。精神虛明無體，未嘗生，未嘗死，人患不自覺爾。一日洞覺，則知死生之非二矣，則爲不虛生矣。〔註39〕

> 某於象山先生文安公受周極之恩，片言頓覺，如脫桎梏……日月遷流，斯覺未嘗流，死生雖異，斯覺未嘗異。〔註40〕

這種本心的「不生不滅」，在傳統儒學中是難以想像的。先儒有所謂「立德」、「立言」、「立功」的「三不朽」說，但這僅僅說明一個人的德行、言論、功業在後人心中昭垂永遠，並不意味著某個人的「本心」不生不死。現代人也常常說某人「永垂不朽」，但此乃就人的某種高貴精神品格的感染力而言，並非說此人的「本心」還活著。慈湖夫人馮媛臨終前說：「我雖病，實未嘗病，生如死，死如生。」〔註41〕夫唱婦隨，與慈湖的生死觀如出一轍。當然，在陽明及其後學中，類似的說法也是十分常見。「本心」的這一「超生死」的屬性，顯然與佛教生死觀的滲入有重大關聯。〔註42〕佛家認爲，一個人肉體死亡後，中陰身（即通常所謂的魂魄）不亡，只是暫時脫離身體，將會重新投胎轉世，這就是人們平常所謂的靈魂不滅。慈湖這裏「本心」的不生不滅，儘管與「中陰身」問題無關，但顯然更接近於佛家如來藏自性清淨心的不生不滅。本心的這種超時間性，可從慈湖對「永」之概念的反復詠歎中見得一斑：

> 皋陶曰，慎厥身，修思永。永，久也。古者未有道之名……至舜授禹，始曰道心。皋陶曰永，亦名夫永，永悠久，即所謂時，而實無名。……靜如此動不如此非永也，始如此終不如此非永也，晝如此夜不如此非永也，今日如此他日不如此非永也，今月如此他月不如此非永也，今年如此他年不如此非永也，生如此死不如此非永也。……人皆有是心，是心皆虛明無體，無體則無際畔；天地萬物盡在吾虛明無體之中，變化萬狀而吾虛明無體者常一也。百姓日用此虛明無體之妙而不自知

〔註38〕《慈湖遺書》卷四，《奠高處約辭》。
〔註39〕《慈湖遺書》卷十，《論論語上》。
〔註40〕《慈湖遺書》卷四，《代李伯誠祭象山先生文》。
〔註41〕《慈湖遺書》卷五，《冢婦墓銘》。
〔註42〕關此，可參閱彭國翔《儒家的生死關切──以陽明學者爲例》一文，載氏著《儒家傳統：宗教與人文主義之間》，北京，北京大學出版社，2008年版。

也，此虛明無體者，動如此、靜如此、晝如此、夜如此、生如此、死
如此，修身而不能永如此，非道也。〔註43〕

與本心超時間性適爲一體兩面的，是超空間性。慈湖的本心主要突出了「心
量」之廣大無際：

> 人心虛明無體，廣大無際，天地人物變化萬狀，不出吾心量之中。
> 〔註44〕

> 人皆有是心，是心皆虛明無體，無體則無際畔，天地萬物盡在吾虛
> 明之中。變化萬狀而吾虛明無體者常一也。百姓日用此虛明無體之
> 妙而不自知也。此虛明無體者，動如此，靜如此；晝如此，夜如此；
> 生如此，死如此。〔註45〕

認爲天地萬物及其變化，都在本心的虛明無體之中。這是慈湖本心在空間方
面的超越性。孟子所謂「萬物皆備於我」，是說萬物之理都可以爲一己之心所
含攝、認識、體驗；所謂「上下與天地同流」，也指涉著一種道德情感充盈的
心理體驗。這顯然是由一己的惻隱之心，依「親親而仁民，仁民而愛物」之
次第，不斷向外擴充的結果。反觀之下，慈湖所描述的這種心量廣大之內涵，
實不爲孟子道德感極強的「本心」概念所含攝，而更逼近於禪宗的一些說法。
如六祖慧能論及梵語「摩訶」一詞時說：

> 摩訶是大，心量廣大，猶如虛空，無有邊畔，亦無方圓大小，亦非
> 青黃赤白，亦無上下長短，亦無瞋無喜，無是無非，無善無惡，無
> 有頭尾。諸佛刹土，盡同虛空。世人妙性本空，無有一法可得。自
> 性眞空，亦復如是。〔註46〕

佛教強調「證空」，認爲天地萬物是眞空妙有，皆由自己「心識」中流出（「一
切唯心造」），「山河虛空大地，咸是妙明眞心中物」，故心量是無窮無盡的。
慈湖顯然受到這類教理的影響。當然，這些觀念絕非空口騰說，而與他長期
「靜坐反觀」的悟道體驗有關。據慈湖對自己「循理齋之悟」的描述：

> 某方反觀，忽覺空洞無內外，無際畔，三才、萬物、萬化、萬事、
> 幽明，有無通爲一體。……元來某心體如此廣大，天地有象有形有

〔註43〕　《慈湖遺書》卷而，《永嘉郡學永堂記》。
〔註44〕　《先聖大訓》卷二。
〔註45〕　《慈湖遺書》卷三，《永堂記》。
〔註46〕　《壇經》第二，《般若品》。

　　際畔，乃在某無際畔之中。〔註47〕

諸如心量廣大如虛空，萬象森羅爲一體的特殊生命體驗，我們當然不能一口咬定爲禪門的專利。須知，這種靠靜觀而得的特殊經驗，並非只有佛道弟子才能獲致，即使許身儒門之人，只要採取相應的修習方法，也會得到相近的心理體驗。然與傳統儒學相較，我們終不能不承認慈湖的「反觀」，與禪宗的「止觀」近而與孟子的「反身而誠」遠。旁觀其他儒者，明道雖注重「萬物靜觀皆自得」，並強調「仁者與天地萬物爲一體」，但他畢竟還強調「滿腔子是個惻隱之心」。象山曾有「宇宙即是吾心，吾心即是宇宙」之說，但從總體上看，其本心的道德情感色彩還是相當濃烈的。故日本學者島田虔次在比較楊慈湖與王龍溪、王心齋「萬物一體」思想時認爲，慈湖的萬物一體觀具有形而上的、冥想式的、虛靜的特點，這種萬物一體說，是莊子、尤其是僧肇式的，與龍溪、心齋之萬物一體論具有程明道式、動態的、社會性、實踐性特徵有著鮮明的對照〔註48〕。

　　劉宗賢女士在《陸王心學研究》一書中指出，象山對宇宙本體的思考是以人生問題爲中心的，而慈湖的心學思想，最初則是由佛教「見性」之說悟入的：慈湖以爲佛教的「自性」，就是儒家的「本心」，二者沒有區別。「以佛教禪宗對宇宙的思辨作爲重要的思想方法，正是他的主觀唯心論來得比陸氏徹底的原因」。〔註49〕拋開「主觀唯心論」等提法，筆者大致贊同劉女士的看法。正如前文一再論說的，慈湖以靜坐反觀之後的「見性」（「虛明無體象，廣大無際量」）作爲「本心」之證成，與宋代援禪入儒的整個學術風向有重大關聯。與先秦儒家相較，即便是明道、橫浦、象山等人，也有著長期宴坐觀心的經驗，他們對本心的體悟，也有著向佛禪本心滑移的傾向。至於這種「滑行」的程度，則因人而異，不宜等量齊觀。慈湖不過在此路途上，走得更遠更深而已。

三、虛明無體性

　　方立天先生說：「一般而言，宋代以前，儒家多遵循孟子的『盡心知性知天』的理路，主張盡量發揮人心對主體和客體的認識作用。但是，宋代以來，

〔註47〕　《慈湖遺書續集》卷一，《炳講師求訓》。

〔註48〕　島田虔次：《楊慈湖》，載氏著《中國思想史研究》，上海，上海古籍出版社，2009年版，第280～281頁。

〔註49〕　劉宗賢：《陸王心學研究》，濟南，山東人民出版社，1997年版，第152頁。

尤其是南宋有的心學家們轉而提倡人心空靈，無思無著，作爲人生修養的境界。這是儒家深受佛教心性思想影響的又一突出表現。」〔註50〕在筆者看來，這段話用於詮解慈湖心學最貼切不過。我們知道，孟子的本心，主要體現爲對人之道德意識的自覺，直陳著一種道德情感的在場狀態。在對此心的充養過程中，並不排斥外在知識性的倫理規範，這從其「博學而反說約」、「知言養氣」等論說中不難看出。而慈湖在對本心狀態的諸多描述中，所用最多的字眼是「虛明無體」：

> 此心虛明無體象，廣大無際量，日用云爲，虛靈變化，實不曾動，不曾靜，不曾生，不曾死。而人謂之動、謂之靜，謂之生，謂之死，晝夜常光明，起意則昏則非。〔註51〕

> 人心至靈至神，虛明無體，如日如鑒，萬物畢照。故日用平常，不假思爲，靡不中節，是爲大道，微動意爲，爲非爲僻，始失其性。〔註52〕

從認知的意義上說，強調「本心」的「虛明」、「清明」，並非佛禪或道家（教）的專利。即便是宋明理學家如朱子，也常常強調人心的「虛明靈覺」。在通常情況下，人心多處在感知、情感、欲望、表象、理性等多種意識流動中。這些意識流動，往往使人心受到各種蒙蔽。然而，人心又有著一定的自我調控能力，可以通過主觀的心理調節，達到某種相對寧靜、清明而不被意識籠罩的狀態。孔子的「四毋」，荀子的「虛一而靜」，就是要人在學習或處理某種事情時主動屏蔽掉各種先入之見或不利的心理狀態。但慈湖的本心之「虛明」，卻與此大有不同。後者不是由人的感知思維在與外界交感的覺受中所得，而是由人的反觀內照所得，故具有超概念、超思維性。他甚至認爲「天地萬物盡在吾虛明之中」，不受動靜、晝夜、生死等外在因素的影響。與此相關，在慈湖看來，儒家的聖人就是拋棄一切對待性知識而內心「虛明無體」的人，並認爲「吾有知乎哉，無知也。有鄙夫問於我，空空如也」一句（《論語‧子罕》），是孔子「胸中實無所有，實無所知」的夫子自道。他說：「使孔子有知，則無以爲聖人矣。有知則有意，孔子每每戒門弟子曰毋意。則有意

〔註50〕 方立天：《中國佛教哲學要義》（上），中國人民大學出版社，2002 年版，第542 頁。
〔註51〕 《慈湖遺書》卷三，《日本國僧俊芿求書》。
〔註52〕 《慈湖遺書》卷九，《家記三‧論禮樂》。

何以爲孔子？其所以教人，特去人之蔽爾。」〔註53〕慈湖強調「本心」之虛明無體，說來說去還是指涉著心的「不起意」狀態：

> 意欲不作，清明和融，爲愛，爲敬，爲博愛，爲敬讓，爲不敢，爲不驕不溢……皆此心之變化，一以貫之也。不可以爲彼粗此精也。曰粗曰精者，意也。非吾所謂無所不通者也。其物以十百千萬，其實未嘗十百千萬也。〔註54〕

禪家修心，意在剝落掉各種「妄想」、「習氣」，進而體驗心的「眞空妙有」的實相。從各種表述看，慈湖論心之「虛明無體」與佛禪論心境之「空」並無多少區別。《大學》的「正心」之學，是欲人主動地拋卻心的主觀成見（因爲「心有所好惡則不得其正」），並不拋棄認知概念意義上的分別與對待。此正孔子「四毋說」之正解，而與慈湖本心之「虛明無體」有著實質性差別。此點，在論及慈湖「不起意」工夫時還將詳細分解。

四、生發變現性

在儒學的高明面中，有所謂「天人合一」的傳統。此傳統是上古宗教之「萬物有靈論」向道德人文主義的一種嬗變。《易傳》曰「天地之大德曰生」，「天」作爲至高無上的本體，具有創生的「德性」（生生之德），此德性經由「天命」而賦予到每一個人身上，即爲人先天的善性（《中庸》「天命之謂性」，郭店楚簡之「性自命出，命自天降」）。用我們今人的哲學話語看，此不妨看作儒學之「本體論預設」〔註55〕。然而就一般人而言，此「性」必須「盡心」才可以知。而「盡心」就須要「踐形」、「集義」、「動心忍性」、「知言養氣」、「反身而誠」，以發揮心的主體功能，最大限度地實現生命的德性潛能〔註56〕。而只有將這種潛

〔註53〕《慈湖遺書》卷十一，《論論語下》。

〔註54〕《慈湖遺書》卷十二，《論孝經》。

〔註55〕對此，李澤厚先生有較透闢的闡述：「《易傳》則賦予外在自然的『天』以肯定性的價值和意義，並類比於人事，亦即是具有道德情感甚至情感內容的『天』。如前所述，不同於工業社會，以農業生產爲基礎的人們，長期習慣於『順天』，特別是合規律性的四時季候、晝夜寒暑、風調雨順對生產和生活的巨大作用在人們觀念中留有深刻的印痕，使人們對天地自然懷有和產生感激和親近的情感和觀念。」——見氏著《中國思想史論》（上），安徽文藝出版社，1999年版，第127頁。

〔註56〕錢穆先生將孟子的「盡心」與「踐形」聯繫起來講，他說：「孟子說踐形，又要說盡心。其實盡心仍得從踐形上作工夫。踐形工夫做到綜合高明處，便是

能擴充、發揮到極致，才能「知性知天」，才能達到「參天地之化育」的「至誠」之境。

　　然而，到了慈湖，不僅本心的道德情感意涵有所缺位，他眼中的天地萬物也逐漸被「虛幻化」、「鏡象化」，宛如《楞嚴經》所謂「山河大地，咸是妙明眞心中物」那樣，天地造化、風雨博施全成了一己之心的變化與呈現：

> 日用平常之心，何思何慮，虛明無體，廣大無際。天地範圍於其中，四時運行於其中，風霆雨露雪霜動散於其中，萬物發育於其中，辭生於其中，事生於其中，屬而比之於其中，如鏡中象，雖紛擾參錯而未嘗動也，不可以爲有也，而亦不可以爲無也。〔註57〕

> 後世於心之外復求道，不知此心虛明，廣大無際畔，範圍天地，發育萬物，即道也。〔註58〕

> 子思不知萬物我發育，推於聖人自固蔽，自己固蔽禍猶小，固蔽後學禍猶大。〔註59〕

> 天者，吾性中之象；地者，吾性中之形；故曰，在天成象，在地成形，皆我執所爲也。混融無內外，貫通無殊異。〔註60〕

這種「本心」雖然還能「範圍天地」、「發育萬物」，但已經不再是儒者立於道德主體性的創生心，而是一種心靈觀想中的「見性」經驗。故鍾彩鈞先生認爲慈湖哲學中的天地萬物是作爲心之影像存在的。他在《楊慈湖心學概述》一文，引述幾位日本著名學者對慈湖心學的評價說：

> 島田虔次以爲，慈湖的主觀觀念論是概念的、靜的、觀想的，以維持泛自我感、萬物一體感爲目標，是莊子、僧肇式的；而王龍溪及王心齋的則是動的、社會的、實踐的，是程明道式的。牛尾弘孝指出慈湖的心一元論是動靜一如的，眞心是本來無一物的，故有一切無盡藏的融通性，能排除執著的話，物的情理就判然顯現。荒木見悟則指出慈湖之學以靜觀吸收動用。慈湖雖自負其向外界開放，萬象能自由出

盡心工夫了。……天賦於我此性，若我不盡量發揮我性到最高可能之極限，我即無從知天心天意之終極之所在。要盡性，則須盡心。要盡心，則須踐形。」——氏著《中國思想通俗講話》北京，三聯書店，2005年版，第26頁。

〔註57〕《慈湖遺書》卷二，《著庭記》。
〔註58〕《慈湖遺書》卷二，《時齋記》。
〔註59〕《慈湖遺書》卷六，《慈谿金沙岡歌》。
〔註60〕《慈湖遺書》卷七，《己易》。

入，但事象一旦爲心境吸收便喪失其獨自性、主體性、歷史性，羅列在平板的鏡面上。慈湖無意絕念的觀想愈絕對化，萬象就愈被除去主要部分，愈被去勢了。象山、慈湖的關係，與當時禪門內看話禪、默照禪的關係不無類似。宏智《默照銘》強調默而照，照而默。「飄飄出萬象頭上，歷歷在森羅影中，了無毛髮間隔，混混有出應之機」，無間地浸透應對於現實的個別性，然而其高蹈清澄，使塵俗如夜氣般靜謐的情調，形成和看話相異的風格。「飄飄出岫之雲，濯濯流澗之月」，「蘆花混雪，明月濯秋」、「孤舟載月，夜宿蘆花」，諸句呈現的心境和慈湖詩賦相通。從本文的討論，可見慈湖固然力求無思無爲與萬物並作的合一，但其精神偏於渾然寂然的一面，其肯定紛然雜然，正像鑒中萬象，無質實感。因此，王陽明的評論是公平的，而日本學者中應以荒木見悟的發明最爲切中。〔註61〕

從上引島田虔次、牛尾弘孝、荒木見悟三位學者觀點看，三者皆認爲慈湖心學中的萬物一體感，主要是靜態的、觀想的、無實質感的，荒木見悟甚至認爲慈湖心學的精神偏於弘智正覺的默照禪。應該說，慈湖所論本心的生發變現性，顯然與他長期受佛禪理論浸染，尤其是靜坐內觀中的特殊體驗有關。這裏不妨再援引一段《圓覺經》經文，以見慈湖「本心」與佛禪「自性清淨心」之相近：

善男子，若諸菩薩悟淨圓覺，取靜爲行，由澄諸念。覺識煩動，靜慧發生，身心客塵，從此永滅。便能內發寂靜輕安，由寂靜故，十方世界，諸如來心，於中顯現，如鏡中像。〔註62〕

上文說，經過一番「取靜」、「澄念」工夫，將身心的「客塵」驅除之後，心就可以擁有「寂靜」、「安穩」等深層體驗；此時，「十方世界」（類似於慈湖的「天地」、「四時」）都會如鏡子中影像一樣在心中顯現。這與慈湖的本心體驗何其相似。筆者認爲，作爲一個以儒立身的現實中人，慈湖當然不會承認山河大地的虛無性，更不會承認包括父母在內的天地萬物都是一己之心變現的結果。但由於他受佛禪「自性清淨心」的影響，尤其是以近於佛家「止觀」的「靜坐反觀」作爲求取本心的基本方法，故這種天地萬物變現於一心之中

〔註61〕 鍾彩鈞：《楊慈湖心學概述》，臺灣中央研究院中國文哲研究所，《中國文哲研究集刊》，第17期。2000年9月。

〔註62〕 《圓覺經》卷七《威德自在菩薩》章。

的思想，至少在他與日常生活「懸隔」的內心觀照中是成立的。陳來先生在
分析慈湖心學中的「神秘主義」時，就指出了這一點：

> 站在理性思維和一般哲學思辨的立場，我們除了感到一種自大狂
> 妄，幾乎無法探知這一系列命題提出的認識根據。實際上，這種把
> 宇宙永恒無限的變易過程視爲與自我合而爲一，從楊簡學術的基本
> 取向上可以斷定是基於神秘體驗的描述。描述的內容並不是理性和
> 邏輯思維的結果，而是一種特定的心理體驗。〔註63〕

換個角度，如果我們略讀如來藏一系相關的佛教典籍，便可知道，在佛家自內
證的修行實踐中，出現這類「如鏡中像」境界最是平常不過。南懷瑾先生說：

> 儒者出入於禪道，從誠敬用工入手，於靜一境中，體會得此心之理，
> 現見心空物如之象，即起而應物，謂『內聖外王』之道，盡在斯矣。
> 而禪者視此，充其極致，猶只明得空體離念之事（亦可謂之但知治
> 標），向上一著，大有事在（方可謂之治本）。而儒者於此，多皆泛濫
> 無歸也；若有進者，如洛學後人、象山門人，多遁入禪門矣。〔註64〕

慈湖受禪學影響，經過常年的「靜坐反觀」，終於如南先生所謂「現見心空物
如之象，即起而應物，謂『內聖外王』之道，盡在斯矣。」在禪家看來，證得
「心空物如之象」，距離成「無上正等正覺」，猶隔十萬八千里。但將此境界視
爲悟得孟子本心的慈湖，自然是驚喜莫名。本著弘道警世之心，他要將自己悟
到的「實相」告訴世人和向他求學的人，所以後世學者才在其文集中看到諸如
「後世於心之外復求道，不知此心虛明，廣大無際畔，範圍天地，發育萬物，
即道也」之類的反復陳說。慈湖對《易經》等儒家經典的解釋，都是建立在自
己體證到的內心境界上，所以張念誠先生認爲慈湖是「證量解經」。

　　無論如何，較之於橫浦、象山等人，慈湖在以心性去囊括宇宙萬物的義理
趣向上走得更遠更深，他無疑是宋明心學家中持「心本論」最徹底的思想家。

五、圓滿自善性

　　人性論是儒家成德之學的理論依據。自先秦儒學始，孟子從人們普遍具
有的惻隱、羞惡等道德情感出發，來論證此先驗的性善。但一直到宋明新儒

〔註63〕陳來：《心學中的神秘主義問題》，見氏著《有無之境：王陽明哲學的精神》
　　　　附錄，（北京：人民出版社，1991年版），第401頁。
〔註64〕南懷瑾：《禪海蠡測》，上海，復旦大學出版社，2012年版，第264～265頁。

學興起之前，孟子性善論並不佔據主導地位。至少從兩漢到唐末的近千年時間中，「性有善有惡」或「性善惡混」思想就比性善論影響大得多。應該說，性善論在儒家思想中的主導地位，是在宋明理學中奠定的。這一現象的出現，與宋明理學家受佛家如來藏思想有很大關係。不管佛家認不認可，至少以今人的眼光看來，佛家的「自性清淨心」理論可算是一種超越世俗善惡的「廣義性善論」。受此影響，宋明心學中的「本心」也具有了佛家「自性清淨心」的某些特徵，比如上文所述慈湖「本心」具有的先天自足、時空超越、生成變現、虛明無體等特性，都與佛家的自性清淨心的體性若合符節。當然，旨在成聖以濟世的儒家，畢竟與佛禪的本心有很大不同，至少就本心的實踐功能而言，心學家仍然是將人們的思想信念往道德方面引，最終在「惻隱」、「羞惡」等道德情感和「見父知孝」等道德行為上落腳。這當然可以視為心學家對孟子性善論的繼承，也是心學不同於禪宗的一大特色。慈湖在對本心的描述中，也側重於彰顯本心在道德倫理方面的實踐能力：

> 道心大同，人自區別，人心自善，人心自靈，人心自明，人心即神，人心即道。……人皆有惻隱之心，皆有羞惡之心，皆有恭敬之心，皆有是非之心。惻隱，仁；羞惡，義；恭敬，禮，是非，知。仁義禮知，愚夫愚婦咸有之，奚獨聖人有之，人人皆與堯舜禹湯文武周公孔子同。〔註65〕

> 人心自正，人心自善。孩提之童，無不知愛其親，及長，無不知敬其兄。不學而能，不慮能知。人皆有惻隱之心，皆有羞惡之心，皆有恭敬之心，皆有是非之心。〔註66〕

> 人心即道，故書曰道心。此心無體，清明無際，直心而發，為事親、為從兄、為事長上、為夫婦、為朋友。仕則事君臨民，其愛人曰仁，其處事得宜曰義，其恭敬曰禮，其不欺不妄曰忠信。〔註67〕

問題在於，慈湖言心之「善」、「靈」、「明」、「神」等特性不是落於現實倫理的善，而是一種超越世俗善惡的「善」。這與朱子在承認心之清明基礎上認為「心包眾理」仍然有著重大不同，因為「超越善」是「不涉理路，不落言筌」、「離四句，絕百非」，「起心即錯，動念即乖」的。與強調本心的先天之善相

〔註65〕《慈湖遺書》卷二，《二陸先生祠記》。
〔註66〕《慈湖遺書》卷五，《吳學講義》。
〔註67〕《慈湖遺書》卷三，《學者請書》。

關，慈湖將外在性的「禮」也完全內化在人心之中。他說：

> 經禮三百，曲禮三千，皆吾心所自有。於父母自然孝，於兄弟自然
> 友恭，於夫婦親敬，於朋友自信，出而事君自竭忠，與賓客交際自
> 然敬，其在鄉黨自謙恭，其在宗廟朝廷自敬。復者，吾所自有之禮，
> 非外取也。禮廢樂壞逾二千載，學者率求禮於外，先聖特曰復，所
> 以針二千載之膏肓，發人心之所自有。〔註68〕

認為「經禮三百，曲禮三千，皆吾人心所有」，這是對本心的自足性高度肯認
的結果。孔子「不學禮，無以立」一句中，「禮」更多地是一種約束性的社會
規則（廣而論之，乃至是「三代」文明之總稱），它雖可被人心所學習、領悟
並踐履，卻不能說一切禮儀規範全是人心所本有。孟子的「知言」、「集義」，
前者指掌握一般性的倫理規範（如禮儀規則或道德原則等）和社會輿論，後
者則強調對道德倫理的真切篤行，二者皆證明他依然是重視公共性倫理原則
的。慈湖解釋孔子的「克己復禮」，將「克己」訓為「能己」，將「復」訓為
「內求於心」，明顯偏離了孔子的本意。退一步說，縱使遵循這些禮儀的「一
貫」之心是人自然生成的，但決不能說這些具體的禮儀規則也先驗地存在於
人心之中。說到底，慈湖對本心的定位是「超倫理」而又「能倫理」的。在
他這裏，孟子「本心」的倫理性之善，變成了本心的完滿功德。

　　慈湖「本心」的這一向度，一方面將「本心」的完滿性推向了極致，一
方面卻引出了一個足以堪稱心學「內部緊張」的問題：即肯認了本心的完善
自足後，到底還需不需向外格物窮理？這一問題，在後來陽明思想中表述得
更為明確。據《傳習錄》，陽明與弟子徐愛有這樣一段問答：

> （徐）愛問：「至善只求諸心，恐於天下事理有不能盡。」先生曰：
> 「心即理也。天下又有心外之事，心外之理乎？」愛問：「如事父
> 之孝，事君之忠，交友之信，治民之仁，其間有許多理在，恐亦不
> 可不察。」先生歎曰：「此說之蔽久矣，豈一語能悟！今姑就所問
> 者言之：且如事父不成去父上求個孝的理：事君不成去君上求個忠
> 的理；交友治民不成去友上、民上求個信與仁的理；都只在此心，
> 心即理也。此心無私欲之蔽，即是天理，不須外面添一分。以此純
> 乎天理之心，發之事父便是孝，發之事君便是忠，發之交友治民便
> 是信與仁。只在此心去人欲、存天理上用功便是。」愛問：「聞先

〔註68〕《慈湖遺書》卷二，《復禮齋記》。

生如此說，愛已覺有省悟處。但舊說纏於胸中，尚有未脫然者。如事父一事，其間溫凊定省之類有許多節目，不亦須講求否？」先生曰：「如何不講求？」只是有個頭腦，只是就此去人欲、存天理上講求。就如講求冬溫，也只是要盡此心之孝，恐怕有一絲人欲間雜；講求夏凊，也只是要盡此心之孝，恐怕有一絲人欲間雜：只是講求得此心。此心若無人欲，純是天理，是個誠於孝親的心，冬時自然思量父母的寒，便自要去求個溫的道理；夏時自然思量父母的熱，便自要去求個凊的道理。這都是誠孝的心發出來的條件。卻是須有這個誠孝的心，然後有條件發出來。譬之樹木，這誠孝的心便是根，許多條件便是枝葉，須先有根然後有枝葉。不是先尋了枝葉然後去種根。《禮記》言：『孝子之深愛者，必有和氣；有和氣者，必有愉色；有愉色者，必有婉容。』須是有個深愛做根，便自然如此。」

〔註69〕

應該說，在本心的自足這一點上，陽明十分近於慈湖。引文中所謂「以此純乎天理之心，發之事父便是孝，發之事君便是忠，發之交友治民便是信與仁」，與慈湖「經禮三百，曲禮三千，皆吾心所自有。於父母自然孝，於兄弟自然友恭，於夫婦親敬，於朋友自信，出而事君自竭忠」如出一轍，都強調本心自善自足的一面。陽明「無善無惡心之體」一句，更多是對佛禪「自性清淨心」體性的吸收。然而陽明論修行工夫入細，在論說的圓融性上，遠非慈湖所堪比。陽明上段話，其實是將工夫「頭腦」落在「誠意」上，即先在「去人欲存天理」上切實用功，做到本心無「一絲人欲間雜」，然後才「道問學」——即在具體事理、「節目」上用力，以彌補各類具體知識的不足。不難看出，陽明的工夫路徑，同象山一樣，依然較貼近先儒「先立乎其大」一路。當然，儘管陽明和象山都曾有先「尊德性」而後「道問學」的表述，但二者無疑都將尊德性置於更重要的地位。在他們的很多弟子中，事實上都是傾向於尊德性而後止，很少有人像朱子那樣再去下格物窮理的艱苦工夫。

如果說，陽明要人「去人欲、存天理」上用力，是在強化人的道德動機。而慈湖認為這種「強化」也是多餘的。因為人心本具有「事親自孝」諸能力，只要「不起意」，惻隱、羞惡等道德情感都能隨機呈現而無不中節：

人心自善，自神自明，自無污穢，事親自孝，事兄自弟，事君自忠，

〔註69〕《王陽明全集》（上），上海古籍出版社，1992年版，第3頁。

賓主自敬，應酬交錯，如四時之錯行，如日月之代明，如水鑒中之萬象。〔註70〕

是愛其親之心，吾不知其所自來也，窮之而無原，執之而無體，用之而不可既，不勉而中，不思而得，洞焉通焉，廣大而無際。〔註71〕

從孔子的「從心所欲不逾矩」的生命境界看，儒家並不否認在道德實踐中的圓神之境。但該境界一般要經過不斷學習、反省、踐履才能達到，常人則要經歷《中庸》所謂「人一能之己百之，人十能之己千之，果能此道矣，雖愚必明，雖柔必強」的努力，才能化勉強為自然，化技能為藝術，化意識為無意識。故孟子有所謂「夫仁，亦在乎熟之而已矣」之說。至若荀子所謂「積善成德而神明自得，聖心備焉」，乃至清代思想家戴震所謂「德性始乎蒙昧，資於學問，後終乎聖智」，皆持這種經驗主義路向。與慈湖在反觀內證中窺見「萬物一體」，進而以「不起意」工夫追求「直心而行」，實有著天壤之別。

在上述五點的基礎上，我們不難將慈湖與孟子的本心做一區分：孟子的「本心」是基於現實人生倫理的「道德心」，而慈湖的「本心」則是超越現實倫理的「至善心」。下面略加論述之：

從發生學上說，「善惡」觀念是人類獨有的價值意識，是人類在交往過程中以既定的道德觀念對自身行為的社會效果做出的價值評估。孟子的性善論，是從「人之於禽獸者幾希」處出發，對人之先天道德意識（「惻隱」、「是非」等）強勢肯認的結果。孟子的「性善」固可以從「良知」、「良能」等天賦能力來理解，但從孟子「敬兄」「愛父」等說法看，「良知」、「良能」依然是以倫理實踐為中心。從這種意義上，無論是「性善」還是「心善」，其「善」都是基於倫理規範的道德實踐。

與此不同的是，佛禪一般並不直接在倫理意義上論性之善惡，而更多地從本體論、功夫論和境界論意義上強調「性」（又作「自性」等）之「本淨」、「本寂」、「本覺」。「淨」者清淨，謂本性無一絲垢染、煩惱、患累；「寂」者空寂，謂本性空卻諸相（所謂「本來無一物」）、無有所住而如如不動；「覺」者覺悟，指眾生先天的智慧本來具足，虛靈不昧，此點尤顯中國禪學之特色。不論禪宗信仰者同意與否，以現代人的理性視角看，禪家的「自性本淨」等語仍然是一種價值判斷，其中「淨」、「寂」、「覺」都肯認著某種正面價值。

〔註70〕《楊氏易傳》卷九。
〔註71〕《慈湖遺書》卷十二，《論孝經》。

在此意義上，禪宗之心性論，可算是一種廣義的性善論。此點又可從兩方面稍作分解：其一，之所以冠以「廣義」二字，是基於儒學尤其是孟子的性善論而言的。無論從「惻隱」「羞惡」等道德情感上論性善，還是從「愛親」、「敬長」等「良知」、「良能」論性善，孟子的性善論都有著強烈的日常倫理意味。而這種「性善」，在禪學中只能是一種「世俗諦」（凡夫因執著世間萬有而得的相對真理，與「勝義諦」相對）。禪家當然也從「世俗諦」上言善言惡，如佛家共同信守的「諸惡莫作，眾善奉行」及《壇經》之「雖修眾善，心不執著，敬上念下，矜恤孤貧」〔註72〕等。但此中的「善惡」乃至行善，都不具有本質的意義，是「方便法」而非「究竟法」。其二，禪家的「性善論」之「善」，是指一種本來具足的圓滿功德。此種性善，是「勝義諦」意義的性善，是一種超越了世間善惡對立的、無對待的「至善」。明白這點，就清楚禪家如慧能所謂的「不思善、不思惡」〔註73〕，是教其信眾打破世人「善」、「惡」二分的執著；此是「心行路絕，言語道斷」之後的事情，本質上指喻著心體的一種「無住」之境。

　　總而言之，孟子的性善論，其凸顯的是人性的倫理情感面，而佛禪的本心論，則強調的是對各種「執取」的消解。慈湖的心本論恰恰反映了由孟子的性善論向佛禪的心本論的一種無意識「漂移」。其實，這種「漂移」在明道、象山、橫浦等人的思想中，已不同程度地存在著。就宋儒之援禪入儒的總體風貌而言，很多心學家的本心思想大都具有這一過渡特徵。只不過由於慈湖的「毋意」工夫乃禪學的「無念為宗」、「心即是道」等法門轉手而來（見後章），故其本心之「入禪」程度要深於橫浦、象山等人。在本心特徵方面，陽明距慈湖稍近，而與象山、橫浦較遠。我們讀陽明心學，總感到其與孟子心學在精神意態上存在著不小的落差，而一時又難以說出其所以然。其中的關鍵，就在於心學家一定程度上將孟子的「道德心」轉化為禪宗的「自性心」。其所謂「至善者心之本體」，其「至善」正是超越現實倫理的「完滿功德」。陽明有時也不否認其所謂的「良知心體」就是佛氏的「本來面目」，如謂：

　　　　「不思善不思惡時認本來面目」，此佛氏為未識本來面目者設此方

　　　　便。本來面目，即吾聖門所謂「良知」。……聖人致知之功至誠無息，

　　　　其良知之體皦如明鏡，略無纖翳。妍媸之來，隨物見形，而明鏡曾

〔註72〕慧能：《壇經》第六《懺悔品》（宗寶本）。

〔註73〕同上。

> 無留染。所謂情順萬物而無情也。無所住而生其心，佛氏曾有是言，
> 未爲非也。〔註74〕

筆者認爲，這種由「道德心」向「至善心」或者「自性心」的漂移正是慈湖、陽明受佛禪「自性清淨心」的影響對儒家本心思想的一大發展，大大提高了儒學心性思想的高明面。因爲孟子的「本心」，雖然主要是側重於世間的倫理道德，但在理論上並非沒有走向「至善心」的可能，其「性之」（「由仁義行非行仁義」）的理論至少與禪家的「作用是性」理論在境界上有相通之處。我們說，在陽明等人的努力下，儒學至晚明時代大勝於禪道，也與它融化了佛老二氏的這類高明面有關。當然，這種對禪家如來藏思想的深度吸收，卻又不能不使儒學發生實質性的重構，從而某種程度上改變了傳統儒學的原貌。

上節已涉及，在宋明心學家是否吸收佛禪如來藏自性清淨心這一問題上，牟宗三先生是持否定態度的。因其觀點已在學界留下廣泛影響，須特別一論。牟先生在《佛家體用義之衡定》一文中說：

> 儒家所講之道德的本心，如心體、性體、誠體、神體、寂感眞幾、無極而太極等，亦是至寂至靜的，亦是空無妄念，一切識念不相應的，亦是自性清淨的，亦是無思無爲，無聲無臭的，亦是遍常一、平等一味的：凡形容如來藏自性清淨心的那些形容詞都可用得上，但只有一點不同，即，不只是如此之形容。乃是所以要有具有如此形容之本心端在明其唯如此始能毫無條件地、超越感性利害地自給道德的普遍法則以指導吾人之行爲，以成就道德行爲之實事，此即象山所說「儒者雖至於無聲無臭無方無體，皆主於經世」。此儒佛之本質的差異，亦及道德意識與苦業意識之不同。既是對於道德本心所可有之形容可完全同於如來藏自性清淨心之形容，則順如來藏心而直握驪珠以明此內在道德性之性體心體，亦並無不可。蓋對此驪珠言，那些形容俱是外圍的話。如來藏心並非與內在的道德性必不相容。只決於有無此道德意識而已。有此驪珠即是儒，無此驪珠即是佛。〔註75〕

〔註74〕王陽明，《傳習錄》（中），《答陸原靜書》。
〔註75〕牟宗三：《從陸象山到劉蕺山》，上海，上海古籍出版社，2001年，第557～558頁。

在上文中，牟先生認爲諸如不生不滅、光明圓覺等關於如來藏的一切「形容詞」都完全可以挪用到儒家的「本心」上；並認爲儒佛的本質差異，並不在此類體性上，而在於「道德意識」與「苦業意識」之不同，並援象山「儒者雖至於無聲無臭無方無體，皆主於經世」一語爲證。筆者以爲，「道德意識」與「苦業意識」之分判，遠不足以盡儒佛之異，以之來作爲證成宋明心學家並無吸收佛禪清淨心的論據，尤其不充分。其一，儒家雖然窮極「道德境界」可以達到「無聲無臭無方無體」的超道德境界（或審美境界），但這種境界一定是從人的「意根」出發，即通過感官認知對世間的情感體驗和理性認知發揮到極致的產物。而佛禪的自性清淨心，恰恰不是要通過認知概念系統，而是通過內心的反觀內照而證悟的。此儒家道德本心與如來藏心來源之根本不同，前者容納了知識系統，後者雖不是不要感官意識，但卻要堪破知識系統。其二，宋明儒將如來藏心之不生不滅、光明圓覺等體性加之於儒家的「本心」，貌似增加了儒家本心的永恒超越性、完滿自足性，其實是變相驅趕了傳統儒學的「天本論」，必然使人重「德性之知」、輕「見聞之知」，從而使科學認知等人類理性無法彰顯，進而影響了儒學「經世致用」向度的拓展。其三，儒家的「經世」，是依據現實中的情感體驗和道德意識力量，最終指向的是眾生衣食住行等「世俗生活」，絕不止於道德性命領域的「靈魂拯救」。宋明儒者受佛禪如來藏心的影響，欲通過「覺悟力」使人人皆成聖賢，此對於一小部分人或可有效，對於社會大眾而言，無疑是偏執躐等之願望。因上三層原因，筆者以爲，「道德意識」固然是儒家的一大特徵，但只泛泛地以道德意識說儒家是遠遠不夠的，還必須與「世俗」、「情感」、「智識」等因素結合起來。否則，只有道德意識，卻無辨別善惡之能力，或錯以毒藥給人治病，或只在一己心中尋求光明寂照，尚以儒家自居，不亦謬乎！

慈湖心學對佛禪自性清淨心的吸收，與其「不起意」工夫之流弊，恰恰是上述問題的一體之兩面。

第三節　「心之精神是謂聖」

前文述及慈湖之心學歷程時，已對其「心之精神是謂聖」一句略有申說。鑒於此語在慈湖心學的特殊地位，這裏將再作深一步探討，以見其在慈湖心本論乃至整個宋明心學史中的特殊意義。

一、慈湖的「精神」概念

「精神」這一概念，自先秦以來，主要出現在道家的著作中，尤於《莊子》中較常見。《老子》的「精」指「精氣」，「神」指鬼神或靈驗。莊子《德充符》「外乎子之神，勞乎子之精」，開始對言「精」、「神」，皆指發於血氣而不同於血氣的「心知」（與今人「意識」一詞較近）。《天道》篇曰：「水靜猶明，而況精神乎！聖人之心靜乎！天地之鑒也，萬物之鏡也。」首先運用精神一詞。《知北遊》篇之「澡雪而（汝）精神」，《列禦寇》篇之「敝精神乎蹇淺」、「皈精神乎無始」，也以精神指心知。應該說，心知是精神一詞的基本含義[註76]。唯《天下》篇之「獨與天地精神往來」、《刻意》篇之「精神四達並流」，似偏重於心靈境界之引申義。

先秦儒學並無將「精神」二字連用者，但有時會談到「神」。如孔子「不語怪力亂神」、「敬神如神在」，此「神」有宗教的神靈之意。後又引申為對某種高深莫測境況的形容，如孟子「聖而不可知之之謂神」，此意義在後來儒學中較為常見。大概與儒、釋、道三教不斷融合有關，「精神」在宋明理學中已頻頻出現。其內涵也不斷複雜化，除了詮指一般的意識外，還包括人的血氣活力、心理狀況乃至外在氣象等。

在慈湖語彙中，「精神」一詞的涵義可歸結為以下幾種：（一）指人的神采或氣象，如「目之精神，全在矑瞳；言人之美，多在精神」[註77]，「蘇蘇恐懼，失則精神，潰喪之狀」[註78]，又如「雲海湖山有主人，寶蓮峰頂露精神」[註79]；（二）指人的時間精力（心血），如「窮年費煞精神后，陷入泥塗轉轉深」[註80]；（三）指人的意識活動，如「言其精神思慮謂之心」，「大抵精神外浮，此心放逸」。（四）指本心的光明神妙狀態。最後一項含義為慈湖「心之精神是謂聖」一語中「精神」之正解，故須多加舉例和分析：

> 此心虛明無體，精神四達，至靈至明，是是非非，云為變化，能事親、能事君上、能從兄、能友弟、能與朋友交、能泛應而曲當、不

〔註76〕 按，此段關於道家「精神」一詞的文本解釋，參閱韋政通主編《中國哲學辭典大全》之「精神」條，該條目為王煜撰寫。北京：世界圖書出版公司重印臺灣水牛出版社版，1989年，第737頁。
〔註77〕 《楊氏詩傳》卷七。
〔註78〕 《楊氏易傳》卷十六。
〔註79〕 《慈湖遺書》卷六，《偶作》。
〔註80〕 《慈湖遺書》卷六，《偶作》。

學而能、不慮而知，未嘗不清明，何俟乎復清之？〔註81〕

清明在躬，廣大無際，精神四發，不疾而速，不行而至，收之拾之，

乃成造意，休之靜之猶是放心。〔註82〕

道心發光，如太陽洞照。〔註83〕

從慈湖「此心虛明無體，精神四達，至靈至明」等語所組成的語義群而言，「精神」就是本心的原初狀態。這種狀態與孟子本心的「惻隱」、「羞惡」等道德情感意識的充盈不同，它給人的印象是具有如太陽一般向外散射光輝的性能。此「精神」人人皆有，聖凡皆同，非源自血氣形體，然又具備「範圍天地」、「發育萬物」的功能，其發揮作用如太陽照耀萬物一樣，是無思無爲、無任何造作的：

心非血氣，非形體，精神廣大無際畔，範圍天地，發育萬物，何獨

聖人有之，人皆有之〔註84〕。

無思無爲之實，乃人心之精神妙用。《易》曰：變化云爲，日月之光，

無所不照。〔註85〕

並且，這種「精神」的發用原本是無過失的，過失皆起乎「意」：

心之精神是謂聖，此聖人之言，何敢不信？但學者所造有淺深。某

謂道無淺深。先聖曰，改而止，謂改過即止，無庸他求，精神虛明，

安有過失？意動過生，要道在不動乎意爾〔註86〕。

這樣看來，在「心之精神是謂聖」一語中，「精神」主要是一個形容詞，喻指本心的光明與神妙。它絕非一般認知意義上的頭腦清醒，或身體機能的飽滿，而是表詮一種「本心」之超越語言、概念、想像的直覺體悟狀態。

二、「心之精神是謂聖」的原典及慈湖的援用

「心之精神是謂聖」，語出《孔叢子》中所載孔子與其孫子思的一段對話：

子思問於夫子曰：「物有形類，事有眞僞，必審之，奚由？」子曰：

〔註81〕　《慈湖遺書》卷二，《永嘉郡治更堂亭名記》。

〔註82〕　《慈湖遺書》卷三，《與張元度》。

〔註83〕　《慈湖遺書》卷十，《論論語上》。

〔註84〕　《慈湖遺書》卷五，《吳學講義》。

〔註85〕　《慈湖遺書》卷十，《家記四》。

〔註86〕　《慈湖遺書續集》卷之一，《書遺桂夢協》。

「由乎心。心之精神是謂聖，推數究理，不以物疑，周其所察，聖
人難諸。」〔註87〕

這段話如翻譯成現代語言，大意應爲：——子思問孔子道：「世間萬物有各自
的形狀類別，事情有其眞假是非，想要將它們弄清楚，用什麼方法呢？」孔
子回答說：「是借助於心這一思維器官。心之清明睿智的狀態就是聖人。推究
考察事物的規律和本質，對世間萬物都能知其所以然而不困惑，聖人也難做
到吧！」

　　即《孔叢子》看，孔子確實十分強調「心」的認識功能，並認爲心的「清
明睿智」狀態就是聖人的境界。但聯繫上下文，便知孔子「心之精神是謂聖」
一語中的「清明睿智」乃「認知心」之症狀，此心通過感知、概念、想像、
推理等方式求得對世間萬物的瞭解，即所謂「世事洞明皆學問」。文中「由乎
心」是將「心」視爲認知的主體而已，與孟子的「本心」是兩碼事，與慈湖
的「本心」更有根本性區別。從「推數究理」與「周其所察」等語來看，這
段話體現的思想與《論語》中的「博學」傳統顯然是較爲一致的，與荀子「神
明自得，聖心備焉」說、程朱理學之「格物窮理」之說法均頗爲合轍，明顯
屬於儒學「智識主義」一脈的「下學」工夫。

　　然而，慈湖卻對此段話予以全新的發揮，將之援引爲自己心學工夫的「合
法性依據」。他對這段話的解讀是：

孔子斯言見之《子思子》之書，世又謂之《孔叢子》，世罕誦習。嗚
呼！聖人有如此切至之誨，而不載之《論語》，致學者求道於心外，
豈不大害？某謹取而爲集語，覬與我同志者或未觀《孔叢子》，而偶
見此書，庶早悟此心之即道而不他求也。至哉人心之靈乎！至神至
明，至剛至健，至廣至大，至中至正，至純至粹至精，而不假外求
也。人皆有此至靈之心，而不自知、不自信，偶昏偶蔽，遂浸而至
於惡積而不可掩，罪大而不可解，大可惜也，大可念也。心無體質，
德本昭明，如日月照臨，如水鑒燭物，不必勞神，而自能推見，自
能究知。若馳神於彼，周悉致察，雖聖人不能。何則？勞動則昏，
不必逆詐，不必億不信，而自有先覺之妙也。人皆有此靈見。〔註88〕

顯而易見，慈湖對心之精神的解釋，不外乎前文所歸納的「本心」的幾種基

〔註87〕《孔叢子》卷二，《記問第五》，四明叢刊景明翻宋本。
〔註88〕《慈湖遺書》卷十五《泛論學》。

本特徵。在《孔叢子》的上段話裏，我們完全看不出孔子有反對「馳神於彼」
與「周悉所察」之意。慈湖卻認為「心無體質，德本昭明」，一切外向的推究
探索都屬於「馳神於彼」，必將徒勞而無功，只落得「勞動則昏」而已。這當
然並非是慈湖故意曲解，而是因為他受禪家思想影響而先入之見過重，從而影
響了對文本的如實理解。對於其間的是非曲折，明代哲學家羅欽順已洞若觀火：

> 「心之精神是謂聖」，此言出於《孔叢子》。初若可疑，及考其全文，
> 首尾亦頗明白。「聖」字自不須看得重，而其意義亦非此句所能盡也。
> 慈湖獨摘此一句，處處將來作弄，豈有他哉？蓋此句實與佛家「即
> 心是佛」之言相似，其悟處正在此。故欣然取以為證，使人無得而
> 議焉，更不暇顧其上下文義何如也。〔註89〕

羅欽順認為慈湖獨取此句，乃不過以之來增加自己悟境的權威性，可謂一針
見血。在後文對慈湖「不起意」工夫的論說中，我們還將指出更多慈湖這類
對儒家經典之斷章取義的發揮。

《孔叢子》一書，傳為孔子八世孫孔鮒所撰，後人不斷補益，主要記述
從戰國初期到東漢中期十幾位孔子後代子孫的言語行事。自宋代以來，該書
內容的真實性不斷被懷疑，朱子更斷定該書為後人偽作。時至今日，學者多
將此書列為著名的偽書之一。筆者綜合各家考證看，《孔叢子》一書所記雖不
完全是子虛烏有，但其內容的確多為敷衍之說，就其文獻價值看，恐怕只宜
視之為一種述及孔子及其家族史演變的文本，萬不可將之作為研究孔子思想
的經典依據。慈湖自己也對《孔叢子》所記內容本也不無懷疑，但獨對此言
深信不疑，這只能解釋為：「心之精神是謂聖」一語，是慈湖藉以發揮自己心
學要旨的難得一見的理想格言。

慈湖在另一處涉及對此語的理解說：「偶得古聖遺訓，謂學道之初，繫心
一致，久而精純，思為自泯。」〔註90〕所謂「古聖遺訓」即為掩藏在《孔叢
子》一書中的「心之精神是謂聖」一語。在我們旁觀者而言，就算此言真係
孔子之言，但此語中「精神」一詞也沒有「思為自泯」之義。況《論語》一
書，孔子極少用「心」字，先秦儒家更無「精神」二字的聯用。故「心之精
神是謂聖」一語，大致可斷定非孔子之言，或至少不是孔子之原話。羅氏認
為句中「聖」字亦不可看得過重，此論是也。筆者的看法是，《孔叢子》「精

〔註89〕羅欽順：《困知記》續錄，卷下，明萬曆刻本。
〔註90〕《慈湖遺書》卷十五，《家記九·泛論書》。

神」一詞的聯用，大概與東漢時代道家（教）思想的廣泛流佈有關。這點，
前人已有論及。如湛若水《楊子折衷》中說：

> 吾得其（按，指慈湖）肯綮矣。曰「心之精神是謂聖」，以為孔子之
> 言也，一編之宗旨不外是焉。然而非孔子之言也，外家者之流也。
> 〔註91〕

慈湖以此言為圭臬，反認為《易傳》等書中的某類觀念非孔子之言。如謂：

> 血氣有聚散，精神無死生。孔子「心之精神是謂聖」。神心無體，即
> 本即原，死生一貫，何以反為「原始反終」？乃作《易大傳》者之
> 言，非孔子也。〔註92〕

一般而言，傳統儒家並不強調「精神」的「無死生」，而是標榜「未知生，焉
知死」（孔子），注重「盡人事，聽天命」（二程），「生，吾順事；歿，吾寧矣」
（張載）。慈湖文中多次強調的精神無死生，乃至「心」無生死之類的話，無
疑受到禪家之「真心」、「實相」不生不滅等理論的影響。如前文所述，先秦
儒家對於「生死」、「鬼神」多保持一種存而不論的理性態度。至宋明儒學，
尤其是陽明後學那裏，「了生死」成了一種十分重要的學問〔註93〕，如很多儒
者特別重視臨死時的安然態度（至少是考察其心學修為造境的外在標誌之
一），往往有「奄然而化」之類的記錄（如象山之死）。筆者以為，這也與禪
學的長期滲透從而使儒者的終極關懷有所轉變有關。

「精神」一詞，在象山哲學中也佔據重要地位。在弟子們所記的象山《語
錄》中，有多處論及保養「精神」的話，如：

> 有一段血氣，便有一段精神，有此精神卻不能用，反以害之。精神
> 不運則愚，血氣不運則病。

> 初學者能完聚得幾多精神，才一霍便散了。某平日如何樣完養，故
> 有許多精神難散。

> 人精神在外，至死也勞攘，須收拾作主宰，收得精神在內時，當惻
> 隱即惻隱，當羞惡自羞惡。

與慈湖一樣，象山的「精神」也與人之心理狀態有關。但語言側重點有所不

〔註91〕 湛若水：《楊子折衷》，續修四庫全書，第257～258頁。
〔註92〕 《慈湖遺書》卷十五，《家記九‧泛論學論文論字義論曆數》。
〔註93〕 儒者之「生死關切」，可參考彭國翔先生《儒家傳統：宗教與人文主義之間》
一書的相關論說。

同，象山的「精神」與「血氣」相連。慈湖「心之精神是謂聖」一語中，「精神」是一形容詞，而象山之「精神」則是名詞，很大程度上可以用現代語彙中的「精力」一詞來代替。至於「精神」的形容對象，象山側重於對「惻隱」、「羞惡」等情感的體驗。象山雖然也要「收拾精神，自作主宰」，但並不像慈湖這般強調本心的光明神妙。象山、慈湖師弟對於心之「精神」的強調受到朱子不加分別地質疑與批判。在朱子看來，「佛學只是弄精神」，只是注重「精神」上發用。並批評慈湖說：

> 浙間有般學問，是得江西之緒餘，只管教人合眼端坐。要見一個物
> 事。如日頭相似，便謂之悟，此大可笑。夫子所以不大段說心，只
> 說實事，便自無病。孟子始說求放心，然大概只要人不馳騖於外耳。
> 其弊便有這般底出來。以此見聖人之言不可及。〔註94〕

朱子的批評未免過甚其言，慈湖本人未必不讀書，只是他對「反觀內證」之法過於藉重，在世間學問方面自不如朱子重視，以致有務內遺外之傾向。朱子此言可算以極端的形式說出了慈湖心學的某些特徵。慈湖「心之精神是謂聖」之說，與禪宗一些派別的「靈知說」極為相似，如：

> 荷澤云：心體能知，知即是心，心本空寂，至虛至靈。由空寂虛靈
> 而知者，先知也。由空寂虛靈而覺者，先覺也。不慮而覺者，謂之
> 正覺。不思而知者，謂之真知。〔註95〕

無獨有偶，明代王陽明也對此禪宗「靈知」之心多有吸收。他論述人之良知體性時說：

> 良知之體，如明鏡，略無纖翳，妍媸之來，隨物見形，而明鏡曾無
> 留染：所謂情順萬物而無情也。「無所住而生其心」，佛氏曾有是言，
> 未為非也。明鏡之應物，妍者妍媸者媸，一過而不留，即是無所住
> 處。〔註96〕

正因為同受禪宗「靈知心」的影響，陽明的「良知說」與慈湖「精神說」才極為相似，而與象山「本心說」有一定區別。或許是看清了這一點，韋政通先生才說：

> 象山的弟子楊簡說：「人心自明，人心自靈」，陽明的「良知」已呼

〔註94〕《朱子語類》卷一百二十一。
〔註95〕（明）佚名：《性命圭旨》，清康熙本。
〔註96〕王陽明：《傳習錄》（中）《答陸原靜》。

之欲出，這似乎是從本心立言，終必到良知上去的一個預兆。〔註97〕
與慈湖不同的是，陽明的「良知」似乎比慈湖「精神」內涵更豐富，它更多
地蘊涵了傳統儒學中道德情感成分，如謂「安是心之本體」等。但與孟子的
「本心」相較，依然是道德情感的意味弱而反觀內照的意味重。蒙培元先生
在比較孟子「良心」與「良知」區別時說：

> 二者有時在同一意義上使用，有時則各有不同的意義和用法；但是，
> 二者都與感情有關係。如果說，「良心」更多地是指道德心即道德情
> 感基礎上的正義感；那麼，「良知」則更多地與認識有關，儘管如此，
> 卻不能歸結爲通常意義上的認識。〔註98〕

儘管「良知」與「良心」相比，道德情感意味稍淡，但畢竟指涉著人心的知
善知惡能力，故有一種「本心」自己立法的味道。陽明取「良知」一詞，要
比慈湖「精神」一詞流弊少。陳來先生在《有無之境》論及「滿街都是聖人」
一問題時說：

> （陽明）「心之良知是謂聖」，這個提法從思想資料的源流來看，是
> 取《孔叢子》「心之精神是謂聖」一語而變之。南宋陸學者楊簡曾特
> 別拈出「心之精神是謂聖」一語，發揚陸九淵的本心學說。陸學在
> 思想上「因讀孟子而自得之」，但其中楊簡一派又受佛教「即心是佛」
> 的影響，故與陽明同時的羅欽順特別批判楊簡心之精神是謂聖的說
> 法，認爲精神只是知覺，沒有準則意義。而陽明之以「心之良知是
> 謂聖」，本於孟子立場，良知自身有其規範的意義，這樣就可以避免
> 羅欽順指出的那種困難。〔註99〕

在論說心學工夫方面，陽明顯然較慈湖圓密通脫得多。其「四句教」下兩句
說：「知善知惡是良知，爲善去惡是格物」，這分明是將「無善無惡心之體」
之「自性心」最終落實在「道德心」「分別心」之上，而慈湖僅以「不起意」
立教，這就完全泯滅了「能所」之對立，消解了儒學中的善惡「對治」工夫。
陽明所謂「楊慈湖不爲無見，卻又在落無聲無臭上見了」一語，是批評慈湖
過於強調本心的「無思無爲」而導致工夫的躐等和偏執。

〔註97〕 韋政通：《中國思想史》（下冊），上海，上海書店，2003年版，第868頁。
〔註98〕 蒙培元：《情感與理性》，北京，中國社會科學出版社，2002年版，第53頁。
〔註99〕 陳來：《有無之境——王陽明哲學的精神》，北京，人民出版社，1991年版，
　　　　第173頁。

　　儘管慈湖與陽明對禪家「自性心」、「靈知心」諸特徵有較多吸收，然亦有爲佛家所不滿者。明末高僧蓮池大師（袾宏）在《竹窗隨筆》中有這樣的一段對話：

　　　　「《孔叢子》云：『心之精神是謂聖』。楊慈湖平生學問以是爲宗，其
　　　　於良知何似，得無合佛說之眞知歟？」曰：「『精神』更淺於『良知』，
　　　　均之水上波耳，惡得爲眞知乎哉？且『精神』二字，分言之，則各
　　　　有旨：合而成文，則精魂神識之謂也，昔人有言：『無量劫來生死本，
　　　　癡人認作本來人』者是也。」〔註100〕

蓮池認爲，與陽明的「良知」說相比，慈湖的「精神」說更爲膚淺。二說都不過是光影之見，根本算不上「眞知」。尤其是慈湖頻頻論及的「精神」，「精」與「神」二字本來各有所指，合起來不過是「精魂神識」的意思。他借用長沙景岑禪師的偈子來破斥其非：「學道之人不學眞，只爲從前認識神。無量劫來生死本，癡人認作本來人」，反對以心之「精神」爲眞知。

　　蓮池大師的說法顯然是有道理的。這牽涉到一個印傳禪學與儒化禪學的分判問題。一方面，如果以較純正的佛理而言，慈湖對「心之精神」汲汲追求也是一種落於「境」或著於「相」的表現，並不能眞正做到「無所住而生其心」，因爲在佛陀看來「凡所有相，皆是虛妄」（《金剛經》）。蓮池不同意慈湖、陽明的「精神」與「良知」理論的個中原因在於：慈湖的「精神」與陽明的「良知」雖然都在一定程度上將傳統儒家的「道德心」轉變爲佛禪的「自性心」，但二者的「本心」與禪家的「寂滅清淨」的「佛心」而言，畢竟過多強調了心之「光明」的一面（尤其強調本心的「自惻隱」、「自羞惡」等情感的發用）。而在印度大乘佛教中，心性（佛性、自性，眞如，實相等稱謂）「本藏」、「本有」、「本寂」、「本淨」才是正統，心性「本覺」則主要是禪學受中國傳統文化，尤其是孟子「性善論」影響下一種新的發揮。因此，慈湖的「精神」與陽明的「良知」，既有與佛家「自性清淨心」相近的諸多特點，又有儒家「性善論」的實踐導向。

　　如此一來，一個值得玩味的思想境況是：如將慈湖、陽明的本心置諸孔子、《大學》、荀子的「心性論」和禪宗的「心性本覺」較明顯的一系而言，則其特徵上較接近於後者。另一方面，若將其置諸孟子、《中庸》的「心善論」和原始佛學的心性論之間，則其無疑更近前者。故而，對於評判一個人的思

〔註100〕《蓮池大師語錄》，《御選語錄》，《卍續藏》第一一九冊。

想學說而言，其參照系不同，就會有著極大的不同。後儒對慈湖心學的禪儒定位之所以截然不同，皆與其內心潛藏的不同參照系有關。在宋明心學、理學的對峙中，朱子學一系由於更多地與孔子、《大學》的工夫論吻合，而慈湖一脈則於禪宗「心性本覺」一路接近，此「一來一去」之間，其學問的本質差異已燦然可知（關此，詳見第四章第　節「儒學工夫論溯源」部分）。此是本書關於慈湖「儒禪之辨」的結論之一。

三、從儒家聖人觀的嬗變看慈湖「心之精神」

聖人一直是儒家最高的理想人格。但先秦儒學的聖人與宋明理學的聖人有著極大不同。就「聖」字的本意而言，據《說文解字》：「聖（聖），通也，從耳。」指人特殊的聽覺能力。李澤厚先生說：

> 所謂「從耳」即「聞天道」，而口則是發號施令，所以「聖」也是「王」。
> （《易傳》：「聖人之大寶曰位」）。「聖」一方面通神明（內），另方面
> 治百姓（外），這也就是「內聖外王」的來源。〔註101〕

這樣看來，「聖人」是以「聰明睿智」為個人體質，並具有「通神明」和「治百姓」的雙重品格。這種說法具有濃厚的宗教色彩，大概是氏族社會的先民對氏族、部落首領的特殊要求。到了孔子這裏，這類特徵不斷理性化，在「聰明睿智」的基礎上，道德與功業的內涵不斷凸顯。故孔子認為「博施於民而能濟眾」的人「何止於仁，必也聖乎！」隨著儒學的不斷演化，尤其是政教的分離，在聖人的人格向量上，對於「功業」的要求漸趨弱化，而道德意涵日益居於主導地位。故子貢評論其師曰：「仁且智，夫子既聖矣。」到了後來，聖之「聰明睿智」的一面也逐漸脫落。至宋明理學，更將其減縮為心性修養高超的人。慈湖「心之精神是謂聖」之說，就突出體現了這一聖人觀的變遷：與原始儒學相比，心學家心中的聖人不僅完全脫落了事功性的一面，諸如聰明、勇武等各種「世間性」特徵也蕩然無存，只留下了一種極其高明的心性修煉境界。從諸多描述看，慈湖心中的孔子，已不是博學多聞的孔子，不是周遊列國汲汲於恢復周禮的孔子，而是通過「不起意」工夫實現「心之精神」的孔子。且看慈湖對孔子「吾十有五而志於學……」一段話的解釋：

> 子曰：吾十有五而志於學，三十而立，四十而不惑，五十而知天命，

〔註101〕李澤厚：《歷史本體論·己卯五說》，北京，三聯書店，2003年版，第178頁。

六十而耳順，七十而從心所欲不逾矩。孔子之學，異乎他人之學，他人之學冥行而妄學，孔子之學明行而實學。子曰，吾嘗終日不食，終夜不寢，以思，無益，不如學也。孔子於此，深省天下何思何慮，實無可思慮者。經禮三百，曲禮三千，皆吾心中之物，無俟乎復思，無俟乎復慮；至於發憤忘食，雖憤而非起意也，好謀而成，雖謀而非動心也；終日「變化云為」而至靜也，終身「應酬交錯」而如一日也，是謂適道之學。子曰：可與共學，未可與適道，可與適道未可與立。孔子如是者久之，至於三十而後有立，所謂立，非於學之外，後有立也。學久而固，如木之生，久則堅立，非有二木也，成就之敘也；困苦患難之足以動其心非立也，富貴聲名之足以動其心非立也，白刃鼎鑊之足以動其心非立也。此非勉強而為立也，立非強力之所能致也，以強力而立，立於暫不至於久，不以強力而立者，吾心之所自有也；吾心未始不剛健也，戕而賊之，始弱、始不立，立非孔子之所獨能，而他人無之也，人皆有之而未明也。未學也，是以未立也。明乎己故立，通乎物故不惑；物己一貫而進德有序，知己而不知物者有矣，天下古今，物情事理，利害本末，虛實眾寡，曲折萬狀，不可勝窮，自古明智之士，至此一無惑者有幾？孔子既明乎己，又明乎物，物己一貫，利害一貫，本末一貫，虛實一貫，眾寡一貫，夫是以惑無從而生也。一則虛，虛則明，明則無所不照。故凡物之情理昭然自明，凡事之利害曉然自辯，雖詢謀不廢而明德內徹。學道而至於不惑，可謂光明洞徹內外矣。而舊習之氣或未能盡泯，感物而動，日用百為猶有謂吾之所為，不知其為天也，非不知也，習氣間興而偶昏，則雖謂之不知天命可也。孔子至五十則舊習之氣，消盡無有或昏者矣，必至是而後可以言知天命。嗚呼至矣，日用百為，如四時之錯行，如日月之代明，如水鑒之永無塵矣，天而不人矣，物之拂違乎我者不知其幾也，順適乎我者不知其幾也。進德之純至於六十，則凡物之順乎我，不復微動其意；凡物之逆乎我、阻乎我，亦不微動其意，順逆一物，物我一體，明之非難，常明為難，常純純然而無間，則耳順矣。目之所見猶寡，耳之所接為多，莫夜無月與燭，目力所不及，而耳接其聲，又自近而遠，四方萬里目所不及，而言辭之所傳，事物情狀不勝其多，舉不足以動其

意：又自此而上，極於遠古簡冊之所載言辭之所及，亦屬乎聞，無不融然而一，怡然而順，純然而和，是謂耳順。耳順則無不順矣，無不純一矣，而亦非一無所辯，如鑒焉，妍醜萬狀纖微畢見，而鑒無動也，自志學而已，默造斯妙矣，至是而純乎純也。孔子曰加我數年，五十以學易，可以無大過矣。聞蘧伯玉使者寡過之言而歎美之，寡過之難如此，微動乎意即謂之過，微有不一即謂之過，故六十而始耳順。至七十雖從心之所欲未嘗逾矩焉，純乎純不足以言之矣，至矣盡矣、不可以有加矣。非謂未七十而猶逾矩，因言從心而及乎，此釋學者之疑也。然聖人至此，初無以異於志學之道，道無先後精粗之間，而進德則有先後精粗之序，如謂道果有先後精粗之不同，則何以謂一以貫之？〔註102〕

這是慈湖著作中少見的條分縷析性文字。在這段話中，慈湖將孔子一生的學思工夫概括爲向「意慮不作」、「不動乎意」不斷邁越的過程。這樣一來，孔子成了按照慈湖「不起意」學說不斷修行的心學聖人。張念誠先生認爲，「未正面給出價值意義根源，然卻重在消解吾人意慮造作、自縛」的「人格典範」，便是楊簡詮解的聖人。〔註103〕並指出：

楊簡梳解《論語》文本時，更將孔子自述體道境界、學行歷程與其「毋意」、「不起意」之說相提並論，恍然孔子一生學行全以「毋意」「不起意」課題爲中心。〔註104〕

很顯然，在慈湖眼中，孔子「從心所欲不逾矩」的聖人境界，就是「心之精神」的「不起意」境界。慈湖的孔子觀，是宋明理學中將孔子極端心學化的個例。這一過度心學化的孔子，同傳統儒學中的孔子差距不可以道里計。以此觀之，慈湖所謂的「聖人」，實質上正是覺悟並保持了心之「精神」的覺者，這與佛教之成就了「無上正等正覺」的佛陀，有總體上的相近性。這一點，在慈湖「仁者覺之純」的命題中體現得最爲明顯。欲知其詳，且看下節分解。

〔註102〕《慈湖遺書》卷十，《家記四》。
〔註103〕張念誠《楊簡心、經學問題的義理考察》，第二章第一節之慈湖「四毋說」析論部分。
〔註104〕前揭書，第二章，第一節。

第四節　慈湖的「以覺訓仁」〔註105〕

應該確認，仁是儒學中最核心、最重要的概念。誠如宋儒程明道之言，「學者須先識仁」，歷代儒者無不以識仁、踐仁爲自己最基本的生命價值。一部儒學史，就是一部大而化之的仁學闡釋史。然而，儒學自其奠基者孔子開始，就已對仁採取體知而非知解——下定義的立場，一流的儒學大師常常是隨機指點、隨緣說法，此無疑給後人留下了極大的發揮空間。兼之學術時空、語境的變遷，以及學者各自性情、師承等諸多因素，不同儒學系派之間，乃至同一個人不同的生命階段，對仁的體悟都有相當大的差別。迨至宋代，儒學得以復興，論仁幾乎成爲一門獨立的學問，對仁之本質的分析益發自覺而精微，「差不多每一個理學家都有自己的『仁說』」〔註106〕，形成了多種頗有影響的派別。其中，以程門後學謝上蔡、張橫浦爲代表的以覺訓仁派，即爲其中極有影響的一脈。楊慈湖在此問題上不尊其師陸象山，轉取謝上蔡、張橫浦一路，提出「仁者覺之純」的觀念，並以「不起意」的虛明無體之心爲仁，開闢了以覺訓仁的新階段。因本書研究重心乃援禪入儒背景下的心學形成過程，故下文首先對以覺訓仁說作一梳理式回眸，繼而對慈湖的仁說展開微觀分析，藉此進一步揭示慈湖心學的融禪特質。

一、以覺訓仁：一個嬗變中的心學傳統

在漢語中，「覺」字有「感受」、「醒悟」兩種基本含義。前者側重於感官對事物的認知，後者側重於心靈對觀念的領悟。所謂「以覺訓仁」，概言之，就是以人心的知覺功能及其體驗來詮釋仁。探尋以覺訓仁的緣起，論者大多會追溯到心學的肇始者程明道，且往往要提及下述幾處有名的話：

> 醫書言手足痿痹爲不仁，此言最善明狀。仁者以天地萬物爲一體，莫非己也。認得爲己，何所不至？若不有諸己，自不與己相干。如

〔註105〕按：本節的主體部分，曾以《「以覺訓仁」的新形態——楊慈湖之仁說試析》發表於《鵝湖》月刊（臺北），2011 年第 7 期。

〔註106〕參見陳立勝先生：《王陽明『萬物一體』論——從『身—體』的立場看》，（臺北，臺大出版中心，2005 年版，第 30 頁）。陳來先生在《論宋代道學話語的形成和轉變——論二程到朱子的仁說》一文指出：「仁說及求仁之學是早期道學的主題，也是前期道學的核心話語，提供了道學從北宋後期到南宋前期發展的重要動力。」「北宋的道學發展到南宋前期，仁說處於其中的核心。」（該文見氏著《中國近世思想史研究》，北京，商務印書館，2003 年版。）

手足不仁，氣已不貫，皆不屬己。〔註107〕

醫家以不識痛癢謂之不仁，人以不知覺不認義理爲不仁，譬最近。
〔註108〕

醫書有以手足風頑謂之四體不仁，爲其疾痛不以累其心故也。夫手足在我，而疾痛不與知焉，非不仁而何？世之忍心無恩者，其自棄亦若是而已。〔註109〕

人之一肢病，不知痛癢，謂之不仁。人之不仁，亦猶是也。〔註110〕

明道借助醫家言，以手足知痛、知癢的感受能力來說明仁的感通性特點。然從「此言最善明狀」、「譬最近」、「亦若是」等句意考察，此以覺訓仁主要還只是一個形象的比喻，意在以「覺」字之第一義來比喻其第二義。從他談仁的其他言論，尤其是「滿腔子是個惻隱之心」等說法看〔註111〕，仁之感通性，絕非僅指感官氣血上的知覺，更應蘊含著對萬物關愛、同情等豐富內容，且最終落腳在對「義理」的情感體驗上。萬物一體之「仁」亦終賴此道德情感而證成。明道自謂，「天理二字卻是自家體貼出來」，人心之體貼天理的感受狀態，也就是仁的在場狀態了。

明道的仁說是符合孔孟仁學的基本精神的。孔孟言仁，採取的就是這種體知的立場。此體知立場可用仁之實踐性、體驗性、生成性三種品格來略作分梳。〔註112〕就實踐性而言，仁是對道德規範、原則的切實踐履。如顏淵問仁，孔子答以「克己復禮爲仁」，其中，「禮」只是符合仁之精神的規則制度，其本身並不即是仁，只有「力行近乎仁」。就體驗性來說，仁本身指涉著一種情感性心理體驗。孔子無論是答宰我問「三年之喪」時以心「安」論仁，還是教導弟子「無終食之間違仁」之類，都不僅在告誡弟子勿違背某具體的道德原則，而是要他們主動地堅守一種德性自覺的精神狀態。孟子所謂「君子以仁存心」，或「惻隱之心仁也」等說法，亦均基於此體驗性立場。就生成性

〔註107〕《二程集》，《遺書》卷二上，中華書局，2004年版，第15頁。

〔註108〕《二程集》，《遺書》卷二上，第33頁。

〔註109〕《二程集》，《遺書》卷四，第74頁。

〔註110〕《二程集》，《外書》卷三，第366頁。

〔註111〕陳來先生認爲，程顥的仁說之主要思想有三：以一體論仁；以知覺論仁；以生意論仁。見氏著《論宋代道學話語的形成和轉變——論二程到朱子的仁說》，《中國近世思想史研究》，北京，商務印書館，2003年版。

〔註112〕按，孔子仁學及其工夫，請參閱第五章第一節的相關部分。

而論，仁是一個具體的、活著的人格德化過程。在此過程中，仁有著程度深
淺的差異，既可以「我欲仁斯仁至矣」而未有力不足者，故一念動處而當下
即是；又可以因「殺身求仁」、「死而後已」而高遠無極，故孔子不輕易以仁
許人，亦從不以仁自居。

孔孟的仁論實不能稱之為以覺訓仁。仁者自必須以「覺」為智力支持，
但此「覺」不是今日泛說的意識，它必須集中在對道德心靈的察識上。用
徐復觀先生的話說，仁是一種「要求成己而同時即是成物的精神狀態」。〔註
113〕孟子雖有「天之生此民也，使先知覺後知，使先覺覺後覺也」（《孟子‧
萬章下》）一語，但其「知覺」二字是就人之仁義等道德本性天賦於人心而
言的。

明道以手足的知覺喻仁，是對他「仁者渾然與物同體，義、禮、智、信
皆仁也」〔註114〕說法的比方，是謂「能近取譬」，並不意味著僅以覺不覺來訓
仁不仁。到他的弟子上蔡，情況發生了微妙的變化。上蔡說：

> 古人曰，「心不在焉，視而不見，聽而不聞，食而不知其味」，不見、
> 不聞、不知味，便是不仁，死漢不識痛癢了。又如，仲弓出門如見
> 大賓，使民如承大祭，但存得如見大賓，如承大祭底心在，便是識
> 痛癢。〔註115〕

> 仁是四肢不仁之仁，不仁是不識痛癢，仁是識痛癢。〔註116〕

> 心有所覺謂之仁。仁則心與事為一。草木五穀之實謂之仁，取名於
> 生也。生則有所覺矣。四肢之偏痹謂之不仁，取名於不知覺也。不
> 知覺則死矣。事有感而隨之以喜怒哀樂，應之以酬酢盡變者，非知
> 覺不能也。身與事接，而心漠然不省者，與四體不仁無異也。〔註117〕

通觀上述言論可知，在上蔡這裏，以四肢痛癢之知覺訓仁，已不止於一個貼
切的比喻，同時也是一個客觀的真實。從語脈看，這固然是對明道以醫家論
仁之喻的自然發揮，但衡之於仁之原有內涵，卻無疑是一個大大的轉語。因
為，「覺」字可涵蓋更廣泛的認知內容：從上面說，固能指涉對「理義」、「惻

〔註113〕徐復觀：《中國人性論史》（先秦篇），上海三聯書店，2001年，第81頁。
〔註114〕《二程集》，《遺書》卷二上，第16頁。
〔註115〕《上蔡語錄》卷一，清文淵閣四庫全書本。
〔註116〕《上蔡語錄》卷二。
〔註117〕《論語精義》卷六下，清文淵閣四庫全書本。

隱」的體悟省察，向下而論，則極易混同於日常感覺。上蔡仁說的旨歸，主要還是側重於前者，但後者也值得警惕。對此，上蔡的另一位老師伊川已有所覺察而予以規避，他說：「仁當何訓？說者謂訓覺、訓人，皆非也。」〔註118〕「不仁者無所知覺，指知覺為仁則不可。」〔註119〕伊川未必是針對上蔡一人而言。但私淑小程的朱子則指名道姓地對上蔡之知覺訓仁說大加撻伐，這集中表現在他與湖湘學派張南軒（名栻，字敬夫）、胡廣仲（名實，胡宏從弟）的一些爭辯中：

> 上蔡所謂知覺，正謂知寒暖飽饑之類爾……此亦只是智之發用處，但惟仁者為能兼之。故謂仁者心有知覺則可，謂心有知覺謂之仁則不可。蓋仁者心有知覺，乃以仁包四者之用而言，猶云仁者知所羞惡、辭讓云爾。若曰心有知覺謂之仁，則仁之所以得名，初不為此也。〔註120〕

> 蓋孟子之言知覺，謂知此事、覺此理，乃學之至而知之盡也：上蔡言知覺，謂識痛癢能酬酢者，乃心之用而知之端也。二者亦不同矣。然其大體皆「智」之事也，今以言「仁」，所以多矛盾而少契合也。〔註121〕

朱子以此理據，多處批評上蔡近禪。現代新儒家牟宗三先生，則站在陸王心學的立場，對朱子的批駁進行了再批駁。他指出，上蔡之以覺言仁，乃是將覺與「生意」扣在一起說，此覺是怵惕之感，是純粹的道德心靈。朱子將上蔡之覺誤解為「知覺運動」之覺，使之成為脫離了仁的智。〔註122〕牟先生的解釋，對朱子有所糾偏。但從上面徵引的語錄看，上蔡的以覺訓仁雖脫胎於明道之以「生意」論仁，且大致不出明道之矩矱，然他對感官知覺和道德體驗之異質性缺乏必要的區隔，亦不可謂不是一失。在孔孟的仁論中，畢竟不能演繹出「有知覺、識痛癢便喚做仁」之類的結論，故朱子的批評亦並非無的放矢。

從創造性及影響力而言，承續上蔡以覺訓仁路數的儒者首推張橫浦：

〔註118〕《二程集》，《遺書》卷二十四，第314頁。
〔註119〕《二程集》，《粹言》卷一，第1173頁。
〔註120〕《晦庵集》卷三十二，《答張欽夫四十五，又論仁說》，四明叢刊景明嘉靖本。
〔註121〕《晦庵集》卷四十二，《與胡廣仲五》。
〔註122〕牟宗三：《宋明儒學的問題與發展》，上海，華東師範大學出版社，2004年版，第32頁。

> 心有所覺謂之仁，故草木之實謂之仁，以其得土而生也。四體不知？
> 癢謂之不仁，故利在一己、害及他人而不恤者，謂之不仁，以其血
> 脈不通也。〔註123〕

> 問：先生（九成）論仁，每斷然名之以覺，不知何所見？先生曰：
> 墨子不覺，雖於愛上執著，便是不仁。今醫家以四體不覺痛癢爲不
> 仁，則覺痛癢處爲仁矣。自此推之，則孔子皆於人不覺處提撕之，
> 逮其已覺，又自指名不得。或曰：如此則義亦可說。先生曰：若能
> 於義上識得仁，尤爲活法。〔註124〕

照理說，橫浦從學於程門另一高足楊龜山，而楊氏是以萬物一體言仁派之翹
楚，前者應該步武其師才對。但思想繼承之事本身亦頗複雜，很多時候並不
以名義上的師承關係爲準。有學者提出，「在現在張九成之文獻中，俱未提及
謝上蔡。張九成從楊時問學，謝上蔡與楊時同屬二程門下，九成或有可能聽
聞其學，或見其書。」〔註125〕這種推論甚合情理。但橫浦之以覺訓仁與上蔡
是否盡同，亦有討論之必要。朱子門下即有人提及此問題：「上蔡以覺訓仁，
莫與佛氏說異？若張子韶之說，則與上蔡不同。」朱子對此沒有正面作答，
只是指出「子韶本無定論，只是迅筆便說，不必辨其是非」。〔註126〕但結合整
個思想體系看，上蔡以覺解仁，更多地凸顯出生命的知覺感通性，或者說是
宇宙生命間一貫的生意，這與大程以「生意」說仁的思路具有一致性。橫浦
雖也有「覺痛癢處爲仁」之類的話，但其覺悟境界卻突出了心體之精一光明
的特點，大有一悟千悟的意味。如果說上蔡之以覺訓仁有失於表述不清，那
麼，張橫浦的仁說就與佛禪之「心性本覺」思想在結構模式上打成一片了。
他說：

> 仁即是覺，覺即是心。因心生覺，因覺有仁。〔註127〕

> 心即仁也。倘溯流而上，惟精惟一，惟時惟幾，以究之。一旦人欲
> 斷絕，心之正體發現，然後知仁果人心也。……心本是仁，放之於
> 聲色、放之於貨利、放之於驚懼間，則人欲爲主，顛倒錯亂。如日

〔註123〕張九成：《孟子傳》卷十四，四部叢刊三編景宋本。
〔註124〕《宋元學案》卷四十，《橫浦學案》。
〔註125〕鄧克銘：《張九成思想之研究》，臺北，東初出版社，1990 年版，第 66～67
頁。
〔註126〕黎靖德輯：《朱子語類》卷一百一。明成化九年陳煒刻本。
〔註127〕黃宗羲：《宋元學案》卷四十。清道光刻本。

月本明，爲雲霾曀霧所蔽，則所向昏暗矣。惟雲霾一斷，曀霧四開，
則本體光輝照臨天下。〔註128〕

朱子曾說，「上蔡多說知覺，自上蔡一變而爲張子韶。」〔註129〕上蔡仁說，朱子猶指其爲禪，至於橫浦，竟到了「不必辯其是非」的程度。據《朱子語類》載：

或問：上蔡愛說個「覺」字，便是由此病了？曰：「然。張子韶初間
便是上蔡之說，只是後來又展上蔡之說，說得來放肆無收殺了。」

〔註130〕

朱子斷定橫浦之學乃是將大慧宗杲禪師〔註131〕之禪宗思想「改頭換面，卻用儒家言語，說向士大夫，接引後來學者」〔註132〕，視其論著爲洪水猛獸，自謂「不量輕弱而極力排之，雖以得罪於當世而不敢辭也」。〔註133〕他固執於儒釋之辨，弘道之心一如孟子當年。然從另一方面看，此亦足可折射出橫浦學說在當時的廣泛影響。

在前文中，我們曾對橫浦心學進行過詳細考究，指出其心學並非禪學。然平心而論，橫浦之「仁即是覺，覺即是心」的說法，確與禪家「心即是佛」、「明心見性」等法義頗有共通性，在對仁的體驗上亦與孔孟原旨有所乖離〔註134〕。橫浦一生曾多次參訪禪門大師，有切實的禪修經驗，其思想受禪法的影響是深刻的。作爲援佛入儒的關鍵人物之一，他是綰接明道與象山、慈湖之心學鏈條上的重要一環〔註135〕。

〔註128〕張九成：《孟子傳》卷二十七。
〔註129〕黎靖德輯：《朱子語類》卷一二三。
〔註130〕黎靖德輯：《朱子語類》卷三五。
〔註131〕宗杲禪師，即禪宗楊岐派大慧普覺禪師，張橫浦與之過從甚密，終生爲莫逆交。
〔註132〕《晦庵集》，卷六三，《答孫敬甫書》。
〔註133〕《晦庵集》，卷三三，《答呂伯恭書》。
〔註134〕關此，筆者贊同何俊先生的說法，他認爲孔子之仁主要落實在現實生活之實踐，而「張九成以覺概括仁，實際上取消了仁的實踐性，而以主體的是否自覺爲仁的達到與否，這就將儒家注重的廣泛的社會實踐活動收縮爲一己的意識覺悟。」（何俊、范立舟：《南宋思想史》，上海，上海古籍出版社，2008年版，第52頁。）
〔註135〕按，楊時晚年亦頗滑向禪學，其弟子王蘋（信伯，早年亦曾問學程頤）尤變本加厲，二人對陸王心學的形成均有重要影響。因本文旨在分析「以覺訓仁」一路，故對此按下不表。另，從現存文獻看，援禪入儒是張橫浦有意爲之，這從他多次尋訪禪門名僧的事跡可知。

二、「仁者覺之純」：慈湖對以覺訓仁說的發展

上述謝、張之仁說，雖中經朱子的批駁與排拒，亦不過是稍遏其勢。其後，以知覺訓仁者仍不乏其人。慈湖基本上延續了這一傳統，並因自己的獨特覺悟而彰顯出明顯的個我特色。他說：

> 仁者，知覺之稱，疾者以四體不覺爲不仁。所謂仁者，何思何慮，此心虛明，如日月之照爾，亦非有實體也。〔註136〕

> 知道之謂知，不知道何足謂之知。而醫家者流謂四體不仁，曰無所知覺者，蓋知者雖覺而舊習未能頓釋。必純明無間、所覺無虧而後曰仁。顏子三月不違仁者，三月澄然、非思非爲、照用無方、純明無間也。
>
> 〔註137〕

同是借助醫家話頭以知覺訓仁，慈湖與明道、上蔡有明顯不同。後二者主要是強調生命的一體感通性，此感通性表現爲具體的生理感受（疼痛等）和情感體驗（惻隱等）；慈湖則凸顯出心體的虛明澄然，這是屏蔽了一切知見後的空性體驗。從這種區別看，慈湖以覺訓仁，不僅更逼近橫浦一路，而且吸收了更多的佛禪因子。

如所盡知，慈湖師宗象山，然考索象山全集，專門言仁之處少之又少，稍微牽涉的是下列三條，差可代表其仁說：

> 孟子曰：「夫道一而已矣。」又曰：「道二，仁與不仁而已矣。」如是則爲仁，反是則爲不仁。仁，即此心也，此理也。求則得之，得此理也；先知者，知此理也；先覺者，覺此理也；愛其親者，此理也；敬其兄者，此理也；見孺子入井，而有怵惕惻隱之心者，此理也……〔註138〕

> 必有大疑大懼，深思痛省，決去世俗之習，如棄污穢，如避寇讎，則此心之靈自有其仁，自有其智，自有其勇，私意俗習，如見晛之雪，雖存之而不可得，此乃謂之知至，乃謂之先立乎其大者。〔註139〕

> 有學者因事上一官員書云：「過惡揚善，沮奸祐良，此天地之正理也。此理明則治，不明則亂，存之則爲仁，不存則爲不仁。」先生擊節稱

〔註136〕《慈湖遺書》卷九，《論禮樂》。
〔註137〕《慈湖遺書》卷十一，《論論語下》。
〔註138〕《陸九淵集》卷一，《與曾宅之書》，北京：中華書局，1980年版，第5頁。
〔註139〕《陸九淵集》卷十五，《與傅克明》，第196頁。

賞。〔註140〕

首則文字中，象山雖用「知覺」的字眼談仁，但與慈湖之知覺訓仁有本質不同。其知覺對象是理，此理也並非某道德原則，而是指道德情感之發用過程本身。與此相關，第三條象山以操存「遏惡揚善，沮奸祐良」之「正理」爲仁，這正同孔孟仁學之情感性、過程性特徵相印契。唯中間一則，肯定「此心之靈自有其仁」，彰顯了宋明心學以心爲本體的理論特色，此固爲慈湖在內的心學家所共法，亦不出孟學之矩矱。不可否認，象山之學在結構模式諸多方面，確曾受佛禪之影響，然在仁之體驗這一關鍵處，卻能遙契原始儒家，絲毫不見以覺訓仁的痕跡。他生在世代習儒的藥肆、教書家庭，平素最重日用間的德行操履，又特將孟學日日逼視，以至爛熟於心，故對時代之學術風習有更大抗擊力和超越性，其仁說也較當世諸儒更能貼近孟學之本義。在此方面，自非慈湖所堪比。

不同於謝、張等先驅，慈湖以覺訓仁的一大特色，是將「知」與「仁」分解爲本心覺悟的不同境地。此可算是以覺訓仁說之新樣態。與象山不重著述不同，慈湖多以講經的方式闡述其心學思想。且看：

> 誦先聖之言者滿天下，領先聖之旨者有幾？先聖曰：「知及之，仁不能守之，雖得之必失之。」知者覺之始，仁者覺之純。不覺不足以言知。覺雖非心思之所及，而猶未精一，精一而後可以言仁。〔註141〕

> 仁，覺也。醫家謂肌體無所知覺曰不仁。知者亦覺，而不同其仁，何也？孔子曰：「若聖與仁，則吾豈敢？」。仁幾於聖矣。知者雖覺虛明而舊習未盡消。意念微動即差，未能全所覺之虛明，必至於純明不已，而後可以言仁。〔註142〕

> 子曰，君子去仁，惡乎成名。勉學者用力於仁也。蓋知者雖覺而舊習久固，未精未一。唯純明無間輟始能盡仁，知者所覺造次顛沛已無非妙用矣。然蒙養未精一與已精一者不同。〔註143〕

此處知仁並提，顯然受《論語》中孔子之仁知對舉的影響。必須挑明，在孔子那裏，知不僅涵攝著對道德規則的學習、體悟，同時也有強烈的向外追求客觀知識的向度。當然，從總體上看，仁是稱述全德的概念，仁能兼知而知不能兼

〔註140〕 《陸九淵集》卷三十四，《語錄上》，第 409 頁。
〔註141〕 《慈湖遺書》卷二，《憤樂記》。
〔註142〕 《慈湖遺書》卷十一，《論論語下》。
〔註143〕 《慈湖遺書》卷十，《論論語上》。

仁。但孔子無疑認識到了知識與道德的分野，或者說承認了知識本身的獨立價值〔註 144〕。在慈湖這裏，知與仁是用以區分人心之覺悟次第的一對概念。「知者覺之始，仁者覺之純」，知與仁雖都是對虛明心體的覺察，然而知只是覺的低級階段（「覺之始」），「知者」尚不能剝落心中的所有舊習（「雖覺虛明而舊習未盡消」），無法達到澄然純明的精一之境。在慈湖著作中，類似敘述有很多，而以「顏子三月不違仁」最爲頻繁。姑舉兩例以概其餘：

> 顏子三月不違，謂三月意慮不作，澄然如鑒，如日月之光無所不照，
> 而常不動也；人皆有是心，是心皆虛明無體，無體則無際畔；天地萬
> 物盡在吾虛明無體之中，變化萬狀而吾虛明無體者常一也。〔註 145〕

> 不動乎意，澄然昭然。一日之外或動乎意故曰日至。自古到今，知道
> 者千無一、萬無一，故學者以知道爲至。聖人與人群居，不得不因人
> 爲言。月至亦非有所至，澄然昭然，一月之外或動乎意，故曰月至。
> 顏子三月不動乎意，故曰三月不違仁。〔註 146〕

慈湖論仁，大致如此。「意慮不作，澄然如鑒」，對此澄瑩常照之心體的知覺體驗就是仁。如前文所述，孔子論仁，一再強調的是對道德原則的踐履和對道德情感的護持。從淺近而言，仁不過是孝悌惻隱、克己復禮，從高遠看，仁是守死善道、以身殉道。無論如何，仁都須在具體的生活實踐中得以證成。慈湖雖一再徵引《論語》中孔子的「仁」、「知」二說，然在其仁說之中，孔子之仁智二分的本旨已蕩然不存。這一變異，與思想史複雜的觀念流變，特別是對佛教「心性本覺」思想的汲取有關，更與慈湖以「不起意」爲宗的求仁工夫密不可分。

　　誠如牟宗三先生所言：「大體說來，工夫之不同就決定對於本體的體會之不同。」〔註 147〕對於堅信「心無本體，工夫所至即其本體」（黃宗羲語）的儒家心學而言，尤爲如此。陳來先生說：「在『本體』與『工夫』方面，心學主

〔註 144〕徐復觀先生指出：「『爲行爲而知識』是由周初以來，中國的學術基線。孔子
　　　　在此基線內，因對求知的特別重視，已開始賦予知識以自足的意味，這在求
　　　　知的態度上是一大發展。」（見氏著《程朱異同──平鋪的人文世界與貫通的
　　　　人文世界》，《中國思想史論集續編》，上海，上海書店，2004 年版。）此點，
　　　　一直未被宋明心學一系所重視，或僅置於次要之地位，象山主張「立乎其大」，
　　　　並不排斥客觀知識，然終遠不及朱子之重視。

〔註 145〕《慈湖遺書》卷二，《永堂記》。

〔註 146〕《慈湖遺書》卷五，《蔣秉信墓銘》。

〔註 147〕牟宗三：《中國哲學十九講》，上海：上海古籍出版社，2005 年版，第 310 頁。

要是『形式地』吸收了佛教的思想。但在境界上，心學對佛家無著無我之境作了『實質』的吸收。境界不像工夫那樣只具有風格、方式的外在意義，而是對整個心學的人生境界、人格發展、內心體驗產生了重要影響。」〔註148〕儒家的情感道德之仁向禪家虛明澄然之覺的滑落，與其說是慈湖對儒家之心性本體的理解歧異所致，不若說是他「不動乎意」的求仁工夫產生的結果。

從慈湖一次次靜坐反觀而大悟近十、小悟幾十的求道經歷看，「不動乎意」（或「不起意」）的求仁方法，本質上是努力使主體精神收攝在不起「分別心」的無念之境中：

> 仁既難知，則不仁亦未易知。不仁之粗者易知，不仁之微者難知。意象微起即為不仁。意象微止亦為不仁。此類無窮，不可備述。孔子絕四，止學者四病，意、必、固、我，無越四者。病本不去，禍流無窮；眾蔽百惡，皆自此處。盡知不仁之病，則不仁漸除，仁道漸著矣。〔註149〕

慈湖文中的「意象」或「意」，不僅包含我們通常所謂的私意、物欲之類，也包含了一切分別境之下的知識。他提出「不動乎意」這一為仁之方，正是要從根子上對治人類這一先天的「舊習」。就此「不動乎意」的求仁工夫而言，旨在消解人在主客二元對立境遇下所產生的分別心，此與禪宗所謂的「破對待」、「無念為宗」等修證法門，實在難說有什麼本質的差別。關於慈湖的「不起意」工夫，留待下章詳論。

自明道借醫家言以覺訓仁，歷上蔡、橫浦，三轉而有慈湖。在此過程中，給人的一個明顯印象是：諸公所說之仁距離孔孟之仁漸行漸遠，而與佛禪的虛寂圓覺之心愈轉愈深。清乾嘉學者阮元（字伯元，號芸臺）對宋儒仁說中的一切玄虛高蹈之辭痛加反省。他說：「凡仁，必於身所行者驗之而始見。亦必有二人而仁乃見。若一人閉目齋居，瞑目靜坐，雖有德理在心，終不得指為聖門所謂之仁也。」〔註150〕阮氏認為仁必在行為體驗中而得，此言不虛。又言「必有二人而仁乃見」，此乃對「仁」之字形的訓詁而言，未免滑向另一極端。儒門之「慎獨」，不正是要人在獨處時下切己自反的體仁工夫麼？但就

〔註148〕陳來：《南宋的心學與佛教》，載氏著《中國近世思想史研究》，北京，商務印書館，2003年版，第219頁。

〔註149〕《慈湖遺書》卷十，《論論語上》。

〔註150〕阮元：《揅經室集》，一集卷八，《論語論仁論》。四部叢刊景清道光本。

總體看，他還是指出了心學家引禪入儒過程中的一些弊病。

何以會發生這種蛻變呢？總體上看，這主要與宋儒援禪入儒的思想史進程密切相關。在此過程中，禪宗的「心即是佛」、「萬法唯心」、「心性本覺」等思想予以宋明心學家一系太深的影響。如果說，橫浦、象山的心本論雖吸取了佛禪心性論的思維結構，大大提升了本心的自主性和自覺性，但在本心體驗上尚不失孟子「本心」之大略的話，慈湖的本心已向禪宗的「圓覺心」、「自性心」發生了實質性偏移。余英時先生在《中國近世宗教倫理與商人精神》一文中述及宋明心學之「心本論」弊端時說：

> 陸象山「心即理」的「心」雖也於禪宗之「心」有動靜之別，實虛之分，但「宇宙便是吾心」之說（見《象山先生文集》卷三十六《年譜》紹興二十一年條）畢竟和釋氏將萬有歸於一心的立場太相近。不但如此，「心即理」的提法又直接出自禪宗。契嵩《治心篇》云：「夫心即理也。物感乃紛：不治則汩理而役物。物勝理則其人殆哉！」（《鐔津文集》卷七）可見象山「心即理」的觀點很容易滑入禪宗的境界。王陽明的「致良知教」落到「心體」上也不免有此危險。其關鍵即在於對客觀世界的存在無所保證。這不是僅持一種「入世」的主觀精神便能解決問題的。象山、陽明自然不是禪，但象山之後有楊慈湖，陽明之後有王龍溪，則顯然都流入禪。這是決不能以偶然視之的。〔註151〕

余英時先生之言可謂不刊之論。當然，一種學問入禪不入禪，只是一種判教意義上的界定。「入禪」未必意味這種學問沒有價值，還要看這種學問的對生命完善的正面價值。順便提一下，嚴格而論，作爲慈湖以覺訓仁說之背後理據的「心性本覺」思想，亦不是印度佛學心性論之正宗。印度佛家論心性，有「心性本寂」、「心性本淨」、「心性本藏」、「心性本有」諸義，獨「心性本覺」是佛教中國化的產物〔註152〕，其中頗受原始儒家心性論、尤其是孟子性善論之影響。

〔註151〕余英時：《士與中國文化》，上海，上海人民出版社，2003 年版，第 427 頁。
〔註152〕呂澂先生曾以「心性本寂」和「心性本覺」來判別中印佛家心性思想之差異，此已爲當今佛學研究界所熟識（見呂澂《試論中國佛學有關心性的基本思想》，載於《呂澂佛學論著選集》卷三，濟南，齊魯書社，1991 年版）。然仔細而論，「心性本寂」說並不能涵蓋印度佛家心性論的其他諸義。

第五章　慈湖的心學工夫論

　　正如有學者指出的，「宋明理學家對於諸多經典與文本的詮釋與深究，乃至諸多論題的辯難，自創學說的思辨興趣不大，而是源於自家工夫論的實踐要求。此實踐要求乃在於個人有限的生命歷程中取得無限而圓滿的意義」〔註1〕。驗之慈湖，此言尤其妥帖。與其師象山之「不立文字」不同，慈湖幾乎是遍注群經，以「六經注我」的方式解讀儒家經典。慈湖這樣做，非為自創學說，而是本著弘道覺迷之心，點醒被「血氣我」、「思慮我」蒙蔽的世人，使人人相信自己皆有清明聖智之心；同時，也為其「不起意」工夫尋找經典依據。

第一節　儒家工夫論之學理淵源及其嬗變
　　　　　——從孔夫子到陸象山

　　漢語「工夫」〔註2〕一詞，首見於東晉葛洪《抱朴子》一書，凡兩見：「妨工夫以崇重彼愚陋之人也」，「藝文不貴，徒消工夫」，用以指涉做某事所花費的心力。後因語言衍變，又增加了兩個引申義，一為做某事所用的時間（如「一頓飯工夫」），一為經過某種訓練而獲得的特殊能力（如「拳腳工夫」）。本文所言的「工夫」，乃順其本義而來，指人為達到某種目的而實施的各種努

〔註1〕 林月惠：《詮釋與工夫：宋明理學的超越祈向與內在辯證》之「序言」，臺北，中央研究院，中國文哲研究所，2008年版。
〔註2〕 按，古語中，工與功為異體字，故「工夫」亦作「功夫」，現代漢語中則有所差別，此不具論，本書中一律寫成工夫。

力及方法。以「爲己之學」立教的儒學，自然以成就道德人格（包括士、賢者、仁者、聖人等）爲旨歸。相應地，儒學工夫論即儒者賴以培養聖賢人格的方法或學說。楊儒賓先生曾言：「理學家的實踐，乃意味著『本體的體證』；而理學家的工夫論，乃意味著『本體的呈露』之學問。由於『本體』的概念是理學整個思想體系的核心石，因此，『如何呈現本體』的工夫論才會成爲理學的要因」。〔註3〕然而，在對儒家工夫論展開詳細論說前，我們不得不首先「預支」一個結論性的看法：即此種意義上的儒學工夫論，是伴隨著新儒家「援禪入儒」而在宋代正式形成，在明代日益熟爛的〔註4〕。

不同於傳統儒者，宋明新儒家受佛老「即身成佛」、「道成肉身」等觀念的刺激，汲汲於在現世中「肉身成聖」，講究心性修煉的工夫論也因此成爲他們學問的重心。有鑒於此，後世研究者也無不於此大施筆墨，對某宋明儒者的工夫路徑，或某派別的工夫論展開細密分析，以至牛毛繭絲，莫不詳究。然翻閱多家著述，一大遺憾是：學者論及某一儒學家工夫時，多缺乏一個對儒學工夫論源流的總體性梳理與分判，遂使儒學工夫的某些本質特徵反顯得眉目不清，最終使此思想家的工夫論得不到恰當定位。比如有學者看到慈湖自謂其「不起意」工夫源自孔子的「毋意」，就認爲慈湖的「不起意」是對孔子思想的發揚繼承。事實上，只要對儒家工夫論有一總體把握，當知這一看法不僅不理解孔子的儒學工夫，對佛家的「無念」法門亦缺乏應有瞭解。以學術發展論，該狀況已成爲儒學工夫論研究得以深化的瓶頸。故在深入分析

〔註3〕 楊儒賓：《宋儒的靜坐說》，《臺灣哲學研究》第4輯。臺北，臺灣哲學學會，2004年，第40頁。

〔註4〕 關此，南懷瑾先生指出：「（朱陸）宗旨雖異，但皆主張從用工夫入手，至用工夫之方法，則有主『敬』、主『誠』、主『靜』之不同：不論其用工夫方法以何者爲是，而此所稱工夫之實，稽之先儒，均乏前軌，《語》《孟》之教，未嘗及斯，《大學》所舉之止、定、靜、安、慮、得之次第，不過提示其要略耳。夫用工夫之說，本起源於佛法中之禪定，唐宋間禪宗之輩，不論僧俗，統皆於此致力，儒者傚之，乃倡致學之道，必須於靜中養其端倪，所謂『主敬』、『存誠』，皆止靜工夫之一端耳。禪定所詣，差別多途，毫釐有差，謬隔千里：況禪定之際，僅爲佛法中一種『定解脫』之學，至於『慧解脫』，則當尤有進焉。理學儒者於靜定工夫，確有一番心得，但論其極致，大抵至於初禪二禪境地者爲多。」又云，「充其所學，只是心理學上最高修養，使妄心意識，磨礱乾淨，留個蕩蕩無礙，清明在躬，即認爲是妄心淨盡，天理流行，衡之唯識家言，正是澄明湛寂之處，尚爲第七末那識窠臼也。」——見氏著《禪海蠡測》，上海，復旦大學出版社，2012年版，第258～259頁。

慈湖心學工夫之前，筆者將從先秦儒學談起，對儒學工夫論「前史」略加追溯，以期在儒學工夫論的演變歷程中勾勒出其綱要性脈絡，進而爲探討慈湖的心學工夫論搭建一個較好的論說平臺。

一、孔子的仁道及其「下學而上達」工夫

首先必須確認，孔子一生的心力所繫，實在恢復周禮、重建王道政治這一偉大抱負上。後人對其博文約禮、周遊列國、傳道授業等事跡的詮釋，都必須以此爲樞要。至於宋明儒者大談特談的「體驗未發」、「靜坐反觀」、「心體呈露」等「成聖」工夫，在孔子這裏可以說連影子也沒有。如單以傳道授業論，孔子也不過是想通過自己的言傳身教，培養一批德才兼備的君子，使之立廟堂則輔王道，處鄉黨而美風俗，讓混亂無序的社會重歸於太平與有序〔註5〕。就他本人而言，則無絲毫成爲聖人或教主的野心，更絕非有一套專門的「成聖」工夫。然而，站在後來者的視角，我們卻不妨承認，孔子對後來的儒家工夫論，有一特別關鍵、同時又極易令人忽略的前提性貢獻：即孔子繼承「三代」以來的「禮樂文明」和「憂患意識」，以心理性的「仁」詮釋規範性的「禮」，把人類進步往道德的這條路上引，從而開闢出一條以體驗和實踐爲基本立場、以「下學而上達」爲一貫特徵的「仁道」。與周公等儒家先驅們重視禮樂文明對人之行爲的外在性規範不同，孔子把人類走向眞善美的超越之路，由追求外在的「禮樂文明」，轉爲體證內在的情感性、道德性的人性——「仁」。這是儒家「工夫論」的第一次大轉型，是人類道德意識逐步蘇醒、自覺的重要表現。

孔子「以仁解禮」的意義在於，他發現了掩藏在「禮」背後的人性本質，即人可以是一個德性的心理性存在，從而爲外在性、規範性、社會性的「禮」，找到了主體性、體驗性、內在性的人性根源〔註6〕——「仁」，藉此以克服「禮」

〔註5〕 唐君毅先生說：「在先秦之儒者，孔孟荀諸哲固亦論性與天道及修養之道。然孔孟荀諸哲，皆志在重建當時之文化如禮樂政治制度之類。其棲棲遑遑，皆爲此事。故其眞正之興趣，初不在學問本身，而在文化事業。蓋託之空言，不如見諸行事之深切著明。」——見氏著《中國哲學原論・原道篇》（下），北京，中國社會科學出版社，2006年版，第883頁。

〔註6〕 余英時先生指出，針對春秋戰國「禮壞樂崩」的社會現實，「儒家的反響是更新禮樂的傳統，給予禮樂以新的精神基礎，這便是孔子的『仁道』。」見氏著《士與中國文化》，上海：上海人民出版社，2003年版，第604頁。

之強制化、形式化、僵固化所帶來的各種弊病。孰知種瓜得豆，由於對此心理根源的高度肯認，結果反使「手段」高於「目的」，「仁」成了比「禮」更根本的價值。〔註 7〕換句話說，內在的道德意識、情感、人格的真誠崇高比外在的道德規則、制度、風俗得到遵守奉行更重要。這一由外向內的價值轉折，標誌著儒家「以道德爲超越」這一理論基座的真正形成，爲後來的儒學工夫論指明了大方向。那麼，仁道的基本內容和特質是什麼，它究竟爲後來儒家工夫提供了一個什麼樣的前提？這首先須要對孔子的「仁」有一切實相契的解讀。

在孔子思想的概念族群中，「仁」無疑是居於第一位的，其內涵也是最複雜的〔註 8〕。對經受過西方思辨理性洗禮的現代人而言，「仁」之難解，尙不在於其內涵的豐富多樣，而在於對孔子詮釋立場的把握上。孔子論仁，所採取的是一種實踐和體驗的立場〔註 9〕，換句話說，仁是「體知」（體驗覺知）而非「智解」（概念分析）的。遺憾的是，近代以來，學者們對「仁」及其他概念多進行分解性詮釋。這一詮釋方法，無論對仁的內涵和外延考察得多麼周延，對仁的根本精神則終不能契應。〔註 10〕筆者認爲，如以體知的立場解

〔註 7〕 對此，李澤厚先生評論道：「由於強調這種內在的心理依據，『仁』不僅得到了比『儀』爲優越的地位，而且也使『禮』實際上從屬於『仁』。孔子用『仁』解『禮』，本來是爲了『復禮』，然而其結果卻使手段高於目的，被孔子所發掘所強調的『仁』——人性心理原則，反而成了更根本的東西，外的血緣（『禮』）服從於內的心理（『仁』）。」李澤厚：《孔子再評價》，見氏著《中國思想史論》（上）（合肥，安徽文藝出版社，1999 年版，第 26 頁。）

〔註 8〕 按，關於孔子及儒學「仁」之概念，陳榮捷先生論說較爲全面，他從「全德之仁」、「以愛言仁」、「博愛言仁」、「即性即理言仁」、「天地萬物一體言仁」、「生生言仁」、「心之德愛之理言仁」等七個方面對「仁」之概念進行了系統性詮釋。（見《仁的概念之開展與歐美之詮釋》，見氏著《王陽明與禪》，臺北：學生書局，1984 年版，第 7～14 頁。）另據韋政通《中國思想史》，楊慧傑在《仁的涵義與仁的哲學》（臺北：牧童出版社，1975 年版，第 2 頁。）一書中對孔子之「仁」解說更詳細，在「愛與心德」之外，又增加了七項：德之總稱、一德之名、抉擇、自我實現、功能、工夫、仁者。參見韋氏著《中國思想史》上冊，（臺北：水牛出版社，1988 年版），第 75 頁。可以看出，楊慧傑對孔子之仁的解說，雖也是分解地說，但還是從實踐的立場進行剖析的。

〔註 9〕 韋政通先生分析孔子之仁：「孔子說仁，卻不是分解地說，他說仁是本諸體驗和實踐的立場，從體驗和實踐的立場說仁，仁就是愛，性就是情，本體就是活動。」見氏著《中國思想史》上冊，（臺北：水牛出版社，1988 年版），第 75 頁。筆者雖總體上同意此說，但對於「性就是情」的提法略有疑義，此不細論。

〔註 10〕 這裏並非否認這種詮釋方法的價值，只是想藉此指出，這種詮釋方法有自身之局限。對此，熊十力先生有自覺的反省，他說：「西洋哲學家談本體者，只

仁，則「仁」之內涵至少包含以下三個顯著的方面：（一）仁是對道德情感「在場」狀態的心理體驗或內心境界。孔子認爲，相對於道德規範以及對道德規範的踐履行爲，人對自身道德情感的體驗更重要、更根本。在遵行喪禮方面，內心的悲戚比祭品儀式的奢華考究更重要；在孝敬父母方面，「敬」比「養」更重要。這種情感體驗，持守到了一定程度，就涵養出一種超越個人哀樂、泰然自得的心境，故孔子曰「仁者不憂」。該狀態被後儒提升爲一種極高的道德境界，成爲人心中的「仁體」、「誠體」。此「體」並非魏晉玄學的「本體」之「體」，不是一種看得見的實物，更不是一種超驗的存在，而是一種主體經過道德踐履所體驗到的精神狀態。（二）仁不止於個體的心內自覺，而有著強烈的外向實踐品格。在《論語》一書中，孔子提到的道德性概念很多，如禮、義、信、忠、勇等，但這些德目本身並不是仁，自覺自主地按照這些德目內在的眞精神去做事才是仁〔註11〕。譬如，當弟子顏回問仁，孔子答以「克己復禮爲仁」，可見，「禮」本身並不是仁，「克己復禮」的行爲才是仁。（三）仁又是一個人向道德理想追求的無限努力過程。這一過程並無時間、空間乃至程度上的終點，一個人即使實現了眾多德目中的任何一種（如「信」）也只是得仁之一體（偏），而不是仁之全體，仍不能成爲仁者。孔子從不輕易以「仁」許人，自己則謙言「若聖與仁，則吾豈敢」。從這種意義上說，仁顯得高不可攀、永遠處於未完成狀態。但孔子又說「我欲仁，斯仁至矣」，強調主體對仁之行爲的主宰性，並肯定仁的當下性與自足性——一個人只要立意行仁，那麼他此時就具有「仁」的品格了。從這一點上說，仁又是具體簡易而活潑潑的，任何人都可以因作出求仁的行爲（哪怕只是一念之興）而得到仁。由以上三點可知，孔子之「仁」，絕非一個概述德性的總概念而已，它是活著的、醒著的生命行爲、理想境界和一種眞善美的心理體驗。徐復觀先生將孔子之仁的本質，定位爲一種「要求成己而同時即是成物的精神狀態」〔註12〕，在筆者看來，眞可謂得孔門之「正法眼藏」。

　　是馳逞知見，弄成一套理論，甚至妄以其理論即是眞理，而眞理直被他毀棄。須知，哲學不當以眞理爲身外物而但求瞭解。正須透悟眞理非身外物而努力實現之。」見氏著《原儒》，北京：中國人民大學出版社，2006 年版，第 23 頁。

〔註11〕陳榮捷先生曾說：「孔子言仁，僅言及仁之用，對仁之本質未予強調；其教義僅限於仁之實踐。」見氏著《中國哲學文獻選編》，南京：鳳凰傳媒出版集團，2006 年版，第 505 頁。

〔註12〕徐復觀：《中國人性論史》（先秦篇），上海：三聯書店，2001 年，第 81 頁。

倘非要把孔子培養道德人格的方法也稱爲「工夫」的話，此工夫可用「行仁」二字來概括。這一工夫包括向外和向內即「下學」與「上達」兩個向度。（一）下學，即博學（亦包括學、問、思、辯、行）的方向。孔子所謂「博學於文」、「約之於禮」，「志於道，據於德，依於仁，游於藝」、「入則孝、出則悌」等都屬於這一類。「博學」不僅包括對「禮」與「道」在內的各類知識的學習，而且包括著對所學內容的眞切篤行。由此可見，下學工夫側重於處理個人與外在世界（他人和外物）的關係。（二）上達，即人格境界的提升。這是依靠內心的良知對所學知識（此「知識」非止於倫理知識，更多的是一種人生的歷練和體驗的積累）的一種內轉（反省、防檢、提撕、自訟、愼獨），使知識內化爲自己生命的一部分（攝「智」歸「仁」）。從道德人格的成就而言，該工夫本質上是借助所學「道」、「禮（理）」對自身情欲（人的生理限制）的一種抑制、克服與超越，將生理自我逐漸轉化爲道德自我。「見賢思齊，見不賢而內自省也」，「內省不疚，復何憂何懼」，「吾一日三省吾身」、「躬自厚而薄責於人」等等，都是與此有關的表述。當然，下學與上達是「行仁」工夫的一體兩面，二者並行互補，沒有明確的先後之分（這點，頗近似於西方著名心理學家皮亞傑「發生認識論」中所謂的「同化」和「順應」。詳參閱本書之附篇）。這種「行仁」工夫，在孔子德性生命中的具體展開，就是一個從「十有五而志於學」到「從心所欲不逾矩」的不斷自我超越的進德過程。錢穆先生解釋孔子「下學而上達」章說：

> 一部《論語》，皆言下學。能下學，自能上達。無怨無尤，亦下學，然即已是上達之征。孔子反己自修，循序漸進，以致其知。知愈深而怨尤自去，循至於無人能知惟天獨知之一境。故聖人於人事能竭其忠，於天命能儘其信。聖人之學，自常人視之，若至高不可攀，然亦本十室之邑所必有之忠信而又好學以達此境。故下學實自忠信始。不忠不信以爲學，終無逃於爲小人之下達。至於舍下學而求上達，昧人事而億天命，亦非孔門之學。深讀《論語》者可自得之〔註13〕。

錢穆先生的話是不錯的。孔子抱著對人類負責的態度，不逃向自然，不墮入空寂，亦不幻想彼岸的天國，在憂樂交織的「人間世」中，以「下學而上達」的學思歷程完成了由小我向大我轉化的生命歷程。在此超凡入聖的修行之途

〔註13〕錢穆：《論語新解》，北京，三聯書店，2002年版，第383頁。

中，既一以貫之著「敬」（「執事敬」，「戰戰兢兢」）的憂患精神，亦有「吾與
點也」的超然境界，沒有任何神秘古怪之處。這從孔門平情敦篤、風義相感、
德慧相承的師弟關係中可見一斑。孔子曾有「二三子以我爲隱乎？吾無隱乎
爾。吾無行而不與二三子者」之言。試想，一個生命沒有遮蔽和隱私的人，
難道會爲了追求電光火石般的「心體呈露」而堅持常年靜坐反觀嗎？孔子所
開闢的這一立足於現實人生的超越之路，較之於佛老二氏於人世懸隔的繞
曲，實最爲親切平正不過。從這種意義上說，孔子的儒學工夫，亦可謂沒有
工夫。鑒於原初儒學顯著的濟世品格，我們認爲，孔子「工夫論」的特徵正
是「下學而上達」，即在知識的學習和對道德倫理踐行、體悟中，自然而然、
潛移默化地成就德性人格，向內刻意開闢的傾向並不重。這與後來宋明新儒
家尤其是心學家一脈汲汲於成聖之學，大談「體驗未發」、「悟得本體」之類
的內證工夫，適成鮮明的對照。

二、《大學》、《中庸》：儒學兩條工夫路線的建立

　　《禮記》中的《大學》篇，全面繼承了孔子「下學而上達」的工夫路向，
以「格物致知」爲「下學」，以「誠意正心」爲「上達」，以「明明德」爲「成
己」，以「修齊治平」爲「成物」，以「止於至善」爲超越性理想，系統地彰
顯出儒學「內聖外王」的全副規模。就論述傳統儒學工夫之簡明扼要而言，
實在找不出比《大學》距《論語》更近的文本（明儒王龍溪曰：「《大學》乃
孔門一大規矩，《中庸》乃盡性之書也」）。

　　蓋知識與道德本爲人性發展的兩大綱維。伴隨著殷周之際人文主義思潮
的興起，二者各漸顯示出獨立之價值。孔子雖攝「智」歸「仁」，以「仁」（道
德）爲優位，而同時亦注意「智」（知識）在「踐仁」過程中（即道德實踐）
的重大輔助意義，故多次將「仁」、「智」並提。《大學》以格物致知（學習處
理個人與他人及外物之關係的知識，以後儒所謂「聞見之知」爲主）爲工夫
的起點，所走的正是孔子博學多聞的經驗主義修身路線。由於孔子很少談「心」
〔註14〕，故他在如何將知識通過反省而內化爲德性這一點上語焉不詳，《大學》

─────────────

〔註14〕　在儒學創始人孔子那裏，「心」尚夠不上一個哲學概念。從《論語》看，「心」
　　　　　字共出現 6 次，如「從心所欲而不逾矩」，「其心三月不違仁」等。不難看出，
　　　　　此「心」仍是一般意義的心，與人的感性意欲相關，主要用來表示一種意識
　　　　　的主體，不具有道德內涵。

則通過「慎獨」、「誠意」、「正心」等理論補充之，並認爲「知止而後有定，定而後能靜，靜而後能安，安而後能慮，慮而後能得」。這一層次井然的工夫序列，表明先秦儒家的身心修養工夫已頗具系統。從義理特色看，《大學》論工夫次第邏輯嚴謹，經驗性品格十分鮮明，其中雖有「慎獨」、「正心誠意」等「上達」工夫，但出於此類工夫仍以「格物致知」爲前提，故其經驗性的「下學」仍多於宗教性的「上達」。

經殷周之際人文精神的激蕩，至戰國時代，天逐漸擺脫了人格神意味，亦非單純的自然界，而主要成爲一種道德的存在（這是人文對自然的一種折射，然而自然被「人文化」後，又反過來成爲思想家建構人性超越性之依據）。與此同時，宗教之天的神聖性（「維天之命，於穆不已」）和自然之天的生物功能（「天何必言哉，四時行焉，百物生焉」），卻在道德之天（「天地之大德曰生」）的「生生之德」中得到了繼承和體現。在此背景下，《中庸》提出「天命之謂性，率性之謂道，修道之謂教」之說，認爲天地將「生生之德」貫注到人身上，人因此先天地具有內在的道德稟賦，只要順此本性而行，就是在踐行天地的正道。受此宇宙論模式影響，《中庸》工夫論與孔子、《大學》工夫論在具體理路上有很大的不同〔註15〕。

誠如陳少明先生所言，「《大學》的重點是道德價值從個人修養到社會生活擴展的途徑，而《中庸》則繼續追求超驗的精神生活的內在體驗。前者對人，後者向天」〔註16〕，如果說《大學》是對孔子「下學而上達」之後天工夫路線的一種系統梳理，《中庸》則在繼承孔子「下學而上達」的後天工夫路線（自明誠，博學審問慎思明辨之謂也）的同時，開拓出明心盡性的先天工夫路線（自誠明，成己成物之謂也），並賦予後者以特殊的地位。換句話說，《中庸》的理論重心卻落在「上達」而非「下學」。

從「誠者，天之道也；誠之者，人之道也。誠者，不勉而中，不思而得，從容中道，聖人也。誠之者，擇善而固執之者也」，「自誠明，謂之性；自明誠，謂之教。誠則明矣，明則誠矣」等相關論說看，「誠」是天道的特徵，自

〔註15〕 按，大概自孔子到孟子這一百年內，以子思、孟子爲代表的思孟學派大致進行了一場「道德內化」的運動。以致對此不滿的荀子批評他們「略法先王而不知統，猶然而材劇志大，聞見雜博。案往舊造說，謂之五行，甚僻違而無類，幽隱而無說，閉約而無解。」這可從近年出土的郭店楚簡得到證實。

〔註16〕 參見陳少明《「四書」系統的論說結構》，載劉笑敢主編《中國哲學與文化》第 9 輯，2011 年。

「明」而「誠」是由人道而達天道，自「誠」而「明」是由天道而行人道。宋儒張載《正蒙・乾稱篇》所謂「儒者則因明致誠，因誠致明，故天人合一，致學而可以成聖，得天而未始遺人」，正應從這種意義上來理解。如果說「因明致誠」是「下學而上達」，「因誠致明」則是「上達而下學」。如果說，孔子的「踐仁」工夫，是從現實人心方面「說上去」，由內在的仁心證立「天命」；那麼，《中庸》則從宇宙論「說下來」，由超越的天命支配內在的人性人心。

　　《中庸》認為，聖人的善性無障蔽，先天自明，故率性而行無不中道，故「誠者天之道也」、「自誠明謂之性」（聖人無所謂工夫問題，故可謂本體即工夫）。《中庸》這一「盡性」說，實際上是站在一種較高的「果位」對聖人境界所作的發揮。孟子所謂的「性之」、「由仁義行非行仁義」就是對此理想境地的另類表述。但就現實人而言，則根據人的不同根器，有「盡性」與「致曲」的區別：前者直悟本心，後者發明本心。《中庸》謂：

> 唯天下至誠，為能盡其性；能盡其性，則能盡人之性；能盡人之性，
> 則能盡物之性；能盡吾之性，則可以贊天地之化育：可以贊天地之
> 化育，則可以與天地參矣。

如果借用宋明心學的話頭，則可以說：上根之人直悟本體，直接追求「性之」的至誠境界。然而，與上根之人不同，中下根之人則擴充一偏之善（「致曲」），進而達到誠的境界：「曲能有誠；誠則形，形則著，著則明；明則動；動則變，變則化；唯天下之至誠為能化。」《中庸》這段話，又可與孟子「可欲之謂善，有諸己之謂信，充實之謂美，充實而有光輝之謂大，大而化之之謂聖，聖而不可知之之謂神」（《孟子・盡心上》）一段話相互發明。事實上，這正是孟子所走「求放心」、「存心養性」、「盡心知性知天」的修養道路。如譬之於禪宗，則「盡性」一路，頗近於禪家慧能頓悟一系；而「致曲」一路，則為「神秀」之「漸悟」。此兩條次一級工夫入路，乃為不同根器人所立。當然，這二者都以「求放心」之內明工夫為學問主導，都是以「尊德性」的「上達」為主。

　　不過，「中庸」開啟的這種「自誠明」工夫路向，一直受到具有「經驗主義」性格的儒者質疑。如宋代的歐陽修就批評說：

> 《中庸》曰：「自誠明，謂之性；自明誠，謂之教。」自誠明，生而
> 知之也；自明誠，學而知之也。若孔子者，可謂學而知之者。孔子
> 必須學，則《中庸》所謂自誠而明不學而知之者，誰可以當之歟？……

《中庸》曰：「誠者不勉而中，不思而得。」夫堯之思慮常有失，舜
禹常待人之助，湯與孔子常有過。此五君子者皆上古聖人之明者，
其勉而思之猶有不及。則《中庸》之所謂不勉而中，不思而得者，
誰可以當之歟？此五君子者不足當之，則自有天地已來，無其人矣。
〔註17〕

宋明儒學尤其是心學一脈之所以特別重視《中庸》之「自誠明」一路，與儒
家爲「修本以勝之」而「援禪入儒」的時代風尚密切相關。宋明新儒家，受
禪宗求證「本來面目」等工夫的刺激，意欲在心性高明面上爭一日之雄，遂
將《中庸》「自誠明」工夫彰顯出來，心學家一脈甚至將「靜坐澄心」、「體驗
未發」等作爲基本工夫法門。長此以往，孔子「下學而上達」的經驗性路線
反落於「第二義」，甚至根本不被重視了。

總之，《中庸》「自誠明」的「上達」工夫路線，不啻爲對孔子「下學而
上達」工夫路線的一種變異和轉折。

三、孟與荀對儒學兩條工夫路線的對揚

孔子雖以實踐和體驗的立場說仁，將人看成一德性的主體，但他對人性
的內在結構並沒有更深一步剖析，尤其沒有挑明「心」、「性」之內在關係，
也沒有明確指出「性」（或「心」）的善惡。孟子繼承了《中庸》「天命之謂性」
的思路〔註18〕，將孔子的仁道學說，發展爲一套較系統的心性理論，成爲後
來宋明儒學尤其是心學一脈的主要工夫淵源。宋儒象山謂：「夫子以仁發明斯
道，其言渾無罅縫，孟子十字打開，更無隱遁」〔註19〕。愚以爲，此「十字
打開」，主要表現在以下幾個方面：

（一）從工夫依據看，良知本心先天固有（「非有外鑠」）、聖凡皆同、人
人皆具，它「操則存、捨則亡」，思則得之，不思則不得，但歸根結底是操之
在我的。這是對孔子「天生德於予」、「我欲仁斯仁至矣」的繼承。（二）從工
夫內容看，本心主要是指一種道德情感及產生道德情感、道德行爲的能力（良

〔註17〕 歐陽修：《歐陽文忠公集・居士集》卷四十八《問進士策三首》，四部叢刊景
元本。
〔註18〕 按，《中庸》與《孟子》二書究竟孰先孰後，學界向來眾說紛紜。郭店楚簡的
出土，似證明《中庸》較《孟子》早出，本文據此而論。
〔註19〕 《陸九淵集・語錄下》。

知、良能），人將此本心存養擴充至極，能夠達到與天地萬物感通的境界（「上下與天地同流」、「萬物皆備於我」）。這凸顯了孔子之「仁」的體驗性及實踐性。（三）從本心與仁的關係看，「仁，人心也」；[註20]「君子所以異於人者，以其存心也，君子以仁存心」[註21]，心體和仁體是一致的。這裏將孔子「仁」中隱藏之「心」彰顯提揭而出。（四）從本心與性（仁、義、禮、智等道德理性）的關係看，性存在於本心之中，並通過本心體現出來（「君子所性，仁義禮智根於心」，牟宗三先生概括爲「仁義內在，性由心顯」），本心是主觀心理化的性，性是客觀本體化的心[註22]。性本身是「不增不減」的（「雖大行不加焉，雖窮居不損焉，分定故也。」），心卻需要「盡」（求取、發明、保養、擴充），一個人只有盡主觀經驗性之心就能體證到客觀先驗之性（「盡心知性」）[註23]。這是對孔子未解決的人性內部結構的創造性抉發。（五）從本心與天的關係看，由於性是連接經驗性人心與超越性天道的樞紐（性是既內在又超越的），而天命之性與人之善性又具有同質性（「天命之謂性」），因此盡心知性之後，也就可以體證到天命了。如此一來，本心就成了實現聖道的經驗性依據。這是在繼承《中庸》從天道言性善的基礎上，爲人的「仁體」提供先天的宇宙論依據，進而彌補了孔子在「性與天道」方面的理論缺位。（六）求取本心是一條反身而誠的內向察識路線，保任本心則須要在「寡欲」和「存養」（「存其心，養其性，所以事天也」、「養心莫善於寡欲」）上用力，擴充本心則須要培養「浩然之氣」的「集義」（「必有事焉」）工夫。這是在繼承孔子「內省」、「自訟」「克己」之「上達」工夫之後，對儒家心學工夫的夏夏獨造。

應該說，在先秦儒家工夫入路上，眞正向內開闢的是孟子[註24]。與孔

〔註20〕　《孟子·告子上》。

〔註21〕　《孟子·離婁下》。

〔註22〕　筆者一直以爲，孟子「仁義禮智根於心」等，乃受到「禮始於情」的影響。也就是外在的道德規範產生於人的情感，特別是道德性情感，如孟子的四端之心。這可以從郭店楚簡《性自命出》篇找到證明。

〔註23〕　筆者同意牟宗三先生以「仁義內在，性由心顯」八字概括孟子心性論本質，但不同意他認爲「心即性」、「心即理」這種提法。因爲，儘管孟子有「惻隱之心，仁也」、「心之所同然者何也，謂理也義也」之類的話，但並不表示「心」直接就是「仁」，其中有個「盡」不「盡」（求於不求，擴充與不擴充）的問題，孟子說「惻隱之心，仁之端也」，只是說惻隱這種情感是仁（「性」）之用，因此，盡心才能知性，心本身並不能簡單說是性。性是不增不減的，而本心則可以是放失的。事實上，牟先生是以宋明理學陸王一系的思路詮釋孟子的。

〔註24〕　關於孔孟荀的進學工夫論轉向，筆者在《孔孟荀學思觀辨略》一文中有專門

子重視博學篤行的「下學」工夫不同，孟子提出「性善說」，將人心視爲價値根源和道德主體（「仁義禮智根於心」），尤其強調「盡其心者，知其性也。知其性，則知天矣。存其心，養其性，所以事天也」（《孟子・盡心上》）的「上達」工夫。此工夫有「反身而誠」、「立乎其大」、「反求諸己」、「盡心知性」、「知言養氣」、「深造自得」、「勿忘勿助」、「求放心」、「養心寡欲」、「操存擴充」等多種表述或相關論說，但無疑都以「向內追尋」爲主要特徵。在孟子這裏，孔子「博學約禮」的「下學」工夫則相對萎縮。

與孟子相反，荀子並沒有走這條由內向外的「盡心知性」的工夫路線，他受到道家自然觀的影響，強調「虛壹而靜」，走向了「變化氣質」、「以禮化性」的道德「外鑠」之路，並對子思、孟子「五行說」致以猛烈批判。他在《勸學篇》說：「學惡乎始，惡乎終？曰，其數則始乎誦經，終乎讀禮。其義則始乎爲士，終乎爲聖人。眞積力久則入。」並認爲聖人是「盡倫者」，主張「積善成德而神明自得，聖心備焉。」很顯然，與孟子由「天命之性」開闢的工夫路線相比，荀子由「氣質之性」開出的成聖之路〔註 25〕，是一條鮮明的經驗主義道路。這一工夫路線，雖對孔子「上達」一路有所取捨（荀子對孔子仁學的道德情感性未能積極吸收），但很好地繼承並強化了孔子的「下學」工夫。孔、荀的進德工夫有一共同特徵，即都以外在的道德標準來省察自己，通過防檢克制自己的身心以成就道德人格，這與孟子重視內在德性的存養與擴發迥異其趣。荀子儘管也偶爾涉及「上達」，如謂「君子博學而日參省乎己，則知明而行無過矣」，「積善成德，而神明自得，聖心備焉（同上），但這仍屬孔子「自訟」、「自省」傳統，即「下學而上達」。與孔子的不同在於，荀子對人性中的正面情感缺乏肯認，致使其工夫論道德「外鑠」的色彩過重。這可算是對孟子工夫論的矯枉過正。

平心而論，荀子的「下學」工夫路線雖未正面強調人之當下的道德情感力量，但人在對道德倫理的實踐中，仍可以不自覺地使倫理觀念內化爲人之道德信念，最終達到極高的道德人格。更重要的，此工夫入路除了注重具有社會性、強制性的禮法外，還十分強調對客觀知識的學習。儒家外王學一脈，

論述，拙文載《孔子研究》，2009 年第 6 期。
〔註 25〕詳見鄭宗義：《論儒學「氣性」一路之建立》，收入黃俊傑主編「儒學與東亞文明研究叢書」之《儒學的氣論與工夫論》一書（上海：華東師範大學出版社，2008 年版），第 170～191 頁。

賴此不墜。當然，儒家此「外鑠」工夫一路在後來漢唐宇宙論模式下，政治意味重而成德的意味輕，工夫論並不凸顯。至於以章句訓詁爲生的儒者，則完全走上了一條偏離道德主腦的「道問學」之路。此與孔子「下學而上達」之進德路線相較，已經淪爲「落於一曲」的偏執。故徐復觀先生說，荀子以降的儒者，他們的「道德外鑠性多於內發性」，這一現象直到宋代二程的出現才得以改變。〔註 26〕

　　總之，相對於孔子「下學而上達」的後天之學，《中庸》、孟子「盡心知性」先天之學的出現，可謂儒家工夫論的第二次重大轉折。

四、宋儒援禪入儒中的工夫論變異

　　與傳統儒者相較，宋明新儒家「成聖」的心志更爲普遍和強烈了。在傳統儒家中，「聖人」屬於生而知之的天縱之才，有德有才有位，幾乎是高不可攀的。孔子曾說：「若仁與聖，則吾豈敢？」這絕不單單是謙辭，因爲在先秦儒者的觀念中，聖人不僅要「仁且智」，即具有超人的德性與智慧，具有道援天下的事功和地位。故當子貢問「如有博施於民而能濟眾」之人能否稱作仁者時，孔子的回答是：「何事於仁！必也聖乎！堯舜其猶病諸！夫仁者，己欲立而立人，己欲達而達人。」與這種聖人觀有關，傳統儒者絕不敢以聖人自期，而是將自己的道德人格定格爲士或君子乃至仁者。針對這一點，唐君毅先生指出：

> 宋明儒自覺的教人尋孔顏樂處，以成德之樂爲歸趣，同時即自覺的要講明聖學。故教人爲學之始，即立志作聖。古者聖與王連，所謂內聖外王。孔孟教人皆偏重教人爲士，由爲士自可歸於聖，故曰：「人皆可以爲堯舜」。然孔孟教人殊少直截教人爲聖。荀子雖明言爲學「始乎爲士，終乎爲聖人」，未嘗直截教人皆以爲聖自勉。漢儒則恒謂聖由天出，非由學而至。然宋明理學之教人，則常在第一步即要人立志爲聖〔註 27〕。

正如唐先生所論，受佛家禪宗「即生成佛」等觀念的刺激，至宋明新儒學，聖人人格中所具備的「事功」向度日漸萎縮，心性修養上的「惟精惟一」、「無

〔註 26〕徐復觀：《程朱異同》，見氏著《中國思想史論集續篇》，（上海書店出版社，上海，2004 年版），第 382 頁。

〔註 27〕唐君毅：《中國哲學原論・原道篇》（下），北京，中國社會科學出版社，2006 年版，第 882 頁。

思無爲」境界則被凸顯出來。在程朱等理學家一脈，聖人之博學多識的向度尚有保留，而在陸王心學家那裏，聖人幾乎成了「心性圓覺」的代名詞，如慈湖「心之精神是謂聖」、陽明「心之良知是謂聖」等說，大抵近此。在這種聖人觀支配下，追求此生的超凡入聖便是操之在我之事。這一點，在一些新儒家的學思興致上不難看出。如周敦頤《通書・聖學章》有云：

> 聖可學乎？曰：「可。」曰：「有要乎？」曰：「有。」請聞焉。曰：
> 「一爲要，一者，無欲也。無欲則靜虛動直。靜虛則明，明則通；
> 動直則公，公則溥。明能公溥，庶矣乎！」

周敦頤以「無欲」作爲成聖的最基本工夫，雖未得到理學家的普遍承認，但他認爲聖人可學而至，卻是宋明儒者之共識。另如周敦頤讓二程思索「孔顏樂處」之「樂」在何處，無疑是將二人向聖賢氣象這一高明之路上引。後來王陽明自小便立志做聖人，王龍溪等人中進士而不仕，羅近溪看到顯達的親族歉氣就想尋個不歉氣的法子。至於本書的主角慈湖，少年時便發誓要體證《易傳》「寂然不動，感而遂通」的大人之境，長大後更是爲此境界殫精竭慮。觀此諸態，即可知「成聖」一念如何使宋明儒者魂牽夢繞了。凡此種種，衡之以孔子「天下有道，丘不與易也」的救世熱忱，實不可謂沒有發生一個重大的轉折。

儒學本是「世間法」，其「行仁」工夫是圍繞現實生活所展開的，一旦要在心性工夫上與禪宗較一日之長，終不免捉襟見肘，根本無法滿足新儒家的「成聖」需要。這一點，朱子當時就認識得很清楚：

> 今之學者，往往歸異教者何故？蓋自家這裏工夫有欠缺處，奈何這
> 心下沒理會處。又見自家這裏，說得來疏略，無個好藥方，治得他
> 沒奈何底心，而禪者之說，則以爲有個悟門，一朝得入，則前後際
> 斷，說得恁地見成捷快。如何不隨也。（略）非獨如今學者，便是程
> 門高弟，看他說那做工夫處，往往不精切。〔註28〕

在吸收佛道的工夫法門同時，新儒家又要盡可能地將其與傳統儒學，尤其是孟子、《大學》和《中庸》中的工夫理論結合起來，更兼工夫體驗本身與個人的知識結構、氣質稟賦、主觀心理等因素有著千絲萬縷的聯繫，遂使每個人對自己工夫的表述面貌各異。至宋代中期，諸如「靜坐」、「反觀」、「主敬」、「誠意」、「格物」、「存養」、「防閑」、「愼獨」、「求放心」、「致良知」、「窮神

〔註28〕《朱子語類》，卷126。

知化」、「變化氣質」、「體驗未發」、「尋孔顏樂處」、「觀聖賢氣象」等已成為儒者津津樂道的話題，真正意義上的儒學工夫論也從此被建構出來〔註29〕。

從思想史的立場看，宋明理學的工夫論，與先秦儒學之後天經驗之路和先天直覺之路有明顯的繼承關係。程朱理學一脈強調「涵養須用敬，進學在致知」，其中「涵養用敬」與孔子「居處恭，執事敬，與人忠」的教法頗為接近；「格物致知」重視向外學習各種知識，與孔子的「博學多識」（如「博學於文，約之以禮」、「多識草木鳥獸之名」等）傳統十分吻合。如不計較其中的具體細節，當可斷定：程朱之工夫論，大致符合孔子，尤其是《大學》的後天經驗路線，所走的是一條「挾知識以成道德」的修身之道。而象山強調本心、本性的本來具足，主張通過「發明本心」以「立乎其大」，以「尊德性」為工夫「頭腦」，讓人「收拾精神，自作主宰」，先實現自己道德人格的完全挺立（他認為「人心有病」，須要不斷「剝落」，朱子教人是「添」，而自己則是「減」），然後在此基礎上再「自誠而明」，即追求一種道問學的路線。象山《語錄》：「學問於大本既立，而萬微不可不察」。陽明弟子歐陽德則說「夫致知格物之學，先須體認良知明白，而後有所用其力」〔註30〕。這顯然接近於《中庸》「自誠明」、孟子「求放心」的「尊德性」一路。

牟宗三先生在其研究宋明理學的巨著《心體與性體》中，有一基本的分判：程朱理學是「橫攝系統」（以外向求知識的方式求道德）而非「縱貫系統」（注重「逆覺體證」的當下體察），在此系統中，本心「只存有不活動」，故以先秦儒學而論，屬於教外別傳、別子為宗；而陸王心學一系和胡宏、劉宗周「以心著性」一路，本心「既存有又活動」，才是儒學的嫡系血脈。牟宗三先生論及儒家的修學道路時還指出：

> 重視主體性、重視主觀修正的東方宗教，在修學的發展上，是必然
> 要開出一順一逆的兩條路來。一條是順取，下學而上達。這是朱子
> 所走的道路。一條是逆顯，承體起用，即本體即工夫。這是象山所
> 走的路徑。……它（逆顯路徑）是先就聖果之化境而肯定一個超越
> 之本心，聖人就是這超越的本心之全體而至化境者。……若以聖人
> 之化境為準，直對這超越本心而言，這「先立其大」若不是一個空

〔註29〕按，關於當今學界對宋明儒工夫論研究現狀，可參考林永勝《中文學界有關
理學工夫論之研究現況》，載黃俊傑主編，楊儒賓、祝平次編《儒學的氣論與
工夫論》，上海，華東師範大學出版社，2008年版。
〔註30〕《歐陽德集》卷一，《答歐夢舉二》，第32頁。

> 洞的抽象概念，則似乎必然要函著一個頓悟，即撥開一切經驗、滯
> 相而顯的一個頓悟，這就是直下要「截斷眾流」了；這就是禪宗所
> 說的「直指本心」了。這所指的本心之本質意義，當然儒、佛不同，
> 這是由教義規定的，這是根本立場不同。但這不妨礙體悟的方式有
> 相同。在這方式的相同上說禪，亦無所謂，因為禪宗也確表現這種
> 方式；但說這是禪非儒則非是，說是從「蔥嶺帶來」亦非是。〔註31〕

牟宗三先生的現代新儒學，本身是沿著宋明理學，尤其是心學一系而來。其
很多關於儒學工夫的論斷，是以宋明心學家眼中的《中庸》、《孟子》為「判
教」標準的，不僅對心學家吸收禪宗如來藏一系的心性理論及工夫法門這一
點未予承認，而且對孔子與孟子、《中庸》的工夫差異也缺乏必要的分解，使
其得出《大學》、朱子的「道問學」之路並非孔孟儒學之大宗的結論。筆者以
為，如果我們轉以《論語》、《大學》和《荀子》為「判教」規矩，則程朱理
學分明更近於儒學之正宗。

　　作為並無實際修煉經驗的後來研究者，要廓清曲折迴旋的宋明儒家工夫
論之義理丘壑，實在難乎其難。況且，如僅以「靜坐」、「體驗未發」等具體
法門的援入作為宋明新儒家對儒學工夫論的開拓，這不過是限於類目內容上
的一種浮泛理解，並無多少理論意義。誠如陳來先生所指出的：「整個宋明理
學發展的一個基本主題就是：如何在儒家有無之境的立場上消化吸收佛教（也
包括道家文化）的無我之境。全部宋明理學的心性論與工夫論，大半討論的
無非就是這個問題，只是具體表現各異而已。不瞭解這點，就根本不可能理
解宋明理學的內在的討論，甚至無法看懂一部《明儒學案》。」〔註32〕較之於
傳統儒學之工夫，宋儒工夫論的內在變異，主要不在於對佛道二氏之具體工
夫法門的借鑒，而在於對佛道「無意」境界的深層吸收。

　　所謂「無意」，主要是一種工夫實踐上的「無滯」、「灑落」之境。如以傳統
儒學的詞句來表詮，則孔子「從心所欲不逾矩」、孟子「性之」、「由仁義行非行
仁義」和《中庸》「率性」、「極高明而道中庸」差可比擬。但先儒對此「無意」
境界的陳說，要麼是對聖人氣象的描述，要麼是對工夫爛熟狀態的刻畫，並不
直接在「心體」上汲汲以求。相比之下，倒是道家「無為而無不為」、「道法自

〔註31〕牟宗三：《宋明儒學的問題與發展》，華東師範大學出版社，2004 年版，第 38
　　　　頁。
〔註32〕陳來：《有無之境——王陽明哲學的精神》，北京，人民出版社，1991 年版，
　　　　第 236 頁。

然」，佛禪「無念爲宗」、「直心是道場」等理論在此闡發幽微、別有洞天。故以儒家自處的王安石也承認佛老「有見於無思無爲，退藏於密，寂然不動」〔註33〕。應該承認，相對於儒學之「自強不息」、「動心忍性」、「守死善道」、「終日乾乾」的任重道遠、弘毅入世，佛道的「無意」工夫，在超越世間的各種「負累」、尤其「斷煩惱、了生死」方面確實有其獨到之秘、獨擅之場。新儒家（特別是心學家）爲與佛禪在心性理論上一較高下，自然要對儒學之「無意」境界加以強化，乃至將此極高明的道德境界下降爲工夫論的基本目標。

「無意」的工夫趣向，在對宋明理學發展有重大影響的明道等人那裏已頗露端倪，後來則逐漸成爲宋明儒在工夫論、境界論上的偏執性追求。明道《識仁篇》云：

> 學者須先識仁。仁者渾然與物同體。義禮智信皆仁也。識得此理，以誠敬存之而已，不須防檢，不須窮索。……心勿忘、勿助長，未嘗致纖毫之力。此其存之之道。若存得便合有得，蓋良知良能原不喪失。以昔日習心未除，卻須存習此心，久則可奪舊習。〔註34〕

如前文所論，相較於孔子「博文約禮」的經驗性工夫路線，孟子「反身而誠」、「勿忘勿助」的直覺體驗工夫已是一層轉折。孟子固然反對「道在邇求諸遠，事在易而求諸難」，主張「人人親其親、長其長，而天下平」，但這不過是對孔子「能近取譬」的求仁之方的具體運用。就真正的人格修煉看，他仍然是注重「義利之辨」、「動心忍性」、「苦其心志」等艱苦工夫的。明道則認爲「識得此理，以誠敬存之而已，不須防檢，不須窮索」、「未嘗致纖毫之力」，這無疑凸顯了對孟子修身工夫中「無執」、「灑落」、「和樂」的一面，對其艱難困苦的一面則未予正視。

> 明道見謝子見聞甚博，曰：「賢卻記得許多。」謝子不覺面赤身汗。先生曰：「只此便是惻隱之心。」謝子曰：「吾嘗習忘以養生。」明道曰：「施之養生則可，於道則有害。習忘可以養生者，以其不留情也。學道則異於是。出入起居寧無事者？正心以待之，則先事而迎。忙則涉乎去念，助則近於留情。故聖人之心如鑒，孟子所以異於釋氏也。」〔註35〕

〔註33〕《王安石全集》卷27，第171頁。
〔註34〕《二程遺書》卷二上。
〔註35〕《宋元學案》卷十四，《明道學案》。

孔子雖言「吾道一以貫之」，但不反對聞見博洽，明道這裏提倡人心空靈、無思無著的道德境界，顯然是受佛教「無我」、「無著」、「無念」等思想影響的結果。他在《答橫渠張子厚先生書》中有謂：「與其非外而是內，不若內外之兩忘也，兩忘則澄然無事矣。」〔註36〕這與唐代黃檗希運禪師所說「若欲無境，當忘其心。心忘即境空，境空即心滅。若不忘心，而佀除境，境不可除，只益紛擾。」〔註37〕可以說不僅思路精神一致，連語言表述也頗為近似。與此相關，明道又認為泰山之上已不是泰山，堯舜事業也不過一些浮雲而已。錢穆先生評論明道此論時說：「此等意境，實即六百年來禪門諸祖師之意境。惟諸祖師出家了，而理學先生不出家，故各就本分說之，不得不異。其實理學亦可說即是宗門法嗣也。」〔註38〕連排佛較烈的張載對此「無意之境」也心嚮往之：

> 有心為之，雖善皆意也。正己而物正，大人也。正己而正物，猶不免有意之累也。有意為善，利之也、假之也；無意為善，性之也、由之也。有意在善，且為未盡，況有意於未善耶？仲尼「絕四」，自始學至成德，竭兩端之教也。〔註39〕

做「有心」之事，雖「行善」也是起「意」。這是宋儒所以要追求「無意」的內在邏輯。何以這樣說呢？一方面，「有心」是念茲在茲、擇善固執的「行仁義」，而非「無思無為」而「無不中節」的「由仁義行」，這是工夫未圓熟時的表現，當然不是聖人氣象。另一方面，「有心」於某事，則這「有心」的背後便難以完全消除自己的利己之心，即便這種利己心是成就個人的道德人格。伊川說：「天地無心而成化，聖人有心而無為」〔註40〕，此「無心」、「無為」即是「無意」。並且說：

> 人謂要力行，亦只是淺近語。人既能知見，一切事皆所當為，不必待著意。才著意，便是有個私心。這一點意氣，能得幾時子？〔註41〕

「著意」就是「刻意」，就是「義襲」，就是道德動機的不純。心學家張橫浦說：

〔註36〕《河南程氏文集》卷2，《二程集》第2冊，第461頁。

〔註37〕《黃檗山斷際禪師傳心法要》，《大正藏》第48卷，381頁中。

〔註38〕《再論禪宗與理學》，見氏著《中國思想史論叢》（五），北京，三聯書店，2009年，第255頁。

〔註39〕《張子全書》卷二，《正蒙一》，清文淵閣四庫全書本。

〔註40〕程頤：《程氏經說》卷一，《易說》，清文淵閣四庫全書本。

〔註41〕《二程遺書》卷十七。

　　不用意處，真情自見。用意則奪其真矣。孟子於赤子入井時喻仁，

　　此時真情便掩不得。雖頑嚚不肖者，亦纔髮見。〔註42〕

據朱子記載：「問：『伊川先生答鮮于之問曰：「若顏子而樂道，則不足爲顏子」如何？』曰：『心上一毫不留。若有心樂道，即有著矣。』」〔註43〕被明道譽爲「吾道南矣」的楊時曾說：「善養氣者，無加損焉，勿暴之而已，乃所謂直也。用意以養之，皆揠苗者也，曲孰甚焉！」〔註44〕二程弟子王蘋（信伯），在詮解「顏子之樂」的論題時說：

　　伊川問學者：顏子所樂何事？或曰：樂道。伊川曰，若說顏子樂道，

　　辜負顏子。郤志完浩曰：吾雖未識先生面，已識先生心。何其所造

　　之深也。《憲問》顏子非樂道，何所樂？先生曰：「心上一毫不留，

　　若有心樂道，則有所倚著。功名富貴固無足樂，道德性命亦無可樂。

　　莊子所謂至樂無樂。〔註45〕

「心上一毫不留」、「道德性命亦無可樂」、「至樂無樂」，這些工夫境界上的極高明之論，固可從先儒的某些話頭中引申、敷衍而出，但這種對「無意」之境的苦心孤詣，一旦落實爲日常工夫的基本訴求，就會發展成爲一種境界論上的偏執，其本身也難免落於一種「起意」的弔詭性怪圈。更危險的是，這種工夫論上的窮高極深，很容易造成儒學之經驗性品格的消解，進而導致某種「出世」意向，使一般學者汲汲於安頓身心性命，而無暇顧及「開物成務」的下學努力。

　　在追求無意之境上，象山與明道、橫浦等人是一脈相承的，其所謂「惡能害心，善亦能害心」、「深山有寶，無心求寶者得之」等語已包含了這層意思。象山還說：

　　內無所累，外無所累，自然自在，才有一些子意，便沉重了，徹骨

　　徹髓，見得超然，於一身自然輕清，自然靈。〔註46〕

其中之「意」便是明道學說中的「無意」之意，此意主要是外在概念對自己本心的壓力，即孟子「心勿忘勿助長」的「助長」。象山特別反對一些與本心不相符的「言論說教」：

〔註42〕《宋元學案》卷四十，《橫浦學案》。

〔註43〕《朱熹集》第 6 冊，第 3681 頁。

〔註44〕《龜山集》卷 20，《答胡康侯其一》。

〔註45〕王蘋：《王著作集》卷八，清文淵閣四庫全書本。

〔註46〕《陸九淵集》卷三十五，《語錄下》，第 468 頁。

> 故仁義者，人之本心也。……愚不肖者不及焉，則蔽於物欲而失其
> 本心。賢者知者過之，則蔽於意見而失其本心。〔註47〕

以筆者愚見，倘據孟子儒學，如遇到孺子入井之境況，固須要倚靠「本心」的「惻隱」等情感力量，但如靠道德理性的力量（道德倫理的外在強制）亦無不可。或者說在孟子那裏，還未對這兩種力量進行理論意義上的區隔。後者表現為，一個人看到孺子入井時，自己不斷地說服自己、警告自己：「濟危救困是做人的基本原則，我要做一個好人，不能麻木不仁，一定要想法救這個孩子……」我們說，只要不為了一己之私利（如僅僅為了入井兒童父母的報恩等），哪怕是為了自己的道德名聲，這些念頭與做法都是不違背孔子的「四勿說」（「非禮勿視」等）和「克己復禮」、「守死善道」、「擇善固執」等道德原則的。由於過分強調本心的自發性，宋明心學家非但要將「好善」之心剝落，乃至把「我要做一件善事」之類的念頭也要完全打掉。即此可見，相對於先秦儒家，宋明儒對道德動機純潔性的要求更加嚴格，對工夫境界高明性的訴求愈益強烈，直是要把理想中上古聖人的境界直接拉回到自己身上〔註48〕。我們說，如果一個人在道德原則的壓力下做好事或者避免做壞事，自然算不上很高的道德行為，甚至淪為一種刻意造作或欺世盜名。但宋明心學家如此強調道德踐履中的「無意」之境，則顯然走向了另一極端。此也可從朱子對象山的批評中窺見一斑。據朱子《答呂伯恭書》：

> 子靜舊日規模終在，其論為學之病，多說如此即只是意見，如此即只是議論，如此即只是定本。某因與說，既是思索即不容無意見，既是講學即不容無議論。統論為學規模亦不容無定本。但隨人材質病痛而救藥之，即不可有定本耳。渠卻云，正為多是邪意見、閒議論，故為學者之病。某云如此即是自家呵斥亦過分了。須是著邪字、閒字方始分明，不教人作禪理會耳。又，教人恐須先立定本，卻就上面理會，方始說得無定本的道理。今如此一概揮斥，其不為禪學者幾希矣。〔註49〕

這段話反映了朱子、象山的學問方法之異。朱子推尊《大學》，強調博學、審

〔註47〕 《陸九淵集》卷一，《與趙監書》。
〔註48〕 按，在陽明及其後學中，這一傾向更為突出。如謂：「這一念不但是私念，便好的念頭亦著不得些子，如眼中放些金玉屑，眼已開不得了。」（《傳習錄》卷下）
〔註49〕 《晦庵集》卷三十四，《答呂伯恭書》。

問、愼思、明辨、篤行等「格物窮理」工夫，十分注重講明對人類有用的實際知識。而象山則直承孟子「求放心」之教，主張「發明本心」、「先立乎其大」，特別注重對本心的發明即道德人格的培養，而對世間知識則顯得不夠重視（相對於成就「道德」，追求「知識」最多只是第二序的工作），遂使他對朱子的「道學問」觀念系統頻有批評。這一點，或許對慈湖幾乎完全拋棄認知心的「毋意說」有一定影響（然從慈湖「先訓」中對「思慮心」的破斥看，仍不能簡單認爲慈湖「不起意」之工夫承自象山。）

　　宋明心學家在追求「無意」境界時，所揀取的一條具體工夫法門，就是楊龜山道南一派以暝坐澄心爲特徵的「體驗未發」或曰「靜中養出端倪」。慈湖的「不起意」，是這一工夫路線的極端化表現。

第二節　慈湖之「不起意」工夫

　　象山的心學工夫大致可用「求放心」或「發明本心」來概括。象山講學重視「義利之辨」（或曰「辨志」），自謂「無所能，只是識病」，使人「剝落物欲」，先在道德人格上做到「立乎其大」。此工夫入路畢竟在一定程度上承認了人心在日常現實層面的不完滿性。與象山不同，慈湖則堅信此心「至靈至神」、「虛明無體」、「本自清明」〔註50〕，極力反對任何形式的「求放心」、「正心」行爲，認爲這種努力本身就是一種「作意」，只會使清明虛朗的本心受到蒙蔽，故將「毋意」、「不起意」作爲求取、保任本心的根本工夫。

一、慈湖心學工夫論的核心概念——「意」

　　對於「心」之自善、自明的陳說，對「意」之種種負面性評價，以及對「不起意」、「毋意」工夫的強調，是慈湖心學思想的核心內容〔註51〕。慈湖在此方面的論述雖多，義理上皆千篇一律，甚至在句式、詞彙方面也缺少變化。此處僅選幾則以概其餘：

　　　　此心清明虛朗，斷斷乎無過失，過失皆起乎意。不動乎意，澄然虛

〔註50〕按，如果以廣義的工夫而言，日常的道德踐履等無疑是重要的心學工夫，但基本上是傳統儒者的共法，至於靜坐、愼獨等具體方法，也多大同小異，至少不是慈湖心學工夫論的特點所在。作爲研究慈湖心學的專著，這類工夫將不再作具體闡述。

〔註51〕張念誠先生將慈湖哲學的基本精神定位爲「心善意害說」。

明。〔註52〕

> 人心自善、自正、自無邪、自廣大、自神明、自無所不通。孔子曰「心之精神之謂聖」，孟子曰「仁，人心也」。變化云為，興觀群怨，孰非是心？孰非是正？人心本正，起而為意而後昏。〔註53〕

> 夫人皆有至靈至明、廣大聖智之性，不假外求，不由外得，自本自根，自神自明，微生意焉，故蔽之。〔註54〕

> 人心自明，人心自靈，意起我立，必固礙塞，始喪其明，始失其靈。〔註55〕

人心本來清明虛朗、本無過失，何以一旦「起意」就會使其受到遮蔽而產生過失呢？慈湖反復陳說的、害莫大焉的「意」究竟何指？弄清頻頻出現於慈湖思想中「意」之概念，是把握心學本質的一把鑰匙。下文是慈湖論「意」最詳盡的兩段話：

> 何謂意？微起焉皆謂之意，微止焉皆謂之意。意之為狀，不可勝窮，有利有害，有是有非，有進有退，有虛有實，有多有寡……有體有用，有本有末，有此有彼，有動有靜，有今有古。若此之類，雖窮日之力、窮年之力，縱說橫說，廣說備說，不可得而盡。然則心與意奚辨？是二者未始不一，蔽者自不一。一則為心，二則為意；直則為心，支則為意；通則為心，阻則為意。直心直用，不識不知，變化云為，豈支豈離，感通無窮，匪思匪為。孟子「明心」，孔子「毋意」，「意毋」則此「心明」矣。心不必言，亦不可言，不得已而有言，孔子不言心，惟絕學者之意，而猶曰「予欲無言」，則知言亦起病，言亦起意，姑曰毋意。聖人尚不欲言，恐學者又起無意之意也。離意求心，未脫乎意，直心直意，匪合匪離，誠實無他，道心獨妙，匪學匪索，匪粗匪精，一猶贅辭，二何足論，十百千萬至於無窮，無始無終，非眾非寡，姑假以言，謂之一貫，愈辨愈支，愈說愈離，不說猶離，況於費辭。〔註56〕

〔註52〕《慈湖遺書》卷四，《永嘉郡治更堂名記》。
〔註53〕《慈湖遺書》卷一，《詩解序》。
〔註54〕《慈湖遺書》卷二，《絕四記》。
〔註55〕同上。
〔註56〕同上。

聖人歷觀天下，自古人心不失之不及，即失之過，故爲之屢言再歎
而深念之也。愚不肖之不及，不足多論；賢知者之過，皆於清明無
體無意之中，而加之意。或有動之意，或有靜之意；或有難之意，
或有易之意；或有多之意，或有寡之意；或有實之意，或有虛之意；
或有精之意，或有粗之意；或有古之意，或有今之意；或有大之意，
或有小之意。意態萬狀，不可勝窮。〔註57〕

從這兩節文字看，「意」的基本含義是人在認知心基礎上產生的一切分別見，
它不僅包含我們通常所謂的私意、物欲之類，也包含了諸如動靜、虛實、利
害、是非等一切對待性的知識或概念。慈湖認爲，一切有形象、有差別、有
是非的具體知識，一切與人的感覺、思維活動相關的概念，一切有主客分別
的認識內容，都是「意」，都會妨礙「本心」之顯現。

　　現代學者論及慈湖的「不起意」，往往認爲慈湖是要人杜絕不符合儒家道
德倫理的思想觀念。這一看法，仍是以儒家「正心誠意」的傳統來解讀「不
起意」，實未能理解慈湖之「意」的眞正內涵〔註58〕。事實上，「不起意」是

〔註57〕《慈湖遺書》卷十三，《論中庸》。
〔註58〕關於慈湖之「意」非僅指不符合儒家道德的思慮，而是指認知心下的對待性觀念，
　　　　可以從明代王龍溪對慈湖「不起意」的論述中得到證明，這裏僅選擇兩則：（一）
　　　　據《王龍溪先生會語・慈湖精舍會語》，王龍溪曾以慈湖的「不起意」來疏解陽
　　　　明心學的「良知」：「知慈湖『不起意』之意，則知良知矣。意者本心自然之用，
　　　　如水鑒之應物，變化云爲，萬物畢照，未嘗有所動也。惟離心而起意則爲妄，千
　　　　過萬惡，皆從意生。不起意是塞其過惡之源，所謂防未萌之欲也。不起意則本心
　　　　自清自明，不假思爲，虛靈變化之妙用，固自若也。空洞無體，廣大無際，天地
　　　　萬物有像有形，皆在吾無體無際之中，範圍發育之妙用，固自若也。其覺未仁，
　　　　其裁制爲義，其節文爲禮，其是非爲知，即視聽言動，即事親從兄，即喜怒哀樂
　　　　之未發，隨感而應，未始不妙，固自若也。而實不離於本心自然之用，未嘗有所
　　　　起也。」當有人問「或以不起意爲滅意，何如？」龍溪答曰：「非也。滅者有起
　　　　而後滅，不起意原未嘗動，何有於滅？」又以「或以不起意爲不起惡意，何如？」
　　　　問，龍溪答曰：「亦非也。心本無惡，不起意，雖善亦不可得而名，是爲至善。
　　　　起則爲妄，雖其善意，已離本心，是爲義襲，誠僞之所分也。」見《王畿集》，
　　　　吳震編校，南京，鳳凰出版社，2007年版，第113頁。（二）王龍溪曾作《意識
　　　　解》，與慈湖論「意」如出一轍：「人心莫不有知，古今聖愚所同具。直心以動，
　　　　自見天則，德性之知也。泥於意識始乖始離。夫心本寂然，意則其感應之跡；知
　　　　本渾然，識則其分別之影。萬欲起於意，萬緣生於識。意勝則心劣，識顯則知隱。
　　　　故聖學之要，莫先於絕意去識。絕意非無意也，去識非無識也。意統於心，心爲
　　　　之主，則意爲誠意，非意象之紛紜矣。識根於知，知爲之主，則識爲默識，非神
　　　　爲識之恍惚矣。譬之明鏡照物，體本虛而妍媸自辨，所謂天則也。若有影跡留於
　　　　此其中，虛明之體反爲所蔽，所謂意識也。」同上書，第192頁。

要人從根子上摒除在「人法二執」思維模式下滋生的各種「對待」及「染著」。在慈湖看來，人心具備一切善性的功德，只要直心而行，一任此心當下呈現，就會泛應曲當、感通無窮。以至在求取本心的工夫方面，他認爲「言亦起病，言亦起意」，「愈辨愈支，愈說愈離，不說猶離，況於費辭」，對語言概念的價值幾乎完全否認。這一點，從慈湖對儒學「仁、義、禮、智」等德目之分設的不滿中可以得到旁證：

> 或意謂若是者爲仁，又謂若是者爲義，又謂若是者爲禮，又謂若是者爲樂；於仁義禮樂之中，又各曲折支分之意度，不可勝紀。於是雖有得乎「一以貫之」之說，又亦不免乎意。意以若是者爲一，若是者非一：或以爲靜，或以爲動；或以爲無，或以爲有；或以爲合，或以爲分：或以爲此，或以爲彼，意慮紛然，不可勝紀。〔註59〕

在慈湖看來，只要人心中具有動靜、有無、分合等分別性的概念（「分別心」），進而必然會在現實生活中有愛憎、有選擇、有造作的「意欲」，人也陷入一種對待關係中而難以自拔。與此相類，儒者設立「仁」、「義」、「禮」、「樂」等眾多德目，也徒自讓人產生許多「意度」，陷入知識的論說或概念的辯解，對於光明的本心反而有陷溺遮蔽作用。再看他對《中庸》的批評：

> 子思曰：「喜怒哀樂之未發謂之中，發而皆中節謂之和。中也者，天下之大本也；和也者，天下之達道也」。孔子未嘗如此分裂，子思何爲如此分裂？此乃學者自起如此之意見。吾本心未嘗有此意見。方喜怒哀樂之未發也，豈曰此吾之中也。謂此爲中，則已發於意矣，非未發也。及喜怒哀樂之發也，豈曰吾今發而中節也，發則即發，中則即中，皆不容私。「大本」、「達道」亦皆學者徐立此名，吾心本無此名。〔註60〕

在他看來，《中庸》之「未發」、「已發」之說已是「起意」，甚至連「大本」、「達道」這類的「中性」觀念也應能免則免。即此可見，慈湖將一切分解性的概念都認爲是「起意」的結果，是對道德本心的分裂，故一概駁斥之。慈湖的這一看法，無疑關閉了傳統儒學的「道問學」之門，將儒者的修行完全局限於一己心靈的刮垢磨光、化執去蔽。那麼，究竟什麼才不是「意」呢？慈湖說：

〔註59〕《楊氏易傳》卷十一。
〔註60〕《慈湖遺書》卷十三，《論中庸》。

周公「仰而思之，夜以繼日」，非意也；孔子「臨事而懼，好謀而成」，
非意也；此心之靈明逾日月，其照臨有甚於日月之照臨。日月能照
容光之地，不能照部屋之下，此心之神，無所不通，此心之明，無
所不照。昭明如鑒，不假致察，美惡自明，洪纖自辨。故孔子曰：「不
逆詐、不億不信，抑亦先覺夫。」不逆不億而自覺者，光明之所照
也，無以逆億為也。嗚呼！孔子亦可謂善於發明道心之妙矣，亦大
明白矣，而能領悟孔子之旨者有幾？鑒未常有美惡，而亦未常無美
惡，鑒未常有洪纖，而亦未常無洪纖。吾心未常有是非利害，而亦
未常無是非利害。人心之妙，曲折萬變，如四時之錯行，如日月之
代明，何可勝窮，何可形容，豈與夫費思力索窮終身之力，而茫然
者同。〔註61〕

本心雖明，故習尚熟，微蔽尚有，日至之外猶有違，意動故也；月
至之外，猶有違，意動故也。顏子三月不違，三月而往，微動微違，
不遠而復，不動如故，純明如故。孔子莞爾而笑，喜也，非動乎意
也。曰野哉由也，怒也，非動乎意也。哭顏淵至於慟哀也，非動乎
意也。日用平常、變化云為、喜怒哀樂，如四時之錯行，如日月之
代明，如鏡中萬象，實虛明而無所有，夫是之謂時習而悅之學，夫
是之謂孔子為之不厭之學〔註62〕。

在慈湖看來，周公的「仰而思之」，孔子的「臨事而懼，好謀而成」乃至喜怒
哀樂，都不是「起意」。這說明其「不起意」工夫，不是追求一種槁木死灰的
內心寂滅，更不是修行蒙昧主義以至於心靈癡呆。然而這種工夫境界，又並
非理性思維所達到的境界，而是一種超越是非、善惡、利害等觀念的光明妙
覺境界。在這種「物來則應，過而不留」的境界中，世間萬物「如鏡中萬象，
實虛明而無所有」。如前所述，孔孟儒學，並非來自內在的反觀，而是來自對
禮樂文明的理性反思，對人間親情等真善美情感的強勢肯認。這一學說，是
以人世間最基本的孝悌情感為起點，通過道德理性指引，實現倫理人間的構
建。此學說的高明處，自然也有「無可無不可」的中道境界，但這種境界，
是一種人間倫理的極致，是情感與理性的和諧統一。而慈湖上文描述的「昭
明如鑒，不假致察」、「如日月之代明，如四時錯行」的無執境界，則是通過

〔註61〕《慈湖遺書》卷二，《絕四記》。
〔註62〕《慈湖遺書》卷二，《臨安府學記》。

內心的反觀自證而得來的。這種境界，不是建立在客觀世界的理性認識基礎上，而是在經過漫長的止觀修煉後而達到的一種靜定境界。這種靜定境界的一大標誌，就是不起「分別心」，克服了內心的一切執著（「無所住而生其心」），人的起行坐臥都在「定」中。很明顯，慈湖是誤用了佛禪如來藏自性清淨心的光明妙覺境界解釋周公、孔子的「無意」。慈湖描繪這種「不起意」境界，在佛家典籍中其實比比皆是。如《楞嚴經》中說：「彼善男子，修三摩地，想陰盡者，是人平常夢想銷滅，寤寐恒一，覺明虛靜，猶如晴空，無復粗重前塵影事。觀諸世間山河大地，如鏡鑒明，來無所黏，過無蹤跡，虛受照應，了罔陳習，唯一精眞，生滅根元，從此披露。」〔註63〕其中的「想陰盡」，就是慈湖的「不起意」；「如鏡鑒明，來無所黏，過無蹤跡，虛受照應」就是慈湖所謂的「日用平常、變化云爲、喜怒哀樂，如四時之錯行，如日月之代明，如鏡中萬象，實虛明而無所有」。即此可見，慈湖的「不起意」，並非像他自己所稱的那樣，是孔子的「時習而悅」、「爲之不厭」之學，而接近於佛禪的修定（「修三摩地」）之學。

對於足以使「本心」失其靈明的「意」，慈湖有時另以「故習」、「習氣」等名詞稱之。如謂：

> 吁！本心雖明，故習尚熟，微蔽尚有，日至之外猶有違，意動故也；
> 月至之外猶有違，意動故也〔註64〕。

> 吁！本心雖明，故習尚熟，微蔽尚有，意慮萌蘖，即與道違。我自
> 違道，有我有違，無我無違，有我斯動，無我則無動，我本無我，
> 意立而成我〔註65〕。

慈湖認爲，「起意」、「意動」乃是阻滯吾人「本心」開顯的「故習」，只要「起意」、「意動」的微細習氣仍在，就難以達到「澄然虛明」的「永」之境界。其實，這種故習，分明是佛家所謂的「法塵」。根據佛家義理，法塵是六根之「意根」所緣的境界，意根對前五根所緣的境界，分別好醜，而起善惡諸法，是名法塵。吾人的日常動作，雖已過去，但前塵影事，在人心中積澱下而憶念不忘，即是法塵的作用。上文所引《楞嚴經》「了罔陳習，唯一精眞，生滅根元，從此披露」之「陳習」也就是此「法塵」。慈湖正是受此佛家觀念影響，

〔註63〕 《首楞嚴經》卷十，新修大藏經，第19冊。
〔註64〕 《慈湖遺書》卷二，《臨安府學記》。
〔註65〕 《慈湖遺書》卷二，《樂平縣學記》。

認為孔子之學是斷思絕慮、不起「分別心」的。慈湖說：

> 子曰：吾嘗終日不食，終夜不寢以思，無益，不如學也。孔子於此
> 深省：天下何思何慮，實無可思慮者。經禮三百，曲禮三千，皆吾
> 心中之物，無俟乎復思，無俟乎復慮。至於發憤忘食，雖憤而非起
> 意也，好謀而成，雖謀而非動心也，終日變化云為而至靜也，終身
> 應酬交錯而如一日耶，是謂適道之學。〔註66〕

事實並非慈湖所言。從孔子所謂「學而不思則罔，思而不學則殆」、「君子有
九思」等，這都是一種「道問學」的性格，孔子顯然是學思並重的。如果孔
子真相信「經禮三百，曲禮三千，皆吾心中之物，無俟乎復思，無俟乎復慮」，
他何必又要告誡兒子孔鯉「不學詩，無以言」、「不學禮，無以立」呢？孔子
面臨的時代課題，是繼承三代以來的禮樂文明，通過「博文約禮」以振衰起
敝，這與慈湖受佛禪刺激而追求「去弊化執」以「成聖」的人生目的有極大
不同。

二、「子絕四」：慈湖「毋意說」的經典依據及其本質

　　明儒顧應祥曾認為慈湖著作「於聖則用其言不用其意，於禪則用其意而
不用其言」〔註67〕，如果拋開慈湖心學的淑世旨歸和儒家立場，而僅從其學
問義理本身而論，則並非誣陷之詞。慈湖的「毋意」、「不起意」說，正是他
以佛禪義理解釋《論語》中孔子「絕四」之說的顯例：

> 孔子日與門弟子從容問答，其諄諄告誡，止絕學者之病，大略有四：
> 曰意，曰必，曰固，曰我。門弟子有一於此，聖人必止絕之。……
> 人皆有至靈至明、廣大聖智之性，不假外求，不由外得，自本自根，
> 自神自明。微生意焉，故蔽之；有必焉，故蔽之；有固焉，故蔽之；
> 有我焉，故蔽之；昏蔽之端，盡由於此，故每每隨其病之所形，而
> 止絕之，曰毋如此、毋如此。聖人不能以道於人，能去人之蔽爾。
> 如太虛未始不清明，有雲氣焉，故蔽之，去其雲氣，則清明之性，
> 人之所自有，不求而獲，不取而得。

熟悉《論語》文本的人都知道，孔子的「絕四」，旨在要人戒除認識過程中常
有的我慢和主觀，力爭保持一種良好的心理狀態和冷靜頭腦（「朱子讀書法」

〔註66〕《慈湖遺書》卷十。
〔註67〕轉引自湛若水《楊子折衷》序，《續修四庫全書》。

與此要求相當一致)。孔子的「毋意」、「毋必」、「毋固」、「毋我」四戒,翻譯
爲現代語言則爲:不要主觀臆斷,不要過於絕對,不要固執己見,不要膨脹
自我。其中的「意」字,即今之「臆」,指違背事實的妄想臆斷。慈湖大概受
佛教「緣慮心」影響,將「意」放大爲一切對待性的知識,並視之爲影響人
心覺悟的反面力量。他說:

> 意如雲氣,能障太虛之清明,能蔽日月之光明。……孔子曰「心之
> 精神是謂聖」,而每戒學者毋意、毋必、毋固、毋我。意態萬殊,而
> 大概無逾斯四者。聖人深知意之害道也甚,故諄諄止絕學者,門弟
> 子欲盡記之,則不可勝記,故總而記之曰:子絕四。〔註68〕

慈湖所以將孔子「毋意」、「子絕四」這一話頭屢加徵引,不過藉以強調自己
思想的合法性罷了。另外,在孔子「四絕」中,「意」雖與「必」、「固」、「我」
三者關係密切,但總體上看,彼此乃並列關係,在概念內涵上並不能賅攝其
他三者。但在慈湖的「四毋說」中,「意」卻是一個包羅萬象的範疇:包括人
在主客對立的認知模式下的一切形象、概念、思維、判斷、聯想等。如此一
來,「固」、「必」、「我」都不過是「意」的一種形態而已。從《論語》看,孔
子對弟子教導更多體現在政治、倫理方面,「四毋說」只不過是孔子指導弟子
求知時應有的一種虛心態度,遠沒有達到慈湖所謂「每每戒止」的程度,根
本算不上孔子學說的宗旨。至於「門弟子欲盡記之,則不可勝記」云云,多
屬慈湖個人的主觀臆測。

慈湖甚至認爲《論語》「志於道,據於德,依於仁,游於藝」一句,將道、
德、仁、義四個概念分割開來,都是「起意」的結果:

> 子曰:「志於道,據於德,依於仁,游於藝。」孔子當日誨弟子之時,
> 其詳必不如此,記錄者欲嚴其辭,而浸失聖人之旨也。然而聖言之
> 大旨終在,孔子之本旨非並列而爲四條也。〔註69〕

慈湖根據自己的一己之見,斷定道、德、仁、藝之四分,必不是孔子之言,
而是其弟子誤解、誤記的結果。慈湖的這類論說,其本身已過於主觀,有時
顯得十分可笑。從根子說,這是慈湖的心學工夫與傳統儒學的求道方法過於
方枘圓鑿而難以對接之故。眾所周知,孔子「以詩書禮樂教」,其「仁學」基
本上是一種立足於現實人生的入世之學,這自然要求對各種道德規範有所分

〔註68〕《慈湖遺書》卷二,《著庭記》。
〔註69〕《慈湖遺書》卷一一,《論〈論語〉下》。

解，對各種實用性知識有所追求。孔子自謂「我非生而知之者，好古，敏以求也」，本人更以博學著稱，有著「發憤忘食，不知老之將至」、「十有五而志於學」以至「七十從心所欲不逾矩」的學思經歷。種種現象都顯示，這分明是在走一條「下學上達」的修養道路。而慈湖父子，則過於強調本心的自善、自明，認為必須摒除主客二分的認知心，才能彰顯清明圓覺的本心，這分明在走一條「為道日損」的觀心內證之路。

三、慈湖對「正心」、「洗心」、「誠意」的批判及對孟子工夫論的誤解

　　既然人心自正、自明、自神、自靈，那麼，任何刻意求取心之中正、神明的努力都是多餘——非但無濟於事，只會增加妄意而已。故慈湖反對一切「有意」求取「本心」的工夫，對諸如「清心」、「正心」、「誠意」等工夫皆極力破斥。如其在《永嘉郡治更堂亭名記》一文中所論：

> 郡宇之東有堂焉，名「清心」，某心不安焉。胡為乎不安？孔子曰：「心之精神是謂聖」。既聖矣，何俟乎復清之？孟子曰：「勿正心」，謂夫人心未始不正，無俟乎復正之。此心虛明無體，精神四達，至靈至明，是是非非，云為變化，能事親、能事君上，能從兄，能友弟，能與朋友交，能泛應而曲當，不學而能，不慮而知，未嘗不清明，何俟乎復清之？清心即正心。正心，孟子之所戒也。而後人復違其教，何也？《易上繫》曰：「聖人洗心」。《大學》曰：「先正其心」，故後學因之不察。夫《上繫》之「洗心」。《大學》之「正心」，皆非孔子之言也，不繫「子曰」之下。某二十有八而覺，三十有一而又覺，覺此心清明虛朗、斷斷乎無過失。過失皆起乎意，不動乎意，澄然虛明，過失何從而有？某深信此心之自清明、自無所不通，斷斷乎無俟乎復清之。於本虛本明無所不通之中而起清之之意，千失萬過朋然而至矣，甚可畏也。某懼學者此心未明，又惑乎洗心正心之論，某朝夕居乎清心堂之中，而不以為非。是清心洗心正心之說，果是也，清心洗心正心之說行，則為揠苗，非徒無益而又害之〔註70〕。

在上文中，慈湖有感於「清心」二字，以孟子的「勿正心」為論據，結合自

〔註70〕《慈湖遺書》卷二，《永嘉郡治更堂亭名記》。

己的悟道經驗，將《易傳》的「洗心」、《大學》的「正心」做了一番批判。「勿正心」三字，出於《孟子·公孫丑上》。為突出慈湖、孟子二者工夫之差異，特徵引《孟子》書中原文如下：

> 「敢問何謂浩然之氣？」曰：「難言也。其為氣也，至大至剛，以直養而無害，則塞於天地之間。其為氣也，配義與道；無是，餒也。是集義所生者，非義襲而取之也。行有不慊於心，則餒矣。我故曰，告子未嘗知義，以其外之也。必有事焉而勿正，心勿忘，勿助長也。無若宋人然：宋人有閔其苗之不長而揠之者，芒芒然歸。謂其人曰：『今日病矣，予助苗長矣。』其子趨而往視之，苗則槁矣。天下之不助苗長者寡矣。以為無益而捨之者，不耘苗者也；助之長者，揠苗者也。非徒無益，而又害之。」

孟子強調，浩然之氣的達成，不是偶爾做一件符合道德原則的好事（「義襲」）就可幸致的，一定要在具體的事上磨練（「必有事焉」），並切忌作違背良心的事情。尤須注意的是，在「存心養性」過程中，一定要念念不忘，但又不能急於求成。「忘之」就是「不耘苗」，而「助長」就是「揠苗」。要成就道德人格或境界決不能一蹴而就，須有一個漫長而艱苦的磨礪過程。關於孟子「必有事焉而勿正，心勿忘，勿助長」一句，筆者參考古今多家注釋，極少有論者「勿正心」三字句讀在一起。其中「勿正」一詞，則爭議頗大。較有說服力的看法是訓「正」為「止」。慈湖將「勿正心」三字連讀，顯然有悖於孟子本意。孟子汲汲於「義利之辨」，強調「知言養氣」的「閑邪」工夫，本身不就是「正心」工夫的一種表現形式嗎？

　　慈湖與孟子之所以會有此工夫論方面的重大差異，在於二者對「本性」、「本心」究竟是「潛能性」的還是「現實性」的這一問題的定位不同。從孟子將「惻隱」、「羞惡」等正面情感視為「仁」、「義」等道德理性的萌芽，並告誡齊宣王要擴充「以羊易牛」的「觳觫之心」等種種論說看，他雖然承認聖人的先知先覺，但決不會像慈湖這樣認為每個人的人心都是當下「自明」、「自神」、「自無所不通」的。另一方面，孟子所謂「人人皆可以為堯舜」，是強調每個人先天地稟有成為聖人的「天命之性」，但並非承認每個人都是「當下即是」的聖人。他強調本心「求則得之，捨則失之」，提出「知言養氣」、「盡心知性」、「寡欲」等「求放心」工夫，都是為恢復人之本性而做的諸般努力。更富有特色的是，孟子從人人當下可以作主的道德情感，即惻隱、羞惡等心

理體驗起修，以血緣親情爲發端，「老吾老以及人之老，幼吾幼以及人之幼」，不斷地擴充出去，最終超越了個人情感的藩籬，達到「上下與天地同流」的天德流行之境。由於孟子的復性方法以道德情感爲基礎，故其求仁工夫顯得至剛至正，具有磅礴傲岸的進取力量。

反觀之下，由於慈湖堅信人心本來「清明虛朗」、「心之精神是謂聖」，故連最基本的「求取」、「擴充」工夫也一概丟棄了，最終只剩下一種驅趕外賊式的守心法門——「不起意」。事實上，僅從「求放心」、「不起意」兩概念之表達上的不同就可看出二人工夫入路上的某些差異：借用佛教的詞彙，孟子的工夫論是以「表詮」的方式出之，而慈湖的工夫論則是以「遮詮」的方式出之，一爲主動性的擴充，即用仁義之心戰勝私欲之心；一爲被動性的守護，即拋棄一切「利害」、「是非」等「分別見」，以保持本心的虛明無體。與將孔子奉爲神明不同，慈湖對孟子已多有批評之辭，如：

> 孟子曰：「養心莫善於寡欲，雖有不存焉者，寡矣。」且心非有體之物也，有體則有所，有所則可以言存。心本無體，無體則何所存？孟子之言「存」，乃存意也、存我也，有存焉有不存焉，非其眞者也。人心即道，喜怒哀樂，神用出入，初無體之可執，至虛至明，如水如鑒，寂然而變化，萬象盡在其中，無毫髮差也。彼昏迷妄肆、顛倒萬狀，而其寂然無體之道心自若也。道心自若而自昏自妄也。一日自覺，而後自信吾日用未始不神靈也，未始動搖也，不覺其未始動搖者，而惟執其或存或不存者，是棄眞而取僞也。此不可不明辨。〔註71〕

> 簡之行年二十有八，首秋，居太學循理齋之東序，以我先大夫嘗有訓，俾時復反觀。簡方反觀，忽見天地內外，空同一體，範圍天地，發育萬物，果然焯然，此何等態度。心之精神，無形體，無際畔，無異同。孟子推測而未覺，屢有囂囂之言，此何等態度，而出諸口言「仁，人心也」，而曰「不下帶」，直可笑。曰：「說大人則藐之」，直可鄙。〔註72〕

儒學在本質上是面向經驗性現實生活的。它從人天生的自然情感（尤其是向

〔註71〕《慈湖遺書》卷十四，《家記八・論孟子》。
〔註72〕《宋大理司直裘竹齋墓誌銘》，載裘萬頃《竹齋詩集》後《附錄》。其中，原引「不下帶」三字疑有誤。

善的一面）往上引導，進而通過不斷生成的道德理性去存天理、去人欲，最終達到天人合一的天德流行之境。讀《孟子》一書，我們絲毫感受不到「本心」有「至虛至明，如水如鑒，寂然而變化，萬象盡在其中」等特徵。因為孟子的本心，是離不開「惻隱」、「是非」等情感和道德意識的，而「惻隱」作為一種較原始的自然情感，與各種客觀的表象分不開；「是非」作為一種較高級的道德意識，又總是與人內心中的道德原則分不開的。而慈湖所謂「至虛至明，如水如鑒，寂然而變化，萬象盡在其中，無毫髮差」的本心，顯然更近於佛家如來藏的「大圓鏡智」。另外，慈湖引孟子之語也並非完整，孟子的原句是：「養心莫善於寡欲。其為人也寡欲，雖有不存焉者，寡矣。」「存」字並非慈湖所說「存心」與否的「存」。在慈湖解經文本中，類似的曲解尚有不少，有時竟達到匪夷所思的程度。且再看下一段話：

> 孔子曰：「道不遠人，人之為道而遠人，不可以為道」。至哉！聖言破萬世學者心術之蔽，可謂切中。人心即道，學者自以為遠。《易》曰：「百姓日用而不知」。惟其不知，故人以道為遠，則求道於心外，不免於有所為。道在我而求諸彼，道不俟於為而求諸為。夫是以愈求愈遠、愈為愈遠，萬古之學者其蔽一也。舜曰：「道心明，心即道。」《易》曰「日用」，奚俟復求？棄心而之外，棄道而入意。意慮紛然，有作有為，而益昏益妄矣。至於昏妄，是謂百姓日用而不知，是終日懷玉而告人以貧，終日飲食而自謂其饑渴也。至近而自以為遠，自有而自不認其有。夫其所以不自知者，昏也。所以昏者，動乎意也。如水焉，撓之斯濁矣。不動乎意，則本清本明之性，自不昏矣。變化云為，如四時之錯行而自不亂矣，心無質體、無限量，而天地範圍其中，萬物發育其中矣。此無俟乎辨析而知之，本如此也。自覺自信，匪思匪為，孔子深惜夫中庸平易之道人皆有之，因其為之，是以遠之。復戒之曰：人不可以為道。深知大患在乎「為道」而已。
> 〔註73〕

顯而易見，上文「不可以為道」語句中的「為道」，是學道、求道、踐道之意。一般而言，孔子的上句話應解釋為：道就在人倫日用中，一個求道之人脫離了現實的人際環境，索隱行怪或與世隔絕，是不可能求得正道的。而慈湖認為「為道」之「為」有一「修道」的意識在，因而是「起意」，這顯然是對文

〔註73〕《慈湖遺書》卷十三，《論中庸》。

本的誤讀。現代有學者爲突出慈湖在思想史中的地位，認爲慈湖是第一流的訓詁考據家，是筆者無論如何不敢苟同的。

　　肯定「心即道」，強調心之本來清明無過失，從而反對任何存養本心的工夫，是慈湖學最顯著的特徵。這一觀念深深滲透在慈湖生活、生命之方方面面。一切分解性概念，一切求取本心的努力，都會被慈湖視爲「起意」：

> 郡學有堂，曰「養源」。有源有流，分本與末，裂大道而二之，非聖人之言也，意說也。某懼誤學者，剡古者堂名不三字，更名「永堂」。
> 〔註74〕

郡堂名「養源」，有擴充存養之意，與孟子「盈科而後進」工夫次第甚爲契合。慈湖對於一些理學前輩，也多有批評之辭。如張載《牖銘》一文中有「居則存其心」一語，慈湖認爲「存其心」犯了揠苗助長的錯誤。慈湖的老師象山在鵝湖會上有「墟墓興哀宗廟欽，斯人千古不磨心；涓流積至滄溟水，拳石崇成泰華岑」之詩，也正是對孟子擴充「本心」工夫的繼承與發揚。象山還曾說：

> 古人教人不過「存心」、「養心」、「求放心」。此心之良，人所固有。人惟不知保養，而反戕賊放失之耳。苟知其如此而防閑，其戕賊放失之端日夕保養灌溉，使之暢茂條達，如手足之捍頭面，則豈有艱難支離之事？今日向學，而又艱難支離遲回不進，則是未知其心、未知其戕賊放失、未知所以保養灌溉此乃爲學之門進德之地。〔註75〕
> 涓涓之流，積成江河，泉源方動，雖只有涓涓之微，去江河尚遠，卻有成江河之理。若能混混，不捨晝夜，如今雖未盈科，將來自盈科；如今雖未放乎四海，將來自放乎四海；如今雖未會其有極，歸其有極，將來自會其有極、歸其有極。然學者不能自信。見夫標末之盛者，便自荒忙，捨其涓涓而趨之，卻自壞了。曾不知我之涓涓雖微卻是眞，彼之標末雖多卻是僞，恰似簷水來相似，其涸可立而待也。〔註76〕

與此相反，慈湖認爲「養源」之「養」也是「起意」，且「有源有流，分本與末」，是對大道的割裂，他甚至擔心此說「誤學者」，曾告誡說：「孟子有存心

〔註74〕《慈湖遺書》卷二，《永嘉郡學永堂記》。
〔註75〕《象山集》卷五，《與舒西美》。
〔註76〕《象山集》卷三十四，《語錄上》。

養性之說，致學者多疑惑心與性爲二，此亦孟子之疵」〔註77〕。觀此細節，已略見慈湖、象山工夫論之大不同。

四、慈湖對《大學》的批評

在慈湖近白萬字的傳世著述中，幾乎尋不到一句稱頌《大學》的話，且屢見對《大學》的批評，這在歷代以儒者自任的學者中是極爲罕見的。察其原委，當是《大學》濃鬱的經驗品格與「不起意」工夫扞格難通。茲選錄他對《大學》批評最集中的一節，然後略作分析：

言有似是而非，似深而淺，似精而粗，足以深入學者之意，其流毒淪肌膚浹骨髓，未易遽拔者，正以其與學者心術之病同，故合夫學者心術之中，其潔清無滓濁者寡矣。孔子誨仲由曰：「知之爲知之，不知爲不知」。學者以不知爲知者，往往如是。蓋其用力之久，積學之深，自以爲窮高極遠，蔑以加此。惟無詰焉，詰則必窮，否則好己勝而已矣。其中心亦豈能洞焉而無少留阻？自近世二程尊信《大學》之書，而學者靡然從之。伊川固出明道下，明道入德矣，而尤不能無阻。惟不能無阻，故無以識是書之疵。《大學》曰：「欲治其國者，先齊其家；欲齊其家者，先修其身；欲修其身者，先正其心」。判身與心而離之，病已露矣。猶未著白，至於又曰：「欲正其心者，先誠其意；欲誠其意者，先致其知，致知在格物。」噫！何其支也。孔子無此言，顏曾亦無此言，孟子亦無此言。孔子曰「忠信」，曾子曰「忠恕」，孟子亦曰「天下之本在國，國之本在家，家之本在身」而已。他日又曰「仁人心也」。未嘗於心之外起故作意也。又曰「人之所不學而能者，其良能也；所不慮而知者其良知也。」又曰「而勿正心。」豈於心之外必誠其意，誠意之外又欲致知，致知之外又欲格物哉？取人大中至正之心紛然而鑿之，豈不爲毒？又曰：「有所恐懼則不得其正，有所好樂則不得其正，有所憂患則不得其正。」孔子「臨事而懼」，作《易》者「其有憂患」，好賢樂善，何所不可？而惡之也？是安知夫恐懼、好惡、憂患，乃正性之變化，而未始或動也。又曰「心不在焉，視而不見，聽而不聞，食而不知其味」。孔

〔註77〕《慈湖遺書》卷八，《論書》。

子謂「心莫知其鄉」，而此必曰「在正」云者，正意象之凝結。孔子
所以止絕學者之意者，謂是類也。又曰「在止於至善」，夫所謂「至
善」即「明德」之別稱，非有二物，而又加「止於」之意。禹曰「安
女止」，非外加「止於」之意也。「穆穆文王，於緝熙敬止」，渾然圓
貫，初無心外作意之態也。而《大學》於是又繼之曰：「爲人君止於
仁，爲人子止於孝，爲人父止於慈。」大禹之安止，文王之敬止，
豈頑然無用之止哉？其見於事親曰孝，見於與子曰慈，發於博愛曰
仁，見於恭曰敬。而此曰君止於仁，臣止於敬，父止於慈，子止於
孝，何其局而不通也。又曰「無所不用其極」，是又意說也。致學於
性外，積意而爲道，異乎子思無入而不自得矣。胡不觀箕子爲武王
陳洪範乎？箕子之言「極」曰：「無偏無陂，遵王之義；無有作好，
遵王之道；無有作惡，遵王之路；無偏無黨，王道蕩蕩；無黨無偏，
王道平平；無反無側，王道正直」。論「極」如箕子，誠足以發揮人
心之極矣。蓋人心即道，作好焉始失其道，作惡焉始失其道。微作
意焉，輒偏輒黨，始爲非道，所以明人心之本善，所以明起意之爲
害。而《大學》之書則不然，曰「無所不用其極」，曰「止於至善」，
曰「必正其心」，曰「必誠其意」，反以作意爲善，反蔽人心本有之
善，似是而非也，似深而淺也，似精而粗也。又曰「道盛德至」，德
可以言「至」也，道不可以言「盛」也。於道言「盛」是又積意之
所加，而非本也。又曰「知止而後有定，定而後能靜，靜而後能安，
安而後能慮，慮而後能得」。吁！此膏肓之病也，道亦曷嘗有淺深、
有次第哉？淺深次第，學者入道自爲是不同耳，是人也，非道也。
學者學道奚必一一皆同，而欲以律天下萬世，無益於明道而反壅之。
道無淺深、無次第而反裂之，人心自直、自一、自無他顧，作而起
之，取而鑿之，豈特大學之士不可以是告之，雖小學亦不可以是亂
之也。小學雖未壯，其良心固未斫喪也。作是書者，固將以啓祐後
學，非欲以亂後學。而學者讀之愈積其意，愈植其山徑之茅，愈喪
其正也。孔子大聖，其啓祐學者當有造化之功，而三千之徒猶尚勤，
聖人諄諄絕四之誨，有意態者則絕之曰「毋意」。有必如此必不如此
者，又絕之曰「毋必」。有固執而不通者絕之曰「毋固」，其胸中隱
然有我者存，則又絕之曰「毋我」。如是者不勝其眾，故門弟子總而

> 記之，曰「子絕四：毋意、毋必、毋固、毋我。」然則學者難乎脫
> 是四者，自古則然，而況後世乎？然則無訝乎《大學》之書盛行於
> 今，未聞有指其疵者，不可不論也。〔註78〕

上文中，慈湖對《大學》進行了多方批評。此可概括爲兩點：一是對《大學》的「修齊治平」等「求道次第說」極爲不滿，認爲這類概念性分解是割裂大道的支離說教。前文已述，《大學》基本上是在陳述一種「下學而上達」的經驗性工夫路向，這勢必要提供一個概念分解的工夫序列；而慈湖的「不起意」之教，不唯沒有外向性的「格物致知」等「下學」工夫，而且否定了整個「思慮心」作用下的概念分解系統，故二者自然扞格難通。第二，由於慈湖與象山、尤其是孟子的本心有極大不同——更強調本心的自神、自明、自善等諸種功德，故連變化氣質的「上達」的工夫也拋棄了。結果是，《大學》中「正心」、「誠意」等一系列主觀性努力的工夫，皆成爲慈湖的抨擊對象。從上文看，他雖對二程中的明道稍有認可，但也認爲他「於道不能無阻」，深以其不能指出《大學》之瑕疵爲憾，以至有「《大學》之書盛行於今，未聞有指其疵者」的感歎。略識宋明理學者皆知，伊川與朱子於眾多儒家經典中首重《大學》，並以之爲叩開聖學大門的鑰匙。而慈湖如此堂而皇之地抨擊《大學》，自然引起朱子及其後學的極度不滿。說得鄭重一點，慈湖對《大學》之義理框架及其入德進路的全盤否定，無疑是對傳統儒學「智識主義」一脈的通盤否定。至慈湖，《大學》之「內聖外王」的全副規模，完全內轉到心性修養上來。而深究此心性修養的路數，也與傳統儒者判然異趣。看清這一點，就無怪乎走「下學而上達」一路的朱子及其門人如陳淳輩要將慈湖之學視爲洪水猛獸而極力圍剿了。

慈湖接引弟子，乃至向皇帝講學時，也多批評《大學》的「誠意正心」工夫。茲再列兩則材料。其一：

> 簡咨定遠契好長書細楷。遠以見示，備著深情跋語及《大學》，簡所
> 未安。《大學》非孔子之言。定遠曰體察、曰隱諸內心，是未信此心
> 之即道。故更體察更隱也。「體察」與「隱」皆起意。孔子戒學者毋
> 意，曰「內」曰「外」皆起意。此與《大學》同病。曰「止」、曰「定」、
> 曰「靜」、曰「安」皆意也。孟子曰「勿正心」。而《大學》曰「正
> 其心」，又曰「先誠其意」、「先致其知」，又曰「在格物」，皆意也。

〔註78〕《慈湖遺書》卷十三，《論大學》。

益可驗者，篇端無「子曰」。定遠更需余言，然《己易》、《閒居解》亦詳矣，略復不縷縷簡咨。〔註79〕

其二：

> 先生曩日嘗口奏：「陛下自信此心即大道乎？」上曰：「心即是道。」略無疑貳之色。問：「日用何如？」上曰：「止學定耳。」先生謂：「定無用學，但不起意，自然靜定澄明。」上曰：「日用勿起意而已。」先生贊：「至善！至善！不起意則是非、賢否自明。」次日復奏陛下：「意念不起，已覺如太虛乎？」上曰：「是如此。」問：「賢否、是非已歷歷明照否？」上言：「朕已照破。」先生曰：「如此，則天下幸甚。」〔註80〕

材料一是慈湖答覆定遠之信。定遠來信中涉及「體察」與「隱諸內心」等語，並引述《大學》的「定」、「靜」工夫，慈湖認爲這都是「起意」，並告訴他《大學》非孔子之言。材料二是慈湖爲國子博士時與宋寧宗的一段對話。他認爲「定無用學」，自然也是對宋寧宗從事「學定」工夫的否定。慈湖的這類說教，不免使人聯想起禪門洪州宗馬祖道一的開示：

> 道不用修，但莫污染。何爲污染？但有生死心，造作趣向皆是污染。若欲直會其道，平常心是道。謂平常心無造作，無是非，無取捨，無斷常，無凡無聖。經云：非凡夫行，非聖賢行，是菩薩行。只如今行住坐臥，應機接物，盡是道。〔註81〕

破除一切概念，消弭一切造作，「道不用修，但莫污染」，——在工夫法門上，這與慈湖的「不起意」之教是何等神似！慈湖正是在此佛理的籠罩下，對整個儒學義理系統進行了翻天覆地的改造，致使其對儒家經典的大量誤讀和非議。此自然引起後世眾多儒者的激烈批評。明儒羅欽順說：

> 慈湖上自五經，旁及諸子，皆有論說。但與其所見合者則以爲是，與其所見不合者，雖明出於孔子，輒以爲非孔子之言。而《大學》一書，工夫節次其詳如此。頓悟之說，更無隙可投，故其詆之尤力。至凡孔子之微言大訓，又往往肆其邪說以亂之，剗實爲虛，揉直作曲，多方牽合，一例安排，惟其偏見是就。務令學者改視易聽，貪

〔註79〕《慈湖遺書》，《楊先生回函》。
〔註80〕《慈湖遺書》卷十八，《慈湖先生行狀》。
〔註81〕《景德傳燈錄》，卷二十八，《大正藏》第51卷。

新忘舊，日漸月漬，以深入乎其心。其敢於侮聖言叛聖經，貽誤後
學如此。不謂之聖門之罪人，不可也。世之君子曾未聞有能鳴鼓而
攻之者，反從而爲之役，果何見哉？〔註82〕

從慈湖的經典解釋特徵看，筆者大致同意羅氏對他的批評。但必須辨而明之
的是，慈湖的種種論說，並非對儒家經典的故意歪曲，乃是其工夫入路於禪
家丘壑陷溺過深而無力自拔，以致與儒家「大中至正」之道不無齟齬之結果
也。

五、慈湖「不起意」與孔孟、《中庸》、象山「無意」之比較

《論語·公冶長》中記述了孔子這樣一句話：「孰謂微生高直？或乞醯焉，
乞諸鄰而與之」。大意是說，有一個人，其朋友向他借醋，自家本沒有醋，爲
了幫助朋友，他只能轉彎抹角地向鄰居家去借。此人幫助他人可算盡心，但
孔子卻不贊成這一行爲，認爲這人在借醋這類小事上如此造作，不符合正直
之道。這是因爲，儒家在履行道德原則時，講究一個「度」或「中節」的問
題，失去「中正」的「過」與「不及」，都不是「中庸」的境界。孟子稱這種
道德境界是「由仁義行而非仁義行」，即一個人的道德行爲完全由一己本心的
「不容已之情」自然流淌出來，「溥溥如淵，浩浩如天」，沒有絲毫的滯澀和
牽強，而一言一行又無不中節。這種道德化境的證成，大致須要兩個基本條
件：一是智慧的具足，這就須要博學、審問、慎思、明辨、篤行，作一番「博
文約禮」的求知工夫，做到「致廣大而盡精微」；一是仁心的證成，此須要孔
子「克己復禮」、「自訟反躬」和孟子「知言養氣」、「求放心」、「反身而誠」、
「必有事焉」、「盡心知性知天」等工夫。前者即傳統儒學中的「下學」工夫，
此工夫的要務是求取實用性的知識或能力（「智」）；後者爲「上達」工夫，其
關鍵形成純粹的道德人格（「仁」）。而「極高明而道中庸」的道德化境，正是
這兩種工夫「熟透」的結果——借子貢之言來說：「仁且智，夫子既聖矣！」

傳統儒家的這一修學工夫是符合現代心理學、教育學原理的。一個人對
自己本不熟悉的某種身心行爲進行反復強化之後，此行爲便由強制性「注
意」，逐漸化爲人身心的習慣性行爲、思維，變得輕車熟路、自然而然，乃至
逐漸轉成人的無意識行爲。舉例而言，一個人第一次學騎自行車時，其注意

〔註82〕 羅欽順：《困知記》續錄卷下。

力都集中在騎車這一行為上，是戰戰兢兢而心無旁鶩的。當經過反復、長期的訓練之後，騎車技術日益熟練，騎車時便可以與朋友高聲談笑，乃至做其他事情。這時，騎車這一行為本身已經不是（或主要不是）意識的內容。儒家的理想人格——聖人，就是在智慧、道德的運用上達到這一「無意識」境界的人，這就是先儒所謂的「何思何慮」、「不思而得，不勉而中」。當然，對於並非「生而知之」的常人來說，逼近這一理想境地需要有一個由「行仁義」到「由仁義行」的艱難轉化過程。前階段是對社會規範、道德原則（傳統儒家稱為「禮」）的強制性或被動性的遵守、踐履，如孔子所謂「非禮勿視」、「守死善道」、「顛沛造次」之類；後階段則由於學問與道德的雙重提升，道德踐履已經超越了各類規範、原則等概念的束縛，完全使自己的道德本心的自作主宰、自發流行、「不思而得，不勉而中」、「從心所欲而不逾矩」。可見，在儒家的修道歷程中，從「戰戰兢兢，如履薄冰」、「君子終日乾乾」到「鳶飛魚躍」、「浴沂舞雩」、「何思何慮」，此是一個漫長而艱苦的求道過程。所以要選擇這一任重道遠的弘毅之路，歸根結底，是由儒家對人類負責、不逃避現實的擔當精神和救世本懷決定的。

　　然而到了宋明時代，新儒家一方面為佛老之學中的高明境界所吸引，一方面受其刺激，力欲在心性工夫上與之比拼一番，故特別強調「何思何慮」的道德化境。這一有意或無意的努力，最終使新儒學大量吸收了佛老「無」的智慧。陳來先生在《有無之境》一書中說：

> 在中國文化中，儒家一般是被思考為有的哲學，以與貴無的佛道相對待。不過，如果就境界而不是存有的意義而言，這種說法對早期儒家也許不無道理，但對綿延近八百年的宋明儒學，問題就遠不那麼簡單。理學對佛教挑戰的回應，不僅表現在對「有」的本體論的論證（如氣本論、理本論），也更在於對人生境界與修養工夫上「無」的吸收，後者始終是貫穿理學史的一大主題。〔註83〕

從人格範型上看，這種在生命境界與修養工夫上對佛老之「無」的吸收，使得宋明理學家的理想人格由先秦的「憂患型」聖人逐漸向「無意型」聖人嬗變。落實到很多心學家那裏，聖人不再是像大舜那樣由「明人倫、察庶物」而「利用厚生」、「智、仁、勇」的聖人，而是「動亦定、靜亦定」、「無將迎」、「不動心」的聖人。與此相表裏，博學、審問、慎思、明辨等「下學」工夫

〔註83〕陳來：《有無之境》，北京：人民出版社，1991年版，第4頁。

也不再是他們的日常必修課（程度上當然因人而異），而「靜坐反觀」、尋「孔顏樂處」、體驗「未發之中」、領略「聖賢氣象」、追求「心體」之「寂然不動」成為其工夫論的主要內容。而這些工夫中，「無意」又可謂是一以貫之的操做法門和工夫境界。

慈湖自小就對此道德化境的夢寐思服、上下求索。據他回憶：「少讀《易大傳》，深愛『無思也，無為也，寂然不動，感而遂通天下之故』。竊自念：學道必造此妙。」〔註84〕然而，由於慈湖直接將本心的置於「無意」的修行「果位」上，本心「清明自足」成了當下「見在」的心理狀態，故他把象山「收拾精神，自作主宰」〔註85〕之類的努力統統取消了。在這點上，他雖然沒有直接批評象山，然二者的不同誠不可掩。慈湖有《書與張元度》一信，對我們辨識二者學問之異頗有助益。今具錄如下：

> 臨川張元度以鄉舉至禮部，持陸先生書，踵門就見。接其辭氣，已知其誠確可敬。及復見，益知其篤志於學，蓋夜則收拾精神，使之於靜。某曰，元度所自有，本自全成，何假更求？視聽言動，不學而能惻隱、羞惡、恭敬、是非，隨感輒應不待詔告、清明在躬、廣大無際、精神四發、不疾而速、不行而至，收之拾之乃成造意，休之靜之猶是放心。學問之道無他，求其放心而已矣。吾心本無妄，捨無妄而更求，乃成有妄。故曰：無妄之往何之矣？元度猶自以為未能無過。某曰：有過惡即改，元度精神何罪而收拾之。〔註86〕

文中謂張元度「夜則收拾精神，使之於靜」，由於語言過簡，已很難斷定是否《大學》的「定而後能靜」一路。但從象山對「收拾精神」的津津樂道看，張元度很可能對象山的學問宗旨已有所契入。象山曾要人「收拾精神，自作主宰」〔註87〕，慈湖「收之拾之乃成造意，休之靜之猶是放心」一句，無疑是對象山「求放心」工夫的否定。

象山之「意」，就摒棄私意妄想這一點而言，自與慈湖相同，從追求自然無滯的超然風格看，亦與慈湖同。但從象山汲汲於義利之辨看，他不可能像慈湖一樣主張泯滅人的一切分別性知識。我們知道，從心性工夫上說，象山

〔註84〕《楊氏易傳》，卷二十總論，文淵閣四庫全書本（下同）。
〔註85〕《陸九淵集》卷三十五，《語錄下》，第455頁。
〔註86〕《慈湖遺書》卷三，《與張元度》。
〔註87〕《陸九淵集》卷三十五，《語錄下》，第455頁。

雖然承認人之心性本來清明，但他卻認爲現實中人因習氣遮蔽，此清明本心不是「見在」的，故須要對心中的各種妄意不斷剝落。他說：

> 人氣稟清濁不同，只自完養，不逐物，即隨清明，才一逐物，便昏眩了。顥仲多懸斷，都是妄意。人心有病，須是剝落，剝落的得一番，即一番清明，須剝落得淨盡方是。〔註88〕

> 内無所累，外無所累，自然自在，才有一些子意，便沉重了，徹骨徹髓，見得超然，於一身自然輕清，自然靈。〔註89〕

正因爲象山承認「人氣稟有清濁不同」，並承認現實人心的不完滿，所以其工夫論保存著一種積極主動的進取力量。所謂「人心有病」，當然不是人之「本心」有病，而是就現實的人心而言。這些「病」既與人先天的氣稟有關，又與後天的各種「習氣」有關，「剝落」掉這些妄意，就是「正心」工夫，也是孟子「求放心」的工夫。不難看出，象山「發明本心」的過程，就是驅除各種私欲以成就道德人格的過程。在這點上，其與程朱「存天理滅人欲」的克己工夫並無本質不同。從慈湖對《易經》之「洗心」、《大學》之「正心誠意」等說法一概貶斥看，他對象山所謂「人心有病」等說法恐怕也是不贊成的。如何求放心，象山首先認爲是樹立正確的志向。與之相反，由於慈湖相信人心的當下具足，只要「不起意」，本心便能「清明虛朗」、「感通無窮」。如謂「不起意」是一種工夫的話，此工夫顯然更被動，缺乏象山學問中的動人力量。

> 吾自信本心之虛明無限際，天者吾之高明也，地者吾之博厚也，日月四時，吾之變化，萬物吾之散殊。〔註90〕

> 人心自明，人心自靈，意起我立，必固凝塞。始喪其明，始失其靈。……
> 夫人皆有至靈至明，廣大聖智之性不假外求，不由外得，自本自根，自神自明，微生意焉，故蔽之，昏蔽之端，盡由於此。〔註91〕

耐人尋味的是，象山、慈湖師弟的心學工夫像極了禪宗中的南北二宗。北宗神秀大師云：「身是菩提樹，心如明鏡臺；時時勤拂拭，莫使有塵埃。」此「拂拭」工夫，正如象山的發明本心的剝落工夫；而慈湖由堅信此心「虛明無體」，「收之拾之乃成造意，休之靜之猶是放心」，極像南宗慧能大師的「菩提本無

〔註88〕《陸九淵集》卷三十五，《語錄下》，第 458 頁。
〔註89〕《陸九淵集》卷三十五，《語錄下》，第 468 頁。
〔註90〕《慈湖遺書》卷三，《詹亨甫請書》。
〔註91〕《慈湖遺書》卷二，《絕四記》。

樹，明鏡亦非苔；本來無一物，何處惹塵埃」。陳兵先生論及象山之「剝落說」時說：「這雖有取於佛教禪的對治雜念，然終不及禪宗的妄念本空，只近於神秀的『時時勤拂拭，莫使惹塵埃』，在禪師們看來猶在門外」〔註92〕。當然，儘管楊、陸工夫有此一間之隔，但二者畢竟都相信「本心」的本來清明，故其工夫都可看作是以「明心」為本。相較之下，朱了的「格物致知」、「居敬窮理」諸論反倒跡近佛家小乘了。

總體上看，輕視言語思量與格物致知，重視內心自悟與深造自得，此乃宋明心學一系的普遍修學傾向。象山儘管呵斥「閒議論」、「邪意見」，但並沒有脫略對本心的求取，更遠沒有像慈湖那樣將「意」定位為「認知心」意義上的「分別見」程度，以致完全否認了整個語言認知和理性思維系統。象山曾自稱其心學工夫是「刀鋸鼎鑊的學問」，他本人汲汲於「辨志」和「義利之辨」，自謂在人情事變上作工夫，這分明是一貫於《大學》的「正心」。我們讀其心學著作，也能體味到其文字背後潛藏的那種「決破網羅，焚燒荊棘，蕩夷污澤」勇猛氣概。即就其文字本身而言，亦極易喚醒讀者內心的道德力量。象山曾云：

> 念慮之正不正，在頃刻之間。念慮之不正者，頃刻而知之，即可以
> 正。念慮之正者，頃刻而失之，即是不正，此事皆在其心。〔註93〕

這裏引發的一個問題是，慈湖既然反對在主客二元對立的認知模式下去學習各種世間知識，何以人心能如此靈明呢？難道一個人只要「不起意」，當下就具備知善知惡的「智的直覺」（牟宗三語），從而保證自己的思想行為不犯過錯嗎？

再次辨明，筆者並不否認，人自覺運用一些控制意念的方法（如「止觀」等），可以達到某種超乎尋常的寧靜心境或深層體驗，甚至可以開發大腦的某類潛能。同樣不否認，人在此特殊心境下更容易思維集中，乃至會出現某些特異功能，以至有事半功倍的做事效果。然慈湖顯然並未因修習佛家禪定等工夫而獲得某種「神通」，其本心的無所不通、「泛應曲當」，依然與其常年所受到的傳統文化薰陶有關。馮友蘭先生剖析陽明「良知」的一段話，雖非針對慈湖而發，差可代表對此問題的常識性見解：

〔註92〕陳兵：《佛教禪學與東方文明》，上海，上海人民出版社，1992年版，第444頁。

〔註93〕《雜說》，《陸九淵集》卷二十二，第270頁。

就經驗說，人是有分辨善惡的能力的，人們對於事物最初的反應，
總是比較正確的。照唯物主義的說法，這不是由於「本心的靈明」，
而是由於文化的積累。舊時代的中國人生於上千年的封建文化中，
受到風俗習慣各方面的影響，不知不覺地就有一種見解，似乎是與
生俱來的「良知」。所以心學和理學雖有許多不同，但在道德的基本
問題上它們還是一致的。〔註94〕

馮先生的解釋，今天看來並不過時。須知在我國傳統的小農經濟社會，民眾
生活相對穩定，社會結構相對簡單，倫理觀念較爲一致，一個人只要稍微接
受一些家庭或社會的道德教化，對於日常事務中的是非曲直總有一個相對正
確的判斷。但慈湖將這種「本心」、「良知」的神明誇大，認爲不須要向外格
物窮理，只要「不起意」，就能泛應曲當、無所不通，乃至「發育萬物」，那
就有違於先聖的本旨了。

關於慈湖的不起意，明末劉蕺山（宗周）的下段話可以爲我們的討論作
結：

釋氏之學本心也，吾儒之學亦本心也。但吾儒自心而推之意與知，
其工夫實卻在格物，所以心與天通。釋氏言心便言覺，合下遺卻意，
無意則無知，無知則無物。其所謂覺亦只是虛空圓寂之覺，與吾儒
體物之知不同。其所謂心，亦只是虛空圓寂之心，與吾儒盡物之心
不同。象山言心，本未嘗差；慈湖言意，禪家機軸一盤托出。〔註95〕

除「吾儒之學亦本心」一句須要加以限定外，筆者傾向於接受蕺山之看法，
即：與象山之「無意」相比，慈湖的「不起意」，著實近於禪而遠於儒。

第三節　「不起意」與禪家「無念爲宗」之異同

在道德實踐上偏重於「無意」境界，是宋儒較爲普遍的修學傾向，心學
家於此尤甚。與象山等人的「無意」傾向相比，慈湖的「不起意」工夫，無
疑走得更遠，以致到了否棄整個言語概念系統的地步。究其實，慈湖的「不
起意」，實源自佛禪以「了生死」、「證涅槃」爲歸宿的「無念爲宗」、「無心是
道」、「不得擬議」、「動念則乖」等傳統。佛禪「無念爲宗」、「無心是道」等

〔註94〕馮友蘭：《中國哲學史新編》（第五冊），北京，人民出版社，1988 年版，第
　　　226 頁。
〔註95〕《明儒學案》卷六十二，《蕺山學案》。

說法，雖名相各別，含義卻無根本不同，而以「無念爲宗」最爲暢行。下文僅將「無念爲宗」法門，與慈湖的「不起意」工夫作一異同比較。

一、慈湖「不起意」與禪家「無念爲宗」〔註96〕之相同性

在佛法中，「念」有兩種，一者爲第七識末那識的「執境之念」，即隋代淨影寺慧遠《大乘義章》所謂的「守境爲念」；二者爲本心、自性所起之念，即六祖所謂「眞如之念」。「無念爲宗」之「念」，無疑是指前者。關於禪宗之「無念」，馮煥珍先生曾解釋說：

> 「無念」就是無守境之念，這種念之本性是執著，由末那識念（執著）我、人二相，漸漸擴展爲念苦念樂、念美念丑、念善念惡、念眞念假，乃至念生死、念涅槃、念煩惱、念菩提等等念，本心、自性中原本無有如許種種念。如此，則本心、自性無念乃無妄念而有自性念，而自性念就是佛法所謂根本智。〔註97〕

顯而易見，「無念」之「念」，包括因「血氣我」、「思慮我」而產生的一切意象、概念、境況。所謂「無念」，即是要拋棄由人的認知心所現起的一切「分別見」，破除對內外一切境相的貪戀與執著，以期「無所住而生其心」（《金剛經》語）。應該說，慈湖的「不起意」工夫，在破除「認知心」生起的「分別見」和追求「自性心」的「直行直用」這兩個根本點上，都與禪宗的「無念爲宗」有著驚人的相似性：

> 何謂意？微起焉皆謂之意，微止焉皆謂之意。意之爲狀，不可勝窮，有利有害，有是有非，有進有退，有虛有實，有多有寡……若此之類，雖窮日之力、窮年之力，縱說橫說，廣說備說，不可得而盡。
> 〔註98〕

> 意之變態無窮，有利之意，有害之意；有柔之意，有強之意；有彼之意有此之意；有眾之意，有寡之意；有進之意，有退之意；有過之意，有不及之意，又有中之意。有意則有所倚，雖曰中，實無中。中非意也，所謂慈仁之心者，中也；所謂誠敬之心者，中也。〔註99〕

〔註96〕 馮師煥珍先生有《說「無念爲宗」》一文，對禪家「無念爲宗」思想考論甚詳。臺北，佛學研究所《中華佛學學報》第6期。
〔註97〕 同上。
〔註98〕 《慈湖遺書》卷二，《絕四記》。
〔註99〕 《先聖大訓》卷一。

文中所舉「利害」、「是非」、「虛實」等「對待性」概念，顯然同於禪家「守境之念」。慈湖認為，人心本來是自靈自神、虛明無體的，然而，一旦有了分別計較，就會「意起我立」，「有意則有所倚」〔註100〕，便難以根除天生的執取傾向。既然「道非心思言論之所及」，只有徹底摧毀對「善惡」等一切對待性觀念、境相的對立，才能使人從「習心」中抽離出來，達到「何思何慮」、「無思無為」的中道境界。由於這種落於「是非」、「善惡」的「分別見」，又是依據人類言語、概念構成的思維模式而存在，故而慈湖的「不動意」工夫，是要通過徹底否棄整個知識性認知模式，達到從根子上對治人類的這一先天「舊習」的目的。以此而論，無論是《大學》的「正心」、《易傳》的「洗心」、孟子的「存心」，還是象山的「辨志」，都是未能徹底脫離現實倫理意義上的「兩邊見」，故並不能從根子上徹除人的求利避害傾向，無法使人真正做到「不思善不思惡」。

這樣一來，至少單就工夫路向看，慈湖的「不起意」教法，實際上與禪門「無念為宗」、「破對待」、「無心是道」等修證法門並無本質不同。從立教的最終目的上說，慈湖「不起意」工夫當然有克制違背儒家倫理的意念之萌發這一初衷（所有儒者在此問題上均無二致）。但是，慈湖的「不起意」，是要人在「心不住境」的意義上破除一切「分別見」，是連「克制違背儒家倫理的意念的萌發」這樣的「念頭」也要克制掉。如果說慈湖的「不起意」僅僅只是止絕違背儒家倫理的意念，那麼它與《大學》的「誠意正心」、程朱的「存天理滅人欲」便沒有了什麼差別。另外，有學者為將慈湖的「無意」與佛家的「無念」區別開來，竟指後者是無知無識的思維寂滅，這分明是用佛家所呵斥的「斷滅見」來誤解佛家。事實上，佛禪之「無念」固然要人不起善惡的分別，但絕非百物不思的寂滅。「禪」的本意就是要人「正思維」、「靜慮」，即要人「如理作意」，怎麼會是「思維寂滅」呢？六祖慧能有偈說：「慧能沒伎倆，不斷百思想。對境心數起，菩提作麼長？」並且說：

> 智慧觀照，內外明識，識自本心。若識本心，即本解脫。若得解脫，
> 即是般若三昧，即是無念。何謂無念，心不染著，是為無念。用即
> 遍一切處，亦不著一切處。但淨本心，使六識出六門，於六塵中無
> 染無雜，來去自由，通用無滯，即是般若三昧，自在解脫，名無念

〔註100〕《先聖大訓》，《孔子燕居第五》。

行。若百物不思，當令念絕，即是法縛，即名邊見。〔註101〕

善知識，一行三昧者，於一切處行住坐臥，常行一直心是也。淨名
經云：直心是道場，直心是淨土。莫心行諂曲，口但說直，口說一
行三昧，不行直心。但行直心，於一切法勿有執著。〔註102〕

慧能所謂「若百物不思，當令念絕，即是法縛，即名邊見」，正是對「百物不
思」的「思維寂滅」說的否定。他強調「無念」是「心不染著」於色、聲、
香味、觸、法之「六塵」，以求得「來去自由，通用無滯」的「自在解脫」，
而不是不起「真如之念」以至於百物不思，觀此甚明。

當然，與佛禪「不斷百思想」一樣，慈湖所謂的「不起意」也並非百物
不思，而是要讓本心「直心直用」、「應物無方」，這正是明道所謂的「廓然大
公，物來順應」。同時，慈湖也認為「心」與「意」二者「未始不一」，不起
分別的「意」就是「直心」。如謂：

心與意奚辨？是二者未始不一，蔽者自不一。一則為心，二則為意；
直則為心，支則為意；通則為心，阻則為意。直心直用，不識不知，
變化云為，豈支豈離，感通無窮，匪思匪為。〔註103〕

此心本無過，動於意斯有過，意動於聲色故有過，意動於貨利故有
過，意動於物我故有過，千失萬過，皆由意動而生。〔註104〕

從思想史上看，慈湖的「不起意」之說，確實被人誤解為思維寂滅。如明代
心學家湛若水就批評慈湖的「不起意」說：

慈湖立命全在「心之精神」一句，非孔子之言，乃異教宗旨也。不
起而為意便是寂滅。慈湖既以為人性皆善，人皆可以為堯舜，是矣。
卻又以為特動乎意則昏，何耶？天道常運，人心常生。蓋性者心之
生理也。生理故活潑潑地，何嘗不動？動則為意，但一寂一感，莫
非實理。故性不分動靜，理無動靜故也。今以動於意則即非是，認
堯舜人性是死硬的物矣。可謂知道知性乎？〔註105〕

湛氏之所以斷定「不起而為意便是寂滅」，進而批評慈湖「認堯舜人性是死硬

〔註101〕《壇經》，《般若品第二》。

〔註102〕《壇經》，《定慧品第四》。

〔註103〕《慈湖遺書》卷二，《絕四記》。

〔註104〕《慈湖遺書》卷二，《臨安府學記》。

〔註105〕湛若水：《楊子折衷》，續修四庫全書，明嘉靖葛澗刻本。

的物」，顯然沒有將慈湖「不起意」之說中的「妄意」與「正意」分開。正如禪家「無念為宗」之「無念」，乃無「妄念」而非無「正念」一樣，慈湖的「不起意」，乃是不起「認知心」作用下的「妄意」，不是「直心而行」的「正意」。慈湖曾說：

> 不動乎意，非木石然也。中正平直之心，非意也；忠信敬順和樂之心，非意也。〔註106〕

> 周公仰而思之，夜以繼日，非意也；孔子臨事而懼，好謀而成非意也。此心之靈明逾日月，其照臨有甚於日月之照臨，日月能照容光之地，不能照部屋之下，此心之神，無所不通，此心之明無所不照。昭明如鑒，不假致察，美惡自明，洪纖自辨。〔註107〕

從義理上看，不僅「無念為宗」與「不起意」有著極大的同一性。慈湖的「心即道」、「直心為道」與禪家洪州宗一門「無心是道」、「平常心是道」更是如出一轍。在馬祖道一看來，本心就是未被「妄念」污染的平常心，他開示徒眾說：「道不用修，但莫污染……若欲直會其道，平常心是道。」〔註108〕而慈湖則說：

> 舜知此心之即道，故曰道心。直心為道，意動則差，愛親敬親，此心誠然而非意也。先意承志、晨省昏定，冬溫夏清，出告反面，此心誠然而非意也。事君事長，此心誠然而非意也；忠信篤敬，此心誠然而非意也；應物臨事，此心誠然而非意也。如水鑒中之萬象，如四時之錯行，如日月之代明。其積焉而不苑，並行而不繆，深而通，茂而有間，是謂變化云為、不識不知、一以貫之。〔註109〕

慈湖「直心為道說」雖多指向「愛親敬親」之類的道德行為，與佛禪之「挑水劈柴」、「揚眉瞬目」等一切身心運作有內容上的不同。但在超越概念思維這點上，卻並無二致。

　　總而言之，慈湖的「不起意」說、「直心為道」說，與禪宗「無念為宗」、「無心為道」等教義在許多方面都若合符節，而與儒家傳統的兩條工夫路向都扞格難通。故筆者對慈湖工夫論的基本判斷是：「不起意」乃從佛禪「無念

〔註106〕《慈湖詩傳》卷十八，《維天之命》。
〔註107〕《慈湖遺書》卷二，《絕四記》。
〔註108〕《景德傳燈錄》卷28，《大正藏》第51卷，第440頁。
〔註109〕《楊氏易傳》卷十一。

為宗」等教法中轉手而來〔註110〕。在這一問題上，慈湖雖然處處援儒家經典
文句作義理支撐，然而他的一整套心學工夫，不僅與孔子偏重於「下學」工
夫的仁道不相應，與孟子等人偏於「上達」的「求放心」工夫也大相逕庭。
很顯然，慈湖受禪家「不思善不思惡」以證取「本來面目」思想的影響，逕
直地拋棄了先儒複雜而艱苦的「下學而上達」工夫，欲直接在心體上追求的
超然頓悟。在這一點上，他是無法擺脫「陽儒陰釋」之評的。

二、慈湖「不起意」與佛禪「無念為宗」精神意趣之不同

上文對慈湖的「不起意」與禪學的「無念為宗」，進行了相互參究，肯定
了二者的共通性。那麼，我們是否可以將慈湖的「不起意」教法，完全等同
於佛禪的「無念為宗」呢？筆者認為，若突破工夫方法論的視角，轉從工夫
的目的及整個價值框架來看，「不起意」與「無念為宗」又有著極大的不同。
茲從下述三點申述之：

第一，從立教旨歸看，慈湖「不起意」乃為追求「無思無為」的道德化
境而來，此自與佛禪旨在「了生死」、「斷煩惱」、「證涅槃」的「無念為宗」
有本質不同。

慈湖畢竟是道德意識極強的思想家，他雖在工夫層面借用了禪宗之「無
念為宗」法門；然此工夫論的背後，卻有著與佛禪頗為不同的立教宗旨。他
曾批評釋氏說：「釋徒多昏蔽，誤讀梵綱戒經，不禮拜君王、父母，大悖逆，
大壞人心，大敗風俗。」〔註111〕這就決定了其「不起意」工夫，最終必將在
道德踐履上立腳，而不是為了求得出世解脫。這一點，從慈湖對「本心」能
「事父自孝」、「事兄自弟」等特性的反復強調中可見大略。反觀之下，禪宗
雖較印度的原始佛教已發生了不少精神變異，但其在佛教「諸行無常」、「諸
法無我」、「涅槃清靜」等原始教旨上並沒有實質性改變。釋氏固然勸人「諸

〔註110〕當然，站在佛禪內部的立場，慈湖「不起意」工夫是否為佛禪中人所認可，
則屬另外一回事。如南懷瑾先生就對慈湖的持批評態度：「楊慈湖（簡）謂『人
心自明，人心自靈，意起我立，必固礙塞，始喪其明，始失其靈。』學者稱
其言直截洞徹，謂慈湖以不起意為宗，復議其為禪。若以不起意與禪之無念
為宗相提並論，無怪儒者所知之禪，止此而已，其於佛也，禪也，實未夢見。
故謂理學家之見地造詣，只明得意識心念清淨，起而應用為極則，其於工夫，
則只入於冥坐澄心之途，餘猶非所及。」見氏著《禪海蠡測》，上海，復旦大
學出版社，2012 年版，第 267 頁。
〔註111〕《慈湖遺書》卷十一，《論論語下》。

惡莫作，諸善奉行」，客觀上有助於社會風氣的改良，但畢竟視道德踐履爲「方便法」而非「究竟法」，「了生死」、「求解脫」、「證涅槃」才是其最根本的立教宗旨。質言之，倫理道德並不是禪家藉以追求生命超越的主要途徑。這一立教之精神原點的差異，自然會使相同的工夫法門呈現出不同的精神樣態。在禪宗「燈錄」中，我們經常可以讀到「挑水劈柴」、「揚眉瞬目」等「無非妙道」之類的語錄，這與慈湖側重於道德踐履方面的「當惻隱自惻隱」、「當羞惡自羞惡」，尤其對儒家的忠孝仁義等德行念茲在茲，自然有著不同的價值指向。又如：

> 孔子曰，「人未有自致者也，必也親喪乎」。致之爲言至也，人未有自至乎道者，至於喪親，如天地崩陷。人子不復知有身，此身死亡，猶不計而況於他乎？百無所思，純一哀痛，此純一哀痛即道也。子庸親履此境，已至於道，順達敬養，無放無逸，自然爲禮、爲義、爲忠信、爲眾善百行。其處家應物，事事有條理，得已即已，不得已則知微知彰知柔知剛，一一中節矣。人心即道，日用不知，因物有遷，至喪親而復，始純一不雜。〔註112〕

藉此可見，慈湖的工夫實踐，並非是爲了解脫塵世的痛苦，而是更強調這種痛苦「純一不雜」的眞誠性。我們當然可以質疑這種通過「不起意」工夫達到的境界，是否會眞的能使人「處家應物，事事有條理」，但不能否認這種「無思無爲」、「發而中節」的道德化境，確實是儒家道德實踐的最高境界。

　　或問：禪宗之教法，亦同樣教人與人爲善、孝養父母，乃至愛國忠君等，怎麼能據此爲慈湖「不起意」之說辯護呢？應該首先承認，禪宗的許多戒律，確與儒家孝悌忠義等名教並不衝突，有些地方還相當接近。在一般社會大眾心中，佛家因果報應、三世輪迴等觀念，或比儒家的倫理教化更能使人祛惡揚善，此正是佛教大有裨益於社會人心之處。如六祖慧能有偈頌云：

> 心平何勞持戒，行直何用修禪？恩則孝養父母，義則上下相憐。讓則尊卑和睦，忍則眾惡無喧。若能鑽木取火，淤泥定生紅蓮。〔註113〕

針對這一情況，我們說，禪宗乃佛教中國化過程中的新生事物，在傳統儒學的壓力下，已對忠君、孝親等儒家名教有一定程度的認可，其世間性品格也因此有所增強。儘管如此，佛門之孝仍然與儒者之孝有內容上的不同：釋家

〔註112〕　《慈湖遺書》卷四，《王子庸請書》。
〔註113〕　《壇經》，《疑問品第三》。

信徒更多地以佛法中的「往生極樂」等信念孝順父母，而儒家卻是以自然情感基礎上的親情爲本。另外，佛教最終是要徹底破除一切「理障」的，此當然包括儒家的忠孝仁義之論。而慈湖雖在工夫法門上要求破除各種分別性觀念，但在生命信念上仍然將忠孝仁義視爲天經地義之理。如慈湖曰：

> 《論語》謂孔子每每教學者忠信，今學者當思其旨。聖人豈姑以淺者教人哉？曰「主忠信」，謂忠信者主本也。答樊遲問仁曰：「居處恭，執事敬，與人忠。」答子張問行曰：「言忠信，行篤敬」。所謂非于忠信之外復有其道也，即是心而已矣。是心之不欺罔謂之忠信，是心不放肆謂之敬。不放肆之心即不欺罔之心，乃庸常平正之心，古先聖深明此心之即道，故曰「中庸」。庸，常也。〔註114〕

與慈湖以「不起意」爲道德立教不同，禪宗倡「無念爲宗」，其目的仍在追求出世之「解脫」。馬祖道一的嗣法弟子大珠慧海所著《頓悟入道要門論》載：

> 問：「欲修何法，即得解脫？」答：「唯有頓悟一門，即得解脫。」云：「何爲頓悟？」答：「頓者，頓除妄念；悟者，悟無所得。」問：「此頓悟法門，以何爲宗？以何爲旨？以何爲體？以何爲用？」答：「無念爲宗，妄心不起爲旨，以清淨爲體，以智爲用。」……「無念者無邪念，非無正念。」……「念有念無，即名邪念；不念有無，即名正念。念善念惡，名爲邪念；不念善惡，名爲正念。乃至苦樂、生滅、取捨、怨親、憎愛，並名邪念：不念苦樂等，即名正念。」〔註115〕

上文是馬祖道一對弟子慧海的開示，單就「無念爲宗」的工夫模式看，實與慈湖的「不起意」並無二致。然無論其「無念爲宗」與慈湖之「不起意」如何相近，其旨歸終判然有別。馬祖立「無念」之教，乃回答弟子「欲修何法，即得解脫」而來；其所謂「解脫」顯然是就「了生死」、「證涅槃」而言的。而慈湖之「不起意」，所解答的是如何將道德本心以「無意」的境地呈現出來的問題。慈湖曾說：「方子事親之時愛敬之心生，不知所以然，此則孝也。使作意曰『吾將以學爲孝也』，則亦僞而已矣，非眞心之孝也。」〔註116〕顯而易見，慈湖的「不起意」，最終仍是爲了達到孟子所謂「由仁義行非行仁義」的道德化境。此正從基本精神上決定了慈湖心學與禪學的本質不同。

〔註114〕《慈湖遺書》卷三，《詹亨甫請書》。
〔註115〕《續藏經》第1輯第2編第15套第5冊，第420～421頁。
〔註116〕《慈湖遺書》卷十，《論論語上》。

　　第二，從「不起意」的理想境界看，慈湖極重視自然情感和道德意識的自然發用。

　　在前面的一些章節中，我們對慈湖「本心」道德情感的缺乏已多有論及。必須分別清楚的是，這種缺乏更多的是就慈湖「時復反觀」的證道體驗而言，卻非慈湖心學工夫的最終目的。落實到現實生活中，至少就「不起意」的理想境界看，分明是在追求一種道德情感的充盈狀態。慈湖回顧自己為母守喪時的心理狀態說：

> 居姚氏喪，哀慟切痛，不可云喻。既久，略察曩正哀慟時，乃亦寂
> 然不動，自然不自知，方悟孔子哭顏淵而不自知，正合無思無為之
> 妙。〔註117〕

「哀慟切痛，不可云喻」之時，反而達到了「寂然不動」、「無思無為」的「不起意」狀態。慈湖事後對自己喪母時極度悲傷的心理狀態本身顯然是極為肯定的。慈湖之所以高度肯定這一境界，是因為此番「哀慟切痛」，使他完全拋棄了概念思維，超越了認知心意義上的「分別見」，沒有絲毫的牽強與造作，當然更沒有任何的功利之心，一切純是自己至情至性的清澈呈現。藉此可見，慈湖「何思何慮」、「直心而行」的「不起意」境界，不是要裁掉最純真的世間感情，而是欲讓此世間真情在內心的毫無雜質地通暢流溢。而反觀禪家「無念為宗」諸論，雖同是強調工夫境界上的「無思無為」，但我們且莫忘記，佛教之基本教理，乃要人破除「貪嗔癡」等世間欲望和情感，以達到內心的寂滅清淨，否則就是煩惱未斷的凡夫。佛門有著名偈頌說：「因愛故生憂，因愛故生怖；若離於愛者，無憂亦無怖」。然而自儒者看來，人一旦抽離了愛、憂、怖等世間情感，內心沒有了任何牽掛和愛戀（包括道德和親情在內），豈不是「人生無根蒂，飄若陌上塵」了嗎？

　　慈湖雖要破除心中之「理」，而此「理」乃概念性的「理障」，並非儒家的整個價值系統。他雖對《大學》「認知心」意義下的義理構架大不以為然，然並非要否定《大學》的道德旨歸。換句話說，諸如忠信、孝悌、仁義等儒家的基本信念，慈湖都是高度肯認的。順便提一下，在對道德情感的態度上，慈湖的「不起意」不僅與佛禪之「破貪嗔」截然不同，與道家「哀樂不入於胸次」也大異其趣，他說：

> 孔子莞爾而笑，喜也，非動乎意也；曰：「野哉，由也」，怒也，非

〔註117〕楊簡：《楊氏易傳》卷二十總論，文淵閣四庫全書本。

動乎意也：哭顏淵至於慟，哀也，非動乎意也。〔註118〕

說到底，慈湖倡導「不起意」，不僅不是爲了排斥人的現實情感，反而要高度強化了這種情感的純粹性、本眞性。至於這種工夫因過於強調內心的自證，而忽略了人與外界交往中的形象、觀念生成問題，終致淡化了現實的道德意識和價值情感，則屬於另外·個問題了。

第三，慈湖並沒有接受佛家的價值框架，其「不起意」工夫有著極強的淑世情懷。

眾所周知，佛教作爲源於印度的一種宗教傳統，其精神趨向在根本上說是出世的。作爲佛教中國化的產物，禪宗的一大特徵是加強了「人間性」品格，即注重在「現世」生活中求解脫。如慧能所謂「若欲修行，在家亦得，不由在寺」〔註119〕之類。儘管如此，禪宗的「出世」教義並沒有根本性改變，「諸行無常」、「諸法無我」、「涅槃寂靜」之佛教三大「法印」，禪宗無疑仍是奉爲圭臬的。而這類教義，慈湖可謂一項也不贊成。從歸趣上看，慈湖之「不起意」工夫也不是爲了解脫苦難生死爲宗旨，而是旨在改良社會風氣和現實人心。他雖然將自己生命中的一系列「大悟」視爲對本心的證取，但畢竟沒有接受佛教的輪迴觀念與涅槃信仰。其「不起意」的工夫，雖在具體方法上與禪宗「無念爲宗」難解難分，但它顯然不止於本心的「清明神妙」而已，而是指向了「齊家、治國、平天下」的經世理想。借用心學家張橫浦的話來說，即是禪家「有孤高之絕體，無敷榮之大用」。至少從慈湖的本願來說，他是希望「不起意」之教，能使人在悟到本心之後，發而無不中節，當惻隱則惻隱，當羞惡則羞惡，從而「爲往聖繼絕學，爲萬世開太平」的。這從他多次上書，力陳恢復「三代」之方的政論中不難找見證明。六十四歲時，慈湖曾擬劄子二則，後雖因故未能上奏，但將其「不起意」之教背後的政治理想申述得十分清楚：

> 天下惟有此道而已，天以此覆，地以此載，日月以此明，四時以此行，人以此群居乎天地之間而不亂。是故得此道則治，失此道則亂，得此道則安，失此道則危，得此道則利，失此道則害，此萬古斷斷不可易之理。自漢而下雜之以霸，故治日少亂日多。此心即道，惟

〔註118〕《慈湖遺書》卷二，《臨安府學記》。
〔註119〕《壇經》，《疑問品第三》。

起乎意則失之。孔子曰「毋意」。意不可微起，況大起乎？起利心焉
則差，起私心焉則差，起權術心焉則差。作好焉、作惡焉，凡有所
不安於心焉皆差。臣願陛下即此虛明不起意之心以行，勿損勿益，
自然無所不照，賢否自辨，庶政自理，民自安自化，四夷自服，此
即三王之道，即堯舜之道。願陛下無安於漢唐規模。〔註120〕

觀此說教，則明白慈湖之學術宗趣，乃純然儒者之淑世本懷。反顧佛教之徒
眾，除大慧宗杲等少數具有大乘情懷的高僧之外，多為逃避現實責任，以擺
脫塵世之苦累並冀圖往生西方極樂者。這與儒家立足現實人生的道德理想主
義，不能不說有著千年不可合之異。

　　總而言之，佛家以求解脫為鵠的的「無念為宗」，不過是慈湖用以達到「無
意」之道德化境的工具而已。關於這點，不妨再一次援引象山對儒釋二家之
評判：

某嘗以義利二字判儒釋。又曰，公私其實即義利也。儒者以人生天
地之間，靈於萬物，貴於萬物，與天地並而為三極。天有天道，地
有地道，人有人道，人而不盡人道，不足與天地並。人有五官，官
有其事，於是有是非得失，於是有教有學，其教之所從立者如此，
故曰義曰公。釋氏以人生天地間，有生死、有輪迴、有煩惱、以為
甚苦而求所以免之。其有得道明悟者則知本無生死、本無輪迴、本
無煩惱，故其言曰生死事大。如兄所謂菩薩心者，亦只為此一大事。
其教之所從立者如此。故曰利曰私，惟義惟公，故經世，惟利惟私
故出世。儒者雖至於無聲無臭、無方無體，皆主於經世；釋氏雖盡
未來際普度之皆主於出世。〔註121〕

象山以「義利」判若儒釋之異，在立場上顯然持儒家本位，此自未必盡得禪
家之心服。但其所謂「儒者雖至於無聲無臭、無方無體，皆主於經世；釋氏
雖盡未來際普度之皆主於出世」，卻也可算是持平之論。禪宗之「無念為宗」
諸論，雖有強調入世修行的一面，然其在精神意趣上仍然是「出世」的；而
慈湖的「不起意」教法，雖在工具層面有「出世」性（主要是對分別性概念
的超越）的一面，但其總體的精神意趣卻是「入世」的。因此，不管「不起

〔註120〕《慈湖遺書》卷十八《慈湖先生行狀》。
〔註121〕陸九淵：《陸九淵集》卷二，《與王順伯》。

意」工夫如何近似於「無念爲宗」，但畢竟是方法、路徑層面的事情，無關乎在精神方向的根本不同。這也是無論慈湖心學在內證體驗、工夫法門方面多麼近似於禪宗，我們都不能將其視爲禪學的一個主要理據。錢穆先生曾云：

> 宋明理學，亦可謂乃是先秦儒學與唐宋禪學之一混合物。論其精神，則斷然儒也。而其路徑意趣，則終是染涉於禪學而不能洗脫淨盡，此非宋明儒之失，乃唐代禪學之確有所得。若必謂儒是禪非，以陸王爲禪，以程朱爲儒，則終自陷於門戶之見，不足以語夫學術思想源流派分制眞相也。〔註122〕

錢穆先生上文「論其精神，則斷然儒也」之精神，是從「出世入世」的最根本的價值立場而言，而不是訴諸具體的工夫法門及內心體驗。如果以前者爲評價標準，慈湖的「不起意」仍然不過儒者的一種修身法門，絲毫不影響慈湖的儒家精神；而就後者論之，則慈湖顯然是陷於禪學而不自知了。

第四節　慈湖「不起意」工夫論之不足

　　缺乏研精覃思、心知其意的同情理解，以致對前賢學說妄加訾議，是吾人治學的大忌。然而，在大陸近年的學術研究中，一種與之相反的傾向卻在潛滋暗長。即研究者不從思想史的縱橫脈絡或時代問題中釐定研究對象的價值與意義，而是「研究誰就讚頌誰」（此實不過是爲自己的研究本身張本），將研究對象的價值一味拔高，以致做出名不副實的謬贊與激賞。當前學者對慈湖思想的研究似亦頗染此病。「不起意」是慈湖畢生修學工夫的最得力處。他自身從中受益極深，此自不待言。今日觀之，「不起意」工夫所開顯的極高明道德境界，對世人道德踐履中出現的「刻意」、「造作」、「虛僞」等諸病態現象依然有對治意義。然而，本著儒學良性發展之祈願，筆者卻對慈湖「不起意」工夫持總體上的否定態度：慈湖心學的「不起意」之教，與儒家傳統修身進德工夫的入路迥異，轉與佛禪「無念爲宗」等悟道法門若合符節。這一重大變異，貌似開闢了儒家心學的新天地，實則使傳統儒學的情感動力、道德意識和經世品格都大爲減弱，對儒學的消解面遠遠大於貢獻面。

〔註122〕錢穆：《禪宗與理學》，載氏著《中國學術思想史論叢》（四），北京，三聯書店，2009年版，第240頁。

一、教法的偏執

　　大凡一種成熟的工夫理論，必有一套較完整的教化方法或修行次第，使學者可以根據自己的資質、性情、因緣而成學。在此方面，佛家有所謂「八萬四千法門」，既有一超直入的「究竟法」，也有林林總總的「方便法」，堪稱是一無盡的寶藏。如「諸惡莫作，諸善奉行；自淨其意，是諸佛教」的四句教，是大小乘佛教的共法。「先以欲勾牽，後令入佛智」則說的是善巧機智的「方便法」。再譬如，禪門臨濟宗有所謂「四料簡」之說，即將人之根器大致分爲「下根」、「中根」、「上根」、「上上根」四個層次，並據此開出各種靈活多樣的教法。本文所說的「無念爲宗」，在佛家則是「究竟法」而非「方便法」，上根人可據此法截斷眾流、頓悟本體。但由於上根之人世間罕遇，故「無念爲宗」遠非佛家的通行工夫。六祖慧能以此法咐囑弟子時，也專門強調若不得其人，傳授無益。

　　與此相類，傳統儒學也有博文約禮、愼獨自訟、求放心、學問思辨、格物致知、居敬窮理等多種進德工夫。這些工夫大致可分爲「自明誠」、「自誠明」兩條並行互攝的入路。前一路沉潛質實，偏重「下學而上達」，即在對知識的學習踐行中成就道德人格，較適合中下根器人；後一路高明簡易，偏重「上達而下學」，則較適合上等根器人。借用「朱陸之辯」的話頭來說，前者爲「泛觀博覽而後歸之約」，後者是「先發明本心而後使人博覽」。二入路雖在修學進路上有較大差異，但只要學者善加體會，靈活運用並持之以恒，皆可以臻於「從心所欲不逾矩」的「無意」之境。

　　當然，修身進德是一個複雜的人格重塑工程，修學者對「根器說」不可過於拘泥，時時處處都應經權互用、因地制宜。而一個高明的師者，尤其要注重隨緣說法、因材施教、因病立方。舉例而言，在孔子有「博文約禮」，「克己復禮」，「志道、據德、依仁、遊藝」，乃至「入孝出悌」、「自訟反躬」等多種方式。孟子於孔子之博學傳統稍有偏差，主張「博學而反說約」，更側重於心上用功，但也有「集義」、「必有事焉」、「存養」、「擴充」、「知言養氣」、「盡心知性」、「勿忘勿助」、「反身而誠」等多種「求放心」方式。如本章第一節所述，隨著宋明新儒家的援禪入儒，儒家工夫法門更爲豐富，靜坐體道就是最突出的一項。象山爲學尚簡易，但仍有「收拾精神，自作主宰」、「先立乎其大」、「剝落物欲」、「義利之辨」等多種「發明本心」的方法。

　　而慈湖的「不起意」之法，乃由禪宗的「無念爲宗」教旨轉手而來。慈

湖因個人於此深有所得，遂單刀直入地截斷眾流，將之誇大爲一種普遍性的工夫途徑，以之來包打一切。遺憾的是，通讀《慈湖遺書》，我們所看到的唯有慈湖對「不起意」工夫的反復陳說（「默坐」、「反觀」皆「不起意」工夫的具體操作）。而從教導對象上看，上至皇帝，下及婦孺，慈湖唯以此法相咐囑。故從教化之方看，「不起意」工夫未免失於絕對和單一，顯得過於躐等越階，缺乏靈活性與豐富性，難以滿足不同根器人的需要，易使人沉空守寂，陷入迷途。從根除煩惱的效果看，「不起意」可以助人超脫現實的「執著」、「患累」，是頗爲徹底的解脫方法，學者沿此路精進修行，或可了生死、斷煩惱。

從教化過程看，慈湖「不起意」工夫，也曾受到其弟子的質疑。如後來刊刻其文集的弟子曾熠（文定）就在來信中，質疑慈湖之教法：

> 熠再以書叩老先生，其略云：平常正直之心，雖人所固有。然汨沒
> 斫喪，所存者幾希。平時憧憧往來於利欲之途，而牛羊斧斤若是其
> 濯濯。幸而聞大人先生之言，是爲之涵養，爲之克治；待其膠擾之
> 暫息，清明之復還，於是良心之苗裔善端之萌蘖，時時發見焉。必
> 也體而察之，隱而度之。持循執守久焉，而後安止精熟，不失我心
> 之本然。今懼其起意也，不敢體察，不敢隱度，坐聽是心之所發，
> 則天理與人欲並行，眞誠與僞念交作，果何以洞識其然否？恐放其
> 心，而欲求者，不可以如是。竊嘗深念：欲遵先生之教，全其平常
> 正直之心，不體察、不隱度、不起意，於中又不可汨然無所事，若
> 枯槁者之爲也。熠輒欲於此，加閑邪之功，可乎？使邪既閑，而平
> 常正直之心自見，如雲陰解駁而日月之體自明。由是坦然由之而無
> 疑，沛然行之而莫禦，下學之用力果可以如是否乎？〔註123〕

觀諸曾熠之說，主要是強調對本心的「涵養」、「克治」、「體察」、「隱度」、「持循」、「執守」等工夫，待工夫「精熟」之後，自不失「我心之本然」。在信中，他認爲慈湖將這些工夫一概去之，只會導致「天理與人欲並行，眞誠與僞念交作」的後果。據此看來，他對先儒「存心」工夫的理解大致不差，比較接近孟子、象山之學。但曾熠似乎又不願（或不敢）違背慈湖之教，轉而採取一個折中的方法：即在慈湖「不起意」工夫基礎自上，另加「閑邪之功」。所謂「閑邪」，事實上就是摒除「妄念」（不道德的念頭）的「誠意」工夫。這依然屬於未徹底拋棄「分別見」的工夫努力，宜爲慈湖所不許。慈湖的覆信如下：

〔註123〕《慈湖遺書續集》卷二，《楊先生回函》。

某咨定遠契好，茲又得手帖，備見問辨不鹵莽。然定遠謂汩沒斮喪所存者幾希，待其膠擾之暫息、清明之復還，是定遠猶未自覺、自信。《易》曰：「百姓日用而不知。」日用豈無膠擾？《易》曰：「變化云爲」。「膠擾」乃變化，即天地之風雨晦冥。君子見善則遷，有過則改。孔子曰：「吾未見能見其過而內自訟。」此皆道心之變化，定遠豈自旦達暮皆爲邪？改邪足矣。孔子曰改而止，邪改即止。不可正其心，反成起意，是謂揠苗。所謂芸苗乃去惡草，即改過。〔註124〕

慈湖顯然對曾熠的工夫主張並不贊同。他認爲「閑邪」就是「揠苗」，並指出曾氏對本心的圓滿無缺還不夠「自覺、自信」。觀此書信往返，使我們更有理由相信，慈湖的「不起意」完全建立在對本心「自足」、「自明」的高度信仰上，乃至放棄了一切主觀性的工夫努力。

陽明及其後學在心學觀點上顯然與慈湖有更多的相近性，然對於慈湖之「不起意」之教，亦多持不同意見。陽明本人曾有一語評及慈湖：「楊慈湖不爲無見，又著在無聲無臭上見了。」〔註125〕自慈湖學說之偏弊看，此言可謂一語中的。慈湖之「不起意」工夫背後，雖有著極強烈的道德本懷，但畢竟在此路上走得太遠太偏，「毋意」固然可以避免人心的各種妄念，但把正面的價值評判系統也一概拋除了。反觀之下，陽明的「良知」雖頗近於慈湖的「本心」（二者都吸納了佛禪如來藏心的特性），但他之所以強調「致良知」三字「無病」，乃因爲在工夫問題上，畢竟有「致」的主觀努力〔註126〕。他本人更是多次告訴弟子，「致良知」工夫乃從「百死千難」中體貼而來，莫作尋常字句看。我們單取其頗受爭議的「四句教」而言，就發現陽明之工夫論比慈湖圓融透闢得多。陽明有「四句教」云：「無善無惡是心之體，有善有惡是意之動，知善知惡是良知，爲善去惡是格物。」〔註127〕反觀慈湖心學，他恐怕只

〔註124〕《慈湖遺書續集》卷二，《老楊先生復賜書答云》。
〔註125〕陳榮捷：《王陽明傳習錄詳註集評》，臺北：學生書局，1983年版，第354頁。
〔註126〕據《傳習錄》卷下：一友靜坐有見，馳問先生。（陽明）答曰：「吾昔日居滁時，見諸生多務知解，口耳異同，無益於得。姑教之靜坐，一時窺見光景，頗收近效；久之漸有喜靜厭動，流入枯槁之病，或務爲玄解妙覺，動人聽聞。故邇來只說致良知，良知明白，隨你去靜處體悟也好，隨你去事上磨練也好。良知本體原是無動無靜的，此便是學問頭腦。我這個話頭，自滁州到今，亦較過幾番，只是致良知三字無病。醫經折肱，方能察人病理。」讀此段文，方知慈湖之學正坐此病耳！
〔註127〕同上，第360頁。

會贊同陽明「四句教」的首兩句。其中，「無善無惡是心之體」是慈湖念茲在茲的，「有善有惡是意之動」則是他「不動乎意」的原因；至於後兩句之「知善知惡」、「為善去惡」已墮於善惡對舉的「兩邊見」，是慈湖斷斷不能接受的。平心而論，陽明雖在心之本體上對禪家智慧有所吸收，但最終依然在「知善知惡」、「為善去惡」的工夫上著力，這就使其「致良知」工夫與孟子「盡心」相距不遠。陽明的高弟錢德洪（名寬，號緒山，1496～1574 年）曾讚歎慈湖為「直超上悟者」，總體上肯定其學非禪學，但對其「不起意」的教法也不甚為然：

> 此不起意之教不為不盡，但質美者習累未深，一與指示，全體廓然。習累既深之人，不致誠意實功，而一切禁其起意，是又使人以意見承也。久假不歸，即認意見作本體。欲根竊發，復以意見蓋之，終日兀兀守此虛見。而於人情物理常若有二，將流行活潑之真機，反養成一種不伶不俐之心也。慈湖欲人領悟太速，遂將「洗心」、「正心」、「懲忿」、「窒欲」等語俱謂非聖人之言，是特以宗廟百官為到家之人指說，而不知在道之人尚涉程途也〔註128〕。

錢氏的批評無疑是中肯的。其「不為不盡」一詞，實際上是強調了慈湖工夫的「徹底性」。「欲人領悟太速」、「不知在道之人尚涉程途」之語，則是批評「不起意」工夫過於簡易，容易使人誤入歧途，不如「誠意」之教，可作初學者入門之工夫。另一陽明弟子季本（字明德，號彭山，1485～1563 年）感慨時弊，對慈湖的「不起意」持較激烈的批評態度：

> 今人習於慈湖不起念之學，反疑吃緊工夫近於執著，是欲澄然無事也。夫聖人無意必固我者，謂無私心耳，豈真無一事哉？而況初學安可遽與語此？故學必先於擇善。擇善者，去私心也。擇善貴於力行，行謂之力，安得不勤？既欲去，豈容退步，必如大師之克敵可也。易曰：大師克相遇，正謂此爾。聖人之心如敵退而能自防，不假大師者也。有敵在前，而無大師，彼豈肯自退哉？此掃除廓清之功所以必不可無也。大抵慈湖之本宗自然，學者喜於易簡，勇受樂從，而不知工夫不實，其不流於空寂者幾希矣。〔註129〕

作為陽明最重要弟子，王龍溪（字汝中，名畿，號龍溪，1498 年～1583 年）

〔註128〕黃宗羲：《明儒學案》卷十一《浙江相傳學案》。
〔註129〕季本：《說理會編》卷五，《實踐一》。明刻本。

重「先天正心」之學，強調「良知見在」，與慈湖思想顯然有更多相近處。他曾作《意識解》一文，與慈湖論「意」，渾無二致。他對慈湖的「不起意」說，總體上持肯定態度，但也有所批評。據其《答季彭山龍鏡書》：

> 慈湖「不起意」未爲不是。蓋人心惟有一意，始能起經綸、成德業。意根於心，心不離念，心無欲則念自一，一念萬年，主宰明定，無起作、無遷改，正是本心自然之用。艮背行庭之旨，終日變化酬酢而未嘗動也。才有起作，便涉二意，便是有欲而妄動，便爲離根，便非經綸裁制之道。慈湖之言，誠有過處，無意無必乃是聖人教人榜樣，非慈湖所獨倡也。惟其不知一念用力，脫卻主腦，莽蕩無據，自以爲無意無必，而不足以經綸裁制。〔註130〕

陽明諸高弟，大多已吸收了佛禪如來藏心思想，作爲「四無說」的倡導者，龍溪可算是明末儒釋道三教合一的代表人物，已較其他王門諸子加深了一層禪學糾葛。然而，他仍然認爲慈湖「不起意」之說「脫卻主腦，莽蕩無據，自以爲無意無必，而不足以經綸裁制」。這自然是一個行內之人的精當見地。藉此也可看出，心學「無意」之教發展至龍溪，歷經數百年的洗垢磨光，較慈湖之時更加精細入微了。

應該說，先儒對慈湖「不起意」工夫的批評，都是基於艱苦的道德實踐。今人研究慈湖心學，須於此再三致意，而不能盲目地大唱讚歌、一味稱好。

二、經世品格的弱化

世界上一切教主、聖哲之所以創業垂統，無不是因悲憫蒼生的苦難而力圖拯救的結果。但彼此文化傳統不同，乃至創始者的個性差異等原因，致使各家思想在方向、方法層面有根本性不同。就儒佛之際看，儒家對現實人生採取了較強烈的肯認態度，重人情、倫理而主張修身、齊家、治國、平天下。而以「緣起性空」立教的佛家，則視此岸人生爲「火宅」、「大苦聚」，遂生「厭棄」、「捨離」之心，提倡勤修「戒定慧」、息滅「貪嗔癡」。佛教與中國本土文化深層碰撞之後，而標榜「佛法在世間，不離世間覺」的禪宗。故禪宗與出世色彩極強的印度佛教相比，有「人間性」的一面，其大菩薩普度眾生的「慈悲心」與儒家博施濟眾的「仁心」也有相通處。然禪宗仍奉「諸行無常、

〔註130〕王畿：《王畿集》卷九《答季彭山龍鏡書》，南京，鳳凰出版社，2007年版，第213頁。

諸法無我、涅槃寂靜」的「三法印」為圭臬，對人類的救贖主要在精神意識領域，其「人間性」本質上是一種「在世出世」。這與儒家的「此世性」終究相同之中又有大不同。

作為「入世之法」的先秦儒學，固然有「從心所欲不逾矩」、「不思而得，不勉而中」和「率性之謂道」的高明境界，但其基本教理，卻是在「世俗諦」之「主客」二分的認知模式下開展的。儒家既然擔負起治國平天下的經綸事業，故不能不對現實的政治民生持高度關懷和積極參與態度，不能不重視利用厚生、開物成務的實用理性。這一總體性特徵，使儒家無法像禪家那樣可以杜絕世事，在山門內一意求解脫，而必須重視「博學、審問、慎思、明辨、篤行」的致學工夫，重視經驗知識的積累傳承，包括對宇宙、人生之道的認識〔註131〕。

以儒者自期的慈湖，有著強烈的道德責任感和經世致用之志，其「不起意」工夫無非是為了追求儒家「無思無為而靡不中道」的道德化境而來。此正是我們無論如何不能將其心學視為禪學，或簡單地判為「陽儒陰釋」的根本原因。然而，慈湖意想不到的是，以這種「不起意」工夫，去實現經邦濟國的儒家抱負，恰恰是緣木求魚。個中原因在於，作為「不起意」工夫之所從出的「無念為宗」，乃禪家為達到斷煩惱、了生死、證菩提的解脫目的而設，而非儒家嚮往的「贊天地之化育」。「不起意」工夫固然可以止絕人心現起的各種「妄念」，但把儒家正面的價值評判體系和各種知識之學也一併摒棄掉了。從慈湖全盤否認《大學》之「下學」工夫構架可以看出，慈湖之學，已由儒學「內聖」與「外王」兩條腿走路，完全變為「內聖」一條腿獨行。從「仁者覺之純」、「心之精神是謂聖」等命題看，慈湖心目中的「聖人」，已不是傳統儒學中「仁且智」、「博施濟眾」、「人倫之至」的聖人，而僅僅是有著「虛明無體象，廣大無際量」心境的聖人。我們認為，除非佛家的止觀禪修工夫，真能使人獲得「一悟千悟」的神通，使人在各種知識領域不學而能、不慮而知，否則，一個學者如在本心當下「圓滿自足」的信念下，唯這種「不起意」工夫是修，無疑是自絕於儒家經世致用的智識主義傳統。

能否像自己一樣在靜定內觀中「見性」，是慈湖驗證弟子是否「得道」標

〔註131〕其實，「印度禪」並不像「中國禪」一樣，具有較明顯的反智主義傾向，「無念為宗」教法，尤為極端。見龔雋《重提「印度禪」與「中國禪」》，載《禪史鉤沉——以問題為中心的思想史論述》，北京，三聯書店，2006年版。

誌。他曾認爲「濂溪、明道、康節所覺未全，伊川未覺，道夫昆仲皆覺。」〔註132〕我們說，如果儒者求道的目的止於「窺見光景」，或內心「有覺」，那麼「不起意」工夫也的確足以使修道者自足自樂。問題是，作爲一種旨在「爲萬世開太平」的學問，這種「不起意」工夫持守中的湛然有覺，並不能保證修行者道德人格的證成，更不足以使其在「修齊治平」方面開物成務。對一般人而言，倘不輔之以格物窮理等道問學工夫，只追求這種湛然明覺，極可能終日守一「虛見」而誤作「本心呈露」；而在紛繁的現實生活中，「認欲作理」的情形便在所難免。此正是朱子一再批判象山教法易使人「認賊作父」，也是陽明後學羅汝芳要「破除光景」的理據所在。黃宗羲在《宋元學案》中，就指出了慈湖「不起意」教法存在的一些問題：

> 慈湖所傳，皆以明悟爲主。故其言曰：此一二十年來，覺者逾百人，古未之見，吾道其亨乎？然考之錢融堂、陳和仲以外，未必皆豪傑之士也，而況於聖賢乎？史所載趙與籌以聚斂稱，慈湖謂其已覺，何也？夫所謂覺者，識得本體之謂也。象山以是爲始功，而慈湖以是爲究竟，此慈湖之失其傳也。〔註133〕

慈湖僅憑藉是否「有覺」評價弟子是否得道，以至於斷定在自己的教化下「覺者逾百人，吾道其亨」，顯然將儒道的復興大業過於簡單化、片面化了。從慈湖自身的一系列「覺悟」及其對弟子「有覺」的驚喜看，他即使不認爲「一悟之外，更無餘也」，至少也將這種「窺見光景」視爲儒者「得道」的一大標誌。故而黃宗羲批評慈湖失象山之傳，可謂言之鑿鑿。

今人在對慈湖的研究中，常有這樣一種思維邏輯：儒家講究知行合一，既然慈湖人格道德無虧，則足以證明其學中正無弊，否則慈湖豈不是知行不一？並引用全祖望對慈湖的評論：「夫論人之學，當視其行，不徒以其言。文元之齋明嚴恪，其生平踐履，蓋涑水、橫渠一輩人。曰誠，曰明，曰孝悌，曰忠信，聖學之全，無以加矣。特以當時學者沉溺於章句之學，而不知所以自拔，故爲本心之論，以提醒之，蓋欲導其迷途而使之悟，而非此一悟之外，更無餘也。」〔註134〕上引全祖望之言，實頗有可商榷處。須知，德行與學問固有密切關係，但同時各有其獨立性；評定一個人是否儒者，當然是以德行

〔註132〕《宋元學案》卷七十七，《槐堂諸儒學案》。
〔註133〕《宋元學案》卷七十四，《慈湖學案》。
〔註134〕同上。

實踐爲主；但評定一種學問時，終不能因一個人「行」之無愧，便足以證明其「學」的純正無弊。順便舉一個例子，在宋明時期，大多在家修行的佛學居士，雖然皈依的是佛禪之學，但他們對佛家戒律的遵守和日常行誼，與儒家並無多少差別，甚或過之（名僧契嵩有「五戒十善，通儒之五常」等語），難道我們能因此說這些居士都是儒者嗎？另外，全祖望上文認爲，慈湖「特以當時學者沉溺於章句之學，而不知所以自拔，故爲本心之論，以提醒之，蓋欲導其迷途而使之悟，而非此一悟之外，更無餘也」，這是順著慈湖論慈湖，因爲象山、慈湖的確以爲程宋的道問學「支離」。眞正的事實恐怕是，在慈湖大事著述講學的南宋中後期，即便是容納「章句之學」成分的朱子理學，也已是「尊德性」下的「道問學」，遠非漢儒末流皓首窮經於章句訓詁之可比，因此儒家當時面臨的最大問題根本不是什麼「章句之學」，而是一意在心窩子裏求解脫的「禪化儒學」。

　　宋代濃鬱的修道風氣，特別是家學淵源，使慈湖成爲一個道德意識極強的思想家，其本人性格更是謹嚴謙恭一路，故在日常踐履尚不致出現「認欲作理」的現象。但慈湖的道德人格，並不足以成爲斷定其「不起意」工夫正當性的充足理由。慈湖弟子袁蒙齋《記樂平文元遺書閣》曰：

> 慈湖先生平生履踐無一瑕玷，處閨門如對大賓，在闇室如臨上帝。年登耄耋，兢兢敬謹，未嘗須臾放逸。學先生者，學此而已。若夫掇拾遺論，依仿近似，而實未有得，乃先生之所深戒也。差之毫釐，繆以千里，敬之哉！〔註135〕

蒙齋即慈湖摯友袁燮之子袁甫。細味其上文對其師慈湖之讚譽（所謂「學先生者，學此而已」），似乎集中在慈湖的道德人品方面。袁對慈湖的學問本身，其實是未置可否。

　　站在儒家的實用理性立場，我們認爲，禪家包括靜定在內的諸多工夫法門，在助人調節意念、去除妄想，乃至開發智力、擴充心量、培養定力等方面，都有著積極正面的價值。倘善加利用，對儒者袪除一些不必要的現實「執著」、「患累」，進而實現更遠大的經世抱負，未嘗沒有匡助輔濟之功。譬如，有過靜坐經驗的人都知道，靜坐確實能讓人體驗到內心的寧靜、輕盈、澄澈、清明；在這種心境下，處理某些事情，因頭腦清醒、思維專一而事半功倍。故朱子也曾教人「半日靜坐，半日讀書」。但如將此心境的作用無限擴大，比

〔註135〕同上注。

如相信本心當下的「圓滿自足」，以為只要「直心而行」就會無不中道，而不必再下格物致知之實功，恐怕是會出大問題的。與此有關，朱子的老師李侗曾云：「吾儒之學，所以異於異端者，理一分殊也。理不患不一，所難者分殊耳，此其要也。」〔註 136〕朱子更是說過：「（禪宗）兀然終日，味無義之語，以俟其廓然而一悟，殊不知，物必格爾後明，倫必察而後盡。」〔註 137〕即便在陽明那裏，也僅僅用靜坐體悟「補小學一段工夫」。黃綰在《明道編》中說：

> 今之君子，於禪學見本來面目，即指以為孟子所謂良知在此，以為學問頭腦。凡言學問，惟謂良知足矣。……故以不起意、無意必、無聲無臭為得良知本體。良知既足，而學與思皆可廢矣。〔註 138〕

> 孟子言良知良能，專明性善之本如此，非論學問止如此也。若一一求中節以盡其愛親、敬長之道，非學則不至，非思則不得。孟子豈欲人廢學與思而云爾哉？！今因良知之說而欲廢學與思，以合釋氏「不思善、不思惡」、楊慈湖「不起意」之旨，幾何不以任情為良能，私智為良知也哉？！〔註 139〕

久庵曾師事陽明，晚年則轉而多抨擊王學之非，上文批評慈湖「不起意」工夫之「廢學與思」，真可謂洞中慈湖心學之弊病。從慈湖的經典著述看，多不過是「六經注我」式地發揮個人的悟道體驗，只能給人提供宋代心學家注經的樣版而已，思想價值不高。這與其過於強調本心自足而忽視世間的知識性學問有關。

三、情感與道德的淡出

　　與其他學派思想一大不同在於，儒家思想乃是以人性中的孝悌等積極情感為動力，以日漸成熟的道德理性為指引，旨在構建人心、自然與社會和諧的內聖外王之道。在此思想脈絡中，情感與道德（此處的「道德」，指儒家的「生生之德」以及世間倫理，不包含佛道兩家的「道德」），皆被賦予構成聖賢人格的終極價值。佛家在權行方便中，雖亦處處見其對情感與道德力量的肯定與運用，但佛家決不在此二種境界或能力上落腳，最終將二者也要統統

〔註 136〕朱熹：《延平答問》，清文淵閣四庫全書本。
〔註 137〕《朱子文集》卷三十《答汪尚書第三》。
〔註 138〕黃綰：《明道編》卷一，北京，中華書局，1959 年版。
〔註 139〕同上。

勘破，因爲這二者，亦是因緣所生之法，唯有超越於此，才能進入不可思議的佛家妙境。與此相關，南懷瑾先生有云：

> 儒者爲學目的，學究天人之際，而以立人極（人本位）爲宗；故學須致用，用世而以人文政教，爲儒者之務；故「誠意」、「正心」、「修身」、「齊家」、「治國」、「平天下」爲入世準繩。佛學目的，以學通天人造化，但初以立人極爲行道鎡基，終至於超越人天，出入有無之表，應物無方，神變莫測。故以佛之徒視儒家，猶爲大乘菩薩道中人；而以儒者視佛，則爲離世荒誕者矣。復次，儒者爲學之方法，以「閑邪存誠」、「存心養性」、「民胞物與」盡其倫常之極爲歸。佛者則以不廢倫常，但盡人分爲入道之階梯；形而上者，尤有超越形器世間之向上一路，則非儒可知矣。有善喻者曰：譬如治水，儒者但從防洪築堤疏導爲工，佛者更及於植樹培壤等事宜。遠近深淺，方法迥異，此其爲學目的與方法之不同者，一也。儒者出入於禪道，從誠敬用工入手，於靜一境中，體會得此心之理，現見心空物如之象，即起而應物，謂「內聖外王」之道，盡在斯矣。而禪者視此，充其極致，猶只明得空體離念之體（亦可謂之但知治標），向上一著，大有事在（方可謂之治本）。而儒者於此，多皆泛濫無歸矣；若有進者，如洛學後人、象山門人，多遁入禪門矣。此其見地造詣之不同者，二也。至如理學而至於狂禪一流，此皆二家所病詬，何獨有於禪哉！〔註140〕

南懷瑾先生出入儒釋道三教，然而其平生修爲，實最得力於禪宗。其平素解說先儒孔孟之學奧義，實亦不免多有「以佛解儒」之論。上引文中，南先生以佛禪之道爲圭臬，認爲佛可兼儒而儒不可兼佛，佛禪之學實比儒家之學（尤其是宋明理學）高明深奧，此自然未必能得儒者之認同。因爲從事情的另一面來看，作爲立足於自內證的出世法，佛禪之學因過於偏向於「超越人天，出入有無之表，應物無方，神變莫測」以「了生死」，而不能集中心力於（或不屑於）「以立人極爲行道鎡基」，故在經世致用方面遠不如儒家正面積極。但在上文中，南先生指出儒家是「盡道德人倫」（盡天人之際），而佛家則「超道德人倫」（超越天人之際），則誠然說出了儒佛兩教的一大分別。南先生認爲象山門人，多遁入禪門，亦是內行中人的評語。此處他雖未言及慈湖，然窺諸慈湖在象山門人之地位，料亦必在其中矣。

〔註140〕南懷瑾：《禪海蠡測》，上海：復旦大學出版社，2012年版，第264～265頁。

　　在孟子心性論中，有一所謂「由仁義行非行仁義」（或曰「性之」）的工夫圓熟境界。在此境界中，人的道德實踐「從心所欲不逾矩」，絲毫不犯造作之力，「無思無爲」而靡不中節。但這種境界，除非生而知之的天縱之聖，對一般人而言，自然是從修行的「果位」或理想目標而言的。一般修行者，當然要「必有事焉」，即先從擴充「惻隱」、「羞惡」等本心出發，「養吾浩然之氣」、「盡心知性知天」，最終「上下與天地同流」、「參天地之化育」。而讀慈湖的著作，除了對其本心的「虛明無體」，或「當惻隱則惻隱」之類的玄妙訴說有所感歎外，無法讓人感受到一種鼓舞人心的道德力量。前文已多次指出，此感覺的產生與慈湖「本心」道德情感的弱化有關。這是因爲，傳統儒家乃以人間天然的親子之情爲始基，遵循「愛有差等」的原則不斷向外擴充，歷經家庭、鄉黨、社會而至天下，「老吾老以及人之老」、「親親而仁民，仁民而愛物」，逐漸擺脫了個人中心，最終與擁有「生生之德」的天地共此宇宙律動。梁漱溟的「人類生命廓然與物同體，其情無所不到」〔註141〕是言此，明道「仁者渾然與物同體」、「滿腔子是個惻隱之心」是言此；象山於鵝湖會上「涓流積至滄溟水，拳石崇成泰華岑」之詩行，也是對「墟墓興哀宗廟欽」之情感的充養培壅。陽明有《大學問》一文，極論「萬物一體之仁」，反復訴說的也不外此意。

　　「意」是伴隨著認知能力產生的一種自然心理趨向，是人類生命的動力、活力之所在。人之自然情感的「存活」必須依賴各種可感知的形象爲載體〔註142〕（如嬰兒對母親的依戀感須以對母親長相的記憶表象爲運演對象），而道德情感起源於內在心理化的道德觀念，它必須以抒情表意的語言概念爲載體（如正義感須來自各種道德原則）。故情感離不開形象，理性離不開觀念。一旦懸隔了形象和觀念，各類情感與道德意識也就難以產生。從慈湖常年靜坐反觀而大悟近十、小悟幾十的求道經歷看，「不起意」的修道方法，本質上是努力使主體精神收攝在不起「分別心」的無念之境中（類於佛家「應無所住而生其心」）。這一「言語道斷」的「不起意」工夫，消解了人性能力中的「形象」、「觀念」生成系統，在破解了建立在形象、觀念之上的各種「執著」的

〔註141〕梁漱溟：《中國文化要義》，（上海：世紀出版集團，2005 年版），第 119 頁。
〔註142〕陳師立勝先生撰有《「形的良知」及其超越──兼論新儒學與基督教兼愛模式之異同》一文，其中以「形的良知」一詞來詮釋感性形象在儒家「同情心」建構中的載體功能，可彌補拙文此節之簡陋。該文載《孔子研究》，1997 年第 2 期。

同時，也斬斷了自然情感和道德情感產生的源頭活水，進而使慈湖心學失去了催人奮進的情感和道德力量。

揆諸主觀動機，慈湖無疑是固守儒家立場，對儒家道德與情感皆持積極的肯定態度，這從他「直心爲道，意動則差，愛親敬親，此心誠然而非意也」〔註143〕等說法可見證明。其所謂的「直心爲道」，正是一種儒家的道德及情感自由發揮而無不中道的境界。「不起意」儘管有助於使人心處於「時時作主」、「時時自覺」的清明狀態，但此心理體驗總是道德情感的意味淡，而佛禪「止觀內證」的色調明顯。這是援引禪家以「了生死」、「斷煩惱」爲旨歸的「無念爲宗」工夫難以避免的結果。我們讀慈湖文集，總感到高明玄妙之趣多，道德情感力量弱，缺乏孟子、象山哲學中那種指點人心的力量和磅礴超拔的正義感。此乃慈湖的心學性格在文氣中的自然呈露。說到底，慈湖光明純潔的道德人格，實際上是主要得力佛禪的「覺悟力」、「精進力」和「信仰力」，而非傳統儒家之「情感力」、「道德力」和「智識力」。不得不承認，慈湖心學是宋明儒者援禪入儒的一種極端化形式。站在正統儒家的立場看，心學發展至慈湖，實被逼到了無可退守的絕境。大儒王夫之曾痛斥陽明心學的流弊說：

> 王氏之學，一傳而爲王畿，再傳而爲李贄。無忌憚之教立，而廉恥喪、盜賊興。中國淪沒，皆惟怠於明倫察物而求逸獲，故君父可以不恤，名義可以不顧，陸子靜出而宋亡，其流禍一也。〔註144〕

船山思想遠於陽明而近於朱子，其很多論說，多從對明末儒學的反省與檢討中來。此處他將宋、明亡國的責任，與陸王心學流行直接聯繫起來，顯然是把複雜問題過度簡單化，未免失之偏頗。一個王朝的敗亡，往往是各種因素合力作用的結果，其中最重要的是政治糜敗、經濟崩潰與軍事失敗，與學術思想反而相對較遠。但王夫之在上段話中，認爲陸王心學有「怠於明倫察物而求逸獲」的流弊，卻是任何一個有理性的現代人都無法否認的。畢竟陸王心學主要解決的是「內聖」即自我的完善與境界的開拓問題，而不是針對大眾世俗生活的利用厚生問題。而現實生活中，不僅有道德、神性的一面，同時更是一個感性的、有限的存在，這就需要重視物質生產的進步、科學知識的學習和公共事務的建構，不能一味地追求內心的「明覺」、良知的「呈現」。

〔註143〕《楊氏易傳》卷十一。

〔註144〕王夫之：《船山遺書》之《張子正蒙注》，北京出版社，1999 年版，第 3763 頁。

人性大多畏難而喜易、憚繁而趨簡，如禪宗因倡導「即心是佛」的「頓悟」而導致重大流弊一樣，宋明心學也因提「不起意」、「見在良知」等教法，而使常人以中下根之器，修上上乘之法門，終致流弊叢生。其中固有「人病」，寧無「法病」耶？

　　針對慈湖心學，韋政通先生更有一段提綱挈領的話，堪作為本書的結論性段落：

> 要為楊氏心學在思想史上定位，並評斷其得失，不可避免要涉及孟子、北宋與象山的心學，尤須注意其與禪宗的關係。我有一不成熟的看法，禪宗修養工夫是為了宗教的解脫，非為道德實踐。宋明心學受其影響，使其學走上了絕路。〔註145〕

〔註145〕轉引自鄭曉江與李承貴二先生合撰《楊簡》一書的《自序》，臺北，東大圖書公司，1996 年版。

結　語

　　受宋代「援禪入儒」之時潮影響，慈湖父親楊庭顯的心學思想中積蓄著
更多的佛禪種子，當這些佛禪種子以儒門庭教的方式灌注到慈湖「八識田」
中之後，慈湖心學的禪學氣質便於此生根發芽。其中，與「道南一派」重視
「默坐澄心」、「體驗未發」的工夫法門相一致，慈湖父親所傳授的「時復反
觀」教法，使慈湖在認識象山之前已有兩次「大悟」。這種近似禪宗「見性」
的證道體驗，構成了慈湖一生學思的心理基礎，對其心學的形成意義重大。
慈湖對「本心」的大量讚頌描繪之詞，皆可視爲是對此類「大悟」中直覺體
驗的個性化描述。與此相關，慈湖認爲天地萬物不出「吾心量之中」等諸多
論說，並不是吾人建立在「認知心」、「思慮心」基礎上的對客觀世界的理性
認識。當然，慈湖既然堅信認知、思慮之心無法認識「大道」，唯有「靜坐反
觀」後的悟境才是世界的實相，其心學顯然是「心本論」而非「天本論」的。

　　慈湖雖在學術門第上以象山弟子自處，然而細考其心路歷程，則知其心
學的形成，主要繼承了父親思想並「深造自得」（通過吸納禪學）的結果。象
山作爲慈湖的老師，對慈湖的心學思想自有一定的影響，但此影響並不是決
定性和本質性的。慈湖師宗象山的原因，主要在於象山禪師般的氣魄促成了
自己的「扇訟之悟」。這種證道因緣，本身有著極大的偶發性，並不意味著象
山解決了慈湖修行中的難題。此從慈湖回顧象山恩德時所用的「觸機」、「小
覺」等字眼中不難看出端倪。象山的早歿，使其對慈湖的思想本質缺乏全面
性瞭解。慈湖對象山之敬崇追慕，也更多是表現在傳統師弟之誼的躬行上。

　　慈湖一人的弟子，占象山二代弟子的三分之二。故慈湖對象山學之形成，

特別是陸學門庭的壯大功莫大焉。從政治與學術的關係看，象山、慈湖心學之興盛，與身居廟堂高位的史浩、史彌遠父子的提倡有很大關係。史氏父子本為慈湖的四明同鄉，而權臣史彌遠則為慈湖弟子。在史氏為首的「四明」官僚集團的倡導響應下，象山、慈湖心學一度成為與朱子理學分庭抗禮的一大學派。慈湖播揚的雖然是一己「自得」之學而非象山心學，然由於他以象山高足的面目出現，更兼之德行出眾，政績卓著，著述頗豐，「據要津唱之」，遂使象山心學因之受到較大的誤解。隨著史氏退出政治舞臺，慈湖心學再傳之後，也就在朱子後學的學術圍剿下歸於沉寂，象山心學的餘緒也趨於風流雲散。

在佛禪思想的潛移默化下，尤其長期的「靜坐反觀」後，慈湖體驗的「本心」，已大大淡落了原始儒學的人間品格。與先儒重視「人心」的認知能力和道德情感不同，慈湖的「本心」具有「清明虛朗」、「無所不通」、「至明至靈」、「廣大聖智」等諸多特徵。孟子所謂「盡心知性知天」，欲使人通過不斷擴充自己的惻隱、羞惡等四端之心，以證悟「仁」、「義」等道德理性，最終與天地的「生生之德」融為一體。而觀慈湖「天地萬物盡在吾虛明之中」諸言，「天地萬物」都成了人心中的「影像」而具有「虛化」的特徵（「如鏡中像」），與孟子的「萬物皆備於我」貌合神離，更近於佛家的「山河虛空大地，咸是妙明真心中物」。與此有關，其所謂「萬物」、「萬事」、「萬理」、「萬變」通為一體，更多的是一種內心靜觀體驗而非孔孟立足於世間情感一種動態感通。慈湖固然也強調此心「自善自正」，「自靈自神」，「當惻隱自惻隱，當辭讓自辭讓」，但此「自善自正」之心與其說近於孟子的本心，毋寧說更近於禪家「何其自性本不生滅，何期自性本自具足，何期自性能生萬法」的「自性心」。孟子的「性善」，乃現實倫理意義上的道德之「善」，而慈湖的「本心」儘管是「能道德」的，但由於此心遠離一切「對待性」觀念（如是非、善惡等），故本質上是「超道德」的。與此相關，慈湖截取了《孔叢子》「心之精神是謂聖」一語，並賦予個人全新的解釋，作為自己心學思想的核心。心之「精神」，其實就是心之「圓覺」。慈湖實際上是把先秦儒學中狹義的「性善」轉為廣義的「心善」，使其「本心」與禪宗萬德皆備的「圓覺心」難解難分。慈湖所謂「仁者覺之純」，此「純」並非指心之道德意識的純正，而是指心中一切「分別見」、「執著」的泯然絕跡。以此觀之，慈湖將「光明神妙」的「無意」境界稱為「仁」，與佛教將「覺行圓滿」的境界稱為「佛」，頗有異曲同工之處。

　　慈湖同孟子、象山「求放心」工夫區別在於：他受禪宗「道不用修，但莫污染」等觀念的影響，強調本心的當下圓滿自足，提出了自己以「不起意」為宗旨的心學工夫論，反對任何「有意」求取本心的活動，並對孟子的「存心養性」、《大學》的「正心誠意」、《易傳》的「洗心」等工夫進行了激烈批判。「不起意」既不是杜絕一切心理活動的「頑空」或癡呆，也不是要克制一切有悖於儒家倫理的「私意」（邪念），而是要像佛禪破除「我法二執」那樣，使人從各種「對待」、「執著」習氣中超越出來。從立教宗旨上看，慈湖所以將「不起意」為其心學的基本工夫，與入宋以來儒者受禪宗影響而刻意追求「無意」的道德化境關係極大。作為一個以儒者自居的學者，慈湖固然十分強調自然情感、道德意識的純正性，其「不起意」工夫的也是為了達到聖人「何思何慮」、「不思而得，不勉而中」的道德化境而設立。殊不知，即使睿智如孔子，也要經過「博學於文，約之於禮」等下學工夫的磨練，才能「七十從心所欲而不逾矩」；高明如孟子，也必須「博學而反說約」、「知言養氣」、「盡心知性知天」後才能「由仁義行非行仁義」。這是一個由勉強到自然，由技能到藝術，由知識到德性，由意識到潛意識，由道德到超道德的變化氣質過程，最後的功效是「參贊天地」、「博施濟眾」，最後的境界是「民胞物與」、「天人合一」。

　　追源溯始，慈湖的「不起意」工夫是由禪宗為「破貪嗔癡」、「了生死」、「證涅槃」而立的「無念為宗」、「無心是道」等教法直接轉手而來。這一工夫，既不是傳統儒者「下學而上達」的「自明誠」之路（挾知識而證道德的「變化氣質」之路），也不是「上達而下學」的「自誠明」之路（先道德而後知識的「發明本心」之路），而是在對本心高度信仰的前提下，（完全拋棄了人類的理性認知系統）訴諸直覺體驗的「頓悟」之路。企圖通過佛禪證悟「本來面目」的方法求取孟子的「本心」。這一工夫法門，儘管可使一些人達到對「本心」自覺自證，從而拓深個人的生命體驗，在修身養性方面起到很好的效果。但大致說來，此工夫缺乏明確的學問把柄，且過於簡易而失之躐等，不利於不同根器之人因其「性之所近」而成學。更嚴重的是，「不起意」工夫破壞了儒家自然情感和道德情感的生成系統，忽視對公共道德標準和客觀知識的學習，進而影響到儒家經世致用的本懷。而當修行者厭倦了此「虛明」境界後，便很容易墮入「狂禪」，或流於縱情恣欲的自然主義。

　　儒禪雜融的慈湖心學，是宋儒援禪入儒過程中產生的特殊思想造型，其

在思想史所具有的典型意義和警示作用，遠遠大過於其思想的價值本身。詳細探討慈湖心學的形成理路及精神實質，對於吾人深入瞭解宋明心學與傳統儒學、佛教禪宗之彼此關係，有不可替代的樣板意義。

作為一種講求自內證的宗教，佛教禪宗在超脫生命「生死患累」等方面誠有其獨到之高明，善用之可使儒者「以出世精神行入世事業」，以彌補儒家在此領域的欠缺。心學家吸收佛禪如來藏「自性清淨心」思想，將「天本論」轉為「心本論」，大倡「心即理」、「心即道」，乃至有「心外無理」、「心外無物」之說，一方面固然加強了「本心」的主體性、自覺性和主宰性，但也因此導致儒學「人間性」的相對萎縮，進而影響到對心外事物的客觀性認知，尤其是公共理性和科學精神的發展。辯護者當然可以指出象山、陽明未嘗不讀書，未嘗不「學問思辨」，但象山、陽明認為外向格物工夫與成德之學本質「不相干」，把工夫精力都集中在「誠意」上，這與孔子「挾知識以成道德」的「下學上達」之路畢竟大有睽違。當然，就像山、陽明本人而言，其學問修持多來自「事上磨」的甘苦經歷，尚不至產生多少不良後果。及其弟子輩，則大抵以個人的身心修煉為主調，很少有人再肯下格物窮理的艱苦工夫，長此以往，便很難保證不流入禪去。從個人修學經歷看，陽明在「龍場之悟」前，大致算得上「博學於文，約之以禮」，他本人更有百死千難的世間閱歷，此乃其德行事功之所從出。而當其單提「致良知教」後，弟子們終是多偏重於「尊德性」一面，甚至有程度不同的「反智識主義」傾向，從而造成了心學開物成務品格的欠缺，最終招致王船山、顧亭林等人的大力批判。自宋明心學家總體展現的生命基型和社會效果看，因「外王」一間的坍塌，較之先秦儒者恢弘磅礡的氣度，在氣量格局上不免失之偏狹。

在地球的生命序列中，人類作為走在生物進化在最前端的「萬物之靈」，時至今日，已大致擁有了生理、情感和理性三種需求層面。從人類進步，亦即人性發展的大趨勢而言，其生理需求層面在生命總體需求中的比重將越來越小，而理性需求層面的比重必將越來越高（在具體的歷史階段，則可能有人性發展之倒退。如某社會失去價值理想，轉為物欲橫流、弱肉強食）。然而，作為人類群體而言，這種欲求結構比例的變化卻是十分緩慢、不可躐等的。人類在自覺促成人性的進化方面，總體上應堅持「勿忘勿助」、「經權互用」的理性原則，既不能自甘墮落，也不能超越人類歷史發展進程而一味拔高，惟其如此，才能更好地實現「為天地立心」、「參天地之化育」的人文理想。

在三種需求層面中，生理需求雖是人性發展的原動力，但由於其具有自私性等特徵，尚不能衝破人類的「自我中心」，無法拉開人與動物的本質距離。與世間諸大宗教不同，產生於中國先秦時代的原始儒家，對建立在生理需求之上的自然情感（不僅指血緣親情，也包括對大自然的崇敬、感恩、敬畏等感情）有較爲眞切的認知，並將「孝悌」等利他性的情感作爲人類進步的立足點和原動力，沿著「親親、仁民、愛物」之路，不斷超越自我中心和人類中心，最終臻於萬物一體的「天德流行境」（唐君毅語）。在價值取向上，原始儒家雖偏向於將人類向情感和理性兩大層面引領，但對生理需求仍大致採取了肯定態度。從這種意義上說，原始儒學中的合理人性，是血氣心知、自然情感，與道德意識的有機融合。這一基於人性內結構平衡的獨特氣質，使原始儒學總體上合乎「勿忘勿助」的人性發展流程，顯得自然、平穩、理性、健康而富有人間情味。

　　佛禪最根本的見地，源自對內心世界的反觀內照，且最終偏重於靈魂而非肉身的拯救。這一特質，深深影響了宋明新儒家，使其學說總體上偏向於道德性命領域的「成聖」。相對於陸王心學，程朱理學在血氣心知與德性良知兩端，還保持某種程度的張力與平衡。前者則更突出了對聖人「無意」心境的追求，這種努力過程，本身是一種具有濃厚宗教意味的深層生命體驗與探索。與先秦儒學將教化的目標基本定位在「士」、「君子」這一較爲適度的人格型范不同，宋明儒學家尤其是心學家一意在「人格挺立」、「安身立命」、「窮神知化」等「成聖」問題上窮高仰深，從未正視「百分之九十九的人類從來不願也永遠不會做聖人」這一不可否認的經驗事實。與此相關聯，生理欲求反而成爲了心學家悟道見性的障礙，血氣心知也因此多處於被打壓的態勢，諸如知識更新、制度進步等問題多在考慮範圍之外。這一偏於自內證的儒家心學，打破了原始儒學中相對平衡的人性發展模式，使人性刻意朝著更高的「形上」層面開拓（在人性發展方面有「揠苗助長」的傾向）。宋明心學所彰顯的偏於「德性」的人性範型，在某一特殊群體中可能是十分有效的，但對於整個社會群體而言，則不免有偏執、躐等之弊。由於對生理欲求及其血氣心知屬性的貶抑，使宋明心學的世間品格大爲減弱，「獨善」有餘而「兼濟」不足，「尊德性」有餘而「道問學」不足，「盡精微」有餘而「致廣大」不足，「極高明」有餘而「道中庸」不足，「勝義諦」有餘而「世俗諦」不足，失去了質樸雄健、元氣淋漓的生命力。這一系列「不足」，對於追求出世解脫的佛

道而言，固無可厚非（或適爲其優長），但對於志在經世致用的儒家而言，卻不能不說是重大的缺陷。明末清初之實學思潮的興起與自然情欲的擡頭，就與對宋明心學這類弊端的反彈有關。

　　儘管如此，宋明心學畢竟是中國近世之儒、釋、道三教鎔鑄互攝、深入會通的精品，其建立的天道性命學說可謂精微高妙、庭院深深，其修養工夫論更是「牛毛繭絲，無不辨晰」，洵爲中國身心修養之學的最高峰。其中一以貫之「身心修煉」精神、高度的生死智慧和「萬物一體」的超越境界，無疑具有跨越時空的普世價值，是中華文明貢獻於世界文明的一大寶貴財富。倘對此學問之利弊有所照鑒，並善加運用之，不僅有助於培養道德人格，亦足以破生死之憂患，享生命大安詳，同時對對治今日物欲橫流、人心浮躁、信仰缺失等時代弊病，有不可或缺的重大意義。

附篇　從自然情感向道德情感的無限「上達」——對孟子「心善論」內在理路的發生學考察

一、引言

不同於《中庸》、《易傳》的宇宙論自上而下的言說模式〔註1〕，孟子通過對人心「天賦」的「四端」及「良知」、「良能」的強勢肯認，欲極力證成人人皆具有先天的善性，藉此為道德實踐和人格挺立尋找先天的理據、動力與根源。正如許多學者早已指出的，這種「以心善言性善」的「性善論」，本質上是一種「心善論」。然而，在孟子的義理世界中，「心」之內涵究竟何如，其與「性」到底是何關係，遺憾的是，質諸整個《孟子》詮釋史，這一幾乎輻輳了整個孟子學義理的關鍵性問題，不僅當時已惘然，後世更淪為聚訟不已的一筆糊塗賬〔註2〕。

造成這一學術疑難的主客觀因素很多。筆者以為，似有兩點至今仍未得到學界的充分重視。一是在觀念史方面，中國傳統哲學那種重體驗不重概念的論說方式，尤其是一些權威信念的支配，已形成了一種慣性極大的無意識學術傳統，使受此傳統裹挾的後來者很難產生批判性的義理反思。正如美國著名觀念史學者諾夫喬伊所謂：「有一些含蓄的或不完全清楚的設定，或者在

〔註1〕即《中庸》、《易傳》「天命之謂性，率性之謂道」、「乾道變化，各正性命」的模式。

〔註2〕可參見黃俊傑：《中國孟學詮釋史論》，北京，社會科學文獻出版社，2004年版，第10頁。即以宋明理學而言，按照牟宗三先生的分疏，因為對孟子「心」與「性」的理解歧異，已分為程朱、陸王、胡劉三系。

個體或一代人的思想中起作用的或多或少未意識到的思想習慣。正是這些理所當然的信念，我們寧可心照不宣地被假定，也不要正式被表述和加以論證，這些看似如此自然和不可避免的思想方法，不被邏輯的自我意識所細察，而常常對於哲學家的學說的特徵具有最爲決定性的作用，更爲經常地決定一個時代的理智的傾向。」〔註 3〕在古典儒學傳統中，孔子的「天生德於予」，孟子的「仁義禮智根於心」等設定性觀念就具有諾夫喬伊文中所謂的「設定」和「思想習慣」性質。然而，時至今日，我們的研究者仍多習慣於動用各種思想史資料甚至個人的內心體驗爲此做出證明，而對於此類觀念產生的過程本身卻又缺乏一種自覺的理性審視。其二，從論證的思路看，研究者多會在觀念之間爬剔梳理、訓詁考據或旁敲側擊，力圖較爲準確地勾勒出研究對象的義理構架和問題本質。然而在此過程中，他們又多有將研究對象「固定化」、「成熟化」的傾向（忽視人類心理形成的「歷時性」而強調「共時性」），往往只照顧到闡述某些最後的結論，而對思想家義理背後的心理基礎卻缺乏過程性分解。如後文所述，孟子所述先天的「仁義禮智」之「四端」實際上是人類經過漫長的生物演化和文化傳承而來「成品」，而非個人先天性善的證據。隨著人類知識的進步和學術研究的自覺，這兩類理論盲點，目前已有了進一步解蔽的可能。西方現代心理學、人類學、生物學、認知科學等學科雖是在幾乎與中國傳統哲學絕緣的情況下發展起來的，卻因發現大量極具啓發性的跨學科知識，爲吾人對孟子心性論的詮釋提供了嶄新的視角。

它山之石，可以攻玉。筆者撰寫此文，絕非懷著「找東西的眼光」的「以西釋中」，而嘗試從人類心理髮生的現代視角，以對「自然情感」、「道德原則」、「道德情感」三概念的分辨梳理爲線索，對孟子「心善論」建構的心理基礎作一發生學意義的考察，期待出新解於陳編，堪爲時下孟子心性學說研究之一助。

二、自然情感：孟子心善論的心理起點

（一）孔子仁學中的「交互利他主義」情感圖式

在正面論述孟子的「心善論」之前，須先對孔子「仁學」中深藏的自然情感基質略加闡發。

〔註 3〕諾夫喬伊：《存在巨鏈——對一個觀念的歷史的研究》，張傳有、高秉江譯，南昌，江西教育出版社，2002 年版，第 5 頁。

　　檢點《論語》中諸多隱含自然情感之概念，實應以「孝悌」爲首出。孔子弟子有若極爲強調「孝悌」一德在「仁」之全德中的基礎地位，他說：「君子務本，本立而道生。孝悌也者，其爲仁之本與？」（《論語‧學而》）話出於有若之口，不啻孔子之言。其中「孝悌」一詞，指子弟對父母兄長的態度與行爲。此概念對今人而言，已很難抹去倫理觀念的印記。然最初之時，其無疑更多地指涉著親子之間一種的「自然情感」。筆者此處之所以在「情感」前加上「自然」二字，意在提示，「孝悌」這種「情感」並非人之後天觀念產生後滋生的「第二序」情感。情緒心理學研究表明，最早的自然感情出現在母子之間。嬰兒對母親乳頭（乃至溫暖的腹部）的依戀感、親近感是自然情感產生的源頭〔註4〕。由於母體對幼兒長期的生理滿足與呵護，幼兒對母體逐漸孕育出一種喜悅感、安全感、依戀感，隨著年齡的增長和認知能力的提高〔註5〕，這類感覺就會昇華成一種感激、愛慕、崇拜乃至報恩之心。這種報恩之心和母親對幼體的親子之愛相互感應，並被不斷強化、固定化，就會形成「交互利他主義」情感圖式。一種具有正面意義的情感取向在心理結構（一種具有特定功能的行爲圖式）中被安置下來，親情也由此而生。作爲更高級的功能性機制，這種以情感爲運演模式的圖式一旦搭建起來，就具有極強的穩定性。長大的子女雖不像幼時那般依靠父母的物質供給和食物撫養，但由於彼此已形成了較穩定的感情運演模式，故他們對父母的敬重、感恩不會隨父母對自身物質供給的衰減、中斷而立刻消失，往往表現出種種反哺之舉。此即後來「孝道」產生的心理基礎。

　　必須強調的是，從發生學來看，生理欲求雖是自然情感得以產生的基礎，然由於它本質上是一種主客未分的感性體驗，尚不能超越動物式本能的

〔註4〕　發展心理學家鮑爾拜認爲：兒童社會化最初的和首要的方面是兒童情緒的社會化，母嬰依戀是兒童情緒社會化的橋梁。」——轉引自《情緒心理學》：孟昭蘭主編，北京大學出版社，2005年3月版，第125頁。按，關於情緒的前沿研究，亦可參見該書。

〔註5〕　美國心理學家維克‧S約翰斯頓指出：「實現交互利他主義需要長期記憶、應變能力，以及辨認和區分不同個體的能力。在年幼的孩子身上，這些先決條件尚未充分發育，因此，理論上，須待發育後期，在長期記憶和所需的知覺技能都已具備時，交互利他主義才成可能。更重要的是，到了這個階段，監督交互利他主義所需的情感，諸如内疚或憤怒之類已經逐漸形成。」——《情感之源——關於人類情緒的科學》，翁恩琪等譯，上海科學技術出版社，2002年版，第91～92頁。

自我中心，自無法成為儒家道德教化的起點，更不會成為孟子性善論之證據。反觀之下，儘管親子間的自然情感本身也具有極大的限制性，但畢竟邁出了人類掙脫自身生物性的第一步。這一人性真實，構成了孔子整個仁學大廈的心理基座。據《論語》，孔子斥責弟子宰我對「三年之喪」的減免態度時，自己的理由是：「子生三年，然後免於父母之懷，……食夫稻，衣夫錦，於汝安乎？」（《論語・陽貨》）孔子將心安不安的最終理據訴諸於「父母之懷」，可算不經意間說破了生理欲求與自然情感間的內在聯繫，即肯定了父母是子女生理欲求的滿足者，子女對父母自然有感激報恩之心。當宰我自稱心「安」，孔子隨即罵其「不仁」。在筆者看來，「三年之喪」問題〔註6〕，根本上已不是「道德觀念」上的應當不應當，更不是古禮是否可以因時損益的問題，而是人性中「交互利他主義」模式是否可以打破的問題。而在另一著名的「親親相隱」話題中，當親情倫理與公共道德（或法律）發生衝突時，孔子也同樣毫不猶豫地選擇前者，足見其分明將自然情感視為不可逾越的人性底線。倘不以「孝悌」的字眼為限，《論語》中更有「君子之居喪，食旨不甘，聞樂不樂，居處不安」（《論語・陽貨》），「禮，與其奢也，寧儉；喪，與其易也，寧戚」（《論語・八佾》）等語，亦大抵可作如是觀。

（二）孟子「以心善言性善」

與後來的另一位儒家大師荀子重視人之「生之所以然」（實側重於肯認生理欲求，將生理欲求本質化）不同，孟子顯然更好地繼承了孔子以「自然情感」為根基的儒學血脈。且看他對「葬親」這一遠古習俗之起源的描述：

> 蓋上世嘗有不葬其親者，其親死，則舉而委之於壑。他日過之，狐狸食之，蠅蚋姑嘬之。其顙有泚，睨而不視。夫泚也，非為人泚，中心達於面目，蓋歸反虆梩而掩之。掩之誠是也，則孝子仁人之掩其親，亦必有道矣。（《孟子・滕文公上》）

這是孟子對原始先民之內心情感的洞察。文中「親死則舉而委之於壑」的先民，尚不具備後世「孝道」中的「慎終追遠」觀念，更不懂後來紛繁的送葬儀禮。而當他目睹自己親人（主要指「父母」）的屍骸遭到狐狸、蠅蚋之荼毒，卻再也無法忍受內心的痛苦、愧疚，以至於「中心達於面目」，最終「歸

〔註6〕按，關於《論語》中「三年之喪」話題，陳少明先生曾撰有《心安，還是理得？》（見《哲學研究》2007年第10期）一文，對此有深切的分析。筆者此文，亦受其啟發。

反藥桎而掩之」。此段文字，不妨視爲孟子無意中對人類「交互利他主義」
中自然情感的縮影式再現（文中「孝子仁人之掩其親，亦必有道矣」一語，
下節有補充分析）。梁漱溟先生在《中國文化要義》一書中說：

> 中國之以倫理組織社會，最初是有眼光的人看出人類眞切美善的感
> 情，發端在家庭，培養在家庭。他一面特爲提撥出來，時時點醒給
> 人；——此即「孝悌」、「慈愛」、「友恭」等。一面則取義於家庭之
> 結構，以製作社會之結構、——此即所謂倫理。於是，我們必須指
> 出，人在情感中，恒只見對方而忘了自己；反之，人在欲望中，卻
> 只爲我而顧不到對方〔註7〕。

「人在欲望中，卻只爲我而顧不到對方」，分明是對人之生物性特徵的陳述；
而「人在情感中，恒只見對方而忘了自己」，則是對情感「交互利他主義」
特點的通俗表達。梁先生所言最初「有眼光的人」，就點醒中華民族之德性
生命、開啓人文精神的新局面而言，無疑以儒家的孔子、孟子最爲典範。與
孔子罕言心性不同，孟子基於他對這種人性之眞的覺察，提出了藉以論證自
己性善論的「良知」、「良能」論。他說：

> 人之所不學而能者，其良能也；所不慮而知者，其良知也。孩提之
> 童無不知愛其親者，及其長也，無不知敬其兄也。親親，仁也；敬
> 長，義也；無他，達之天下也。（《孟子・盡心上》）

爲證明人心具有先天的「良知」、「良能」，孟子舉出在他看來「不學而能」、
「不慮而知」的「愛親」、「敬長」爲論據。此論證本身頗耐人尋味。——這
裏暫不考慮「親親」、「敬長」作爲一種身體行爲的向度，僅僅分析其中的情
感意蘊。幾個極易被忽視的重要問題是，孟子何以要將「愛親」置於「敬兄」
之前？何以認爲孩提之童「及其長也」才能敬其兄（換句話說，不「長」則
未必會敬其兄）？又何以認爲「親親」是「仁」，而「敬長」是「義」呢？
他本人並沒有對此多作說明。筆者以爲，問題必須通過分析「親」、「敬」兩
類情感的心理基礎才能得到較合理的解答。首先，「愛親」所以出現在「敬
兄」之前，正由於「愛親」這種自然情感較「敬兄」較早從生理欲求中綻放
出來的緣故。一般說來，對「孩提之童」而言，父母天然地成爲了他們生理
欲求對象的提供者（此顯然不同於兄長），故彼此之間更早、更穩固地形成
了「交互利他主義」的情感圖式。其次，品味「及其長也」一語，孟子似乎

〔註7〕梁漱溟：《中國文化要義》，上海世紀出版集團，2007年版，第80頁。

也認識到：相對於「愛親」行為，「敬長」是晚出之事。這同樣因為，由於兄長對弟弟愛護不如父母，故在「孩提之童」的心理世界中，對兄長的情感「濃度」遠遠不如父母。換句話說，兄弟之間尚不能構成穩定的情感互動機制〔註8〕。孟子接著說，「親親仁也，敬長義也」，由於「仁」、「義」二概念的不同（詳見下一節），我們認為，就弟弟一方而言，他對兄長「敬」的情感，已不是較純粹的自然情感。說其不「純粹」，一方面是因為此情感乃親子之情感的擴大化，一方面則是受到禮儀教化的結果（儘管教化仍然多是無意識的。另外，孟子在另一處說「仁之於父子也，義之於君臣也」，可與此相發明）。如果說前者還不失為一種自然情感的話，後者則是因「禮（理）義」而產生的情感，即後文將詳細論說的「道德情感」（這與「孝悌」等情感符合道德或成為道德的內在動力完全是兩碼事。惜乎今人將「孝悌」、「惻隱」、「是非」等情感籠統地成為道德情感，以致泯滅了「自然情感」與「道德情感」的區別。愚以為，此正吾人對孟子心性論「談而未透」的重要原因之一）。而道德情感的產生，較自然情感必須有更高的心智基礎和人文環境為前提，這自然須要「及其長也」，即「孩提之童」須經一定程度的社會培養教育後才能表現出來。

以今人的眼光，孟子「以心善言性善」的論說，除了未將兩類異質感情很好地區隔開來之外，至少還有兩個理論「漏洞」須待修補。其一，孟子認為「人之異於禽獸者幾希」，足見其承認人與禽獸有共同的動物性特徵。然限於當時的總體知識水平，他無法意識到，「孩提之童」在成長過程中之所以能漸次開發出各種符合世間倫理的「良知」、「良能」，乃是以人類漫長的大腦進化為生物學前提的。現代神經心理學表明，人類所以比其他高等動物具有更高的心智，主要是由於大腦皮層之額葉部分的「加速度」發展。倘沒有這一種族遺傳而獲得的生物學基礎，人類根本無法完成對各類複雜信息的整合與處理，極可能止步於動物性的生理欲求或一般高等動物的自然情感而不前，「道德理性」（概念詳見下文）當然也不會出現，遑論對各種道德心境的「求則得之」了。其二，孟子認為仁義理智等觀念「非由外鑠」、「根於心」，

〔註8〕 至於兄嫂在家庭內扮演了父母的角色，出現「長兄如父」、「長嫂如母」的現象，則另當別論。按照生物學家、心理學家的分析，人的意識總是率先將對自己刺激最強的表象儲存於記憶中。一般而言，父母對「孩提之童」無疑提供了更多的意識刺激，而兄長則相對少的多，故兒童對兄長的「孝悌」往往滯後許多。

他同樣無法認識到這類觀念就生命個體而言，主要是通過社會性的文化遺傳來完成的。因為對高度社會化的人而言，進化途中早已喪失了某些生物性的本能，已不能擺脫「能群」（荀子語）的限制。換言之，一個人出生伊始，父子兄弟等家庭身份（乃至各類社會關係）都使其「無所逃於天地間」，無法不受到本民族文化傳統的無意識塑造。而此文化傳統，追源溯始，又無不有著「歷史建理性」、「經驗變先驗」〔註9〕的人類學過程，而最終「先驗」地彌漫於「孩提之童」的生活世界中。即使孟子的性善論，究極而言，亦非他以獨己之力劈空而建，乃歷史經驗長期累積之結晶。我們無法苛求的是，受人類知識發展之總體限制，即使高明如孔孟，也遠不能從遺傳學、人類學等現代視角深入地理解這一過程，只能從心底發出「天生德於予」，「仁義禮智，非有外鑠之，我固有之也」的道德自信罷了。

然而，這種道德自信畢竟是人類意識發展史中的偉大成就。心理學家蘭格爾認為：「人類從動物智力的一般水平上的分離，是由於人類種族在感情上有一個巨大的、特殊的進化。」〔註10〕作為儒學的開創者，孔孟們正是真切體會到自然情感是人性中一種催人向上的基本力量，故將其夯實為自己道德教化學說的心理起點和動力（以愚見，此即是「孝悌為仁之本」一語的深層意義）。正是在此自然情感基礎上，經過不斷「推愛」，人性才不斷得以擴充昇華，經由「親親」、「仁民」、「愛物」的情感序列，漸次衝出了自我中心與人類中心，建構出「萬物一體」的生命境界。

三、道德原則：孟子心善論的「樞紐」

（一）「發生認識論」視域中的道德原則之出現

作為突破人性中生理欲求之自我中心的萌蘗點，「孝悌」等自然情感雖是孔孟儒學的心理基石，但從人性發展階次上說，此類情感畢竟是直接由生理意欲滋生出來，多表現為對有利於己的人（或物）顯示出親敬、負疚、崇拜等感情（反之則為敵意、攻擊等行為），故帶有極強的「情感自我中心性」。受此自然情感的支配，人之行為往往難以避免各種狹隘、偏激的情緒性衝動（如一個人為了親情、愛情而搶劫、殺人等，其行為無法成為一條康德式的

〔註 9〕相關論說，可參看李澤厚《歷史本體論・己卯五說》中的相關部分。北京，
　　　　三聯書店，2003 年版。
〔註10〕轉引自孟昭蘭主編《情緒心理學》，北京大學出版社，2005 年版，第 9 頁。

「普遍法則」），更無法解決諸如同陌生人交往等複雜的社會問題〔註11〕。以現代人的理性視角來，此勢必由更具公共性、抽象性的理性原則來引導與規制，使生理欲求及自然情感不斷客觀化規制化、理性化（「發乎情，止乎禮義」）。

然而，就人類進化的歷程看，道德原則是人類在複雜的社會實踐中逐漸形成的，經歷了一個生理本能——自然情感——群體風俗——社會禮制——道德理性漸次生成的漫長曲折過程〔註12〕。這一過程，既呈現出人類心智發展的整體共通性（如由動作思維向形象思維，再到抽象思維的逐次展開），又有因地域環境、民族經歷等因素的差異而產生的文化特殊性。在共性方面，主要表現爲人類心智、尤其是以概念爲運演對象的理性思維的不斷成熟，並逐漸在人性諸多層面中處於引導支配地位。爲更好地解說這一問題，筆者想援引皮亞傑的「發生認識論」加以闡發〔註13〕。

皮亞傑是國際著名心理學家，他通過對兒童認知發生的精湛研究，頗有說服力地指出，人的認知結構或動作圖式（schema，又譯爲「格局」）不是生來就有的，它既不是源自意識主體，也不是源自意識對象，而是源自主客體之間的相互作用。皮亞傑用「同化」和「順應」這對範疇來闡述這一認知建構過程。同化（assimilation）就是將新刺激納入到已有的動作圖式或認知結構中，它本身不會使自身的認知結構產生新變化。換句話說，現實的材料都要經過處理與改變來遷就已有的動作圖式或模式。與此相反，順應（accommodation，又譯爲「適應」）指主體不能同化外來刺激時，就只能通過改變自身固有的圖式來適應新的刺激。比如，嬰兒剛一出生，只有一些吮吸、抓握等先天性的無條件反射。此時，你無論給他（她）什麼東西，他（她）都會做出「抓握」、「吮吸」的動作（同化）。而當一些東西無法「吮吸」時，他（她）就會逐漸學會「咀嚼」的動作（順應）。又比如，伴隨著幼兒大腦的

〔註11〕如趙汀陽先生就認爲，以儒家的親親原則「推愛推不出多遠，恩義就非常稀薄了。……由家倫理推不出社會倫理，由愛親推不出愛他人，這是儒家的致命困難」，故無法解決陌生人問題。參見氏著《儒家政治的倫理學轉向》，載《中國社會科學》（內刊版），2007年第4期。

〔註12〕按，爲方便起見，此處將此過程表述爲一個線性過程，而眞實的歷史過程中則複雜得多。這不僅是因爲每一具體的人性層面內含著多個面向，事實上，人性各階段之間也往往是交錯互融（超越又包含）的，而不是簡單的遞進關係。

〔註13〕按，限於篇幅，本文只能概述皮亞傑「發生認識論」之大要。具體論說可參看《發生認識論原理》，王憲鈿等譯，北京，商務印書館，1981年版。

發育，他們逐漸意識到母親不在時，生理欲求的滿足狀態就會中斷，在種種試錯、挫折之後，就會對母親產生出與其他客體不同的依戀感。因此，自然情感的產生本身就是一種順應——其結果就是自我中心的不斷被改變，「交互利他主義」情感圖式的逐漸孕生。皮亞傑認為，正是在對「外環境」的適應中，嬰兒通過不斷地同化和順應，發展出更多、更複雜的心理圖式。與此相對應，他將人之認識發生分為「感知運動階段」、「前運演階段」、「具體運演階段」、「形式運演階段」等四個逐級遞進的階段。

生物進化論、神經生理學、文化人類學等學科日益表明，嬰兒的認知發展（心理髮生），正是人類心智之漫長演化的前史和縮影（當然不是簡單重複）；人類認知結構的建構過程，就是人性生成的過程。鑒於皮亞傑「發生認識論」所揭示出的人類心理髮生之跨文化性特徵，筆者認為，此學說對我們重新解讀孟子性善論理論背後的心理建構過程有重要意義。只不過儒家心性論的特殊性在於，孔孟等儒家開創者們似乎不重視人性建構的認知形式（荀子則相對重視），而是偏重於體驗其情感內容，最終走向了一條「盡心、知性、知天」的道德超越之路。

認知結構和動作圖式，語義微別，前者側重於主體的意識發展水平，後者側重於主體在時空中之行為（近於後儒所謂的「體用一源」之「體」與「用」），二者是人類之心理機制的一體兩面。相對於生理欲望，自然情感作為一種更高級的心理圖式，必然促生更高級的意識行為（即在主客體交互作用中孕育新的心理圖式）。就像孟子上文所述，上古之人因受自然情感的驅使，不堪忍受父母的屍體受到蠅獸的唁噬，漸次萌生了葬親之念。這類由情感支配的行為後來被不斷強化，就逐漸社會化為一種族群間的禮儀風俗。而隨著先民群體生活的加強和心智的提高，這類「情感性禮儀」日漸規範化、條理化，遂升格為「合規律合目的性」的「規範性禮儀」。孟子說：「掩之誠是也，則孝子仁人之掩其親，亦必有道矣。」此間之「道」，應指埋葬父母時的喪葬之禮（行為方式）。與此有關，原始復仇的風俗也與親情有關，如孟子得出不可殺他人之親人這一道德規範的經驗性理據是：「吾今而後知殺人親之重也：殺人之父，人亦殺其父；殺人之兄，人亦殺其兄。」（《孟子·盡心下》）這正是我們通常所說的「禮出於俗」、「禮生於情」（郭店楚簡所謂「道始於情」）。後來隨著國家的形成和權力的集中，這些情感性禮儀與國家政治日益掛搭起來，不斷被規範化、制度化而強制推行，形成了「經禮三百，曲禮三千」的權威

性「禮制」（禮儀制度）。人類從最初的情感心理對象化爲一種外在的行爲規範，這當然是一個十分複雜的「異化」過程。其間不知經歷了多少皮亞傑所謂主客間「同化」和「順應」的歷史細節。

就中國文明的履歷看，夏商周「三代」之禮樂文明，正是這種制度化「禮制」臻於繁榮的階段。其中，周公的「制禮作樂」更是一次對上古之禮的有意識、大規模的集中整理。儘管我們很難說，周公等古聖先賢的「制禮作樂」沒有理性的目的。但整體而論，這種自覺還是較爲「朦朧」、「隱性」的，還只是體現在一些歷史「先知」的頭腦中。至少從現存歷史文獻記錄看，即使周公對原始禮儀所作的梳理與改造，也還沒有上升到自覺的理性反思層次（這種反思，大致要到孔子之「攝禮歸仁」才變得較爲自覺）。從人性之心理基礎上而言，這種「規範性禮儀」，距離本文所論說的「道德原則」，尚缺本質性的「一躍」。

正如在發生認識論中，兒童從形象思維階段過渡到形式概念階段，很難從中劃出一個截然的時間分水嶺一樣。筆者此處更無意要在中華文明進程中，尋找一條理性原則產生的歷史切割線（實際上也是無法找到的。不得已而言之，則只能說在時間上大略相當於被稱爲中國歷史「軸心時代」的殷周之際）。但鳥瞰整個民族之精神傳統，大致而言，則似乎自孔子時代始，忽然有了爆發這種理性的自覺。這或許可以作爲對「天不生仲尼，萬古如長夜」一語的歷史人類學解釋。如梁漱溟先生說：「周公及其所代表者，多半貢獻在具體創造上，如禮樂制度之製作等。孔子似是於昔賢製作，大有所悟，從而推闡其理以教人。道理之創發，自是更根本之貢獻，啓迪後人於無窮。所以在後兩千多年的影響上說，孔子又遠大過周公。」〔註14〕與周公「制禮作樂」不同，孔子的偉大在於，他經過自己的「博學於文」、「損益三代」而「反求諸己」，靈光一閃而睿智大開，終於在三代禮樂的廢墟上「躍上一層」，自覺演繹歸納出一些具有普世價值的道德原則，開闢了一個意蘊無窮的價值世界。《論語》中諸如「仁者愛人」、「己欲立而立人，己欲達而達人」、「己所不欲，勿施於人」等觀念，已不再是外在性的、規範性的具有特定使用人群的「禮」（「禮」雖源於「情」，但一旦權威化、規範化，對每個受此「禮」管轄的個人轉而成爲一種「克制」），而是更具有普適性的觀念性道德原則──「理」。

行文至斯，我們重新審視活躍在《論語》中的許多德目，如「仁」、「義」、「忠」、「孝」、「信」等等，應該可以斷言，儘管它們背後還洶湧著各類濃淡

〔註14〕梁漱溟：《梁漱溟全集》第三卷，山東人民出版社，2005 年版，第 104 頁。

不一的情感暗潮，但是這些德目本身已昇華爲一種與情感異質的原則（此原則不是動作思維階段的生理欲求對象，亦非形象思維階段的情感運演對象，而是抽象思維階段的符號觀念客體）則毋庸置疑。王國維先生在《釋理》一文說：「吾人對於種種之事物而發現其公共之處，遂抽象之而爲一概念，又從而命之以名，用之既久，遂視此觀念爲一特別之事物，而忘其所從出。如理之概念，即其一也。」〔註 15〕王氏所釋之「理」不必完全對應於本文所謂的道德原則，但其所述的「理」之產生過程卻有相通之處。我們當然承認，每一項道德原則的出現，都是人們各類生活經驗的理性總結，是人類理性之「互爲主體性」特徵的外在體現。這一事實背後，除了周公、孔子等少數歷史留名的聖賢之外，背後更有許多看不見的先知先覺們的默默奉獻。但從史籍看，至少自孔子始，道德原則的獨立性已經被抽象出來。

衡之於皮亞傑的發生認識論，「理」正是「形式運演」階段的典型表徵之一。「形式運演的主要特徵是它們有能力處理假設而不只是單純地處理客體。……兒童提出的假設並不是客體，而是命題，假設的內容則是類、關係等等的能夠直接予以證實的命題內運演；從假設推導出來的推論也是這樣。……就是這個對運演進行運演的能力使得認識超越了現實，並且借助於一個組織系統而使認識可以達到一個範圍無限的可能性，而運演就不再像具體運演那樣限於一步步地建構了。」〔註 16〕正是這種超越了形象階段的形式運演，使人性衝破了生理欲求（此主要是感知運動水平）、自然情感欲求（相當於前運演階段第二水平和具體運演階段的第一水平）、禮儀規範欲求（相當於具體運演階段第二水平即符號階段）的包圍與桎梏，昇華出理性欲求（以概念爲單位的命題是其表徵）這一更高級的人性層面。

不難想見，任何現代民族在文明進化過程中，都會經歷這一理性觀念躍動的歷史時期。由於中國特殊的地理環境等因素，氏族部落對德行的特殊要求，尤其是殷周革命等歷史契機，遂使中國文化的「通孔」越來越走向德性的生命（而不是走向科學與宗教）。〔註 17〕

〔註 15〕王國維：《靜安文集續編》自序二，上海書店，1983 年版。

〔註 16〕皮亞傑：《發生認識論原理》，王憲鈿等譯，北京，商務印書館，1981 年版，第 52 頁。

〔註 17〕錢穆先生在《中國文化史導論》之《中國文化之地理背景》一章中指出，一種民族文化之產生，最初與其所處的地理環境有重大關係。與希臘、羅馬文化建立在商業文化上不同，中國文化大致是一種農耕文化，其思想、倫理亦

（二）孟子對「道德原則」的強勢肯定與「道德理性」的「綻出」

李澤厚先生曾指出：「孔子以『仁』釋『禮』，將外在社會規範化爲內在自覺意識這一主題卻確乎由孟子發揚而推至極端」。[註18] 誠如其言，從對道德原則標舉的「成熟度」看，孟子較孔子顯然是青勝於藍。如果說孔子是「仁」、「禮」並提而強調「仁」，孟子則在將「仁」列爲「首德」的同時，又通過「義利之辨」等論說，將「義」這一德目提升到空前的高度，使之凌駕於其他概念之上。如其所云：

> 生亦我所欲也，義亦我所欲也：二者不可得兼，舍生而取義者也。
> 生亦我所欲，所欲有甚於生者，故不爲苟得也：死亦我所惡，所惡
> 有甚於死者，故患有所不闢也。（《孟子‧告子上》）

> 仁之實，事親是也：義之實，從兄是也。智之實，知斯二者弗去是也：
> 禮之實，節文斯二者是也：樂之實，樂斯二者，樂則生矣：生則惡可
> 已也，惡可已，則不知足之蹈之、手之舞之。（《孟子‧離婁上》）

> 人之所不學而能者，其良能也：所不慮而知者，其良知也。孩提之
> 童，無不知愛其親者：及其長也，無不知敬其兄也。親親，仁也：
> 敬長，義也。無他，達之天下也。（《孟子‧盡心上》）

不難理解，「義」是比「仁」更能凸顯道德原則自身品格的概念。「仁」是可以「上下其講」（牟宗三語）的概念，包容性極廣。至少在孔子那裏，「仁」還蘊含著極強的自然情感質素（這與宋明理學家，尤其是朱子將其解釋爲「心之德、愛之理」有很大不同），如視「孝悌」等自然情感爲「仁」之本。此雖是就「仁」之根基（低層次、發端）言，但自然情感的比例過重，終不利於使人突破生理、情感欲求的束縛而實現德性的超越性[註19]。而「義」者，

打上農耕文明之烙印。（北京，商務印書館，1994 年版。）徐復觀先生在《中國人性論史》（先秦篇）一書的第二、三章，則詳細論說了殷周革命中原始宗教向「敬德」等人文理性的躍動與轉折。（上海，華東師範大學出版社，2005年版。）牟宗三先生則在《中國哲學十九講》中提出文化起源的「通孔說」，認爲中國哲學的特質是「生命的學問」，這與古希臘哲學以自然爲對象極爲不同。（上海，世紀出版集團，2005 年版。）

〔註18〕李澤厚：《中國思想史論》（上），合肥：安徽文藝出版社，1999 年版，第 45 頁。

〔註19〕龐樸先生說：「孔子的時候，儒學的各種道德範疇，其實也已齊備了。孔子強調仁，是在企圖把一切道德規範都建立到眞情上去，由眞情來統帥：並無輕視其他規範的價值的意思。但是由於強調仁，難免導致疏忽其他規範的作用。墨子學儒者之業，把仁愛推到極端而缺乏牽制手段，便是一例。」（《古墓新知——漫讀〈郭店楚墓竹簡〉》，載氏著《文化一隅》，鄭州，中州古籍出版社，2005 年版。）

宜也、裁制也、正義也，它是表述道德原則的典型概念，是公私義利之辨中
的「公」，在內容方面更關乎人類的整體命運和普世價值，不僅超越了生理欲
求及其附屬性私利，而且突破了自然情感的諸多狹隘性，是經過人之抽象思
維過濾後奠立的純粹性公共原則。因此，從概念上講，「義」的內涵雖然遠不
如「仁」豐富，卻比「仁」更具有道德原則所應有的客觀性、抽象性等特徵，
更適合作為道德欲求的對象（道德欲求與生理欲求之追求物質滿足、情感欲
求追求情感滿足不同，它追求的主要是對一種倫理觀念的覺受與踐行）。這一
點，在孟子「不能居仁由義，謂之自棄也。仁，人之安宅也；義，人之正路
也」（《孟子・離婁上》）、「仁，人心也；義，人路也」（《孟子・告子上》）等
論說中最為彰顯。順便說一句，新出土郭店楚簡《唐虞之道》一文，更有「孝，
仁之冕也。禪，義之至也。……愛親忘賢，仁而未義也；尊賢遺親，義而未
仁也」等語，此辨別「仁」、「義」之關係，尤為顯豁。從廣義說，仁者必有
義，「仁」自然包含了「義」；但區別而論，「義」比「仁」更凸顯了一種倫理
意義上的「應當」，更接近於西方哲學家康德所謂的「絕對命令」。或有鑒於
此，李澤厚先生辨析儒家仁義之別時說：「『仁』因與內心情感直接關連而『義』
則並不如是，於是從孟子時起，便有『義』在內抑在外的不同意見和爭論，
亦即具有某種普遍必然、個體應予絕對履行的客觀行為準則（外），如何同時
又可能是個體自覺要求即道德自律（內）的問題。」〔註20〕

　　當然，對「義」這一概念的標舉，只是孟子思想中道德原則凸顯的一個
顯例而已〔註21〕。正如陳來先生說：「從德行和德性的角度看，傳統的主要德
目在孟子思想中已經由德行條目發展出德性的意義。」〔註22〕這意味著，孔
子及其以前的傳統德目，往往側重於對規範性「禮儀」的踐履──「德行」
的意義較強；到了孟子，這些德目作為道德原則的比重大大增加了。因為，
只有純粹性道德原則的凸現，才是人類內在德性得以奠立的基礎。個人以為，
這種觀念的抽象化程度提高的現象，大而言之，與中國人在「軸心時代」的
自我意識覺醒有關；小而言之，極可能在一定程度上與戰國中期思辨風氣的

〔註20〕　李澤厚：《論語今讀》，合肥：安徽文藝出版社，1998 年版，第 43 頁。
〔註21〕　陳少明先生在近作《仁義之間》（載《哲學研究》2012 年第 11 期）一文中也認
　　　　為：孔子之後，孟子不僅從「不忍人之心」釋仁，同時也把它推致到義的性質
　　　　的理解上去，讓「仁義」成為有內在聯繫的價值結構。在孟子的概念中，義包
　　　　括羞與惡兩層意義。就意識結構而論，兩者均與對無辜受難者的惻隱之心相關。
〔註22〕　陳來：《孟子的德性論》，載《哲學研究》，2010 年第 5 期。

勃興有關（如「辯者」的盛行，孟子本人尤以「善辯」著稱）。與情感客觀對象化而成的外在性禮儀規範不同，這種更抽象的觀念形態——道德原則之誕生，標誌著人性之「道德理性」（即「德性」，此是與「認知理性」相對應的「價值理性」的核心成分。）舉例來說，在孟子思想中，「富貴不能淫，貧賤不能移，威武不能屈」就可視為一著名道德原則。此原則不是專為某項具體的禮儀規範而設（如軍人應「威武不屈」，等等），而是以觀念的形態直通人之道德理想和人格信念。這類原則一旦內化為人自身的道德信念並支配自己的意識行為時，關於此道德原則的道德理性也就形成了。相比於以自我為中心的自然欲求結構和情感交互利他主義情感模式，道德理性是級別更高的、以觀念為運演對象的人性機制。當然，從另一方面看，道德理性在人性中的綻出，也意味著道德原則的產生，二者是一種同生共存關係。區別在於，道德原則偏重客體（外在的社會文化傳統），可以通過社會化教育而得以顯性傳播；道德理性偏重主體（個人的內在心理結構），是人們通過對社會文化的學習而在內心隱性搭建的結果。

　　這一由生理向情感、禮儀、再向道德原則、道德理性的「上達」過程，由於中國古代思辨理性不發達，尤其是缺乏科學知識的積累，孟子根本無法真正察覺到其中曲折，更無法借助現代概念詳加論說。當然，在這一人性發展鏈條中，或許因為處其兩端的自然欲求與道德理性之差距畢竟太過顯著，更兼二者又有著明顯不同的反應機制，故被孟子「辨而示之」，視為人性之中赫然對立的兩大欲求層面〔註23〕：

> 口之於味也，有同耆焉；耳之於聲也，有同聽焉；目之於色也，有同美焉。至於心，獨無所同然乎？心之所同然者何也？謂理也，義也。聖人先得我心之所同然耳。故理義之悅我心，猶芻豢之悅我口。
>
> 　（《孟子‧告子上》）

孟子強調理義是「心之所同然者」，顯然是一種先驗式論說。由前文的分析可

〔註23〕按，時至今日，人們又何嘗不是經常將人性分為感性與理性、物質與精神、獸性與神性等兩端呢？徐復觀先生曾謂：「各民族文化，若達到『人的自覺』階段時必出現某形態的理欲對立的觀念，努力於以理主宰欲以開啟人格向上之機，並建立群體生活的秩序。中國周初隨著人文精神的出現，理欲對立的觀念，已經顯著。孔孟談到『修己』這一方面時，幾無不以理欲對立為出發點。」（《瞎遊雜記之三》，載氏著《中國人的生命精神》，上海，華東師範大學出版社，2004年版。）

知，就嬰幼兒而言，生理欲求分明是人性中更為天賦和優先的部分；道德欲
求雖潛在性地具有生物學（人類遠高於一般動物的神經機制）和人類學（代
代相傳的文化基因）基礎，但從發生次序上說，畢竟是第二階次的人性。楊
國榮先生說：「和先天的稟賦有所不同，德性本質上並非與生俱來，而是獲得
性的品格，但德性一旦形成，便逐漸凝化為較為穩定的精神定勢。這種定勢
在某種意義上成為人的第二大性。」〔註24〕然而，為了證成其先驗的性善論，
孟子扭轉了二者的天然秩序，將人之道德意欲稱為「本心」，繼而將生理欲求
負面化、非本質化了：

> 口之於味也，目之於色也，耳之於聲也，鼻之於臭也，四肢之於安
> 佚也，性也，有命焉，君子不謂性也；仁之於父子也，義之於君臣
> 也，禮之於賓主也，知之於賢者也，聖人之於天道也，命也，有性
> 焉，君子不謂命也。（《孟子·告子上》）

孟子的這一做法，雖不符合人性發生的自然次第，但衡之於當時的知識水平，
卻有情可原。一方面，孟子是要與傳統的「生之謂性」傳統決裂，通過建構
人性論的方式，為人類的生命發展指明方向。用唐君毅先生的話說，是指明
了人類精神的「向上一機」。另一方面，與人類漫長的德性進化不同，生命個
體的德性化有其獨特的適應機制。其中，以文化為載體的社會遺傳起到了關
鍵作用。「孩提之童」經過習焉不察的啟蒙教化之後，道德原則很快就在其心
理世界中生根發芽。隨著年齡的增長和自己的主動修身，德性欲求在人性總
體中具有越來越重要的優勢地位，成為人之「類本能」。李澤厚先生在論及這
種德性時說：

> 這種理性仍然來自經驗，但它是由人類極其漫長的歷史積累和沉澱
> （即積澱），通過文化而產生出來的人的內在情感──思想的心理形
> 式。所以它對個體來說是先驗，對人類總體則仍由經驗積澱而成的。
> 其特徵則是理性對感性的行為、欲望以及生存的絕對主宰和支配。
> 所以稱之為「理性的凝聚」。它在開始階段如（如原始人群和今日兒
> 童）都是通過外在強迫即學習、遵循某種倫理秩序、規範而後才逐
> 漸變為內在的意識、觀念和情感。從而，這也可以說是由倫理（外
> 在的社會規範、要求、秩序、制度）而道德（內在的心理形式，自
> 由意志），由「禮」而「仁」。人性能力由經驗而先驗，由傳統規範、

〔註24〕楊國榮：《道德系統中的德性》，載《中國社會科學》，2003 年第 3 期。

習俗、教育而心理。〔註25〕

現代人本主義心理學家馬斯洛說：「儘管就一般規律來說，我們在低級需要滿足之後才能轉向高級需要的滿足，但值得觀察的現象是，人們在滿足了高級需要，並獲得了價值和體驗之後，高級需要會變得具有自治能力，不再依賴低級需要的滿足。」〔註26〕生理欲求儘管是人類進化的根本推動力，求生避死也是人天然的意欲，但對德性極強的人而言，則殺身成仁者有之，捨生取義者有之。基於對此心理現象的體認，孟子更是高揚起道德理性的大纛，在心善論基礎上提出了對儒學史影響深遠的性善論。就後世影響看，這是他對孔子仁學的最大發展：

> 惻隱之心，人皆有之；羞惡之心，人皆有之；恭敬之心，人皆有之；是非之心，人皆有之。惻隱之心，仁也；羞惡之心，義也；恭敬之心，禮也；是非之心，智也。仁義禮智，非由外鑠我也，我固有之也，弗思耳矣。((《孟子‧告子上》))

> 廣土眾民，君子欲之，所樂不存焉；中天下而立，定四海之民，君子樂之，所性不存焉。君子所性，雖大行不加焉，雖窮居不損焉，分定故也。君子所性，仁、義、禮、智根於心。(《孟子‧盡心上》)

孟子認為，仁義禮智等道德理性是人先天自足的稟賦，並非從後天學習或環境薰染而得，它永遠不增不減。應該說，這與孔子「性相近也，習相遠」的人性思想實在有著不小的距離。實際上，孔子之「性」似泛指人的需求，極可能是將人之生理本能和情感德性合說，且總體上承認外部環境的熏習作用，並未像孟子這樣把人之生理性斷然剔除在一邊。退一步說，即使孔子之「性」含有更多的性善意蘊，也不宜將之等同於孟子「不生不滅」的先驗善性。這一點，也被斷定為寫作於「孔孟之間」的郭店楚簡中的相關論說所證實（此不詳論）。

在孟子之後的相當長時間裏，性善論並未大行其道，居於儒學主流的仍是「性善惡混」一類的觀點，直到唐代的儒者韓愈，也還是持「性三品說」。唐末五代後，到了宋明理學家那裏，性善論才逐漸躍居主導地位（此似與宋

〔註25〕 李澤厚：《論語今讀》附錄之《情本體、兩種道德和「立命」》，北京，三聯書店，2004年版，第541～542頁。

〔註26〕 《動機與人格》：〔美〕A‧H馬斯洛著，許金聲等譯，北京，華夏出版社，1987年版，第83頁。

明儒者對佛禪如來藏「自性清淨心」思想的借鑒與吸收有一定關係）。以程頤、朱子爲代表的理學家，一方面暗襲荀子「氣性」一路的合理性，大談「氣質之性」，以補孟子性善論之不足；一方面則將孟子心性論中的「道德原則」抽取出來，與更爲抽象化（實際上是本體化、超驗化）的宇宙「生生之理」相結合，開闢出「格物窮理」的道問學工夫路線。以象山、陽明爲首的心學家則遙承孟子的性善論，兼受禪宗思維模式的影響，將孟子的「本心」本體化、絕對化，在對「心即理」的肯認中踐履成聖工夫。遺憾的是，由於總體上缺乏突破這一先驗性理論慣性的知識氛圍，儒家人性論一直到近代都未得到多少實質性發展（王夫之的「命日受而性日成」說可算是難得的理性火花）。說得近一點，就連頗有西學視野的新儒家如唐君毅、牟宗三先生，也仍然將「道德本心」宗教化和先驗化，仍未能跳出宋明儒學的窠臼。比較之下，李澤厚先生提出人性心理結構（大致相當於本文的人性）「積澱說」——認爲人性的發展是一「經驗變先驗、歷史建理性、心理成本體」人類學過程，無疑更符合現代人的學術理性。惜乎李先生的論述，往往著眼宏觀、點到爲止，無暇詳述儒學人性論誕生的心理髮生史，更沒有對孟子性善論展開深入的闡發。

富有戲劇色彩的是，20 世紀末在湖北荊門出土的郭店楚簡之《性自命出》篇中，載有「性自命出，命自天降；道始於情，情生於性」四句令人回味無窮的話。此或許可藉以概括本文的人性發展脈絡：生理欲求來自上天的功德，上天的功德來自宇宙運演；仁義禮智產生於情感，而情感源自生理欲求。此解釋容有望文生義處（如上文之「情」字多指「好惡」等情緒，與本文中的「情感」有較大區別），但作爲對人性生成次序的格言式陳述，卻可算是簡捷便當的。

四、道德情感的特質及其與「心」、「性」之關係

（一）道德情感、「心體」與「性體」

蒙培元先生在《情感與理性》一書中說：「情感是人的基本的存在方式，是人的存在在時間中的展開。從下邊說，情感是感性的經驗的，是具體的實然的心理活動。從上邊說，情感能夠通向性理，具有理性形式。」〔註27〕承蒙先生之言，我斗膽補續一句：「性理又可以向下滋生情感，而使此情感包含

〔註27〕蒙培元：《情感與理性》：北京，中國社會科學出版社，2002 年版，第 21 頁。

有性理的內容」。這是因為，當禮儀規範和道德原則成為某種強勢規定、心理慣性或追求目標時，它又會在人心中衍生一種特殊的情感。此與生理滿足長期浸灌、孳乳下滋生的自然情感頗有不同，而是一種對道德理性的敬畏、嚮往與追求的生命體驗——即上文中提及的「道德情感」。該情感雖仍有某些感性的特質（作為一種正負心理體驗而存在），但它因由合乎理性的道德觀念而來，故就人性發展層次而言，它是一種「經歷」了理性的「第二序情感」，即通過思想而產生的情感。佛理中有「欲愛」與「法愛」之別，前者是對生理情欲的貪愛，後者則是菩薩們對正法的歡喜。儒學中的自然情感與「欲愛」雖不甚匹配，但道德情感卻與「法愛」頗有共通之處。

　　局限於傳統學問的思維慣性與概念系統，倘不經現代辯證理性的自覺反省，的確很難將這兩類異質的情感分判開來。原因在於，與人類心理髮生的「縱式序列」不同，當一種理論建構時，理論建構者頭腦中已洋溢著高級思維能力和人文理性。當此際，「人心」（此處主要指大腦）作為一異常複雜的認知和體驗主體，具有將道德情感、自然情感乃至更低級的生理感性整合起來的「統覺」能力（一種人類大腦特有的對身周內外各種信息的整合功能），使其「三位一體」地構成生命的基本體驗和意志動力。尤其是對一個成年人而言，生理、情感、理性三者大多是綜合地而不是孤立起作用。比如，儒家極為重視的對父母之孝敬，即為自然情感、道德情感二者合力的結果（此與前文因從發生學視角而強調「孝悌」主要為「自然情感」的說法並不矛盾）。

　　對這兩類情感渾然不分而導致的語言概念不明晰，是人類思辨理性尚未完全成熟時的普遍現象，中西皆然。這一現象在孟子用以證明性善論的「四端說」中也體現極為明顯：

> 所以謂人皆有不忍人之心者，今人乍見孺子將入於井，皆有怵惕惻隱之心，非所以內交於孺子之父母也，非所以要譽於鄉黨朋友也，非惡其聲而然也。由是觀之，無惻隱之心，非人也；無是非之心，非人也。惻隱之心，仁之端也；羞惡之心，義之端也；辭讓之心，禮之端也；是非之心，智之端也。人之有是四端也，猶其有四體也。
> （《孟子‧公孫丑》）

筆者認為，在孟子所謂「惻隱」、「羞惡」等「四端」中，除了「惻隱」似更近於自然情感外，「羞惡」、「辭讓」、「是非」皆有著鮮明的道德情感特徵。這是因為，相較於以抽象思維邏輯為構架的道德情感，「惻隱」這種情感體

驗更多地與具體形象思維密切相關。也就是說，相對於「羞惡」、「辭讓」、「是非」等第二序情感，「惻隱」之情無疑是更根本和原始的第一序情感。舉例而言，作爲「義」之發端的「是非之心」，其作用過程須要經過道德原則這一中介（如「見利思義」）〔註28〕；而作爲「仁」之發端的「惻隱之心」，只要見一見「孺子將入井」、「牛羊觳觫」等具體形象就能感同身受了。順便說一句，在後世儒家的相關文獻中，「惻隱」之所以一直被表述「四端」之心的「首端」，也與自然情感優先於道德情感這一人性的內在心理髮生秩序有關。這一情形的出現，並不意味著傳統儒家已在思辨理性的意義上覺察到這一人性的內在秩序，而仍與儒家從一開始就將自然情感視爲道德動源的基點這一特徵有關。

「越高級的欲求，越具有相對獨立性，越能夠爲欲求主體所控制。」〔註29〕必須強調的是，與更原始的生理欲求和自然情感相比，道德情感無疑是一種更高級的生命體驗或欲求。如果說生理欲求主要是一種主客不分的感性體驗，自然情感是一種與具體形象有關的情感體驗，那麼道德情感則是一種對理性觀念的體驗。此體驗往往不會伴隨著劇烈的生理反應和情緒衝動，而是指向一種更深沉、更穩定的生命寧靜感、充實感、自由感、安樂感和解脫感。而當這種體驗經過不斷體認、強化之後，其覺受狀態本身又會成爲一種欲求對象，並進而又逐漸形成一種更複雜的心理結構。只有證悟此體驗的人，才會真切感到自己是一個德性自足、自由的生命。因爲在生理欲求和自然情感階段，人還會受到外在環境的諸多限制，還不能衝出各種自私心理的羈絆與包圍。而在道德情感階段，則能「求則得之」，「我欲仁斯仁至矣」，「反身而誠，樂莫大焉」。

經過上述一番冗長的理論分析，此處是正面論說孟子「心」、「性」關係

〔註28〕西方哲學家叔本華認爲，「公正」與「仁愛」二德是一切德性的基礎，「兩者的根源在於自然的同情。這種同情是不可否認的人類意識的事實，是人類意識的本質部分，並且不依假設、概念、宗教、神話、訓練與教育爲轉移。與此相反，它是原初的與直覺的，存在於人性自身。是以它在任何情況下都保持不變，而在每塊土地上，無論何時，總是出現。」（任立，孟慶時譯，《道德的基礎》，《倫理學的兩個基本問題》，北京：商務印書館，1996年，第240頁。）在筆者看來，「公正」與「仁愛」正相當於孟子思想中的「義」與「仁」，二者以「同情」爲心理基礎，正是說明「惻隱」之心乃處於人性更原初的部分，有超越文化概念系統的特性。

〔註29〕〔美〕A・H馬斯洛：《動機與人格》，許金聲等譯，北京，華夏出版社，1987年版，第116頁。

的時候了。

筆者的看法是，本文所謂的道德情感（包含而又超越了「惻隱」等自然情感），就是孟子的「本心」。而對道德情感的體認狀態，就是孟子「雖大行不加焉，雖窮居不損焉」的「心體」，而與這一「體認」狀態相匹配的內在心理程序，就是後儒所謂「天命之性」或「性體」。孟子說：

> 生，亦我所欲也；義，亦我所欲也。二者不可得兼，舍生而取義者也。生亦我所欲，所欲有甚於生者，故不為苟得也。死亦我所惡，所惡有甚於死者，故患有所不闢也。……萬鍾則不辨禮義而受之。萬鍾於我何加焉？為宮室之美、妻妾之奉、所識窮乏者得我與？鄉為身死而不受，今為宮室之美為之；鄉為身死而不受，今為妻妾之奉為之；鄉為身死而不受，今為所識窮乏者得我而為之──是亦不可以已乎？此之謂失其本心。」（《孟子・告子上》）

顯而易見，孟子「本心」一詞的重心既非落在思維認知上，亦非落在自然情感上，更不是落在生理欲求上，而是落在因「禮義」而生的道德情感上。如果說道德理性是人類理性的本質內核之一，那麼，道德情感顯然包含理性的內容。這是因為，作為道德理性欲求對象的道德原則，它本身經歷了經驗實踐而具有了理性觀念的客觀獨立性（類似於西方學者波普所謂的「世界3」）；而道德情感又是通過對道德原則（或符合道德原則的禮儀）覺悟踐履中呈現，故而既包含了道德原則而又超越了道德原則。

不同於與告子的「仁內義外」，孟子強調「仁義內在」，即仁義道德之理皆由內心發出，這是符合其「心善論」的內在邏輯的。因為，此時的「心」本身就是道德的，不是「心」去合「理」（「行仁義」），而是「心」本身就是「理」（「仁義行」）。不同於生理本能和自然情感，在道德情感的主宰下，人的一切行為滿心而發無不中道，決不會存在「知行不一」的現象，完全不需要「內省不疚」的良心審判，也不需要對「非禮勿視」等倫理教條的念茲在茲。這就是孟子理想中堯舜的「性之」和《中庸》之「率性之謂道」。總之，在孟子這裏，「本心」既是情感又是理性，既是動力機制又是裁斷機制，自己為自己立法，具有「知善」、「知惡」的道德判斷力和踐行力，人也因此成為了真正自由的道德主體。

援之以皮亞傑的「發生認識論」，孟子的「性」無疑是人類的一種既得性心理結構和動作圖式。這一心理圖式是在意識主體對意識客體的踐行互動中

形成的。其中，而孟子所謂的「心」或「本心」就是充滿道德情感的意識主體；孟子的所謂「義與道」（宋明理學家多稱之爲「理」）則是充滿道德判斷的意識客體（即「義」這一範疇下的多種道德原則）。正如沒有「交互利他主義」心理結構就沒有親情等自然情感一樣，沒有「性」就沒有「心」。但「性」作爲一種潛在的心理結構，儘管有其內在客觀性，卻不會主動地呈現出來。而只有「心」在志於「道義」時，即人在踐行道德原則時才能使「性」展現出來。牟宗三在分析孟子心性關繫時曾說：

> 性是客觀地說，比較抽象、籠統和空洞，它的具體而眞實的內容，
> 要通過主觀的心來瞭解。心是主體性原則，性是客觀性原則，或自
> 性原則。客觀性原則必須通過主體性原則來證示，否則不能瞭解其
> 內容。在儒家傳統內，主體原則寄託在「心」。〔註30〕

應該說，牟先生的分析是深得孟子遺意的。他曾用「仁義內在，性由心顯」八個字概括孟子心性論要義，亦可謂言簡意賅。然而，正如前文反復論說的，因缺乏神經心理學等現代學科背景，孟子等儒家（包括牟宗三）無法意識到人性在本質上世一個可變的動態結構〔註31〕，道德觀念並非天賦而有，「性善」更是人性發展到一定階段的結果。孟子的性善論，雖在促成人之德性人格方面有其不朽之價值，卻並不符合人性發展的客觀歷程，是「當然」而非「實然」。

（二）「盡心知性知天」：從人道向天道的超越

爲使孟子的「心」、「性」關係進一步明晰化，須將其心性工夫論再加探析，以補上文闡述之不足。唯限於篇幅，這裏也只能淺嘗輒止。

道德情感充盈狀態的「心體」與先天至善的「性體」，原則上人人皆有、聖凡皆同，但對常人而言，乃是「虛有」（可能的、潛在的「有」）而非「實有」（眞正的、現實的「有」）。除卻「生而知之」的聖人（且不論是否眞有這種人），常人欲想臻於此境，必須實踐艱苦的修身工夫。

孟子的工夫論，似可一言而盡，即「盡心知性知天」。其中，「盡心」大

〔註30〕牟宗三：《孟子告子篇上》第六章釋義。見氏著《圓善論》，臺北：聯經出版社，1985 年，第 350 頁。

〔註31〕按，孟子似乎也認識到「仁」有「熟」不「熟」的問題，如謂：「五穀者，種之美者也。苟爲不熟，不如荑稗。夫仁亦在乎熟之而已矣」（《告子上》）。但這只能說明孟子意識到仁心是否成熟的問題，並不意味著他將人性視爲一個不斷生成的過程。

致包涵著三個互相補益的方面。一曰「求放心」。孟子認爲，受環境等因素的影響，人之道德「本心」極容易受物欲的牽引而被遮蔽。「求放心」並非去找一個實體性的心，而是主動地追求一種道德情感的「在場」、「覺受」狀態。此工夫側重於對良知心體的體驗與葆任，凸顯了「盡心」的內向省察面。二曰「集義」。與「求放心」不同，「集義」主要體現在對道德原則的踐履擴充上。這是「本心」在時空格局中的朗現，是一個既「必有事焉」、又「勿忘勿助長」，「以其所愛及其所不愛」之順序而親親、仁民、愛物的過程。這是「盡心」的外向開拓面。三曰「養氣」。與前兩者不同，「養氣」注重將道德情感與自然情感乃至血氣精力凝結起來，共鑄主體之堅強的道德意志，最終達到一種以道德理性統帥生理氣質（「以志御氣」）的寬宏剛毅的精神境界。這可算「盡心」之氣象面。

孟子說：「盡其心者，知其性也；知其性，則知天也。存其心，養其性，所以事天也。壽殀不貳，所以立命。」（《孟子·盡心上》）顯而易見，「盡心」之「盡」，乃擴充至極之意。「盡心」就是一個由自然情感向道德情感無限「上達」的過程。此上達既是內向的開闢，又是外向的拓展，終則升騰爲一種道德情感充盈無盡的心理狀態。此心理狀態，正是孟子所謂「萬物皆備於我」、「上下與天地同流」的道德化境。

然相對於「盡心」，「知性」「知天」並不是與之鼎足而三的具體工夫。「知性」之「知」，亦非一般性的認知，乃有「體知」乃至「證悟」之意。依孟子，一個人將自己的「本心」擴充已極，就能體證到（或實現了）自己的先天善性。而此仁義之性乃「天之所以與我者」，是天之「生生之德」下貫於人身的結果，故而證悟了「性」，也就能體現「無聲無臭」的「天命」了。如此一來，孟子意在挺立道德主體的心性論，就與《易傳》「天地之大德曰生」、「繼之者善也，成之者性也」，《中庸》「天命之謂性」的宇宙論銜接起來。這一銜接，實質上是將人道與天道貫通爲一（宇宙的秩序即道德的秩序）。在此道德形上學中，人心就是天心，人性就是天命。盡此仁心善性，就能參贊天地之化育，人的生命價值因此得到了釐定與安頓。

從發生學的角度看，孟子這一「盡心知性知天」的超越模式，依然是以人性中自然情感的綻出其心理背景的。正如李澤厚先生所說：「不同於工業社會，以農業生產爲基礎的人們，長期習慣於『順天』，特別是合規律性的四時季候、晝夜寒暑、風調雨順對生產和生產的巨大作用在人們觀念中留有深刻

印痕，使人們對天地自然懷有和產生感激和親近的情感和觀念。」〔註 32〕此言可從兩方面解讀，一是人們之所以對天地產生感激和親近之情，是因為大自然長期哺育著人們，遂使人天之間產生情感「交互利他主義」。另一方面，天地之所以具有生生之德，乃不過是人之道德觀念形成後的某種投射而已。〔註33〕換句話說，天地本「無心以成化」，「天地之大德曰生」不是一個事實命題，而是一個價值命題，是人類為滿足自己的終極關懷，為自己構建的一個高遠深曠的意義世界。馬斯洛說：「那種想用某一宗教或者世界觀把宇宙和宇宙中人組成某種令人滿意的、和諧的、有意義的整體的傾向，多少也是出於對安全的尋求」。〔註34〕孟子的心性論，因此具有著濃厚的安身立命的宗教品格。

最後，筆者還想捎帶指出的是，在宋明時代，孟子的「本心」思想因受佛禪的影響而被本體化，此在象山、陽明的哲學中尤為明顯。正因為本心是眾德具足，是「萬物皆備於我」的，故「心即理」，只需要反求諸己（牟宗三所謂「逆覺體證」）就足夠了。以筆者粗見，象山所謂「滿心而發，充塞宇宙無非此理」，陽明所謂「致吾心之良知於事事物物，……則事事物物皆得其理也」，皆是以「信得及」為前提，具有用先天的心理圖式去「同化」客觀世界的傾向。與陸王之主張「心即理」不同，以程頤、朱子為代表理學家主張「性即理」，強調「格物窮理」，通過主動地學習各種道德和人倫物理知識，以恢復自己的先驗善性。相比之下，程朱儘管同樣不曾意識到人之道德理性的生成過程，但他們這種「挾知識以言道德」的進德之路，更容易彌補孟子先驗性善論所帶來的重主觀體驗而輕客觀知識的弊病。這一點，我們只要看看朱子關於讀書方法的論說，就知道他是如何虛化了「本心」，而通過「格物窮理」以「變化氣質」、「轉識成智」，這難道不是更有點「順應」的意味嗎？

（本文選入李志剛、馮達文主編《世明文叢》第八輯，巴蜀書社出版社，2013 年。）

〔註32〕李澤厚：《荀易庸記要》，氏著《中國古代思想史論》（上冊），合肥，安徽文藝出版社，1999 年版，第 127 頁。

〔註33〕傅偉勳先生指出：「就其哲理的深層結構言，所謂『道德的形上學』，原是儒家的仁人君子依其良知的自我醒悟實存地投射或推廣自己的道德主體性到天地自然所形成的儒家特有的本體論洞見，而『生生之化，天命流行』的儒家宇宙論，哲理上也是以此洞見而成立的。」見《儒家思想的時代課題及其解決線索》，載氏著《從西方哲學到禪佛教》，北京，三聯書店，1989 年版，第 456 頁。

〔註34〕馬斯洛：《動機與人格》，北京，中國人民大學出版社，2007 年版，第 19 頁。

參考文獻

一、古代典籍

1. 陳淳：《北溪大全集》，清文淵閣四庫全書本。
2. 陳建：《學蔀通辨》，明嘉靖二十七年刻本。
3. 陳亮：《龍川集》，清宗廷輔校刻本。
4. 陳獻章：《陳獻章集》，北京，中華書局，1987 年。
5. 陳善：《捫虱新話》，民國校刻儒學警悟本。
6. 程顥、程頤：《二程集》，北京，中華書局，1981 年。
7. 戴震：《孟子字義疏證》，北京，中華書局，1961 年。
8. 方學漸輯，方中通續輯《心學宗》，清康熙繼聲堂刻本。
9. 馮可鏞、葉意深編，李春梅點校：《慈湖先生年譜》（據約園刊四明叢書本），成都，四川大學出版社，2003 年。
10. 耿定向：《耿天台先生文集》，明萬曆二十六年劉元卿刻本。
11. 胡榘修，羅濬、方萬里纂輯《寶慶四明志》。
12. 黃綰：《明道編》，北京，中華書局，1959 年版。
13. 黃宗羲、全祖望編：《宋元學案》，北京，中華書局，1986 年版。
14. 黃宗羲：《明儒學案》，北京，中華書局，1985 年。
15. 黃震：《東發日鈔》，元後至元刻本。
16. 季本：《說理會編》，明刻本。
17. 紀昀等編撰：《四庫全書總目》，清乾隆武英殿刻本。
18. 江藩：《國朝宋學淵源記》，北京，中華書局，1983 年。
19. 焦竑：《焦氏澹園集》，明萬曆三十四年刻本。

20. 黎靖德編：《朱子語類》，北京，中華書局，1986 年。

21. 孔鮒：《孔叢子》，四明叢刊景明翻宋本。

22. 雷庵正受編：《嘉泰普燈錄》，日本《卍新纂續藏經》版本。

23. 李翱：《李文公集》，四部叢刊景明成化本。

24. 李心傳：《建炎以來朝野雜記》，清武英殿聚珍版叢書本。

25. 羅欽順：《困知記》，北京，中華書局，1990 年。

26. 羅汝芳：《羅汝芳集》（二冊），方祖猷等編校整理，南京，鳳凰出版社，2007 年。

27. 劉肇虞：《元明八大家古文》。清乾隆刻本。

28. 劉宗周：《劉蕺山集》，清文淵閣四庫全書本。

29. 陸九淵：《陸九淵集》，北京，中華書局，1980 年。

30. 歐陽修：《歐陽文忠公集》，四部叢刊景元本。

31. 全祖望：《鮚埼亭集外編》，清嘉慶十六年刻本。

32. 阮元：《揅經室集》，北京，中華書局，1994 年。

33. 釋道原：《景德傳燈錄》，《大正藏》第 51 卷。

34. 釋普濟編：《五燈會元》，北京，中華書局，1984 年。

35. 釋曇無讖譯：《大般涅槃經》，臺北，佛陀教育基金會，2008 年。

36. 釋契嵩：《鐔津文集》，《大正藏》第 52 冊。

37. 釋宗密：《大方廣佛圓覺經》，臺北，佛陀教育基金會，2009 年。

38. 釋宗杲：《大慧語錄》，《大正藏》第 47 冊。

39. 釋袾宏：《竹窗隨筆》，臺北，佛陀教育基金會，1999 年。

40. 舒璘：《舒文靖集》，清文淵閣四庫全書本。

41. 孫奇逢輯：《理學宗傳》，清康熙六年刻本。

42. 脫脫等：《宋史》，清乾隆武英殿刻本。

43. 汪縉：《汪子文錄》，清道光三年張杓刻本。

44. 汪應辰：《文定集》，清文津閣四庫全書本。

45. 王畿：《王畿集》，吳震編校整理，南京，鳳凰出版社，2007 年。

46. 王蘋：《王著作集》，清文淵閣四庫全書本。

47. 王守仁著，吳光等編校：《王陽明全集》（二冊），上海古籍出版社，1992 年版。

48. 謝良佐：《上蔡語錄》，清文淵閣四庫全書本。

49. 熊賜履：《學統》，清康熙二十四年刻本。

50. 袁甫：《蒙齋集》，清文津閣四庫全書本。

51. 袁燮：《絜齋集》，清武英殿聚珍版叢書本。

52. 楊簡：《慈湖先生遺書》，孔子文化大全編輯部編輯，山東友誼書社影印北京圖書館所藏明嘉靖刻本。濟南，1991年。

53. 楊簡：《慈湖遺書》，清文淵閣四庫全書本。

54. 楊簡：《先聖大訓》，文淵閣四庫全書本。

55. 楊簡：《楊氏易傳》，文淵閣四庫全書本。

56. 楊簡：《慈湖詩傳》，文淵閣四庫全書本。

57. 楊簡：《五誥解》，清文淵閣四庫全書。

58. 楊簡：《石魚偶記》，四明叢書約園刻本。

59. 楊時：《龜山集》，清文津閣四庫全書本。

60. 袁中道：《珂雪齋集》，明萬曆四十六年刻本。

61. 葉紹翁：《四朝見聞錄》，清知不足齋叢書本。

62. 袁了凡：《訓兒俗說》，明萬曆了凡雜著本。

63. 張九成：《橫浦集》，宋刻本。

64. 張九成：《孟子傳》，四部叢刊三編景宋本。

65. 周敦頤：《周敦頤集》，譚松林、尹紅整理，長沙，嶽麓書社，2002年。

66. 湛若水：《楊子折衷》，明嘉靖葛澗刻本，收入《續修四庫全書》子部儒家類。

67. 湛若水：《湛甘泉先生文集》，清康熙二十文楷刻本。

68. 張載：《張載集》，北京，中華書局，1978年。

69. 宗杲：《大慧書》，呂有祥，吳隆升校注，鄭州，中州古籍出版社，2008年。

70. 朱熹：《四書章句集注》，北京，中華書局，1983年。

71. 朱熹：《朱子全書》，清康熙五十三年武英殿刻本。

72. 朱熹：《晦庵集》，四部叢刊景明嘉靖本。

73. 《諸子集成》（全八冊），上海書店影印本，1986年。

74. （佚名）：《性命圭旨》，清康熙本。

二、近人論著〔註1〕

1. 陳兵：《佛教禪學與東方文明》，上海，上海人民出版社，1992年。

2. 陳來：《宋明理學》，上海，華東師範大學出版社，2004年。

3. 陳來：《有無之境——王陽明哲學的精神》，北京，人民出版社，1991年。

〔註1〕 按，所列以民國紀年的臺版書籍，皆改爲公元紀年。

4. 陳來：《朱子哲學研究》，上海，華東師範大學出版社，2000年。

5. 陳來：《古代宗教與倫理——儒家思想的根源》，北京，三聯書店，1996年。

6. 陳來：《中國近世思想史研究》，北京，商務印書館，2003年。

7. 陳立勝：《王陽明「萬物一體」論——從「身—體」的立場看》，臺北，臺灣大學出版中心，2005年。

8. 陳立勝：《「身體」與「詮釋」：宋明理學論集》，臺北，臺灣大學出版中心，2011年。

9. 陳秋平、尚榮譯注：《金剛經·心經·壇經》，北京，中華書局，2007年。

10. 陳榮捷：《朱子新探索》，上海，華東師範大學出版社，2007年。

11. 陳榮捷：《中國哲學文獻選編》，南京，鳳凰傳媒出版集團，2006年。

12. 陳榮捷：《近思錄詳注集評》，臺北，學生書局，1992年。

13. 陳榮捷：《王陽明傳習錄詳注集評》，臺北，學生書局，1983年。

14. 陳榮捷：《王陽明與禪》，臺北，學生書局，1984年。

15. 陳少明：《漢宋學術與現代思想》，廣州，廣東人民出版社，1998年。

16. 陳少明：《經典世界中的人、事、物》，上海：上海三聯書店，2008年。

17. 陳少明主編：《現代性與傳統學術》，廣州，廣東人民出版社，2003年。

18. 陳寅恪：《金明館叢稿二編》，北京，三聯書店，2009年。

19. 陳振：《宋史》，上海，上海人民出版社，2003年。

20. 蔡仁厚：《孔孟荀儒學》，臺北，學生書局，1984年。

21. 蔡仁厚：《宋明理學：北宋篇》，長春，吉林出版集團，2009年。

22. 蔡仁厚：《宋明理學：南宋篇》，長春，吉林出版集團，2009年。

23. 蔡仁厚：《中國哲學史》，臺北，學生書局，2009年。

24. （日）島田虔次：《中國思想史研究》，鄧紅譯，上海，上海古籍出版社，2009年。

25. 鄧克銘：《張九成思想之研究》，臺北，東初出版社，1990年。

26. 鄧克銘：《王陽明思想觀念研究》，臺北，臺大出版中心，2010年。

27. 鄧克銘：《宋代理學概念之開展》，臺北，文津出版社，1993年。

28. 鄧克銘：《理氣與心性：明儒羅欽順研究》，臺北，里仁書局，2010年。

29. 鄧小南：《祖宗之法——北宋前期政治述略》，北京，三聯書店，2006年。

30. 丁四新：《郭店楚墓竹簡思想研究》，北京，東方出版社，2000年。

31. 東方朔：《劉蕺山哲學研究》，上海，上海人民出版社，1997年。

32. 杜維明：《杜維明文集》（五卷），武漢，武漢出版社，2002年。

33. 杜維明：《儒家傳統與文明對話》，彭國翔編譯，石家莊，河北人民出版社，2006年。

34. 方立天：《中國佛教哲學要義》，北京，中國人民大學出版社，2002年。

35. 馮達文：《宋明新儒學略論》，廣州，廣東人民出版社，1997年。

36. 馮達文：《中國古典哲學略述》，廣州，廣東人民出版社，2009年。

37. 馮達文：《理性與覺性》，成都，巴蜀書社，2009年。

38. 馮煥珍：《回歸本覺：淨影寺慧遠的真識心緣起思想研究》，北京，中國社會科學出版社，2007年。

39. 馮契：《人的自由和真善美》，上海，華東師範大學出版社，1996年。

40. 馮友蘭：《中國哲學史新編》（第5冊），北京，人民出版社，1988年。

41. 馮友蘭：《中國哲學史》（上下卷），上海，華東師範大學出版社，2000年。

42. 馮友蘭：《中國哲學簡史》，北京，北京大學出版社，1985年。

43. 馮友蘭：《新原人》，石家莊，河北教育出版社，1996年。

44. （法）弗朗索瓦·於連：《聖人無意》，閆素偉譯，北京，商務印書館，2004年。

45. 傅偉勳：《從西方哲學到禪佛教》，臺北，東大圖書公司，1986年。

46. 傅偉勳：《佛教思想的現代探索》，臺北，東大圖書公司，1995年。

47. 傅偉勳：《從創造的詮釋學到大乘佛學》，臺北，東大圖書公司，1999年。

48. 傅斯年：《性命古訓辯證》，石家莊，河北教育出版社，1996年。

49. （日）岡田武彥：《王陽明與明末儒學》，吳光等譯，上海，上海古籍出版社，2000年。

50. 葛兆光：《增訂本中國禪思想史》，上海，上海古籍出版社，2008年。

51. 葛兆光：《七世紀至十九世紀中國的知識、思想與信仰》（《中國思想史》第二卷），上海，復旦大學出版社，2001年。

52. 龔雋：《禪史鈎沈：以問題為中心的思想史論述》，北京：三聯書店，2006年。

53. 龔鵬程：《儒學新思》，北京，北京大學出版社，2009年。

54. 郭沂：《郭店竹簡與先秦學術思想》，上海，上海教育出版社，2001年。

55. 郭朋：《壇經校釋》，北京，中華書局，1983年。

56. 郭齊勇：《中國哲學智慧的探索》，北京，中華書局，2008年。

57. （美）郝大維，安樂哲：《通過孔子而思》，何金俐譯，北京，北京大學出版社，2005年。

58. 何俊：《南宋儒學建構》，上海：上海人民出版社，2004年。

59. 侯外廬，邱漢生，張豈之主編：《宋明理學史》（上卷），北京，人民出版社，1984 年。

60.（日）忽滑谷快天：《中國禪學思想史》，朱謙之譯，上海：上海古籍出版社，1994 年。

61.（日）荒木見悟：《佛教與儒教》，杜勤等譯，鄭州，中州古籍出版社，2005 年。

62. 黃俊傑：《中國孟學詮釋史論》，北京，社會科學文獻出版社，2004 年。

63. 黃俊傑：《孟學思想史論》（卷一），臺北，東大圖書公司，1991 年。

64. 黃俊傑主編：《儒學的氣論與工夫論》，上海：華東師範大學出版社，2008 年。

65. 蔣義斌：《宋代儒釋調和論及排佛論之演進》，臺北，臺灣商務印書館，1988 年。

66. 蔣義斌：《宋儒與佛教》，臺北，東大圖書公司，1997 年。

67. 金炳華等編：《哲學大辭典》（修訂本），上海，上海辭書出版社，2001 年。

68. 景海峰：《新儒學與二十世紀中國思想》，鄭州，中州古籍出版社，2005 年。

69. 賴永海：《佛學與儒學》，杭州，浙江人民出版社，1992 年。

70. 勞思光：《新編中國哲學史》（四卷本），桂林，廣西師範大學出版社，2005 年。

71. 李存山：《氣論與仁學》，鄭州，中州古籍出版社，2009 年。

72. 李景林：《教化的哲學》，哈爾濱，黑龍江人民出版社，2006 年。

73. 李零：《郭店楚簡校讀記》（增訂本），北京，中國人民大學出版社，2007 年。

74. 李淼編著：《中國禪宗大全》，長春，長春出版社，1991 年版。

75. 李明輝：《四端與七情——關於道德情感的比較哲學探討》，臺北，臺大出版中心，2012 年。

76. 李明輝：《儒家經典詮釋方法》，臺北，喜馬拉雅研究發展基金會，2003 年。

77. 李澤厚：《論語今讀》，北京，三聯書店，2004 年。

78. 李澤厚：《歷史本體論·己卯五說》，北京，三聯書店，2003 年。

79. 李澤厚：《華夏美學·美學四講》，北京，三聯書店，2003 年。

80. 李澤厚：《實用理性與樂感文化》，北京，三聯書店，2005 年。

81. 李澤厚：《中國思想史論》（上中下卷），合肥，安徽文藝出版社，1999 年。

82. 李澤厚：《世紀新夢》，合肥，安徽文藝出版社，1998 年。

83. 梁啓超：《清代學術概論》，上海，上海古籍出版社，1998 年。

84. 梁漱溟：《中國文化要義》，上海，世紀出版集團，2005 年。

85. 林安梧：《儒學與中國傳統社會之哲學省察——以「血緣性縱貫軸」爲核心的理解與詮釋》，上海，學林出版社，1998 年。

86. 林月惠：《詮釋與工夫：宋明理學的超越祈向與内在辯證》，臺北，中央研究院中國文哲研究所，2008 年。

87.（日）鈴木大拙：《禪與生活》，劉大悲譯，志文出版社，1993 年。

88. 劉述先：《朱子哲學思想的發展與完成》（增訂本），臺灣，學生書局，1995 年。

89. 劉述先：《理一分殊》，上海，上海文藝出版社，2000 年。

90. 劉述先：《儒家思想開拓的嘗試》，北京，中國社會科學出版社，2001 年。

91. 劉小楓：《拯救與逍遙》，上海，華東師範大學出版社，2007 年。

92. 劉宗賢：《陸王心學研究》，濟南，山東人民出版社，1997 年。

93. 呂澂：《呂澂佛學論著選集》（五卷），濟南：齊魯書社，1991 年。

94. 蒙培元：《心靈超越與境界》，北京，人民出版社，1998 年。

95. 蒙培元：《情感與理性》，北京，中國社會科學出版社，2002 年。

96. 牟宗三：《心體與性體》（三卷），上海，上海古籍出版社，1999 年。

97. 牟宗三：《從陸象山到劉蕺山》，上海，上海古籍出版社，2001 年。

98. 牟宗三：《中西哲學之會通十四講》，上海，上海古籍出版社，2007 年。

99. 牟宗三：《中國哲學的特質》，上海，上海古籍出版社，2007 年。

100. 牟宗三：《中國哲學十九講》，上海，上海古籍出版社，2005 年。

101. 牟宗三：《宋明儒的問題與發展》，上海，華東師範大學出版社，2004 年。

102. 牟宗三：《佛性與般若》（上下），臺北，聯經出版社，2003 年。

103. 牟宗三：《圓善論》，臺北，聯經出版社，2003 年。

104. 牟宗三：《智的直覺與中國哲學》，臺北，聯經出版社，2003 年。

105. 南懷瑾：《禪海蠡測》，上海，復旦大學出版社，2012 年。

106. 南懷瑾：《金剛經說什麼》，上海，復旦大學出版社，2002 年。

107. 南懷瑾：《圓覺經略說》，上海，復旦大學出版社，2008 年。

108. 南懷瑾：《如何修證佛法》，上海，復旦大學出版社，2008 年。

109. 南懷瑾：《中國佛教發展史略》，上海，復旦大學出版社，1996 年。

110. 龐樸：《文化一隅》，鄭州，中州古籍出版社，2005 年。

111. 彭國翔：《良知學的展開——王龍溪與中晚明的陽明學》，北京，三聯書店，2005 年。

112. 彭國翔：《儒家傳統——宗教與人文主義之間》，北京，北京大學出版社，2007 年。

113. 漆俠：《宋學的發展和演變》，石家莊，河北人民出版社，2002 年。

114. 錢穆：《論語新解》，北京，三聯書店，2002 年。

115. 錢穆：《孔子與論語》，臺北，聯經出版公司，1974 年。

116. 錢穆：《宋明理學概述》，臺灣，學生書局，1977 年。

117. 錢穆：《中國學術通義》，石家莊，河北教育出版社，1999 年。

118. 錢穆：《中國思想史論叢》（五），北京，三聯書店，2009 年。

119. 錢穆：《中國思想通俗講話》，北京，三聯書店，2005 年。

120. 錢穆：《朱子新學案》，北京，九州出版社，2011 年。

121. 秦家懿：《秦家懿自選集》，濟南，山東教育出版社，2005 年。

122. 秦家懿：《王陽明》，北京，三聯書店，2011 年。

123. 釋印順：《中國禪宗史》，北京，中華書局，2010 年。

124. 釋印順：《中國佛教論集》，北京，中華書局，2010 年。

125. 釋恒清：《佛性思想》，臺北，東大圖書公司，1997 年。

126. 湯用彤：《漢魏兩晉南北朝佛教史》，石家莊，河北教育出版社，1996 年。

127. 湯用彤：《隋唐佛教史稿》，北京，北京大學出版社，2010 年。

128. 唐力權：《周易與懷德海之間》，瀋陽，遼寧大學出版社，1991 年。

129. 唐君毅：《中國哲學原論·原教篇》，北京，中國社會科學出版社，2006 年。

130. 唐君毅：《中國哲學原論·原道篇》（二卷），北京，中國社會科學出版社，2006 年。

131. 唐君毅：《中國哲學原論·原性篇》，北京，中國社會科學出版社，2006 年。

132. 唐忠毛：《佛教本覺思想論爭的現代性考察》，上海，上海古籍出版社，2006 年。

133. 韋政通：《中國思想史》，上海，上海書店出版社，2003 年。

134. 韋政通：《儒家與現代化》，臺北，水牛出版社，1997 年。

135. 韋政通主編：《中國哲學辭典大全》，北京，世界圖書出版公司，1989 年。

136. （美）威廉·詹姆斯《宗教經驗種種》，尚新建譯，北京，華夏出版社，2005 年。

137. W.T.Stace：《冥契主義與哲學》，楊儒賓譯，臺北，正中書局，1998 年。

138. 吳光主編：《陽明學研究》，上海，上海古籍出版社，2000 年。

139. 徐梵澄：《陸王學術》，收入《徐梵澄文集》（卷一），上海，上海三聯書店，2006 年。

140. 溫偉耀：《成聖之道——北宋二程修養工夫論之研究》，開封，河南大學出版社，2004 年。

141. 熊十力：《新唯識論》（壬辰刪定本），北京，中國人民大學出版社，2006 年。

142. 熊十力：《原儒》，北京，中國人民大學出版社，2006 年。

143. 熊十力：《讀經示要》，北京，中國人民大學出版社，2006 年。

144. 熊十力：《十力語要》，上海，上海書店，2007 年。

145. 熊十力：《十力語要初續》，上海，上海書店，2007 年。

146. 徐復觀：《中國人性論史》（先秦篇），上海，上海三聯書店，2001 年。

147. 徐復觀：《中國思想史論集》，上海，上海書店，2004 年。

148. 徐復觀：《中國思想史論集續編》，上海，上海書店，2004 年。

149. 徐復觀：《儒家政治與民主自由人權》，蕭欣義編，臺北，80 年代出版社，1979 年。

150. 徐復觀：《學術與政治之間》，臺北，學生書局，1985 年。

151. 楊國榮：《善的歷程》，上海，上海人民出版社，1994 年。

152. 楊國榮：《心學之思——王陽明哲學的闡釋》，北京，三聯書店，1997 年。

153. 楊儒賓：《儒家身體觀》，臺北，中央研究院中國文哲學研究所籌備處，1996 年。

154. 楊祖漢：《儒家的心學傳統》，臺北，文津出版社，1992 年。

155. 楊澤波：《孟子性善論研究》，北京，中國人民大學出版社，2010 年。

156. 楊曾文：《唐五代禪宗史》，北京，中國社會科學出版社，1999 年。

157. 楊曾文：《宋元禪宗史》北京，中國社會科學出版社，2006 年。

158. 余英時：《朱熹的歷史世界：宋代士大夫政治文化研究》，北京，三聯書店，2011 年。

159. 余英時：《現代危機與思想人物》，北京，三聯書店，2005 年。

160. 余英時：《現代儒學的回顧與展望》，北京，三聯書店，2004 年。

161. 余英時：《士與中國文化》，上海，上海人民出版社，2003 年。

162. 余英時：《論戴震與章學誠》，北京，三聯書店，2005 年。

163. 苑淑婭編，張岱年等著：《中國觀念史》，鄭州，中州古籍出版社，2005 年。

164. 張君勱：《新儒家思想史》，石家莊，河北教育出版社，1996 年。

165. 張立文：《走向心學之路：陸象山思想的足跡》，北京，中華書局，1992年。

166. 張實龍：《楊簡研究》，杭州，浙江大學出版社，2012年。

167. 張偉主編：《慈湖心舟——楊簡學術研討會論文集》，杭州，浙江大學出版社，2012年。

168. 趙偉：《心海禪舟——宋明心學與禪學研究》，北京，人民出版社，2008年。

169. 鄭家棟：《斷裂中的傳統》，北京，中國社會科學出版社，2001年。

170. 周熾成：《史海探真——爲中國哲人申辯》，廣州，廣東教育出版社，2012年。

171. 周群振：《儒學源流溯始——古代儒家的心性思想》，臺北，鵝湖月刊社，2010年。

172. 周淑萍：《兩宋孟學研究》，北京，人民出版社，2007年。

173. 竺摩法師鑒定，陳義孝居士編：《佛學常見詞彙》，臺北，佛陀教育基金會，2009年。

174. 鄭曉江、李承貴：《楊簡》，臺北，東大圖書公司，1996年。

三、博士論文

1. 張念誠：《楊簡心、經學問題的義理考察》之緒論，臺灣，國立中央大學中文研究所博士論文，2003年。

2. 趙燦鵬：《「精神」與「自然」：楊慈湖心學研究》，香港，嶺南大學博士論文，2005年。

3. 趙玉強：《〈慈湖詩傳〉：心學闡釋的〈詩經學〉》，浙江大學博士論文，2009年。

4. 隋金波：《雲間月澄——楊慈湖哲學思想研究》，浙江大學博士論文，2011年。

5. 王心竹：《楊簡哲學思想研究》，中國人民大學博士論文，2002年。

6. 曾凡朝：《楊簡易學思想研究》，山東大學博士論文，2006年。

四、期刊論文

1. 陳立勝：《「形的良知」及其超越》，《孔子研究》，1997年第2期。

2. 陳立勝：《仁‧識痛癢‧鏡象神經元》，《哲學動態》，2010年第11期。

3. 陳少明：《「四書」系統的論說結構》，劉笑敢主編《中國哲學與文化》第9輯，2011年。

4. 馮煥珍：《說「無念爲宗」》，臺北佛學研究所，《中華佛學學報》，第6期。

5. 李存山：《「本天」與「本心」——儒釋在本體論上的區別及陸王心本論的特點》，《燕京學報》，1999 年第 6 期。

6. 李存山：《范仲淹與宋代儒學的復興》，《哲學研究》，2003 年第 10 期。

7. 劉玉敏：《心學的肇始——張九成的哲學邏輯結構》，《孔子研究》，2010 第 2 期。

8. 孫齊魯：《孔孟荀學思觀辨略》，《孔子研究》，2009 年第 6 期。

9. 孫齊魯：《楊慈湖與陸象山師弟關係辯證》，《現代哲學》，2010 年第 2 期。

10. 孫齊魯：《「以覺訓仁」的新形態——楊慈湖仁論之試析》，臺北，《鵝湖》月刊，2011 年第 7 期。

11. 孫齊魯：《「朱陸之辨」中的告子與禪宗》，《中國哲學史》，2010 年第 3 期。

12. 孫齊魯：《論儒學的四大基本特徵》，《原道》輯刊，2013 年，第 19 輯。

13. 王心竹：《儒與禪：楊慈湖心學與佛家思想的關係》，臺北，《哲學與文化》，2003 年第 6 期。

14. 王偉民：《張橫浦的心學思想述論》，《浙江學刊》1994 年第 6 期。

15. 許序雅、莊圓：《從宋元四明六志看宋代明州的佛教》，《佛教研究》，2005 年 00 期。

16. 楊儒賓：《宋儒的靜坐說》，臺北，《臺灣哲學研究》第 4 輯，2004 年。

17. 游騰達：《慈湖學說在明代中葉的回響》，臺北，《國文學報》第 43 期，2008 年。

18. 趙燦鵬：《楊慈湖與南宋後期的儒學格局》，《湖南大學學報》（哲社版），2009 年第 4 期。

19. 鍾彩鈞：《楊慈湖心學概述》，臺灣中央研究院中國文哲研究所，《中國文哲研究集刊》，第 17 期，2000 年。

20. 周熾成：《「心學」源流考》，《哲學研究》，2012 年第 8 期。

21. 周貴華：《從「心性本淨」與「心性本覺」》，《法音》，2002 年第 9 期。

後　記

一、

　　拙著是由筆者的博士學位論文修繕而成。論文最終得以此面貌付梓，是我選題之初始料不及的。照常理，吾輩研究古代某一哲學家，多會側重於發掘其思想的正面價值和現代意義，本書卻對慈湖心學致以大量的負面評論。

　　對此，我只能說是不得已而爲之。研究伊始，筆者也一度被慈湖所證悟並描繪的諸般高明玄妙境界所吸引，甚至將他暗許爲足可並轡陸、王的心學大師。隨著我對慈湖著述的深入研讀，尤其對儒、禪二教眞精神有了較深切體會後，一種與之相悖的見識已潛滋暗長：作爲宋明新儒家「援禪入儒」的極端化思想樣態，慈湖心學對傳統儒學的瓦解性遠遠大於建構性。這一點，不會因慈湖道德人格的完美而有根本性改觀。

　　這不是對古賢缺乏「同情理解」，更非意氣用事般地標新立異。身爲論文的作者，我首先須要對自己的學術理性負責。譬如，我不能因慈湖大談「天地萬物萬化萬理皆一」，就敷衍出其心學對當前「構建和諧社會」有重大指導意義，云云。對於一部研究性論著來說，哀莫大於研究問題本身的無意義。當我讀到今人那些無視先儒對慈湖心學近乎眾口一辭的批評，轉對慈湖心學大事讚賞的篇什，這種感慨尤爲強烈。鑒於慈湖哲學在儒家心學發展史的特殊境遇，竊認爲以慈湖心學爲津梁，嘗試尋繹傳統儒學向宋明心學演變的內在理路，以及這種演變所帶來的思想史影響，遠比刻意挖掘慈湖心學的正面價值更有意義。這一主旨上的改弦易轍，使我將更多的心思，自覺傾注到對儒學精髓的叩問、以及對慈湖之外的其他宋明新儒家乃至佛禪論著的研讀上

來。一番書海沉潛、上下求索之後，對相關問題的探討雖然遠未能盡興盡意，然學無止境而勞生有限，本研究也只能就此告一段落。竊不自量，但願此書不止是對慈湖心學的一次深度詮釋，更是一部具體而微的儒家心學發生史。至於所論是耶非耶，則非復筆者所自專。願學界賢達先進，有以教我。

二、

我本是文學底子，哲學素養並不深厚。如拙著對儒學的一些理解還不算過於離譜的話，主要是博士入學後，在業師陳立勝先生教導下勤苦研讀的結果。陳師性格謙和、治學嚴謹、導學有方，於我教化之深，影響之大，有非此間所能盡道者。師本治西學，在國內宗教現象學研究領域已卓然名家。近十年學術興味則轉向中國哲學，對宋明理學，尤其是朱子、陽明之學用力良深。而昔年精研西學後神而化之的睿智，使其對中學義理有著更深入的領悟與分疏。成為陳師門下中國哲學一脈的開山博士，親聞夫子之謦咳，親炙夫子之溫潤，我打內心裏常引以為豪。後生小子，唯願繼續修德進學，任重道遠，不可不弘毅，以酬報師恩於萬一。

衷心感謝中山大學哲學系馮達文、陳少明、黎紅雷、李宗桂、馮煥珍、龔雋、張永義等諸位師長的傳道授業解惑。這批振鐸嶺表、播種斯文的人師，以德才雙馨的生命格調，共同構築了我心中的賢哲群像。蓋機緣湊泊，其中又以陳師少明和馮師煥珍二先生對我影響較大。少明師是我夙所欽仰的「掌門師伯」，在為學為人方面，都給我頗多切實的教益。我不僅對其舉重若輕的學術化境心嚮往之，還常常從他的一些小事上，領略到當代儒者荷道而立的風神。煥珍師精於禪法，道眼明徹，悲智雙運，且嫻於詩詞琴藝，是我眼中的大善知識。我曾自喻常隨眾，於馮師座下侍聽《涅槃》、《華嚴》等經，雖因根器愚鈍而懵懂未悟，然於佛法之莊嚴無盡，已大生歡喜讚歎之心。

感謝華南師範大學的劉卓紅老師和周熾成老師。劉師是我的碩士導師，其教化提攜之德，一直銘記不忘。周師則是我敬仰的儒門長者，對拙文也提出過中肯的指導意見，今同致謝忱。另有博士期間，一度獲取臺灣法鼓人文獎學金資助，並曾於臺北佛陀教育基金會請得的法寶若干。吾於此合十百拜，遙為馨香之祝。

嚶其鳴也，求其友聲。博士三年，朋輩同遊者有陳曦、劉洋、趙武、陳婕、周慧、劉濤、黃前程、吳祖春、張倩、段基亮、何楊、高燕、孫占卿、

孔銳、黃建躍等諸君子。陶日貴師兄則多給我兄長般的照顧。高情厚誼，錄此存照；浴沂舞雩，吾道不孤。

三、

我本素樸農家子，自高中畢業後，拋別雙親，負笈於千里他鄉，輾轉十有餘年矣。十年來憂世傷時，幾番歌哭之餘，早將少年心志抖落得七葷八素。不意在而立之年，又有幸於此名垂南國的中山大學哲學系讀書論道。宋人黃山谷詩云：「想見讀書頭已白，隔溪猿哭瘴溪藤」，一語訴盡暮年之深悲。相較而下，我仍算是幸運的。在讀博士的三年中，我懷著辛稼軒「惜春常怕花開早，何況落紅無數」的心態，度過了康樂園中的每一個風雨晨昏。當此際，不敢說自己已脫胎換骨，然畢竟於學問一途，已略窺其艱辛與瑰麗。人生至斯，自以為別開一境。中山大學於我，豈非有再造之恩乎？

今夕是何夕，今夕是何年？當我行將告別書香濃鬱的康樂園，離開自己親近尊崇的師長，離開校門外的一江春水，離開同遊二三子，離開此朝夕相處的一草一木，頓感淒涼滿目。莫道不消魂，且吟《嶺南求學賦》，以誌其懷。其辭曰：

南下又作讀書郎，康樂喬木鬱青蒼。草深碧兮羅裙，花妖嬈兮紅妝。別故土兮齊魯，慕群賢兮涉珠江。師雍容兮恭而安，不得中道兮吾猖狂。白雲登兮長嘯，幽林憩兮彷徨。終日乾乾兮誰與歸？禮樂崩壞兮子何往？訪孔孟兮洙泗，朝天闕兮漢唐。覓道統兮伊洛，探驪珠兮朱陸王。獨立小樓兮西風烈，霓虹閃爍兮月昏黃。感時潮之虛革兮，恨吾道其未昌。悵朱顏兮漸改，發浩歌兮溯流光。瞻前路兮多阻，歎河清兮未敢望。悲人心之變易兮，雖富庶亦何傷。痛儒門之淡薄兮，願時賢與共襄。歸與，歸與，胡不歸？仍向多情人間住，珍重春風花草香。

四、

上述三節，乃三年前博士論文的後記，為銘懷那段博士求學的歲月，除個別地方稍作改動外，基本維持了原貌。至於本書正文，則較原論文作了大量的增補刪定，個別章節幾乎是重寫一過。如緒論章中的「儒學四法印」，原作「三法印」，今補充「以中庸為至德」一則，以期能更嚴謹地勾勒出傳統儒學之大精神。儘管如此，文中的缺憾乃至謬誤之處，恐亦所在多有。如本書

儘管通篇對慈湖心學與原始儒學、象山心學、佛教禪宗之思想異同做了深入論析，但並未專門單列成章節，未免略有支離蕪蔓之感。對慈湖、陽明心學的比較，也多點到為止、言不盡意。另外，本書大量徵引了前賢觀點作論據，不知是否也足為一病。首章關於慈湖心學的研究述評一節，曾幾度想將其刪去，因為該節對他人相關研究成果多有褒貶，或未免遺人以貶人揚己之嫌。而最終決定一仍其舊者，自問拙文或褒或貶，皆一秉辨明學術之公心，非敢徒為爭強好勝之論也。最後，本書在附篇中補充了《從自然情感向道德情感的無限「上達」：對孟子「心善論」內在理路的發生學考察》一長文，此文專論孟子之「本心」，或可略補前論「儒學四法印說」之疏闊，對比較先秦儒學與宋明心學之「本心觀」亦有參考作用。

壬辰年中秋前夕，赴聖城曲阜參加第五屆世界儒學大會，得與廈門楊兄少涵，曲阜宋兄立林，揚州孔兄祥軍三君子游。祥軍兄告之曰，寶島臺灣有花木蘭文化出版社者，近年以振興國學為志業，搜羅海內外博士論文之精優者，免費結集出版，其博士論文得與焉。即而自曲阜歸，旋獲祥軍兄寄贈《三國政區地理研究》一書，裝製古雅大氣，為大陸所罕見，豔羨不已。後於網絡間欣聞少涵、立林二兄博士論文亦將由此出版社刊印。余遂向花木蘭文化出版社投一申請書，亦蒙不棄。如無意外，拙著將有幸與立林、少涵二兄大作同列，豈非一樂哉！

拙著交稿前，特請師門劉榮茂兄幫忙校訂一過，謹此致謝！

癸巳年（2013）清明後一日記於嶺南清新居

孫齊魯